30 Brücken

30 Brücken Matthew Wells / Einleitung von Hugh Pearman

Callwey

Die Originalausgabe erschien 2002 unter dem Titel „30 Bridges" bei
Laurence King Publishing, einem Imprint von Calmann & King Ltd
71 Great Russell Street
London WC1B 3BP
Tel ++44 20 7430 8850
Fax ++ 44 20 7430 8880
E-Mail enquiries@calmann-king.co.uk
www.laurence-king.com

Übersetzung aus dem Englischen von
Bettina Rühm (Einführung, Brückenentwurf: Ein historischer Überblick, Brücken 1-2)
und Joanna Zajac-Wernicke (Brücken 3-30)

www.callwey.de
E-Mail: buch@callwey.de

Die Deutsche Bibliothek – CIP-Einheitsaufnahme
Ein Titeldatensatz für diese Publikation ist bei der Deutschen
Bibliothek erhältlich.

ISBN 3-7667-1501-1

Vordere Umschlagabbildung: Erasmusbrücke, Rotterdam
© Christian Richters
Hintere Umschlagabbildung: Talmadge Memorial Brücke
© Scott Jolliff
Design: Frank Philippin at Brighten the Corners
Satz der deutschen Ausgabe: Edith Mocker, Eichenau

Printed in Singapore

Inhalt

Einführung Hugh Pearman

Gegen Ende des 20. Jahrhunderts, weit in der Nachkriegsära des Ingenieurwesens, wurden Brücken als Ausdrucksmöglichkeit – auch im übertragenem Sinn – wiederentdeckt. Man stellte fest, dass eine Brücke mehr war als eine rein rechnerische Angelegenheit, mehr als eine Möglichkeit, eine Kluft zu überspannen, um eine bestimmte variable Last zu bestimmten vorhersehbaren Bedingungen zu transportieren, und das mit den ökonomischsten Mitteln. Eine Brücke könnte mehr beinhalten – und hat das früher auch. Natürlich war die symbolische und politische Funktion einer Verkehrsverbindung nie unterschätzt worden: zum Beispiel waren die berühmten Hängebrücken der 60er und der 70er Jahre des 20. Jahrhunderts kühn und schön genug, um Wunder zu bewirken. An der Schwelle zum 21. Jahrhundert werden Brücken jedoch langsam anders wahrgenommen. Das hat zur Folge, dass das bislang fast uneingeschränkte Dorado traditioneller Ingenieurbaukunst jetzt auch zur Spielwiese für Architekten und eine neue Generation von Design-Ingenieuren geworden ist.

Ein bestimmter Brückentyp als Herausforderung für einen Entwurf ist vor allem wegen seiner chamäleonartigen Natur so reizvoll. Ist eine Brücke ein Gebäude, ein Raum, eine Straße oder ein Weg, ein Aussichtsdeck, eine Zufahrt, ein Dach oder ein Denkmal? In wie weit ist sie eher funktional als ausdrucksstark? Wenn sie ausdrucksstark ist, in welchem Maß wird das durch ihr Tragwerk vermittelt und in welchem Maß durch verwendete Formen? Kaum jemand wird sich mit so einer Checkliste hinsetzen, wenn er eine Brücke bauen will. Aber man hat bestimmte Wünsche, und die werden den Konstrukteuren zur kreativen Interpretation vermittelt.

Am unteren Ende rangiert die Autobahnbrücke. Nehmen wir einmal an, diese wird von den Behörden gefordert. Oder wahrscheinlicher noch, eine ganze Reihe von Autobahnbrücken. Im Grunde scheinen solche Gebilde nur stranggepresste Abschnitte von Fahrbahnplatten zu sein. Im günstigsten Fall geben sie der Straße ein bestimmtes Gesicht: dies sind jedoch Arbeitsbrücken, gleichzusetzen mit den holprigen Kanalbrücken aus Ziegelstein des 18. Jahrhunderts. Man kann bestenfalls eine geringe Wartung, gutes Verhalten und eine gewisse Eleganz erwarten. Im Gegensatz dazu wird eine Brücke gefordert, die an der Spitze rangiert und die jenseits ihrer täglichen Nutzbarkeit eine symbolische Funktion hat. So zum Beispiel die Erasmus Brücke in Rotterdam aus dem Jahr 1996 von Ben van Berkel und anderen. Sie sollte als Katalysator für die Wiederbelebung des heruntergekommenen Hafengebiets der Stadt dienen, als einprägsamer, plastischer vertikaler Blickfang im horizontalen Stadtgefüge. So wie beim berühmten Sunshine Skyway in Florida von 1987 (Ingenieure Figg und Muller) mit den gelb-verkleideten Seilen, die überm Wasser segelförmige Muster bildeten, war die optische Rolle der Erasmus Brücke von Anfang an klar.

Anders liegen die Dinge – um ein aktuelles Beispiel zu nehmen – bei der Überbrückung des Charles River (2001) nördlich von Boston durch den Schweizer Ingenieur Christian Menn. Die Brücke befindet sich in historischem Umfeld: Paul Revere begann hier seinen berühmten Ritt und die Schlacht von Bunker Hill fand hier statt. Die Aufgabe der Brücke ist in diesem Fall in gewisser Weise widersprüchlich. Einerseits stimmte man überein, dass die sensible Lage eines überlegten, ja zurückhaltenden Entwurfs bedürfe. Andererseits war es der einzige Hauptverkehrsweg von Norden nach Boston. Der Begriff „spannender Verkehrsweg in die Stadt" kam auf. 16 Brückentypen wurden in Betracht gezogen, die schließlich auf zwei mögliche Schrägseil-Konstruktionen reduziert wurden: die eine mit einem einzelnen hohen Pylon als Wahrzeichen im Stil von Rotterdam, die andere – Christian Menns Lösung – mit zwei kleineren Pylonen. Man entschied sich für letztere Lösung als den besten Kompromiss zwischen einer dramatischen und einer respektvollen Gestaltung. Viel vom ästhetischen Erfolg des Entwurfs lässt sich auf eine Detailausbildung, die relativ selten im Autobahn-Brückenbau ist, zurückführen. In die weit gespannte Fahrbahndecke wurden Öffnungen geplant, um unten auf dem Wasser einen starken Schattenwurf zu vermeiden. Durch die Verkleidung mit Paneelen erhielt die Brücke eine glatte Untersicht. Über die Spannweite verteilt wechseln schräge mit gerade ausgerichteten Seilen.

Solch große Wahrzeichen im Straßenbau lassen sich eindeutig auf die Wachtürme mittelalterlicher Städte zurückführen. Die befestigte Brücke in Cahors in Zentral-Frankreich (Abb. 1) mit den drei hohen

Verteidigungstürmen wirkt auf uns mit unseren modernen Maßstäben, als ob sie nach Seilen, die von den Türmen die Fahrbahn abhängen, nur so verlange. Die Formen heutiger Pylone für Hänge- und Schrägseilbrücken bieten hinreichend das, was die Brücke von Cahors zu erflehen scheint: vertikale Elemente, die nicht nur exakt die Horizontale ausbalancieren, sondern die dafür auch absolut notwendig sind. Für den Übergang zwischen dem einen Typ und dem anderen gibt es kein besseres Beispiel als die Tower Bridge in London (Abb. 2) von 1890 von Sir Horace Jones und J. Wolfe Barry: Eine moderne Stahlkonstruktion, die abgehängte Fahrbahnen, dampfbetriebene Zugbrückenelemente und zwei gewagt konstruierte, hohe Fußgängerüberwege miteinander verbindet. Noch dazu wurde Barrys Ingenieurbauwerk von Jones mit einer pseudo-mittelalterlichen Granit-Schicht verkleidet, die an alte Bastionen erinnert. Wie hätte die Brücke ohne steinerne Verkleidung ausgesehen? Nach der inneren Konstruktion zu urteilen, im Extremfall zweckmäßig. Sicherlich nicht annähernd so gut wie das offene Gitterwerk von Othmar Ammanns späterer George Washington Brücke über den Hudson River, deren Türme ursprünglich mit granitbeschichtetem Beton verkleidet werden sollten. Die Wirtschaftskrise in den 1920er Jahren führte zum Weglassen der steinernen Verkleidung, was optisch ein großer Gewinn war.

Die Arbeitsteilung – Ingenieure für die Konstruktion, Architekten für die äußere Gestalt – hat eine lange Tradition. Die Wearmouth Brücke von 1796 (Abb. 3) – ein frühes Beispiel einer Stahlbrücke, die zur damaligen Zeit als Wunder angesehen wurde – wurde durch den Politiker und Unternehmer Rowland Burdon gefördert und von seinem Freund, dem Architekten Sir John Soane, zusammen mit dem Ingenieur Thomas Wilson entworfen. Soane, ein Klassiker mit der meisten technischen Erfahrung seiner Zeit, war sowohl Projektleiter aus auch Entwerfer. Er brachte Wilson mit, damit dieser die Ideen von Tom Paine und anderen für Stahlbrücken ausfeilte, und baute sie. Die meisten Brücken werden immer noch hauptsächlich von Ingenieuren entworfen, erst danach wird die äußere Form in gewissem Maß von Architekten verschönert. So große Projekte wie Fosters Grand Viaduc du Millau (Abb. 4), unweit von Cahors, fallen in diese Kategorie: die ingenieurbautechnischen Randbedingungen standen fest, bevor Architekten zu einem Entwurfswettbewerb eingeladen wurden. Es war ein richtiger Architektur-Wettbewerb, an dem sich viele Architekten beteiligten. Üblicher ist jedoch die Vorgehensweise wie im Fall der Schrägseilbrücke über den Ohio River von William Natcher (Abb. 5; 2002), über die die Straße 231 zwischen Kentucky und Indiana führt. Die Brücke, eine der größeren Schrägseilbrücken in den USA, wurde von Vijay Chandra und anderen Mitarbeitern der Ingenieurfirma Parsons Brinckerhoff entworfen. Die Form der Pylone wurde in Bezug auf Wirtschaftlichkeit, Funktionalität, konstruktive Machbarkeit, Prüfbarkeit, leichte Wartung, Verdrehungssteifigkeit, Möglichkeiten der Seilverbindungen und so weiter ausgewählt. Sobald all dies feststand, wurde die Brücke den firmeneigenen Architekten übergeben. Sie ließen die Seiten der Pylone leicht konisch zulaufen und modellierten die Stirnseiten der oberen Pylon-Abschnitte, um ihnen mehr Ausdruck zu verleihen. Das schien alles zu sein. Reine Kosmetik, leicht aufgetragen.

Der Einfluss eines Architektenentwurfs auf die Konzeptfindung schwankt zwischen Null und 100 Prozent, wobei Null das Üblichere ist. Im späteren Verlauf kann der Beitrag des Architektenentwurfs jedoch noch entscheidend sein. Als der französische Architekt Alan Spielmann damit beauftragt wurde, einen neuen Viadukt nahe Clermont Ferrant zu bauen – in Sichtweite von Eiffels ikonischer Garabit-Eisenbahnbrücke aus dem vorhergehenden Jahrhundert –, war wieder einmal die Ingenieurlösung die erste Wahl. Spielmann brauchte jedoch ein weiteres Jahr, um die Lösung zu verfeinern – besonders, um die gedrungene Erscheinung zu mildern. Andere Brückenbau-Architekten, wie zum Beispiel Ronald Yee, der vorwiegend in Fernost arbeitet, werden früher mit einbezogen. Yee ist ein treuer Verfechter des klassischen „Goldenen Schnitts“ als System für Brückenproportionen und verwendete ihn sowohl in der vertikalen als auch in der horizontalen Ebene bei seiner Ting Kau Schrägseilbrücke und bei der Tsing Ma Hängebrücke (Abb. 6), beide in Hongkong. Bei Tsing Ma waren sogar die Fahrbahnabschnitte nach dem Goldenen Schnitt proportioniert. Yee wendet auch einen anderen klassischen Kunstgriff an, die Entasis

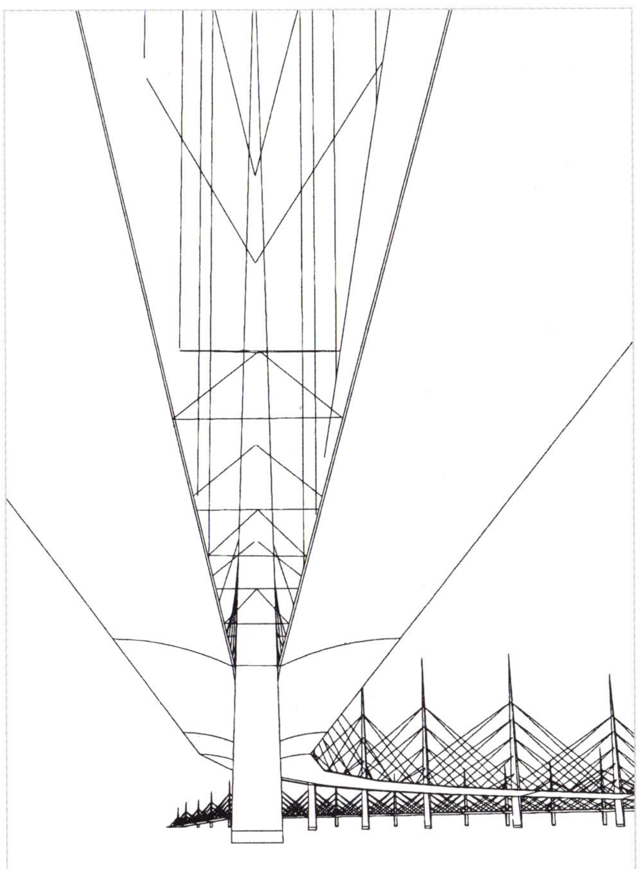

1 2 | 4 5
3 |

Abb. 1:
Die Pont Valentre über den Fluss Lot, Cahors, frühes 14. Jahrhundert

Abb. 2:
Tower Bridge, London,1890, von Architekt Sir Horace Jones und Ingenieur John Wolfe-Barr

Abb. 3:
Die Wearmouth Brücke, Sunderland, 1796, von Architekt John Soane und Ingenieur Thomas Wilson

Abb. 4:
Vorentwurf für den Grand Viaduc du Millau, Cahors, von Foster und Partner

Abb. 5:
William Natcher Brücke, 2002, Owensboro, Kentucky, von Vijay Chandra

– eine feine, nach oben zunehmende Abschwellung eines Säulenschafts. Er gestaltet so die Pylone, um der scheinbaren Ausbuchtung der schrägen Seile entgegenzuwirken.

Die momentane Mode, die Fahrbahn weit gespannter Brücken aufzuteilen, spiegelt das Bestreben der Architekten wider, bei großen Bauwerken die Masse zu reduzieren. Ein großes Bauwerk kann aus einer Ansammlung vieler kleiner Konstruktionen bestehen, die die Landschaft in den Entwurf mit einbeziehen. Bei Brücken lässt die Notwendigkeit für Gleichgewicht häufig weniger Spielraum für Vielschichtigkeit zu, obwohl sich zum Beispiel Zaha Hadids springende architektonische Formen (Abb. 7) besonders gut für Brückenbau-Projekte eignen und auch bei mehreren zum Einsatz kamen. Typischer könnte vielleicht die Brücke von Nicholas Grimshaw in Ijburg (Abb. 8) in der Nähe von Amsterdam sein, die Fahrbahn, Schienen und Fußgängerverkehr nebeneinander zu einer neuen Siedlung auf eine Insel führt. Die Architekten betrachteten ihre doppelt verlaufenden Bögen als Räume, entwarfen die Berührungspunkte der Bögen so, dass sie Meerestieren gleichen und teilten die Fahrbahn in mehrere dünne Streifen auf, als ob sie eine optische Verbindung mit dem Wasser darunter herstellen wollten. Sie entschlossen sich auch, die beiden Bögen mittig durch einen Umkehrbogen miteinander zu verbinden, wodurch sie wie eine sinusförmige Kurve wirken. Dies waren sehr architektonische Entscheidungen, die frühzeitig im Verlauf des Wettbewerbs getroffen worden waren. Die Auslobung eines Wettbewerbs selbst war ungewöhnlich, denn ursprünglich hatten die Niederlande die Politik verfolgt, Land trockenzulegen, um ans Festland angrenzende Polder anzulegen: demzufolge waren Brücken unbedeutend. In Ijburg wurde eine andere Taktik verfolgt: die neuen Siedlungen – einschließlich einer Satellitenstadt für Amsterdam – würden auf einer Reihe miteinander verbundener Inseln gebaut werden. Das Wasser bildet eine natürliche Begrenzung und die Brücken stellen die notwendigen Markierungspunkte an den Zugängen dar.

Aber welche Form sollten solche Markierungspunkte haben? Zufällig war ich dabei, als zwei englische Architekten – beide hatten Wettbewerbe für Fußgängerbrücken gewonnen – sich auf einer Party trafen. Architekt A gratulierte dem jüngeren Architekten B zu einem kürzlich errungenen Sieg. „Sehr interessant", sagte er, „es gibt nur wenige Möglichkeiten, eine Brücke zu entwerfen. Ihre war eine davon."

Ein ganz schöner Hammer. Doch es spiegelt die unbestrittene Tatsache wider, dass – trotz ungewöhnlicher technologischer Fortschritte in den vergangenen Jahren – Ingenieure und Architekten vielleicht weniger Freiheit beim Brückenentwurf haben, als es auf den ersten Blick scheinen mag. Man kann sich nicht über die Gesetze der Physik hinwegsetzen, doch man kann immer – wie Santiago Calatrava eindrucksvoll zeigt – den Punkt hinauszögern, an dem die Last schließlich den Grund berührt, indem man sie elegant auf Teilkonstruktionen verteilt. Nur wenige beherrschen dies mit dem Elan von Calatrava. Üblicherweise werden Brücken, die so gestaltet werden, übermäßig kompliziert. Wenn es eine Regel gibt, dann die, den Entwurf zu beschränken. Das ist der Grund, weshalb so viele Brücken einander gleichen. Es ist selten, dass eine echte Original-Lösung gefunden wird, aber es kommt vor, und davon war in den letzten Jahren in Großbritannien einiges zu sehen. Zum Beispiel die S-förmige Schrägseilbrücke mit schrägem Mast für Fußgänger im Hafen von London von Wilkinson Eyre: Eine Hälfte, nur um das Ganze noch raffinierter zu machen, ließ sich einst für die Durchfahrt von Schiffen öffnen. Oder die hyperbolisch paraboloide Fußgängerbrücke in Manchester von Hoddeo Associates (Abb. 10), die wie ein horizontal platzierter Kühlturm eines Kraftwerks wirkt und deren Form es ermöglicht, dass der Fußweg in der gläsernen Röhre das Gefälle zwischen den verschiedenen Ebenen der Gebäude auf jeder Seite aufnimmt. Oder aber die Royal Victoria Dock Fußgängerbrücke, im Hafengebiet östlich von London, von den Architekten Lifschutz Davidson und den Ingenieuren Techniker (angeführt von Autor Matthew Wells). Hier wurde das Konzept einer Transportbrücke aufgegriffen und mit einem Schuss konstruktiver Kühnheit kombiniert: Ein „Fink Truss"-Bindersystem wurde umgedreht und verändert, was ein ausgesprochen klares Profil erzeugte, das im flachen Osten Londons notwendig ist.

Die Frage, ob eine reine Ingenieurkonstruktion besser oder schlechter ist als eine, bei der ein Architekt die Hauptrolle übernommen hat, wird nie geklärt werden. Besonders im Falle jener Konstrukteure wie Santiago Calatrava, die sowohl Architekt als auch Ingenieur sind und dadurch eindrucksvoll zeigen, wie zwei Hälften des selben Gehirns miteinander in Dialog treten. Ich hatte doppeltes Glück, als ich in ganz jungen Jahren auf zwei der besten „Ingenieursbrücken" Großbritanniens aufmerksam gemacht worden war. An der Universität in Durham musste ich meistens die Kingsgate-Fußgängerbrücke (Abb. 11) über die Schlucht des River Wear überqueren. Obwohl ich es damals nicht wusste, war es das letzte persönlich entworfene und überwachte Projekt des großen Ingenieurs Ove Arup, von 1962-63. Die Mulde des Fußweges aus Beton fühlte sich wie ein Aquädukt an, wie beim römischen Pont du Gard in Frankreich oder bei Thomas Telfords großartigem Georgian Röhren-Aquädukt in Pointcysylte in Nord-Wales, der Überbau – eine Eisenkonstruktion – ragte hoch über das Tal des River Dee auf. Arups Brücke lässt erkennen, wie sie gemacht ist: Zwei exakt symmetrische Abschnitte, die parallel zu den Flussufern gebaut wurden, waren in Position gedreht und mit zwei einfachen, vollständig exponierten bronzenen Roll-Dehnungsfugen miteinander verbunden worden. Diese Brücke ist lebendig, sie bebt leicht, wenn Horden von Studenten schnell darüber laufen. Ebenso interessant ist jedoch ihre Lage. Sie verbindet das alte Durham mit seiner Kathedrale und dem Schloss auf einer bewaldeten Insel mit dem modernen Durham und seinen neuen Universitätsgebäuden. Sie muss nicht nur einen Fluss überspannen, sondern Tausende von Jahren – diese Aufgabe erfüllt sie mühelos.

Kurz danach sah ich die Humber Bridge (Abb. 12) in Nordost-England. Sie stammt von William Brown und anderen des Büros Freeman Fox und Partner und war zu der Zeit die längste Hängebrücke der Welt mit einem Einfeldträger. Sie übertraf locker die 1964 gebaute Verrazano Narrows Bridge im Hafen von New York, die zuvor als längste Brücke galt. Sie ist tatsächlich so lang, dass die Pylone leicht schräg gestellt werden mussten, um die Erdkrümmung zu berücksichtigen. Da ich von Zeit zu Zeit das East Riding von Yorkshire besucht hatte, konnte ich mir ein Bild vom Fortschritt des Bauablaufs machen. Erst die Pylone, dann die fragilen Führungsgewinde, dann die herumgewickelten Seile und dann das, was der wahrhaft wunderlichste Teil zu sein schien: Fahrbahnabschnitte schwebten hoch in der Luft über die Bucht hinaus. Der schmale Fahrbahnstreifen rückte von jedem Ufer aus vor – wie Bänder im Wind. Die Entfernungen waren so groß, dass es zu optischen Täuschungen kam. Seile lösten sich scheinbar im Dunst der Meeresbucht auf. Die Ausleger schienen hoch über den Wellen unmöglich schlank zu sein, wie in einem schwerelosen Umfeld. Als sie sich schließlich miteinander verbanden und zu einer Brücke wurden, behielten sie diese besondere Eigenschaft. Die Brücke ist eine ungewöhnlich schöne Reaktion auf das Umland, das Wasser und den Himmel, ganz im Gegensatz zum städtischen Umfeld der Verrazano Narrows. Aus der neueren Zeit kommt vielleicht nur die wunderschöne 1994 gebaute Schrägseilbrücke Pont de Normandie in Nordfrankreich (eine weitere große Überbrückung einer Flussmündung) an die Stimmung der Humber Bridge heran.

Die Überbrückung des Humber war jedoch eine rein politische Geste: Eine Regierung wollte Arbeitsplätze schaffen und Stimmen gewinnen, indem sie die Industrie- und Straßennetze von Lincolnshire und Yorkshire, die zu beiden Seiten der Flussmündung lagen, miteinander verband. Der neue Landkreis Humberside wurde um die Brücke herum geschaffen. Dies war eine künstliche Anlage und hielt nicht lange: Politisch gesehen wurde Humberside jetzt abgeschafft. Die Brücke, 1981 eröffnet, ist sehr wahrscheinlich unnötig, da der meiste Verkehr in diesem Landstrich weiterhin von Osten nach Westen fließt und nicht von Norden nach Süden über den Humber. Die Brücke ist noch immer mit immensen Schulden beladen. Aber sie war und bleibt nicht nur äußerst symbolträchtig, sondern ist auch ein technologisches Wunder von großer Schönheit. Es ist kein Zufall, dass sie von der Politiker-Generation geplant wurde, die auch für die Concorde verantwortlich war.

Es ist auch kein Zufall, dass ihre Rekord brechenden Eigenschaften im Gegenzug von anderen politisch initiierten Brückenbaupro-

6 7 | 9 10
8 | 11

Abb. 6:
Tsing Mai Brücke, Hong Kong,1995, von Mott Macdonald Ingenieur Consulting mit dem Architekten Ronald Yee

Abb. 7:
Modell für eine bewohnbare Brücke, 1998, Entwurf von Zaha Hadid

Abb. 8:
Ijberg Brücke, Amsterdam, 2002, von Nicholas Grimshaw

Abb. 9:
South Quay Brücke von WilkinsonEyre, Hafen von London, 1996

Abb. 10:
Corporation Street Fußgängerbrücke, Manchester, 1998, von Architekt Steven Hodder and Ingenieur Andy Foster

Abb. 11:
Die Kingsgate Fußgängerbrücke, Durham, 1962, von Ove Arup

jekten übertroffen werden sollten – am bemerkenswertesten ist die Reihe von Verbindungen zwischen Dänemark und Schweden. Dissing und Weitlings Hängebrücke über den Großen Belt, 1998 eröffnet, ist sogar länger als die Humber Bridge. Die Aufmerksamkeit wandte sich jedoch bald der hybriden Verbindung über den Öresund zu, einer 16 Kilometer langen Straßen- und Schienenverbindung mit einer Kombination aus Brücken und Tunnels. Der größte Brückenabschnitt (von einem Konsortium mit Ove Arup entworfen) ist mit 490 Metern die längste Spannweite einer Schrägseilbrücke auf der Welt. Sie ist auch die tragfähigste Brücke, da sie sowohl eine Fahrbahn als auch darunter eine zweispurige Hochgeschwindigkeits-Eisenbahntrasse führt. Dieses Konzept ist nicht neu – im Jahr 1855 baute der preußisch-amerikanische Ingenieur John Röbling eine zweigeschossige Hängebrücke mit Fahrbahn und Schienentrasse über die Schlucht der Niagara-Fälle, und es gab seither noch eine Menge anderer dualer Brücken –, doch die Größenordnung und der Ehrgeiz der Öresund-Verbindung reiht sie in eine andere Kategorie ein. Um die Öresund-Verbindung im Juli 2000 zu eröffnen, fuhr die Königin von Dänemark in einem Zug vom Kopenhagener Hauptbahnhof aus los, während der König von Schweden gleichzeitig vom Hauptbahnhof Malmö aus abfuhr: Die beiden Monarchen mit ihren Premierministern im Schlepptau trafen sich auf der künstlichen Insel Pebeholm, um die Eröffnungszeremonie einzuleiten. Genau wie bei der Humber Bridge – jedoch mit mehr Berechtigung – ist die Rede davon, dass die Verbindung einen eigenen Wirtschaftsbereich erzeugt, der weder zu Schweden noch zu Dänemark gehört, einfach nur „Öresund“ heißt. Die Wirkung des Bauwerks wurde mit dem Abriss der Berliner Mauer verglichen.

Solche Träume wird es immer geben. Es existieren unweigerlich Pläne, Dänemark direkter an Deutschland anzubinden. Dies scheint unbedeutend verglichen mit dem Vorhaben, eine Brücke über die Straße von Gibraltar zu bauen, die so die Schlüsselnationen des Magreb miteinander verbindet. Es ist unbestreitbar, dass Andalusien stets mehr mit Nordafrika gemeinsam hatte als mit Nordeuropa. Streng genommen ist die zu überbrückende Entfernung nicht übermäßig groß und die technischen Probleme sind relativ unkompliziert. Die Politik ist jedoch niemals unkompliziert: hier wird der Wunsch nach Wirtschaftswachstum gebremst, und zwar durch das mögliche Problem der wirtschaftlich bedingten Abwanderung nach Norden, aus dem armen Afrika ins reiche Europa. Wenn das Meer überquert werden muss, kann dies bis zu einem gewissen Grad kontrolliert werden. Doch abgesehen von all dem gibt es möglicherweise nur eine symbolisch noch wichtigere Verbindung als die zwischen Europa und Afrika: die Verbindung zwischen Amerika und Russland über die Bering-Straße. Der wirtschaftliche Vorteil in solch abgelegenen Regionen ist vielleicht schwer auszumachen, dennoch wird immer weiter geplant. Wie werden die Planer, wenn Brücken schließlich an diesen Stellen gebaut werden, die ungeheure Bedeutung solcher Verbindungen im Entwurf umsetzen?

Die Qualität des Entwurfs ist bei solch großen nationalen und internationalen Projekten normalerweise hoch. Die nachlassende Ästhetik in der Nachkriegs-Ära betraf andere Projekte. Man könnte daraus folgern, dass die Brückenbaukunst kaum von den Auswüchsen alltäglicher Brückenkonstruktionen überschattet wurde, denen überall in der Welt eine gewaltige Ausdehnung des Straßennetzes zugrunde liegt. Im Straßenbau ebenso wie in den vorangegangenen Epochen des Eisenbahn- und Kanalbaus entstanden die originellsten, oder auf jeden Fall ästhetisch überzeugendsten Entwürfe durch eine spannende Topographie und nicht durch den übermäßigen Wunsch nach Symbolik – die Viadukte in den Bergen von Mittel- und Südeuropa sind dafür ein Beispiel. Neue Schnellstraßen beeinflussten den Brückenbau auf andere Weise. Erstens wurde er Allgemeinplatz für einen einzigen Stil – oder zumindest eine sehr begrenzte Auswahl an Entwurfsrichtungen für Brücken, die von jeder Autobahnbehörde angewendet wurden. Dies erzeugte einen gewissen Grad an Homogenität, führte aber auch zu Verlegenheitslösungen, bei denen Standardentwürfe hingebogen wurden, um allen Situationen gerecht zu werden. Zweitens musste der Entwurf seine ästhetische Botschaft liefern, und zwar in Bezug auf Geschwindigkeit. Je schneller das Auto fährt, desto enger wird der Blickwinkel des Fahrers – und ebenso kürzer die Zeitspanne, alles zu betrachten.

Einige mutige Brückenkonstrukteure kämpften dagegen an. Der Schweizer Jörg Schlaich zum Beispiel – berühmt für höchst plastische Straßenbrücken – erlebte Folgendes: Als er eine einfache Brücke über eine Straße in Kirchheim (Abb. 13) entwerfen sollte, wurde die ausdrucksvolle Konstruktion aus gespannten Seilen und Streben, die er vorsah, ablehnend beurteilt. Solche Entwürfe, hieß es, würden dem Vandalismus und der Sabotage Vorschub leisten. Daher musste Schlaich seine Konstruktion von 1993 in Beton hüllen. Die Konturen, die er ursprünglich erzielen wollte, blieben jedoch erhalten.

Architekten entwerfen zwar Brücken für hohe Geschwindigkeiten, ihr Talent für die Detailausbildung kam jedoch weitaus häufiger bei Fußgängerbrücken zur Geltung, besonders bei Projekten der Stadterneuerung. Es gibt einen gewaltigen Unterschied zwischen der Detailbehandlung von, sagen wir, der Brücke über den großen Belt in Dänemark – die durchwegs auf Geschwindigkeit ausgelegt ist – und der Detailbehandlung einiger der gegenwärtigen Fußgängerbrücken, die weniger mit Reisen als vielmehr mit Spazieren gehen zu tun haben. Oberflächenbeschaffenheit, Größe der Bauteile, das Gefühl der Bewegung unter den Füßen, ein Gefühl von Schutz und Sicherheit, ja sogar Klang- und Lichtreflexe werden wichtig. Ein Holzbelag mag sich wärmer und menschlicher anfühlen, kann jedoch bei Nässe rutschig werden: wie kann man dieses natürliche Gefühl bewahren, wenn man Materialien benutzt, die vom Menschen künstlich hergestellt wurden? Eine gleichmäßige Fahrbahnkrümmung sieht am besten aus, aber wie vereinbart man dies mit der Forderung nach ebenen Ruhepunkten für Rollstuhlfahrer? Der überaus wichtige Handlauf, könnte er einzigartig oder auf irgendeine Art besonders ausgeführt werden, zum Beispiel mit einer auf Industriediamanten basierenden Beschichtung, wie bei einem britischen Brückenentwurf, mit dem ein Wettbewerb gewonnen wurde?

Solche Details fallen eher in das Gebiet der Architekten als der Straßenbauingenieure, denn sie ringen bei ihrer Arbeit ständig mit der Schnittstelle zwischen Technik und menschlichen Bedürfnissen. So hat Norman Foster möglicherweise einen bedeutenderen Entwurf zur Millenniums-Fußgängerbrücke über die Londoner Themse vom Tate Modern Museum für moderne Kunst zu den St.Paul's Steps am nördlichen Ufer beigetragen, als er es beim Millau Viadukt konnte. In London forderte er von seinem Ingenieur Ove Arup eine Konstruktion, die so schlank ist, dass sie einem „Lichtstrahl" ähnelt. Dies führte zu einer stark vorgespannten Hängekonstruktion ohne Pylone, der Fußweg liegt direkt auf den Seilen und hängt nicht von ihnen ab. Der Entwurf lehnt sich an die dünnen Seilbrücken Zentralasiens an. Wie diese neigte sie am Anfang dazu, von Seite zu Seite zu schwingen, und zwar stärker, als angenommen wurde. Es mussten dämpfende Maßnahmen ergriffen werden, das prägnante Erscheinungsbild wurde jedoch behutsam erhalten. Die Brücke wurde zur öffentlichen Attraktion, auch dann, als sie geschlossen wurde. Hier schuf der Architekt also eine scheinbar reduzierte, minimalistische Konstruktion, die auf den ersten Blick als „reines" Ingenieurbauwerk missraten schien – dies war jedoch nicht der Fall. Architekten und Ingenieure arbeiteten im Dienste eines ästhetischen Ideals zusammen. Der ästhetische Bezug war dabei uralt, die Mittel, ihn zu erlangen, waren hingegen extrem modern: so modern, dass sie völlig neues Denken erforderten.

Häufig findet man solche historischen Bezüge in der Architektur, im Brückenentwurf weniger oft, obwohl sie auch dort enthalten sind. Ein Beispiel ist die Kintai-Kyo Brücke von 1673 in Iwakuni, Japan (Abb. 14), die erstaunlich zeitgenössisch wirkt, da sie aufs Wesentliche reduziert ist. Holzbögen zwischen Brückenpfeilern aus Bruchstein bilden einen wellenförmigen Fußweg bestehend aus Treppen und sanften Kronen: die Bögen sind der Fußweg, der jedoch nicht als horizontale Oberfläche aufgebracht ist. Die gesamte Holzkonstruktion dieser Brücke wurde alle 25 Jahre erneuert: alle fünf Jahre wurde einer der fünf Bögen neu gebaut. Dies hörte auf, als durch moderne Holzschutzmittel der Erneuerungsprozess beträchtlich verlangsamt werden konnte, nachdem die Brücke 1953 komplett neu gebaut worden war. Seitdem wirkt sie bis zu einem gewissen Grad modern. Die Überquerung mag sehr anstrengend sein, doch sie strahlt eine ungeheuer starke zeremonielle Macht aus. Warum sollte eine Brücke eigentlich nicht wellenförmig sein, vorausgesetzt, es gibt eine Alternative für Gehbehinderte?

12 13 | 14 15

Abb. 12:
Die Humber Bridge, 1981, von Freeman Fox und Partner

Abb. 13:
Die Brücke des Ingenieurs Jörg Schlaich in Kirchheim, 1993

Abb. 14:
Kintai-Kyo Brücke, Iwakuni, Japan, 1673

Abb. 15:
Pulteney Brücke, Bath, 1773, von den Adam-Brüdern

Auch die gegenwärtigen schwimmenden Schiffsbrücken spielen optisch auf die Vergangenheit an: Professor Eiichi Watanabe von der Universität Kyoto hat beispielsweise eine Straßenbrücke an der Küste vorgeschlagen, mit einer Fahrbahn aus sich schlängelnden Hohlträgern, die auf zylindrischen schwimmenden Pontons aus Beton ruht. Die Römer hätten die Idee gut gefunden. Ähnlich verhält es sich mit den neuesten Spannbandbrücken. Anstelle eines Fußwegs aus beweglichen Planken wie in der Vergangenheit gibt es ein schmales Band aus dünnem, vorgespanntem Stahlbeton. Wie bei so vielem, das mit Brückenentwurf zu tun hat, erinnert die Technologie solcher Überbrückungen an Entwürfe von Dächern – wie zum Beispiel Alvaro Sizas meisterhaft kettenartig gekrümmtes dünnschaliges Betondach bei der Expo 1998 in Lissabon, Portugal. Aus konstruktiver Sicht können breite, weit gespannte Dächer und lange Brücken fast identisch sein: der Unterschied ist, dass Dächer selten konstant variierende Verkehrs- und Windlasten zu tragen haben. Aus ästhetischer Sicht können Brücken vom Vergleich mit Gebäuden lernen. Oftmals wird der optischen Wirkung der Untersicht von Brücken zu wenig Bedeutung beigemessen. Bei Gebäuden hingegen wird der Dachunterfläche beim Entwerfen ein hohes Maß an Aufmerksamkeit gewidmet.

Wie Matthew Wells in diesem Buch erwähnt, wurden die Brückenbaumethoden im 20. Jahrhundert enorm verbessert. Während der Kriegsjahre machten sie sprunghafte Fortschritte, als besonders intensiv Technologien aus anderen Industriezweigen, wie dem Schiffsbau, auf Brücken übertragen wurden. Neue Wege mit alten Materialien, das Eintreffen neuer Materialien, die wachsende Bedeutung der Aerodynamik, und vor allem die sich schnell entwickelnden Computerprogramme, die in der Lage sind, entworfene aber ungebaute Konstruktionen unter verschiedenen Bedingungen zu „prüfen" – all dies führte zu einem Punkt, an dem, aus der Sicht des Ingenieurs, Brücken zur Vorführung konstruktiver Akrobatik gebaut werden könnten. Was dann geschah, war eine Aufwertung der Ästhetik von Brücken und zwar sowohl aus der Sicht des Ingenieurs als auch aus der des Architekten.

In gewissem Sinne ist das, was stattgefunden hat, eine Aufwertung der Natur des Brückenbaus. Um zum Anfang dieser Einführung zurückzukommen: Was soll eine bestimmte Brücke bezwecken? Einige Beispiele verleugnen ihr Brückensein, wie die Adam Brothers' Pulteney Brücke (Abb. 15) in der georgianischen Stadt Bath, so, wie sie mit kleinen Geschäften flankiert wird. Da sie eine eingezwängte Straße ist, wie die mittelalterliche Old London Bridge zuvor, kann man sie überqueren, ohne überhaupt wahrzunehmen, dass der Fluss Avon darunter hindurch fließt. Auch wenn auffällt, dass die beeindruckenden, hohen Gebäude auf jeder Seite eleganten, kleinen Gebäuden gewichen sind, wird das Auge durch die georgianischen Einheits-Schaufenster auf Straßenniveau gehalten. Mit dem Vorwurf, den Menschen die Orientierungsmöglichkeit vorzuenthalten – eine Anklage, die man auch gegen fensterlose Röhrenbrücken richten könnte, die eigentlich Tunnels in der Luft sind – ist nicht die Rialto Brücke in Venedig (Abb. 16) gemeint. Die Rialto Brücke bietet beides, einen verschwenderisch hohen Bogen und offene Fußgängerdurchgänge auf beiden Seiten der stets überfüllten, mittig verlaufenden Straße. Das Verweigern eines Ausblicks kommt auch nicht bei anderen englischen Palladio-Brücken des 18. und frühen 19. Jahrhunderts vor. Dort wirkt die Brücke, obwohl sie als architektonisches Bauwerk behandelt wird, wie ein Raum mit Ausblick und dient in Palladio-Art dazu, den Ausblick zu rahmen und zu betonen, und zwar sowohl von innen als auch von außen.

In den 80er und 90er Jahren des 20. Jahrhunderts erhielt diese Brückenart durch die wieder aufkeimende Idee der „bewohnten Brücke" Aufwind. Manche Projekte zeigten nicht viel mehr als Auszüge der Stadtumrisse auf jeder Seite, die den Fluss überwölbten und seine Existenz verleugneten. Einen positiven Nebeneffekt hatte so eine Brücke jedoch: sie kaschiert die Wunden, die Verkehrsadern durch Städte gezogen hatten. Die Autobahn verschwindet unter der Brücke und die Landschaft darüber wurde wieder hergestellt. Die 'Green Bridge' des Architekten Piers Gough (Abb. 18) in Ost-London zum Beispiel eint einen Park. Andere Brücken vereinen Schulanlagen, die durch eine Straße getrennt sind. Sollte die Straße darunter wahrgenommen oder verleugnet werden? Manche Entwürfe sehen Raststellen vor, sogar Aussichtspunkte in ansonsten abgeschlossenen Brücken, um den

notwendigen Ausblick zu ermöglichen. Einen direkten Vergleich in der Architektur bieten die sich endlos ausdehnenden Terminals von Flughäfen, die gewöhnlich die Konstruktion überdachter Brücken enthalten. Wieder wurde die frühere Tendenz, solche Verbindungen völlig geschlossen und künstlich belichtet zu halten durch eine neue Ästhetik der Transparenz ersetzt. Wer bewohnte Brücken als selten bezeichnet, sollte Flughäfen einmal mit anderen Augen betrachten.

Jetzt werden Brücken als Symbole der Erneuerung und des wieder auflebenden Bürgerstolzes akzeptiert, die im Kleinen einzelne Bereiche des Stadtgefüges miteinander verbinden. Sie stehen im Kontrast zu jenen Brücken, die im großen Maßstab wirken und Nationen, sogar Kontinente miteinander verbinden. Es mag paradox erscheinen, dass auf der einen Seite manche Brücken immer größer, andere hingegen ein ganzes Stück kleiner wurden. Beide Aspekte sind jedoch demselben Phänomen zuzuordnen. Vielleicht wird das Stadtleben zwischen Gebäuden und Bezirken mehr betont. Man stellte auch fest, dass eine Brücke helfen kann, das Wirtschaftsgefälle zwischen reichen und armen Stadtteilen zu korrigieren, da sie die Fortbewegung erleichtert. Wenn sich eine Brücke über eine Trennungslinie wölbt – sei es eine Wasserstraße, Autostraße oder Eisenbahn – ist die Wirkung beinahe hydraulisch: Das Geld fängt an, von der reichen zur armen Seite hinüberzufließen. Das ist der Grund, weshalb in so vielen Stadterneuerungsprojekten die Brücke eine wesentliche Rolle spielt.

Noch einmal: Dies funktioniert in allen Maßstäben. Im Extremfall hat man eine bescheidene neue Brücke, die einen Stadtteil irgendeiner Stadt neu beleben soll, der auf der benachteiligten Seite liegt. Dies könnte als post-industrielles Heftpflaster verstanden werden, da es normalerweise ihre Aufgabe ist, wirtschaftliche Verluste abfangen zu helfen, die durch den Rückgang von Fabrik-Arbeitsplätzen entstehen. Wenn es aber so ist, kann niemand bestreiten, dass die Brücke als städtisches Element für diese Aufgabe besonders geeignet ist, sowohl in physikalischer als auch in emotionaler Hinsicht. Im anderen Extremfall hat man so etwas wie die Jamuna Brücke von 1998 in Bangladesch: fünf Kilometer lang, mit weiteren 30 Kilometern an Zufahrtsstraßen, die über den verflochtenen Jamuna Fluss von Brahmaputra führt, dessen Verlauf sich ständig verschiebt und der Erdbeben und Überflutungen ausgesetzt ist. Diese niedrige Brücke mit Mehrfeldträgern ist, abgesehen von ihrer Länge, kaum spektakulär, aber sie verbindet den landwirtschaftlichen Westen des Landes mit dem industriellen Osten. Zwei Nationen wachsen zusammen.

Das Bild hat jedoch auch eine Kehrseite. Ja, eine Brücke kann getrennte Gemeinden miteinander verbinden, aber sie kann auch Brennpunkt sektiererischen Hasses sein. Brücken können Ziele für Bombenabwürfe sein. Brücken werden von Flüchtlingen aufgesucht. Eine Brücke kann mehr anbieten als sie ausrichten kann: eine Brücke, die von nirgendwo nach nirgendwo führt – wie es manchmal in Erwartung einer bestimmten Entwicklung geschieht – kann einem bestimmten Ort Sinn geben oder sie kann unmotiviert und lächerlich wirken. Eine Straßenbrücke kann auch zu erfolgreich sein und umweltbelastenden Verkehr und Auswüchse von Gebäuden anziehen: Wie alle Straßen können sie allein dadurch, dass sie existieren, selbst Verkehr erzeugen. Und eine Brücke kann ihre Nützlichkeit überleben und zu einem Artefakt industrieller Archäologie werden. Ein mächtigeres und bildhafteres Artefakt jedoch, als so manches konventionelle Gebäude. Ein Beispiel ist die Original-Eisenbrücke aus dem 18. Jahrhundert von Thomas Pritchard (Abb. 17) in Coalbrookdale, in der seit langem entindustrialisierten englischen Grafschaft Shropshire. Auch Tausende verlassener Eisenbahnbrücken überall in der Welt zeugen davon.

Brücken ermöglichen, das Leben einer Kleinstadt, einer Stadt, eines Landes oder einer Wirtschaftsregion zu verstehen und zu schätzen. Selbst wenn sie aufgegeben werden, verkörpern sie Bewegung, Aktion, Wohlstand, Macht. Brücken sind vielleicht die herausforderndsten aller Ruinen. Die eingestürzte Brücke von St. Benezet in Avignon aus dem 12. Jahrhundert – als Übergang aufgegeben im Jahr 1680 und seitdem Touristenattraktion – liefert uns den Schlüssel dazu. Der faszinierendste Aspekt heutigen intensiven Planens auf diesem Gebiet ist daher der verlockende Gedanke, die Brücke diene nicht der Reise, sondern ist das Ziel und endet in sich selbst.

16 17 | 18

Abb. 16:
Vincenzo Scamozzi's Entwurf für die Rialto Brücke, Venedig, 1588

Abb. 17:
Die Iron Bridge, Coalbrookdale, 1779, von Thomas Pritchard

Abb. 18:
Die „Green Bridge", Mile End, London, 1998, von Architekt Piers Gough

Brückenentwurf: Ein historischer Überblick Matthew Wells

Rahmenbedingungen für Brückenentwurf
Die Art, in der sich heutige Brückenkonstrukteure ihrer Aufgabe nähern und was wir in ihrer Arbeit sehen, ist überwiegend vorbestimmt. Unsere Reaktionen werden, vielleicht unbewusst, von einem Grundstock erworbenen Wissens geleitet. Wir wissen, wie Brücken aussehen sollten und wir können die Kräfte, die sie enthalten, spüren. Wenn wir irgendeine einzelne Brücke betrachten, ordnen wir sie in die Reihe anderer Brücken ein, die wir gesehen haben. Ähnlich verhält es sich mit der Skizze des Brückenbauers: sie enthält all die anderen Formen, die er möglicherweise bereits gebaut hat.

Die Kriterien, nach denen wir Brücken gut finden und verstehen, sind selten bewusst gewählt. Sie sind nicht systematisch, nicht einmal mit dem selben Maß messbar, wie man an den widersprüchlichen Reaktionen auf den spanischen Brückenkonstrukteur Santiago Calatrava (*1951) sieht. Er kann Architekten begeistern, Ingenieure reagieren auf ihn jedoch zurückhaltend. Die allgemein akzeptierte Art, Brücken zu betrachten – egal zu welcher Zeit – gibt nur den stärksten Aspekt wieder, der andere Einschätzungen überstimmt hat. Die Regeln, nach denen wir Brücken beurteilen, richten sich nach den ständig schwankenden Entwurfsthemen.

Es ist zu einfach, das wechselnde Gesicht des Brückenentwurfs als beständigen technischen Fortschritt oder als neue Wahrnehmung von Ästhetik zu bezeichnen. Die Entwicklung im Brückenentwurf stellt sich, bedingt durch die Verwirklichung einzelner Projekte, als Folge einzigartiger Ereignisse dar. Es gab immer wieder Veränderungen, sei es durch einen Unfall oder zufällig, doch viele brauchbare und fortschrittliche Ansätze wurden nie aufgegriffen. Um unsere gegenwärtige Position zu begreifen ist es hilfreich, durch unser Wissen hindurch zurückzublicken, um herauszufinden, wann heutige Ideen zum ersten Mal auftauchten und als neue Entwicklungen und veränderte Muster übernommen wurden, und so das Verständnis vom Brückenentwurf allmählich ersetzt oder radikal erneuert wurde.

Früherer Brückenbau: Geometrie und Kraftverläufe
Mehrere Brückentypen haben wir von alten Zivilisationen übernommen, einschließlich der Holzkonsolbrücken. Diese sind aus umgedrehten Holzblöcken gebaut, existieren noch in China und Ost-Asien und haben kein modernes Gegenstück. Die „Regenbogen-Brücken" aus der chinesischen Han-Dynastie (206 v. Chr. – 220 n. Chr.) – Bögen aus ineinander greifenden Holzsegmenten für kurze Überbrückungen von Kanälen – sind nur noch in Form von Zeichnungen erhalten. Diese Brückentypen haben deutliche Ähnlichkeit mit römischen Beispielen, die in der Alten Welt selbstverständliche Kommunikation und Handel ermöglichten, vielleicht auch Korrespondenz.

Han-Ingenieure entwickelten die Hängebrücke zu der heute bekannten Form. Im ersten Jahrhundert nach Christus sicherte die Dynastie ihre Westgrenze durch eine Friedenspolitik, bei der benachbarte Horden durch Bestechung und Assimilation in Schach gehalten wurden. Mehr als ein Drittel des wirtschaftlichen Outputs der Dynastie entstand durch Luxusgüter, die nach Westen transportiert wurden. Als Folge davon wurden Kanäle entwickelt und Faserschlepptaue zu dauerhafter Qualität und Stärke verbessert. Solche Seile konnten wiederum bei Hängebrücken eingesetzt werden, um das Straßennetz in schwierig zu überquerenden Gegenden auszuweiten. Diese Hängebrücken hatten Mehrfeldträger, waren leicht und wirtschaftlich und erzeugten keine große Kraftableitung in den Fundamenten, wie es bei Bogenbrücken der Fall ist. Sie passten zu den weiten, häufig überfluteten Flussebenen mit ihren schwachen Ablagerungsböden.

Als die diplomatischen Beziehungen zum Krieg führten, verstärkten die Chinesen wieder ihre technologische Überlegenheit auf traditionelleren Gebieten. Fortschritte in Hüttenkunde, die Schwerter und Kanonen verbessern sollten, führten auch zu den äußerst stabilen schmiedeeisernen Ketten, die Bauteile bei einigen strategischen und organischen Hängebrücken des Reiches ersetzten.

Alte Bogenbrücken aus Ziegelmauerwerk findet man sowohl im Osten als auch im Westen. Die ersten Beispiele in einer erkennbaren Form datieren von 1000 v. Chr. und wurden in Persien gebaut, wo lehmverputzte gebogene Schilfrohre kleine gewölbte Hütten erzeugten, die als Modelle für riesige Hallen und Paläste in den folgenden

Jahrhunderten dienten. Das freie Profil gebogener Stiele, die über dem obersten Punkt zusammengebunden sind, grenzt an das ideale parabolische Profil für einen frei stehenden Bogen und macht ihn zu einem klassischen Beispiel von früher Anwendung. Dieser konstruktive Vorteil ist aus einer Form entstanden, die durch andere Einflüsse erzeugt wurde. Diese Bogenform verbreitete sich im Nahen Osten und ist bei der hier abgebildeten türkischen Brücke zu sehen (Abb. 1).

Ungefähr 500 Jahre später benutzten die Römer halbrunde Bögen, die leicht vorgefertigt und an verschiedene Erfordernisse angepasst werden konnten. Obwohl sie weniger wirkungsvoll sind als die Bogenabschnitte (kleinere Kreisabschnitte) des alten China, wurden diese halbrunden Bögen größer gebaut, wobei man die römische Erfindung nutzte, Steinmörtel als Kern hinter den eng gesetzten steinernen Bögen einzusetzen. Über die Wüsten bis hin zum Osten des Römischen Reiches benutzten die persischen Sassaniden gefangene römische Ingenieure, um halbrunde Bögen aus gebranntem Ziegelstein zu bauen, wobei sie auf die ortsüblichen parabolischen Bögen verzichteten, obwohl diese eigentlich besser waren. Ein Machtgefüge, das auf der Angst vor dem Feind gründete, konnte somit höhere technische Logik außer Kraft setzen.

Die gewaltigen Säulen-Aquädukte aus der Zeit von Augustus (27 v. Chr. – 14 n. Chr.) kündeten von der Dauerhaftigkeit und der Kraft des *Pax Romanum*, indem sie die Botschaft vermittelten, die kaiserliche Welt werde ewig Bestand haben. Transport- und andere Infrastrukturprojekte wurden zu Symbolen für eine neue Ordnung, die auf Handel basierte, doch der römische Ingenieurbau verkörperte weiterhin die Spannung zwischen dem Bestreben des Kaiserreichs nach Ausdehnung und der Notwendigkeit für dauerhafte Konsolidierung.

Strategien, die Festungen und Belagerungsanlagen miteinbezogen, waren entscheidend für den Erfolg der römischen Armee. Zerlegbare Holzfachwerkbrücken (Abb. 2) wurden von dem römischen Architekten und Theoretiker Vitruv in seinen Thesen zur Architektur, die Augustus gewidmet waren, beschrieben. Dies ist die einzige derartige aus der Antike erhaltene Arbeit. Diese zeitweiligen Konstruktionen ermöglichten es der Armee, sich effektiv zu bewegen. In den frühen Tagen der Republik, zur Zeit von Horaz, war der Abriss der Tiberbrücken eine wichtige Komponente der Verteidigungsstrategie der Stadt Rom. (Die Holzteile waren zum Verbrennen zu wertvoll.) Die zeitgenössische Religion spiegelte tief verwurzelte öffentliche Bedenken wider und verbot das Zusammenbinden von Holzbrücken mit Metallklammern jeder Art. Diese Spannung zwischen dem Wunsch nach Ruhe und Dauerhaftigkeit auf der einen Seite und dem Vertrauen in die vorübergehende und zeitlich begrenzte Natur einer leichten Brücke auf der anderen Seite färbt auch heute noch unsere Reaktionen.

Bevor der italienische Astronom und Naturphilosoph Galileo Galilei (1564–1642), eine algebraische Grundlage für den Ingenieursentwurf schuf, gründete der Brückenbau in Europa fest auf der Geometrie, die von Maurern und Zimmerleuten aufgestellt wurde.

Eine starke Neigung zu geometrischen Werkzeugen für die Beschreibung und Dimensionierung von konstruktiven Elementen wurde auf eine tief verwurzelte Handwerkstradition übertragen, die beschrieb, wie mit Materialien umgegangen werden sollte. Systeme darzustellen konnte erlernt (und daher geschützt) werden, während Proportionen durch mehrere ähnliche Konstruktionen zuverlässig extrapoliert werden konnten. Mess- und Konstruktionsmethoden, die auf Gesetzen des griechischen Mathematikers Euclid beruhen, waren jedoch mit esoterischen und mystischen Vorstellungen durchmischt. Inwieweit Faustregeln bei Brückenkonstruktionen angewendet wurden, ist in Ermangelung schriftlicher Dokumente schwer zu sagen. Das Zeugnis der Steine selbst muss erst von modernen Archäologen durch repräsentative Proben früheren Ingenieurbaus und durch statistische Analysen erbracht werden.

Die Entwicklung von Formen durch Auslese ist ein nachprüfbarer Mechanismus alter Zeiten. Mittelalterliche Brücken zeigen oftmals Zuwachs und Dokumente von Einstürzen beschreiben genauestens Fehlerquellen und rationale Gegenmaßnahmen bei den folgenden Wiederaufbauten. Viele sehr frühe Konstruktionen waren in einem aus heutiger Sicht ungewöhnlich hohem Maße effizient. Doch die intellektuellen Pläne zur Dimensionierung von Bögen, Dachfachwer-

1 2 | 3

Abb. 1:
Die Seljuk-era Brücke über den Fluss Eurymedon, Türkei, 11. Jahrhundert. Die parabolischen Bögen sind eine alte Form, die bei Gebäuden aus gebogenem Schilfrohr in den Sumpfgebieten der Gegend üblich ist.

Abb. 2:
Römische Holzfachwerkbrücke über die Donau, 2. Jahrhundert v. Chr.

Abb. 3:
Die Idealisierung eines Auslegers, wie Galileo Galilei ihn untersuchte. Nachdem er von einem speziellen Fall eine allgemeine Bedingung abstrahiert hatte, wendete er das Hebelgesetz Archimedes an, um herauszufinden, wie tragfähig ein Bauelement für eine bestimmte Last sein muss.

ken und andere Mauerwerks-Konstruktionen wurden wahrscheinlich nur begrenzt im Brückenbau angewendet; eine Aufgabe, die scheinbar keine berühmten Meister im Mittelalter aufwies. Diese geometrischen Systeme klingen in den Seil-Konturen an, die von viktorianischen Bogen-Baumeistern übernommen wurden sowie in den einfachen Faustregeln und Proportionssystemen, auf die alle modernen Ingenieure vertrauen, sei es beim Vorentwurf oder beim Überprüfen fertiger Projekte durch Vergleiche.

1620–1750 Die Rationalisten: konzeptionelle Grundlagen werden ausgearbeitet

Die Vorstellung, dass jeder konstruktive Ingenieurbau, und daher auch der Brückenbau, als deterministische Wissenschaft behandelt werden kann, lässt sich auf einen Mann zurückführen. Wir schreiben Galileo den entscheidenden Schritt zu unserem modernen Verständnis zu, obwohl seine Einsichten von Vorläufern beeinflusst waren. Bevor auch nur ein einziger Aspekt im Ingenieurswissen zusammengefasst werden konnte, gab es viele Ingenieure, die gerade genug Theorie entwickelt hatten, um sie in ihrer Arbeit anzuwenden.

Eine solche Persönlichkeit war der Holländer Simon Stevin (1548–1620). Er galt als äußerst pragmatisch sowie höchst rechenkundig und ist berühmt dafür, die Polder während der Holländischen Revolte (1565–81) geflutet zu haben, um die Spanier zu verwirren. Sein Ingenieurswissen schwankte zwischen mittelalterlich und modern. Da er in den Schriften des griechischen Mathematikers Archimedes bewandert war, konnte er hinter das Prinzip der Hebelgesetze blicken und erfand das Kräfteparallelogramm: die Einsicht, dass eine Kraft durch eine andere verstärkt und umgeleitet werden kann. Diese scheinbar banale Erkenntnis – halb Geometrie, halb Vektor-Algebra – bildet die Grundlage unseres intuitiven Verständnisses von Kräften, die innerhalb einer Form angreifen. Er erfand eine Rechenmethode, die er von den Problemen, auf die er gestoßen war, ableitete und die er dann auf andere Fälle wieder anwendete. Der Einfluss seiner Näherung an die später wissenschaftlich begründeten Rechenarten sorgte für die Anwendbarkeit jener Methode auf Ingenieursprobleme.

Im Gegensatz zu einem modernen Forscher untersuchte Stevin nicht die innere Logik der Mathematik, auf die er sich berief, und er extrapolierte auch nicht von ihr. Er beschrieb Situationen, indem er mathematische Modelle errichtete, diesen Modellen Mechanismen, die Phänomene in der Natur erklären und vorhersagen, zuordnete und sagte – mit einem gewissen Unsicherheitsfaktor – künftige Folgen voraus. Im modernen Ingenieurbau ist diese Methode, bei der mathematische Modelle auf die erkannten wesentlichen Punkte reduziert und durch entsprechende Leistung überprüft werden, weit verbreitet.

Im Jahr 1636 stand Galileo unter Hausarrest, da er sich der katholischen Kirche widersetzte. Er blieb einem angeborenen Rationalismus treu und weigerte sich anzuerkennen, dass das Sonnensystem heliozentrisch und nicht geozentrisch ist. Im zweiten der drei Bücher, die er während seines dreijährigen Arrests schrieb, versuchte er eine neue und allgemeine Wissenschaft der Strukturen darzulegen, einen exakten und begründeten Weg, die Größe von strukturellen Elementen unter bestimmten gegebenen Bedingungen zu bestimmen. Viele grundlegende Prämissen waren bereits vorhanden und ermöglichten ihm diese Vorgehensweise. Dazu gehörte auch der Glaube der Renaissance an komplette und einschließende Systeme, die Vorstellung von Universalität – dass das, was an einer Stelle funktioniert, überall auf der Erde und der Himmelssphäre funktionieren wird – und die Erkenntnis, dass eine vereinfachende Annahme nicht unbedingt die resultierende Lösung in Frage stellt.

Ein spezieller Mechanismus, den Galileo untersuchte, war der Ausleger, der ihm während seiner Zeit im Arsenal von Venedig in Form eines praktischen Problems begegnete. Die Größe der Schiffsrippen im Arsenal war durch ihre zeitweilige, partiell unterstützte Stellung in der Schiffswerft begrenzt, sie waren am Kiel befestigt aber noch nicht mit Planken versehen. Galileo abstrahierte dieses allgemeine Problem zu einem Standard-Fall. Sein berühmtes Diagramm (Abb. 3) stellt das Problem dar, reduziert es jedoch auf eine kleine Anzahl messbarer und kontrollierbarer Parameter. Gemäß seiner Vorgehensweise durch Vereinfachung versuchte er, das Problem mit

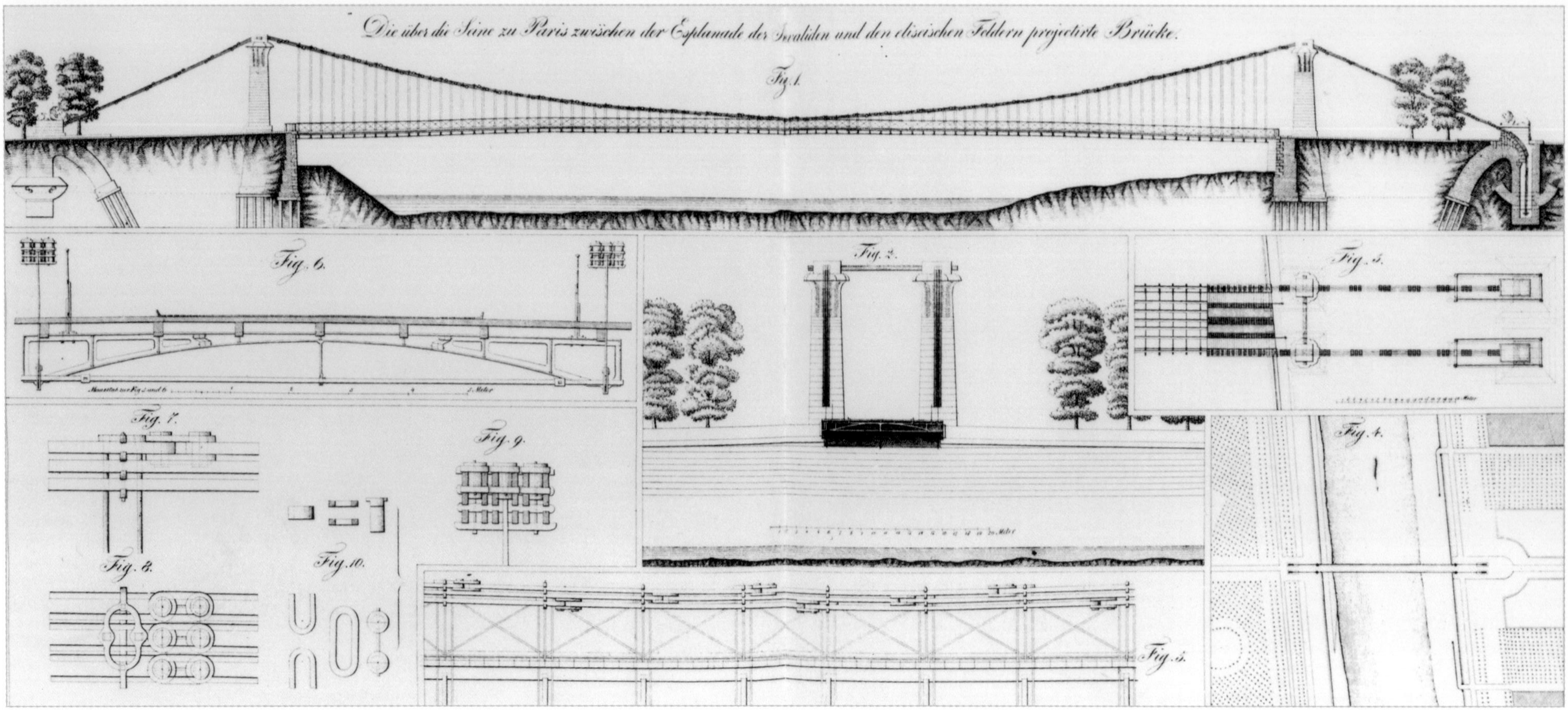

Geometrie zu lösen – eine beinahe grafische Form der Kräfteanalyse, die Maurer im vorigen Jahrhundert anwendeten.

Unglücklicherweise wusste er zu wenig über Materialeigenschaften, er dachte, Festkörper reißen, bevor sie zerdrückt werden. Daher platzierte er den Auflagepunkt, auf dem sich sein Kragträger drehte, am Ende des Abschnitts und nicht in der korrekten Position in der Mitte. Erst im Jahre 1713 wurde vom französischen Mathematiker Antoine Parent, der von seiner eigenen Art zu rechnen geleitet war, eine richtige Lösung gefunden. Trotz der fehlerhaften Ergebnisse Galileos wurde seine konzeptionelle Näherung, die durch sein geometrisches Verständnis geprägt war, gängige Praxis.

Nun stand das Gerüst für die Entwicklung einer besonderen Beziehung zwischen Theorie und Praxis, die noch heute gilt. Niemand führt, aber jeder beeinflusst den anderen. Während des größten Teils des späten 17. und des 18. Jahrhunderts blieb die Baukonstruktion in der Handwerkstradition verhaftet, während mehr und mehr konzeptionelle Werkzeuge gesammelt wurden. Der englische Mathematiker Robert Hooke (1635–1703) untersuchte das Verhalten realer Materialien und idealisierte sie mathematisch, indem er die Elastizität zur bevorzugten und leicht zu handhabenden Beschreibung der Verformung von Strukturen machte. Der englische Mathematiker Isaac Newton (1642–1727) und der holländische Philosoph Gottfried Leibniz (1646–1716) vervollständigten die Entdeckung oder vielleicht die Art der Rechnungen zu der mathematischen Technik, die am ehesten dazu geeignet ist, den beständigen Wechsel in der Natur zu beschreiben.

1750–1850 Früher moderner Ingenieurbau: Eine Ordnung bildet sich. Die Mathematik als unentbehrliches Werkzeug beim technischen Entwurf wurde zuerst in Europa anerkannt, durch die Franzosen wurde ihr in den Jahren von Napoleon Bonaparte und der Revolutionen eine endgültige Form gegeben. Die Beiträge von Louis-Marie-Henri Navier (1785–1836) fassen dieses System zusammen, dessen Entwicklung auf Erfolg gründete. Er wurde in Dijon geboren, war der Sohn eines wohlhabenden Rechtsanwalts und war in Mathematik hochbegabt. Nach dem Tod seines Vaters – da war er 14 Jahre alt – lebte er bei seinem Onkel, Emiland Gauthey (1732–1807), ein bekannter Ingenieur der alten Schule. Der alte Mann tat viel, um die Vorliebe seines Neffen für Theorie mit praktischen Erfahrungen zu mischen. Navier gab nach Gautheys Tod dessen Buch über Brücken und Kanäle neu heraus und ergänzte es mit Anmerkungen zur Theorie von elastischen Körpern und der Krümmung von prismatischen Balken. Seine mathematischen Exkursionen zeigten jedoch wenig unmittelbaren praktischen Nutzen und manche Lösungen gründeten tatsächlich auf falschen Annahmen und waren daher falsch.

Er schien nicht die Arbeiten von Charles Coulomb (1736 - 1806) bemerkt zu haben, eines Franzosen, der richtige Schlussfolgerungen zu ähnlichen Problemen veröffentlicht hatte. Coulomb hatte viele Jahre als Ingenieur auf den Kolonialinseln von Martinique verbracht, im Grunde genommen wie im Exil, wo er zwischen praktischen Arbeiten jede Menge Zeit hatte, um eine genaue und pragmatische Theorie zu entwickeln. Seine Aufzeichnungen von 1773 wurden erst über 40 Jahre später voll erkannt, doch seitdem sind sie zum anerkannten Modell für die moderne ingenieurtechnische Methodenlehre geworden. Merkmale sehr viel älterer geometrischer Annäherungen vermischen sich in dieser Arbeit mit dem Lieblingswerkzeug des französischen Mathematikers, dem Rechnen.

Naviers eigenes Buch beginnt mit einer geschichtlichen Abhandlung über Brücken, dargestellt als ein Prozess rationaler Entwicklung. Auf Grund dieses Textes wurde er von der französischen Regierung beauftragt, über die englische Praxis zu berichten. Während zweier Besuche, 1821 und 1823, stieß er zufällig auf die Antithese seiner eigenen theoretischen Annäherung zum Brückenbau, den pragmatischen Thomas Telford (1757–1834), ein selbstgelernter schottischer Ingenieur, der damals die bahnbrechende Hängebrücke über die Menai Straße in Wales, die zwischen 1820 und 1826 gebaut wurde, entworfen hatte.

Nach seiner Rückkehr wurde Navier zum Professor für höhere Analysis an die Ecole Polytechnique in Paris berufen und veröffentlichte ein weiteres Buch über die Stärke von Materialien. Es enthielt die erste wahre Entwicklung einer allgemeinen Methode, um unbe-

4 | 5

Abb. 4:
Die Pont des Invalides Paris, 1824–26, von Louis-M.-H. Navier: ein früher Hängebrücken-Entwurf von großer Eleganz. Der Bauvorgang wurde abgebrochen, nachdem Untergrundprobleme aufgetreten waren und eine politische Kampagne gegen ihn im Gange war.

Abb. 5:
Thomas Telfords Hängebrücke über die Menai-Straße, 1826. Der hohe Lichtraum ermöglichte die Durchfahrt der Segelschiffe der Marine. Trotz der schweren Ketten gab es bei der schlanken Brückenbahn aus Holz aerodynamische Probleme.

stimmte Strukturen zu analysieren. Dieses Ergebnis führte zu grundlegenden Veränderungen im Entwurf großer Brücken.

Unbestimmtheit ist die Eigenschaft einer Struktur, die mehr als einen Lastweg hat. Die Kräfte fließen durch die Konstruktion nach unten, weg von der Last und hinaus zu den Auflagern. Wenn die gesamte Last auf zwei oder mehr Wege verteilt wird, muss eine Lastverteilung ausgearbeitet werden, was nur durch das Abschätzen der Steifigkeit der verschiedenen Teile möglich ist. Steifere Elemente halten bei geringerer Abweichung größere Kräfte aus und ziehen daher Lasten an. Bis genaue Methoden entwickelt wurden, um mit dieser Schwierigkeit umzugehen, war es viel sicherer, unbestimmte Strukturen bestimmt zu machen; das heißt entweder einfach genug oder mit entsprechend angeordneten Details, sodass es nur einen Strang von Lastwegen gab, die Kräfte waren dann sofort bekannt. Dieses Zweckdenken schränkte offenbar die Möglichkeiten der Formgebung ein.

Zu der Zeit, als er diese theoretischen Studien gemacht hatte, ließ Navier sich auf den Bau einer Brücke ein, die Pont des Invalides in Paris (1824–26, Abb. 4). Die Konstruktion war stets als Beispiel eines Hängebrücken-Entwurfs gedacht und alle Elemente wurden nach theoretischen Prinzipien dimensioniert. Der Bau begann, aber bald erwuchsen Probleme, da die Seilverankerungen anfänglich unterdimensioniert waren und ins Flussbett der Seine rutschten. Des Weiteren wurden die miteinander verbundenen, abgehängten Träger gebündelt und ungleichmäßig in der Sonne ausgebreitet, wobei sie sich gegenseitig verschatteten. Der Bau der zum Teil fertigen Brücke wurde eingestellt, im Jahr 1827 wurde sie dann abgerissen.

Inzwischen vervollständigte Thomas Telford die Brücke über die Menai Straße (Abb. 5), eine etwas längere Spannweite mit einem beträchtlichen Lichtraum, damit die Segelschiffe der britischen Marine unten durch fahren konnten. Sein Entwurf basierte auf einer weit größeren allgemeinen Erfahrung, was ihm folglich den Titel „Vater des zivilen Ingenieurbaus" einbrachte, und spiegelte den Einfluss des schottischen Emigranten James Finley (1770–1828) in Nordamerika wider. Die Brücke half, ein spezielles Problem zu lösen, das seit 50 Jahren bestand, nämlich die Öffnung einer Straße nach Irland.

Trotz der misslungenen Pont des Invalides war Naviers Arbeit nicht vergebens. Als eine ungarische Abordnung 1832 nach England kam, um eine Expertise für die erste dauerhafte Donau-Überbrückung zwischen Buda und Pest zu erbitten, empfahl Telford seinen Schützling William Thierney Clark (1783–1852). Er entwarf eine Kettenbrücke von zeitloser Eleganz mit einer Kettenkrümmung, die auf die Proportionen reduziert war, die Navier zugänglich gemacht hatte. Als Reaktion auf die Probleme windbedingter Schwingungen wurde ein früher Typ eines Fahrbahn-Aussteifungssystems der Konstruktion hinzugefügt, die Telford und ein anderer englischer Ingenieur, Captain Samuel Brown (1776–1852), in ihren Projekten erarbeitet hatten.

Die französische Praxis des 19. Jahrhunderts ergab die meisten der theoretischen Werkzeuge, die von anderen Ingenieuren auf der ganzen Welt übernommen wurden. Doch die gängige Art der Ausbildung und Visualisierung zwischen Brückenbauingenieuren von heute gründet auf der Arbeit eines einzigen Mannes, Gaspard Monge (1746–1818). Er war ein guter Mathematiker und bildete als technischer Zeichner Studenten aus. Er fand darin ein Ventil für sein militärisches Streben, da seine ärmliche Herkunft es nicht zuließ, dass er die Offiziers-Schule in Mezières besuchte.

Zu Monges Arbeit gehörte es auch, Befestigungsanlagen zu entwerfen, zu einer Zeit, da Fortschritte in der Artillerie zu weitreichenden und herausragenden Plänen führten, bei denen die Sichtbarkeit einer Stelle von einer anderen aus sehr wichtig war. Er machte rasch Fortschritte und, im rationalistischen Milieu unmittelbar nach der Revolution von 1798, entwickelte er die moderne Form beschreibender Geometrie, durch die jeder Punkt im Raum durch Darstellung in drei rechtwinklig zueinander stehenden Ebenen definiert werden kann. Seine Zusammenfassung, das weithin einflussreiche Buch *Beschreibende Geometrie,* wurde im Jahr 1795 veröffentlicht.

Das System passte gut zur industriellen Fertigung, da beim genauen Befolgen der Anweisungen, die in den Bildplänen kodiert waren, das Ergebnis identisch mit dem Entwurf ist. Es erforderte Geschick, um komplizierte Formen direkt aus den Zeichnungen abzu-

lesen, und, wichtiger noch, die Form macht Entwerfer empfänglich dafür, mit der Zeichnung als Ganzes zu arbeiten, anstatt in einem ihrer Bereiche. Die anfänglich weit verbreitete Akzeptanz des Systems quer über das europäische Festland – dies geschah, bevor die oben erwähnten Vorteile ersichtlich wurden – hatte wohl viel mit der politischen Macht und dem militärischen Erfolg Frankreichs zu tun.

Die Entwicklung der orthogonalen Projektion in der Geometrie bei der Kriegsführung bewirkte eine radikale Abkehr von den damals verfügbaren Alternativen. Der Geistliche William Farish (1759–1837), Professor für experimentelle Philosophie an der Universität von Cambridge, leitete aus Theorien von Künstlern über Bildperspektiven – ihrerseits rationalistische Versuche, die wahre Welt systematisch zu definieren – die Erstellung und Förderung von Isometrien ab. Es handelt sich jedoch nicht um eine echte perspektivische Projektion, sondern es ist eher ein guter Kompromiss bei der bildlichen Darstellung mit messbaren Dimensionen, wodurch die allgemeine Anordnung eines schwierigen Gefüges leicht verständlich wird. Dreidimensionale Darstellungen werden erst heute wieder im Ingenieurentwurf wichtig. Andere Formen wie proportionale Systeme, die Informationen über den Entwurf verschlüsseln konnten, galten nach Monges Neuerungen wegen ihrer Undurchsichtigkeit als veraltet, und zwar zu einer Zeit, da die frühere Vorliebe für Verschlüsselung vom Wunsch nach Offenheit und Transparenz beim Arbeiten abgelöst wurde.

Monge und seine Zeitgenossen mit ähnlichen Fähigkeiten und Hintergründen waren jedoch auf andere Weise höchst einflussreich. Die Revolution von 1789 rückte sie in den Vordergrund und sie ergriffen die Gelegenheit. Die alten französischen Schulen wurden aufgegeben, während zur selben Zeit Frankreich mit einer europäischen Koalition im Krieg war und zahlreiche Ingenieure gebraucht wurden, um Festungen, Straßen und Brücken zu bauen. Monge schlug der Revolutionsregierung eine universelle Schule vor, bei der die Zulassung von der Leistung und nicht von der Herkunft abhängen sollte. Dem Vorschlag wurde zugestimmt und der Schulbetrieb begann im Jahr 1794. Ein Jahr später wurde ihr der Name „École Polytechnique" gegeben.

Die Schule wurde aus drei Gründen ein Erfolg. Die Zulassung hing von einer Eignungsprüfung ab, was sie nicht nur zu einer Eliteschule machte, sondern auch ein gemeinsames Niveau gewährleistete. Darüber hinaus waren durch die Zustände in Frankreich viele herausragende Wissenschaftler, Mathematiker und Professoren in Paris arbeitslos und standen so für die Lehre zur Verfügung – die erste Lehrerschaft war daher von Anfang an von höchster Qualität.

Drittens war die Art des Unterrichts revolutionär, wie man bei einem Vergleich mit der vorherigen Situation sehen kann. In den früheren Écoles wurden die Studenten in einem Atelier-System unterrichtet, bei dem kleine Gruppen oder Einzelne von praktischen Ingenieuren unterrichtet wurden, wie man eine bestimmte Konstruktion entwirft und baut. Grundlegenderes mathematisches Wissen vermittelten dieser Kleingruppe zusätzlich Professoren oder ältere Studenten in Einzelstunden. Dieses Lehrsystem wurde von den neuen Vorstellungen eingeholt. Die vielen Zweige des Ingenieurwesens erhielten nun eine gemeinsame theoretische Grundlage in Mathematik, Physik und Mechanik. Die Studenten folgten zwei Jahre lang vollständigen Vorlesungsprogrammen in diesen Grundlagenfächern, bevor sie im dritten Jahr mit kompakten Kursen im Ingenieurswesen weitermachten. Praktischer Ingenieurbau wurde durch den Wechsel auf eine höhere Einrichtung erlernt, zum Beispiel auf die Écoles des Ponts et Chaussées oder die Écoles des Mines. Die Moral der Schule wurde durch Monges Idee gefördert, zusätzlich Stunden von führenden Baupraktikern einzurichten, deren Begeisterung sich ansteckend wirkte.

Die Schule erwies sich als gut, wenn auch mit ziemlich akademischen Ingenieuren, die in der Lage waren, sich neuen Problemen mit konzeptionellem Werkzeug zu nähern. Ideen konnten von einem Wissensgebiet übernommen und auf ein anderes Gebiet übertragen werden. Zusätzlich war es jedoch immer möglich, eine Laufbahn in der theoretischen und akademischen Forschung innerhalb der Schule einzuschlagen. Die Schule brachte so neben Ingenieuren Forscher und Professoren hervor, die umfassende Standpunkte vertraten.

Der Erfolg der Schule führte zu ähnlichen Programmen an anderen Orten wie die Polytechnischen Institute in Wien und in Zürich.

6 | 7

Abb. 6:
Röblings Niagara-Hängebrücke, 1850, veranschaulicht die wichtigsten Neuerungen, die er beim Hängebrücken-Entwurf einführte: Drahtseile und ein hoher Aussteifungsträger. Als die Befestigungen der Seile, die man auf dem Bild sieht, 1864 entfernt wurden, damit eine Eisscholle unter der Brücke hindurch schwimmen konnte, stürzte sie während eines Sturms ein.

Abb. 7:
Die Menai Britannia Röhrenbrücke, 1850, von Robert Stephenson weist einen äußerst tragfähigen und eleganten Kastenträger auf. Probleme mit örtlichen Verformungen und mit der Herstellung wurden bereits in der Entwurfsphase gründlich untersucht und behoben.

Nordamerikanische Begeisterung führte zu Polytechnischen Vorhaben, wie die Gründung von West Point, die Militärakademie im Staat New York.

Das Kernwissen und die Lehrmethoden wurden vereinheitlicht, die Kodifizierung und die Vermittlung von Wissen und seine Verbesserung nahm feste Formen an. Das Lehrbuch wurde als standardisierte Grundlage eingeführt. Anfänglich bestand es aus einer Sammlung von Vorlesungen, die notwendig wurden, um sehr große Gruppen zu unterrichten. Es wurde allgemein üblich, Material wie Kurse zusammenzustellen, es gab Einführungskapitel für die Vermittlung von Grundlagen, die folgenden Abschnitte galten einem umfassenden Überblick. Am Ende des Buches wurde der Leser auf weitere Lektüren und auf die letzten Neuerungen aufmerksam gemacht.

Zu dieser Zeit fanden erstmals Industrie-Ausstellungen statt, zunächst 1798 in Paris. Diese waren Demonstrationen von Nationalismus und stellten eine breite Palette von Kunstwerken nebeneinander, was mehr Leuten ermöglichte, Ideen zu erkennen und auf Technologien zu übertragen. Man sollte nicht unterschätzen, wie wichtig es ist, einfach auch zu sehen, wie eine neue Erfindung aussieht.

Die Einrichtung eines akademischen Überbaus über die Praxis des Ingenieurwesens hatte weit reichende Konsequenzen. Fortschritte wurden durch Veröffentlichungen und Zeitschriften präsentiert, die durch Ebenbürtige auf Echtheit und Wahrheit überprüft wurden. Die umfassende Qualität der Veröffentlichungen war somit gesichert und gleichzeitig wurde Kernwissen bestätigt und schließlich verankert. Die akademischen Kodifizierungen des Napoleonischen Französisch verstärkten die allgemeine Ansicht, dass Methoden universell anwendbar sein sollten, um nützlich und sicher zu sein. Der Glaube, dass allgemeine Prinzipien jeden einzelnen Fall beleben, hat die Entwicklung der Bauformen seither geprägt.

Früher moderner Ingenieurbau: ein heldenhaftes Zeitalter

Das Bauen wurde in den Jahren von 1850 bis zum frühen 20. Jahrhundert nicht nur durch die weit verbreitete Einführung von Stahl, gefolgt von Stahlbeton und die Industrialisierung des Bauvorgangs gekennzeichnet, sondern auch durch einen allumfassenden Idealismus in Bezug auf Technologie. Heute können wir die Stärke dieses Glaubens an die angewandte Wissenschaft nur erahnen, doch wenn es ein universelles, angeborenes Bild vom Ingenieur gibt, so ist es das eines selbstsicheren Viktorianers mit einer Schultasche voller Zigarren und einem Zylinderhut.

Dieser Idealismus war das Gegenstück zu ökonomischen Kräften. Entwicklungen reagierten nicht nur auf Bedürfnisse, sondern wurden auch zu altruistischen Untersuchungen. Wo lagen die Grenzen der neuen Materialien und wie konnten sie auf neue Art genutzt werden? Die geläufige Vorstellung, Brückengestaltung mit den neuen Kunststoffen, einer hochmodernen Technologie, sei automatisch geeignet, stammt noch aus jener Zeit.

Die kulturellen Unterschiede in der Praxis des Ingenieurbaus, die Nordamerika an den Rand drängten, wurden in der zweiten Hälfte des 19. Jahrhunderts ausführlich definiert und verblassen jetzt langsam mit der Kommunikationsrevolution. Das Ende des Bürgerkriegs 1865 setzte eine ganze Generation von Transport- und Brückenbauingenieuren frei, da im Krieg auf beiden Seiten mehr als 60 Prozent der Arbeitskräfte mobilisiert worden waren. Mit dieser Flut praktischen Ingenieurswissens ging die Ausdehnung von Schiene und Straße einher.

Im Zuge der Neubauwelle und der Ausweitung des Verkehrsnetzes wurden Brückensysteme verändert. Die frühesten Brücken im Land waren aus Stein gebaut worden oder öfter noch aus Holz. Diese hölzernen Bock- und Fachwerkbrücken, deren Streben dreieckige Muster bildeten, wurden hauptsächlich von Zimmerleuten aus Dachbindern abgeleitet, die seit der römischen Zeit in Vorlagenbüchern zu finden sind. In den 30er Jahren des 19. Jahrhunderts wurden gelegentlich schmiedeeiserne Verbindungsstücke eingefügt, um die Betriebssicherheit zu erhöhen.

Nach dem Bürgerkrieg kamen zunehmend Stahlseile in einer großen Vielfalt auf, was durch das nordamerikanische Patentgesetz beschleunigt wurde. Anfänglich waren dies Variationen zu hölzernen Prototypen, doch sie waren groß genug für die neuen erforderlichen

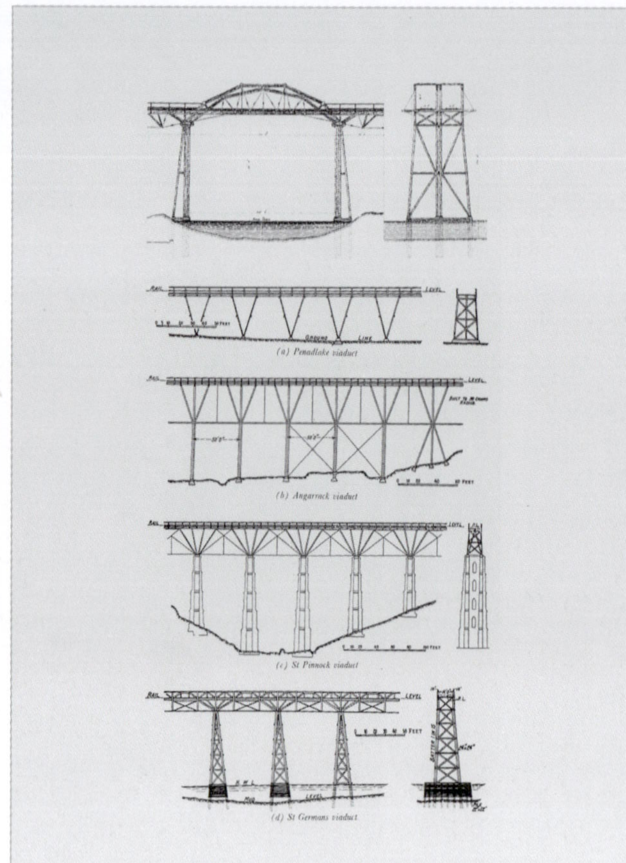

Brückendimensionen. Die einfachen Stabverbindungen hatten den Vorteil, dass sie vorgefertigt, eingeschlossen und entlang einer Linie zu einer beweglichen Umschlagstelle geschickt werden konnten. In solchen Konstruktionen ist der Kräfteverlauf unkompliziert – axial entlang jedes Stabes – und konnte in einfachen Diagrammen wiedergegeben werden, was eine Analyse leicht machte. Diese geometrischen Kräftedarstellungen gingen nur auf, wenn sie korrekt ausgeführt wurden. Dies war angesichts ihrer weit verbreiteten Anwendung ein wichtiges Sicherheitsmerkmal. Weniger vorteilhaft war die Anfälligkeit von Fachwerken gegenüber fehlerhafter Detailplanung: Es kann zur Katastrophe führen, wenn irgendein Stab Unzulänglichkeiten aufweist oder ein Bausatz von unerfahrenen Händen falsch zusammengesetzt wird. Ein deutscher Emigrant, Albert Fink, ließ im Jahr 1851 einen sehr einfachen und narrensicheren Bausatz patentieren, den man nicht falsch zusammensetzen konnte. Das System war jedoch nicht besonders wirkungsvoll und seine Anwendung daher kurzlebig.

In der zweiten Hälfte des 19. Jahrhunderts – in den Jahren der Hochkonjunktur – wurden die Qualitätskontrollen für Materialien unter dem herrschenden Druck nachlässiger gehandhabt, was zu einer Serie von Versäumnissen führte. Sie gipfelten im Dezember 1876 im Einsturz der Ohio Ashtalabula Brücke. Über den Unfall wurde weithin berichtet und er blieb vielen im Gedächtnis, stellte es doch das schlimmste aller Eisenbahnunglücke dar. In einer schneereichen Nacht brach die Brücke unter einem Zug zusammen. Die Lokomotive ließ Dampf an und steig hinaus, aber die Holzwaggons dahinter stürzten einer nach dem anderen in die Schlucht, wo die kleinen Kohleöfen, die zum Heizen der Abteile dienten, rasch die Trümmer in Brand setzten. Es stellte sich heraus, dass der Zug auf der vereisten Trasse entgleist war und dies zur Katastrophe führte. Es wurde jedoch der Entwurf angezweifelt, was den verantwortlichen Ingenieur in den Selbstmord trieb.

Nach der Entdeckung, dass das Schmiedeeisen in der Brückenkonstruktion keineswegs dem Standard entsprach, wurden die lächerlichen staatlichen Kontrollen von Entwürfen und von Konstruktionsqualität umfassend verbessert und kodifiziert. Als sich der wirtschaftliche Aufschwung weiterhin nach Süden und Westen ausweitete, machte auch die technische Entwicklung rasche Fortschritte. Die Südstaaten mit ihren weitläufigen Fluss-Meandern wurden zum Zentrum der Entwicklung von Stahlfachwerkbrücken. Diese kostengünstigen Konstruktionen waren so belastbar, dass sie Eisenbahnen tragen konnten, zudem erwiesen sie sich in dem rauen Klima als langlebig. Seitdem gelten sie als Prototypen ihrer Art in Nordamerika.

Der berühmteste Brückenbauingenieur, der den amerikanischen Bürgerkrieg überlebt hat, war John Röbling (1806–69). In Zusammenarbeit mit seinem Sohn Washington definierte er die moderne Hängebrücke. Er war deutscher Emigrant aus Thüringen und seine Neuerungen scheinen dem Bestreben entsprungen zu sein, im engst möglichen Kontakt mit den Problemen des Bauens zu stehen. Er kombinierte seinen theoretischen Unterbau von der Berliner Bauakademie mit dem Wissen, das er bei der Anwendung von Drahtseilen in den Minen von Freiberg in Sachsen gewonnen hatte. Er hatte auch Erfahrung mit der praktischen, „untheoretischen" Annäherung James Finleys zum Bau von Hängebrücken, die er in der Union Army gewonnen hatte.

Röblings erstes Brückenprojekt war der hölzerne Hänge-Aquädukt (1845) über den Fluss Allegheny in Pittsburgh. Anstelle der vertrauten Ketten nahm er Tragseile aus Messing – eine frühe und teure Reaktion auf das Problem der Korrosion, das Hängebrücken auch heute noch betrifft. Vor allem aber erkannte er, wie wichtig es war, die relative Steifigkeit des Tragseilsystems und der abgehängten Fahrbahn zu kontrollieren. In einem Aquädukt hat der Wasserkanal eine unbegrenzte innere Steifigkeit, da es keine sich bewegende, lebende Last zu verteilen gilt. Im Gegensatz dazu wirkt der Zug auf einer Eisenbahnbrücke wie eine immense Punktlast, die das gespannte Seil verformt. Bei Röblings nächstem Projekt, einer Eisenbahnbrücke über die Niagara Fälle (Abb. 6), führte er einen hohen Versteifungsträger ein, der für die nächsten Jahrzehnte zur Standardlösung wurde. Das Haupttragwerk wurde auch durch zusätzliche fächerförmige Schrägseile ausgesteift, wodurch sich ein hybrides Tragsystem ergab. Fotos zeigen zusätzliche Eisendrähte, die vom Hauptträger zum Flussufer

8 9 | 10

Abb. 8:
Brunels gemauerte Bögen in Goring, 1846. Die Scheitelpunkte waren extrem schmal ausgebildet, tragen jedoch selbst die schwersten der modernen Lokomotiven.
Abb. 9:
Die Reihe preisgünstiger und zeitweiliger Holz-Viadukte für die South Devon und Cornwall Railways, 1849–64, betrachtet Brunel als Möglichkeit zum Experimentieren mit Strukturen und Details.
Abb. 10:
Die St. Louis Brücke von James Eads, 1867, in der Bauphase. Die dreieckigen vorübergehenden Aufbauten über den Stahlbögen wurden notwendig, da die Fährleute auf einer ungestörten Durchfahrt bestanden.

laufen und dort verankert sind, um Bewegungen der Brücke zu dämpfen.

Weitere Neuerungen folgten: Bei der Cincinnati Brücke (1866) wurde zum ersten Mal die Haupt-Brückenbahn durch abgehängte Seitenträger im Gleichgewicht gehalten. Als die Seile mit jedem Projekt größer wurden, wendeten die Röblings das so genannte „Luftspinnen" an. Bei diesem Verfahren werden vor Ort einzelne Drähte über den Pylonen in der Luft zu dicken Kabeln gesponnen.

Ihr Meisterstück jedoch ist die Brooklyn Brücke in New York. Als John Röbling während der Bauleitung verunglückte, verfolgte sein Sohn das Projekt alleine weiter. Als die Konstruktion halb fertig war, bemerkte Washington, dass ihm ein skrupelloser Unternehmer minderwertiges Material angedreht hatte. Er entschloss sich, den bereits fertigen Teil nicht wieder abzureißen, sondern mehr Seile einzuflechten als ursprünglich geplant, um so die Stabilität der Konstruktion zu erzielen. Die Brücke – das erste auserkorene nationale Denkmal – ist nach wie vor ein berühmtes Wahrzeichen von New York.

Gleichzeitig erörterten Ingenieure in Großbritannien andere Dinge. Der Schiffskapitän Samuel Brown baute, angeregt durch sein Wissen über Schiffstakelagen, mehrere sehr leichte und elegante Ketten-Hängebrücken aus geschmiedeten Augenstäben. Bei diesem System, das er sich patentieren ließ, waren die wichtigsten Tragketten aus langen, geschmiedeten Verbindungen hergestellt. Unglücklicherweise vernachlässigte er beim Bau einer Eisenbahnbrücke die Aussteifung der Fahrtrasse. Infolgedessen erzeugten Züge, die über seine Tees Brücke (1830) fuhren, eine Verdrehung, die sich ähnlich einer Welle in einem geklopften Teppich fortsetzte. Die Brücke wurde dadurch zerstört und seitdem wurde in Großbritannien keine Eisenbahn-Hängebrücke mehr gebaut.

Die Frage, welche Brücke sich die erste moderne Brücke nennen darf, wird immer noch diskutiert. Fritz Leonhardt (1909–99), ein Pionier der Brückenkonstrukteure, hätte die Auszeichnung der Severn Brücke in England verliehen, weil die Brückenform eindeutig vom technischen Fortschritt geprägt war. Der Historiker für moderne Architektur hingegen, Siegfried Giedion, favorisiert die Salginotobel Brücke in der Schweiz von Robert Maillart (1872–1940) wegen ihrer feinen Eleganz. Für mich steht die Britannia Tubular Brücke über die Menai Straße von Robert Stephenson (1803 –59; Abb. 7) an vorderster Stelle. Die Art, wie sich der Entwurf entwickelte und ausgearbeitet wurde, ist in jeder Hinsicht zeitgenössisch, während die schlichte Form, die klare Lösung und die ausgewogenen Proportionen zeitlos sind.

Stephenson war ein harter Unternehmer und praktischer Ingenieur mit einem Hintergrund in der Entwicklung von dampfbetriebenen Fortbewegungsmitteln und Eisenbahnen. Er hatte Browns Tees Brücke gesehen, daher näherte er sich bei seinem Entwurf für die Eisenbahnbrücken in Conway und über die Menai-Straße auf der Strecke London – Holyhead auf eine neue Art und Weise. Stephenson erkannte, dass es zwar leicht sei, ausreichende Festigkeit in einer Brücke zu erzielen, die Kontrolle der gesamten Steifigkeit sowie die Neigung der Konstruktion, auszuweichen, hingegen sehr schwierig. Er ernannte den Fabrikanten Sir William Fairbairn (1789–1877) zum Berater, da dieser im Herstellen von Stahlträgern mit hohem Profil Erfahrung hatte. Dieser wiederum ließ sich von dem Mathematiker Eaton Hodgkinson (1789–1861) helfen.

Beim Menai Entwurf forderte die Marine unter der Brücke einen großen Lichtraum, daher kam eine Bogenkonstruktion nicht in Frage. Browns Debakel hielt die drei Ingenieure von einem Hängesystem ab und sie begannen stattdessen, an einem großen Modell Röhrenkonstruktionen zu untersuchen. Dabei fanden sie über das Knickproblem bei dünnen Wänden viel heraus. Sie bildeten die oberen und unteren Flansche der Röhre netzartig aus und untersuchten verschiedene Plattenarten. Die Röhren wurden am Ufer gebaut und dann durchs Wasser getrieben, schließlich wurden sie mittels Dampf-betriebener hydraulischer Kolben, Stephensons Lieblingstechnologie, an Ort und Stelle gehoben.

Die Bauelemente wurden so dimensioniert, dass die Konstruktion wirtschaftlich war. Als der Plan erst einmal feststand, wurden die folgenden Probleme systematisch gelöst, jeder Bereich der Unternehmung musste genau erforscht werden. Der Mechanik-Ingenieur

Richard Roberts (1789–1864) entwarf eine Stanzmaschine, um die Platten fürs Vernieten vorzubereiten. Das wurde von Pappkarten kontrolliert wie beim Jacquard-System, das erfunden wurde, damit Webstühle automatisch liefen. Dieses Werk galt als Vorläufer für automatische Fertigung, Jahre vor der Elektronik, die dazu notwendig ist. Es sollte als Parallele zur folgenden Entwicklung anerkannt werden, erschöpfte sich jedoch innerhalb der technologischen Grenzen.

Stephensons Konkurrent Isambard Kingdom Brunel (1806–59) war ein weiterer Spezialist, der sich im Brückenbau durch genaue Beobachtung und Einfallsreichtum auszeichnete. Er hatte einen französischen Vater, den berühmten Ingenieur Marc Brunel, und eine englische Mutter. In seiner Arbeit verband er Pragmatismus mit Extravaganz. Er war ein unermüdlicher Selbst-Publizist und seine Konstruktionen waren das, was man gern als „gewagt" bezeichnet. Er baute in Goring über die Themse an der Linie der Great Western Railway eine Bogenbrücke aus Ziegelstein mit sehr großer Spannweite und einem schönen, niedrigen elliptischen Profil (Abb. 8). Der Scheitel ist so dünn, dass zeitgenössische Kritiker nicht glauben wollten, dass die Brücke funktionieren könnte, doch sie ist immer noch in Gebrauch und trägt nun Lokomotiven, die fünfmal so schwer sind wie jene, für die sie ursprünglich entworfen worden war.

Bei späteren Eisenbahnprojekten, die Devon-, West Cornwall- und Cornwall-Linien, wurde Brunel mit den ernsthaften Kapitalschwierigkeiten des späten Eisenbahn-Booms konfrontiert. Die tiefen, bewaldeten Täler und Moore der süd-westlichen Halbinsel Englands erforderten 64 Viadukte, die aus Holz gebaut und bei denen große Balken aus baltischem Kiefernholz benutzt wurden. Sie wurden in einfachen Mustern zusammengesetzt und mit Zugankern zusammengehalten (Abb. 9). Zur selben Zeit, als er alle Arten von Konfigurationen ausprobierte, rationalisierte er nach und nach seine Verbindungssysteme, wobei er das Langzeitverhalten von geklemmten und verschraubten Verbindungen unter Testbedingungen bei normaler Größe beobachtete und aufzeichnete. Die tragenden Pfeiler wurden in kurzen Abständen gesetzt, damit sie zu den Größen der Baumstämme passten und damit gemauerte Bögen angefügt werden könnten, sobald das Geld dafür zur Verfügung stünde. Leider war dies nie der Fall. Die surrealen Stützen stehen heute noch und sind Teil der Landschaft Cornwalls.

Das frühe Talent Brunels zeigt sich an der Eisenbahnbrücke über den Tamar in Cornwall, deren Bau 1853 begonnen wurde. Brunel erhielt 1838 von Georg Friedrich Leves (1788–1864), einem Ingenieur aus Hannover, ein Modell eines linsenförmigen Fachwerks. Diese linsenförmige Anordnung von gebogenen Ober- und kettenartigen Untergurten, die durch Streben miteinander verbunden sind – ein Von Pauli Fachwerk – nähert sich einer Form mit einem theoretischen Minimalgewicht. Ohne jedes mathematische Werkzeug zur Optimierung verfeinerte Brunel intuitiv den Entwurf mit einem ovalen Obergurt. Dabei entwickelte er Stephensons Kastenträger-Konzept weiter, durch das eine Brücke sich durch ihre rein konstruktive Form ausdrückt.

Brunels Fähigkeit, mit Problemen beim Ingenieurbau, bei Transportsystemen und Konstruktionen umzugehen, kam von der Allgemeingültigkeit der Ingenieurmethoden, die europäische Ingenieure entwickelt hatten. Konstrukteure, die unabhängig voneinander arbeiteten, aber von Unternehmern stark beeinflusst waren, schienen ebenfalls fähig, Lösungen mit geringer Abweichung von den umgebenden Kraftsystemen zu untersuchen. In Nordamerika wurde zu jener Zeit der Einfluss der Unternehmer sehr stark. Auf der einen Seite hemmten ungeregelte Diskussionen zwischen gegensätzlichen Splittergruppen viele gute Ansätze, auf der anderen Seite war nur der Erfolg maßgeblich für Neuerungen.

In der Mitte des 19. Jahrhunderts wurde das ungewöhnlichste Material im Ingenieurbau, Stahl, in großer Menge verfügbar. Es war für Schienen, Gewehre und die Hochdruck-Dampfkessel der Dampfschiffe und Lokomotiven entwickelt worden. Die Erfordernisse des Krimkrieges (1853–56) spornten den Engländer Henry Bessemer an, seinen kostengünstigen Stahlherstellungsprozess 1856 patentieren zu lassen. Danach wurde Stahl prompt in ausreichender Menge, in der richtigen Qualität und zu günstigem Preis verfügbar, um in großen Konstruktionen verwendet zu werden. Dazu gehört auch brüchiges Eisen, das mit Kohle verfälscht wurde, um es stark und spannkräftig

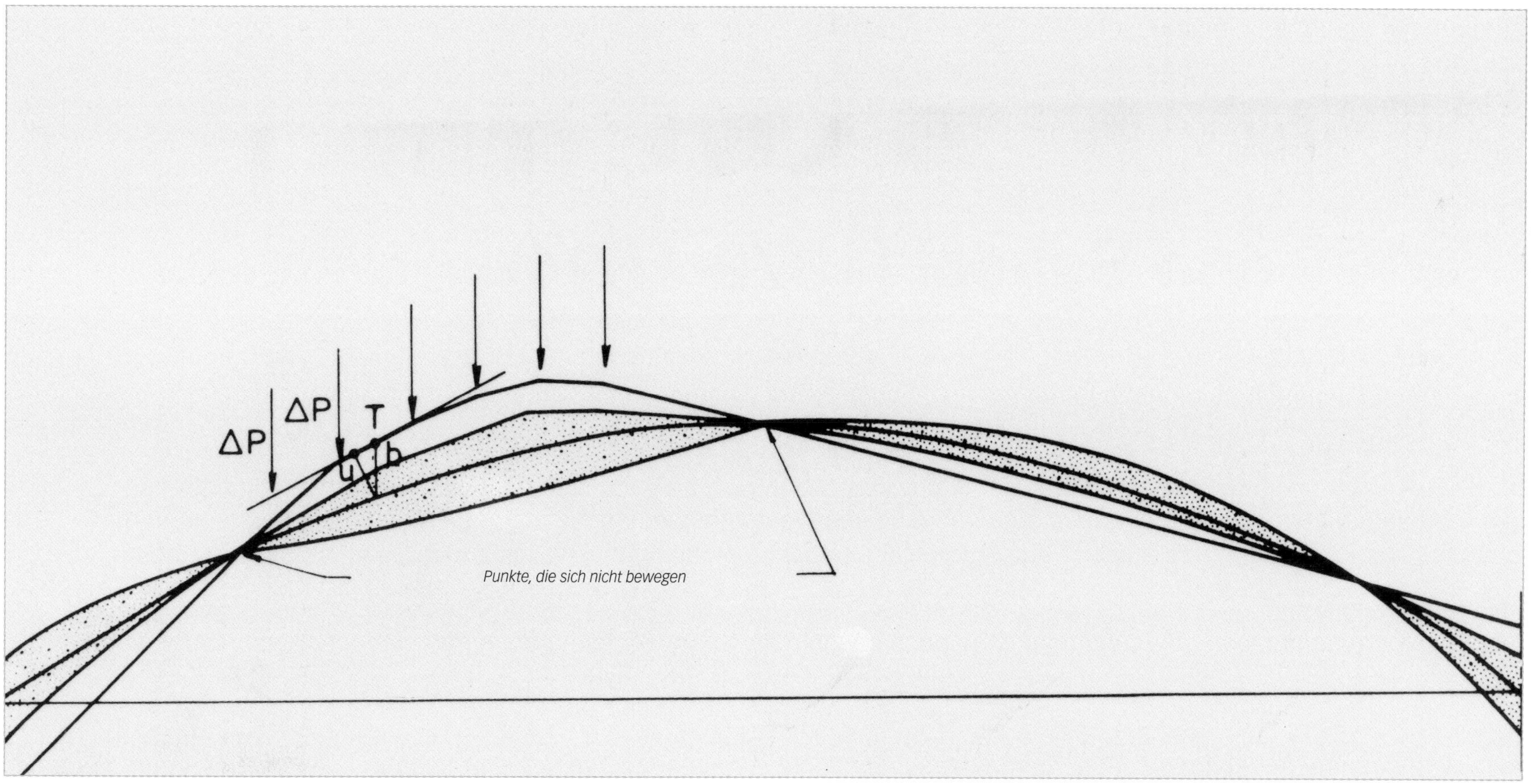

11 | 12

Abb. 11:
Die Tavanasa Brücke über den Rhein in Grisons, Schweiz, 1905, von Robert Maillart: eine kleine Brücke, deren Form – ein Dreigelenk-Bogen – perfekt in die Landschaft passt.

Abb. 12:
Ein Diagramm aus einem Lehrbuch aus dem Jahre 1875 von Carl Cullmann, Maillarts Lehrer. Die grafische Darstellung der Statik übertrug Maillart unmittelbar in Brückenformen.

zu machen. Wenn es auch ziemlich schwer war, so hat es doch ein ganz normales lineares Verformungsverhalten. Bei Überlastung gibt Stahl aber nach, trägt noch und verlagert Lasten auf andere Bereiche – ein äußerst reizvolles Merkmal konstruktiver Versöhnlichkeit. (Mit dieser elastischen Eigenschaft kann man mathematisch gut umgehen, daher wurde sie grundsätzlich als Modell für das Verhalten aller Baumaterialien übernommen.)

James Eads (1820–87) war eine Schlüsselfigur beim frühen Gebrauch von Stahl im nordamerikanischen Brückenbau. Er begann seine Karriere mit der Bergung von Schrott aus dem Mississippi um St. Louis, indem er bis zur Hüfte in einer Taucherglocke in den sich verschiebenden Sandbänken des Flussbettes stand. Während des Bürgerkriegs, baute er die neuen stahlverkleideten Kanonenboote, wobei er das Material und dessen Eigenschaften besser kennen lernte.

Zu Kriegsende sah sich St. Louis einer wirtschaftlichen Stagnation gegenüber, bedingt durch einen Mangel an Infrastruktur: Um über den Fluss zu kommen, musste der Schienenlastverkehr umgeladen werden – vom Zug aufs Schiff und dann wieder zurück auf den Zug. Angesichts des extremen Widerstands der Schiffer wurde ein Brückenprojekt entwickelt, um dieses Problem zu lösen. Eads hatte nie zuvor eine Brücke gebaut und sah sich hier mit dem Problem konfrontiert, ohne irgendeine vorherige Erfahrung in dem tückischen Flussgrund Fundamente zu setzen. Dennoch erwies er sich als ein natürlicher Experte. Er reagierte auf innovative und wirksame Weise auf alle Bedenken und Hindernisse. Die Lobby der Schiffseigentümer forderte, dass zu jeder Zeit die Schifffahrt aufrecht erhalten werden konnte. Dadurch wurden zeitweilige Schalungen unter den geplanten Bögen unmöglich. Stattdessen wurde eine zeitlich begrenzte Überkonstruktion mit Zugankern hinzugefügt und zum ersten Mal wurden Bogenrippen als Kragträger, die sich in der Mitte treffen, ausgebildet (Abb. 10). Die Kräftefelder in solchen Konstruktionen ändern sich drastisch, wenn in der Mitte die Verbindung zu Stande kommt. Eads war in New York, als er um Mitternacht von Theodore Cooper, dem Ingenieur vor Ort, ein Telegramm erhielt, in dem stand, dass die fertigen Bögen zu brechen drohten. Er blieb ruhig und überlegte, dass die temporären Arbeiten, die noch stattfanden, das Gefüge destabilisierten. Ein klarer Kopf war nötig, um in diesem Moment einen Teil der Konstruktion zu entfernen, seine Entscheidung erwies sich jedoch als richtig.

Viel nüchterner war Eads Hartnäckigkeit beim Fordern von noch nie da gewesenen Qualitätsstandards des zu verwendenden Stahls. Diese Haltung war sein größter Beitrag zur langfristigen Entwicklung der Brücken Nordamerikas. Der Lieferant Andrew Carnegie schimpfte, dass es billiger gewesen wäre, die Brücke aus Silber zu bauen als aus dem hochwertigen Stahl, den Eads forderte.

Die Art, in der Stahl von Brückenkonstrukteuren als Baumaterial angenommen wurde, weist auf einen allgemeinen Trend hin. Andere, finanzkräftigere Industriezweige steuern die Entwicklung der Materialkunde, die dann von den Ingenieuren angewendet wird. Diese Verlagerung zeigt sich besonders bei der Anwendung von Technologien im Brückenbau. Die Wirtschaft verlangt bei zivilen Ingenieurbauten ein hohes Kapital für eine geringe direkte Gegenleistung, deshalb werden insgesamt hochstabile, langlebige, wartungsgünstige und billige Materialien gesucht. Kaum war ein neues Material langlebig und wirtschaftlich genug, um in einer Brücke verwendet zu werden, wurde es bereits in einem anderen Ingenieurszweig eingesetzt.

Technische Fachkenntnisse gekoppelt mit Geschäftssinn waren auch in Europa in den letzten Jahrzehnten des 19. Jahrhunderts weit verbreitet. Der theoretische Hintergrund in Frankreich ließ Ingenieure wie Gustav Eiffel (1832–1926) und Paul Joseph Bodins (1848–1926) vertrauensvoll Bögen aus Stahl in noch nie da gewesenen Größen entwerfen. Eiffels Projekte setzten sich bei Ausschreibungen durch und stehen in klarem Kontrast zur heutigen Praxis, bei der das Risiko viele Projekte, bei denen Entwurf und Bau aus einer Hand stammen, zu äußerster Banalität zu reduzieren scheint. Eiffel hingegen war in der Lage, eine Reihe sehr leichter, eleganter Auslegerbrücken zu bauen, die auf zwei verdübelten sichelförmigen Bögen standen. Diese natürlich proportionierten Parabeln sind statisch unbestimmt: innere Spannungen können nicht allein errechnet werden. Sie werden beim Einsatz des Materials wirksam, doch es müssen auch Sekundärkräfte,

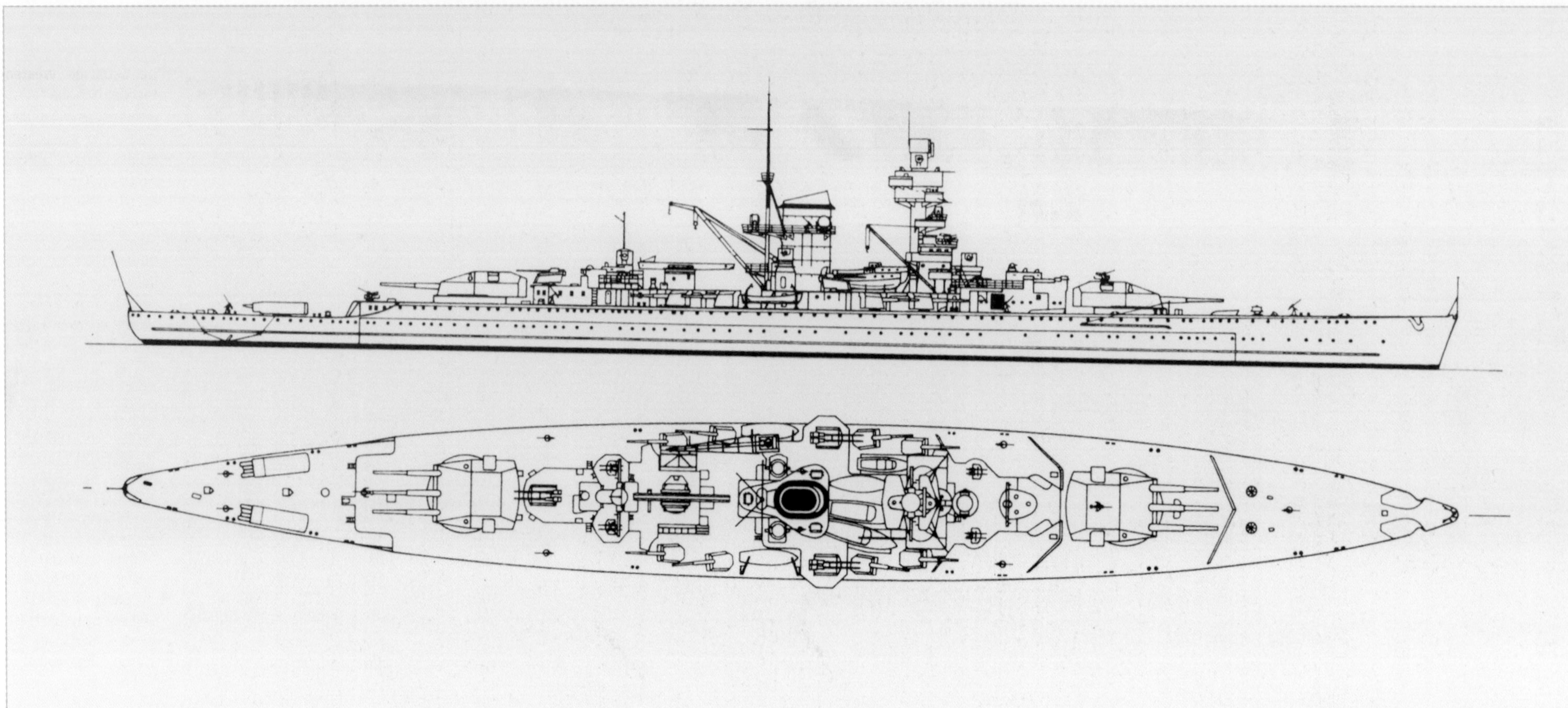

thermische Spannungen und das Setzen der Fundamente berücksichtigt werden. Eiffel baute vorsichtig und systematisch auf der Grundlage seiner praktischen Erfahrung und so taucht zum Beispiel das Strebewerk in seinem Garabit Viaduct im Massif Central (1884) wieder in Teilen des Turms von Paris auf.

Die Bewehrung von Beton durch Stahlanker ist eine französische Erfindung aus den 60er Jahren des 19. Jahrhunderts. Zuerst wurde er für riesige Blumentöpfe verwendet, die auf der Pariser Weltausstellung von 1861 gezeigt wurden, dann wurde er bald für Böden, Wände, dünnschalige Dächer und Gebäuderahmen benutzt.

Die Entwicklung und Ausreifung von Technologien verläuft unterschiedlich schnell, ähnlich wie die Wirtschaft den Fortschritt in unterschiedlichem Maß schürt. Manche Systeme sind lenkbarer und stabiler als andere. Stahl konnte zum Beispiel leicht verbessert werden. Da seine Qualität ohne weiteres kontrollierbar ist, kann sein Verhalten mit einfachen Analysen erfasst werden. Beton ist weniger stabil, gibt seine Probleme erst nach und nach Preis und weist komplizierte und feine Unterschiede auf. Dies trifft ausgerechnet auf ein Material zu, das so billig ist (obwohl es nicht überall zu finden ist), dass es wenig Spielraum für Investitionen in die Forschung lässt.

In der zweiten Hälfte des 19. Jahrhunderts, als viele theoretische Modelle zum Materialverhalten entwickelt wurden, machte man größere Experimente mit Beton. Das Modell von François Hennebique (1842–1921) wurde zur Grundlage unseres Verständnisses vom Verhalten von Stahlbeton. Hennebiques Brücken waren schlichte Bögen, die das Material zusammenpressten oder einfache Stahlbetonträger hatten. Einem seiner Schüler, Eugène Freyssinet (1879–1962), gelang durch eine leichte Veränderung einer Betonbogenbrücke die entscheidende Verbesserung im Gebrauch von Stahlbeton.

Im Jahr 1910 war Freyssinet, Absolvent der Écoles des Ponts et Chaussées, ein junger Ingenieur in der Straßenbauabteilung nahe Moulins in Zentral-Frankreich. Drei einsturzgefährdete Hängebrücken über den Fluss Allier mussten durch Steinbögen ersetzt werden, doch das anfängliche Budget ließ nur eine Brücke zu. Freyssinet machte unaufgefordert das Angebot, alle drei Brücken in Stahlbeton zu bauen, und zwar preiswerter als im Budget vorgesehen. Dafür wurde er mit dem Veurdre Brückenprojekt beauftragt.

Seine Druckbögen, eine sehr antiquierte Form, waren niedrig und schlank. Beton kriecht und senkt sich unter Belastung, setzt sich nur langsam und härtet fest aus. Mit diesen Eigenschaften musste man sich auseinandersetzen, um so niedrige Bögen zu bauen, sonst hätten sich die Ringe gesenkt. Freyssinet löste das Problem auf brillante Art. Er ließ die Bogenköpfe offen, durch sehr starke Winden getrennt, und als sich die Rippen setzten, schob er sie wieder nach oben. Er war 50 Jahre alt, als die Brücken fertig wurden und erst dann bemerkte er, dass das Vorspannen von Beton, bevor Lasten zum Einsatz kommen, viel öfter angewendet werden könnte. Er entwickelte rasch eine Methode, bei der Stahlseile durch Röhren gezogen und fest gespannt wurden oder es wurden Zuganker gedehnt und dann mit Beton umgossen. So entstanden gigantische Einheiten, die nicht brechen.

Die niedrigen Materialkosten, seine Langlebigkeit in wärmeren Klimazonen und die anfängliche Notwendigkeit für äußerst geschicktes Vorgehen bei der Herstellung der Schalung, beim Setzen von Balken und dem vorsichtigen Mixen und Pressen von Eingüssen ließ das Bauen mit Stahlbeton in Italien, Spanien und Mexiko besonders rasch Einzug halten. Beton kann man auch in Kunststoff-Formen gießen. Die moderne Auffassung einer Brücke als Entwurfsobjekt, das plastische Ausdrucksfähigkeit besitzt sowie die Verlagerung innerer Mechanismen (angenommene Kraftmuster) nach außen wurden langsam Teil der Entwicklungsphase von Stahlbetonbauten in lateinischen Ländern, obwohl hierbei auch die Schweiz zusätzlich in den Mittelpunkt rückte.

Der Pionier war Eduardo Torroja (1899–1961), in Madrid geboren. Gleich nach seiner Qualifikation im Jahr 1923 begann er für sich selbst zu arbeiten und übernahm beinahe sofort Freyssinets Neuerungen im Vorspannen für seinen eigenen Brückenbau. Er arbeitete intuitiv, griff auf das praktische Erbe der Vertragsfirma seines Vaters zurück und behauptete, dass Entwurfsberechnungen nur notwendig seien, um seine Vorschläge zu beweisen. Diese Auffassung wird heute noch

13 | 14

Abb. 13:
Der deutsche „Westentaschen-Kreuzer" Admiral Scheer, 1940, war ein leichtes Kriegsschiff für den Angriff. Nach der Weiterentwicklung des elektrischen Bogenschweißens wurde das Gewicht für die Hülle bei dieser Schiffsart stark reduziert. Die Schiffe wurden daraufhin größer, als es dem Versailler Vertrag nach vorgesehen war.

Abb. 14:
Dieses Foto zeigt das in der Mitte auseinandergebrochene US-Schiff Schenectady. Die Brüchigkeit voll verschweißter, großer Stahlkonstruktionen – besonders jener, die in Abschnitten gebaut und häufigen Lastumkehrungen ausgesetzt waren – war weit verbreitet.

von modernen Konstrukteuren geteilt, die einen Entwurf erst „auf die gesetzlichen Vorschriften hin prüfen", wenn er größtenteils fertig ist. Er war in unerwarteter Weise innovativ. Seine Projekte offenbaren ihre Konstruktionstechniken und kombinieren eine selbstbewusste Beziehung zum Erscheinungsbild mit einem unselbstbewussten Blick für die Proportionen.

In Italien veränderte Pier Luigi Nervi (1891–1979) den Gebrauch von Stahlbeton für Bauwerke. Er behauptete, dass die Herstellung von Formen für Techniker und Künstler identisch sei. Berechnungen sind nur eine Methode, um die Form weiter zu bringen – und es gibt viele Rechenmethoden, um eine Form zu wählen.

Ricardo Morandi (1902–1990) aus Rom entfaltete während seiner langen Karriere ein sehr modernes Gespür für Stahlbeton. Er entwickelte einen ausgesprochen eigenen Stil, wobei er den vorherrschenden Architekturstil des Brutalismus in seinen Ingenieurbau integriert zu haben schien. In den späten 50er Jahren des 20. Jahrhunderts gewann er einen Wettbewerb für die Überbrückung des Lake Maracibo in Venezuela, sein Spannbeton-Entwurf schlug elf weitere Teilnehmer aus dem Rennen, sie alle hatten Stahlkonstruktionen vorgeschlagen. Bei dem riesigen Viadukt in Maracibo hat das Material eine unmittelbare Ausdruckskraft, der Entwurf ist nicht überzogen und die Details sind faszinierend, nicht nur im Aussehen, sondern auch in der Art, wie sie funktionieren.

Das spätere 20. Jahrhundert: neue Werkzeuge und Empfindsamkeiten

Unsere gegenwärtige Auseinandersetzung mit Ästhetik wurzelt in der Zeit vor dem Zweiten Weltkrieg. Der Krieg und der folgende Wiederaufbau führte in den folgenden Jahrzehnten auch zu neuen Wegen im Brückenbau. Die Fortschritte, die unser Zeitalter definieren und ihm eine konzeptionelle Gestalt geben, könnte man als Ergebnis des Wettrüstens im Kalten Krieg bezeichnen.

Robert Maillart verkörpert den technisch kompetenten, rationalen Ingenieur, der sich des ästhetischen Potenzials von Brücken äußerst bewusst ist. Er wurde völlig von seiner Arbeit als Ingenieur aufgesogen. Sie basierte auf einer guten theoretischen Grundlage, da er mit den akademischen Brückenberatern, die zur Jahrhundertwende in der Schweiz aufstiegen, studiert hatte. Dem Studium folgte praktische Erfahrung, als er für Hennebique arbeitete, dann bahnte er den Weg für das neue Baumaterial Stahlbeton. Er experimentierte sein Leben lang. Dies führte zu einer ganzen Reihe von Neuerungen im Gebrauch von Stahlbeton und bei Konstruktionsmethoden. Unabhängigkeit bewies er mit der Gründung seiner eigenen Firma in Zürich im Jahr 1902 sowie mit seiner Abreise nach Russland ein Jahrzehnt später, um dort zu bauen. Von dort kehrte er nach der Oktoberrevolution verarmt zurück.

Keine von Maillarts Brücken ist sehr groß. Sie fügen sich in ihre oft spektakuläre Umgebung mit einer scheinbaren Leichtigkeit (zum Beispiel die Tavanasa Brücke, Abb. 11), und es liegt eine unweigerliche Eleganz in ihren Formen. Ihre Kargheit hat mit dem wirtschaftlichen Hintergrund zu tun, sie sind oftmals das Ergebnis von Wettbewerbsangeboten, die kleinen Schweizer Kantonen mit begrenzten Mitteln gemacht wurden. Durch das kalvinistische Umfeld wirkte das Weglassen alles Überflüssigen als beinahe vorgegeben. Mit sorgfältiger Geländebeobachtung, Einsturzstudien am Gipsmodell und der freiwilligen Darstellung in Diagrammen – eine Arbeitsweise, die er zum Erstellen von Analysen erlernt hatte (Abb. 12) – fand Maillart heraus, wo er überflüssiges Material weglassen konnte. Dieses „Stutzen" führte zu einer charakteristischen Brückenform – mittlerweile ein Klassiker –, die durch ausgesprochen fotogene Hintergründe noch unterstrichen wird.

Er nutzte die guten Gründungsbedingungen durch die Felsen in den Bergschluchten aus, um die sich ausbreitenden Kräfte, die in seinem bevorzugten Konstruktionssystem, dem Dreigelenkbogen, entstanden, aufzufangen. Stahlbeton, sein Lieblingsmaterial, passte zu den abgelegenen Gegenden. Während Entwürfe in Stahl große, vorgefertigte Elemente erforderten, die die gewundenen Straßen heraufgeschafft werden mussten, konnte Beton in freien Formen von in der Nähe gefundenem Material gegossen werden. Der Gebrauch von örtlichem Stein führte zu einer Farbe, die zu den Felsen ringsum passte. Wartungsansprüche waren vernachlässigbar, was den relativ abgelegenen Örtlichkeiten entsprach. Maillart strebte nicht nach übermäßig plastischem Ausdruck, aber bewegte sich intuitiv innerhalb

eines technischen Bereichs, um seine Formen zu finden. Seine Unterlagen waren die ersten zu einem Ingenieurbauwerk, die im Museum of Modern Art in New York im Jahre 1957 ausgestellt wurden.

Zu der Zeit, als Robert Maillarts Gespür für Konstruktionen anerkannt wurde, unterlag der Brückenentwurf großen Änderungen in technischer und in wirtschaftlicher Hinsicht. Das Ende des Zweiten Weltkrieges zog eine weit verbreitete Zerstörung von Brücken in ganz Europa nach sich, besonders der Brücken über die großen Flüsse in Norddeutschland. Inzwischen führte der wirtschaftliche Aufschwung in den Vereinigten Staaten nach dem Sieg zu neuen und immer größeren Brückenprojekten in Nordamerika.

Auf beiden Seiten des Atlantiks ergaben sich verschiedene Entwicklungsrichtungen. In Europa forderte der Marshall Plan so bald wie möglich Ersatzbrücken. Neue Verbindungen wurden gebraucht, um Italien und die Adria zum Osten zu öffnen. Einfach zu bauende Brücken mittlerer Spannweiten und hohe Viadukte wurden gefordert, die nur ein Minimum der spärlichen Ressourcen benötigten.

Während der Kriegsjahre hatte es Veränderungen bei den Methoden für die Stahlherstellung im großen Maßstab gegeben, und diese wurden beim Wiederaufbau angewendet. Die Fortschritte in der Technologie entsprangen dem deutschen Bestreben, den Vertrag von Versailles von 1919 zu umgehen, der das Gewicht ihrer wichtigsten Schiffe auf 11.200 Tonnen begrenzte. Stahlrümpfe wurden ursprünglich durch übereinander gelegte Stahlplatten wie Schuppen hergestellt und dann vernietet, doch wenn die Platten an ihren Enden gestoßen werden konnten, fiel das Gewicht der Überlappung weg. Dies erreichte man durch Verbesserungen bei der Technik des Lichtbogenschweißens – hiermit war der „Westentaschenkreuzer" geboren (Abb. 13). Heute wird Stahl nur noch auf diese Art hergestellt.

Die Werbung für diese geniale Anwendung konnte jedoch auch irreführend sein. Schweißnähte neigen dazu, brüchig zu werden und die enorme Hitze, die durch den Prozess erzeugt wird, schließt Verdrehungen und Restspannungen ein. Die Alliierten kopierten die Methode für den Bau ihrer Freiheitsschiffe, mit denen Nordamerika im europäischen Krieg unterstützend eingriff, und weitete sie durch das Einführen von Konstruktionsabschnitten aus. Durch sich wiederholende Teil-Montagen großer Abschnitte wurde die Herstellung beschleunigt. Die Schiffe brachen daher manchmal bei schwerer See auseinander (Abb. 14). Trotzdem schien dieses Problem durch den bei der Schlacht auf dem Atlantik vorhandenen Spielraum akzeptierbar. Nach dem Krieg machte der Verkauf des restlichen Schiffsbestands griechische Eigner zu Magnaten und sicherte die allgemeine Akzeptanz sowie die beständige Weiterentwicklung des vollständig geschweißten Systems.

Diese Technologie wurde ohne weiteres auf den Brückenbau übertragen. Die Köln-Deutz Brücke von 1946 hat eine Spannweite von 136 Metern über den Rhein und ist aus geschweißten kastenförmigen Abschnitten gebaut, die direkt auf die alten Pfeiler einer Hängebrücke, die zerbombt worden war (Abb. 15), aufgelegt wurden. Nur ein Jahrzehnt später wurde auf die selbe Art die Sava Straßenbrücke in Belgrad gebaut, mit der gewaltigen Spannweite von 261 Metern.

Weiter im Norden wurden entlang der deutschen Flüsse die Brücken noch viel länger. Eine sehr alte Form, die Schrägseilbrücke, wurde zunächst durch den Deutschen Franz Dischinger (1887–1953) begutachtet und auf den neuesten Stand gebracht. Flussabwärts von Köln, in Düsseldorf, übernahm in den frühen 50er Jahren des 20. Jahrhunderts Fritz Leonhardt diese Form für drei Brücken, von denen jede 280 Meter überspannt.

Es ist einfach, solche Spannweiten zu erzielen. Die Tragfähigkeit eines Betonträgers oder eines geschweißten Stahlträgers kann durch einen Überbau mit Stützen erhöht werden. Die Fahrbahn wird dann von Stahlseilen abgehängt, die wiederum von einem oder mehren Pylonen gehalten werden. Das System bietet eine befriedigende Zwischenform zwischen einer Kastenträger- und einer Hängebrücke – die längst mögliche Brückenform. Die Anzahl der Elemente in einer Schrägseilbrücke ist, verglichen mit anderen Brückentypen, niedrig – ein wichtiger Sparfaktor, da die Kosten im Detail stecken. Die Konstruktionsmethode ist relativ einfach, von zwei Seiten werden abschnittsweise die Teile aufeinander zu gebaut.

15 | 16

Abb. 15:
Die Brücke in Köln-Deutz, 1948. Mit Geldmitteln aus dem Marshall Plan wurden die Fortschritte beim Schweißen und beim Bauen in Abschnitten in der Zeit nach dem Krieg sofort umgesetzt.

Abb. 16:
Die George Washington Brücke, New York, 1931, von Othmar Ammann. Dieses wahrhaft moderne Brückenprojekt entstand durch ausgefeilte Konstruktionstheorie und mit Blick auf die Prinzipien des Industriedesigns.

Das Erscheinungsbild von Brücken hängt sehr stark von der gesamten Proportion und von der Lage der Stützen ab. Harfen- und fächerförmige Anordnungen haben zum Beispiel dieselbe Wirksamkeit. Die frühen deutschen Brücken kamen mit wenigen Elementen aus, was zu der für die Rheinbrücken so charakteristischen Eleganz führte und sie zu Symbolen des Wirtschaftswunders, dem erfolgreichen Wiederaufbau nach dem Krieg, machte. Neuere und größere Brücken haben immer mehr Seile, sie reduzieren sich zu luftigen Drahtgebilden an monumentalen Pylonen.

In Nordamerika waren ganz andere Erfahrungen entscheidend. Als der Zweite Weltkrieg nahte, machten sich zwei besondere Einflüsse bemerkbar. Erstens wurde Industriedesign als eigene Disziplin anerkannt und das schloss den Brückenentwurf mit ein. 1930 wurde der frühere, beinahe unschuldige Pragmatismus unter den Ingenieuren ersetzt durch die Suche nach Verfeinerung, einschließlich funktionalistischer Komponenten, durch Genauigkeit im Konstruieren und durch ein neues Interesse am stromlinienförmigen Bauen, wodurch Objekte glatte, manchmal unechte Formen erhielten.

Zweitens prägten wirtschaftliche Aspekte die Gefühle der Menschen. Die Auswirkung des Crashs an der Wall Street 1929 zeigt sich an der George Washington Hängebrücke über den Hudson (Abb. 16), eine maßgebliche Konstruktion jener Zeit. Mit einer Hauptspannweite von 1067 Metern war sie beinahe doppelt so lang wie jeder Vorgänger. Der Konstrukteur Othmar Ammann (1879–1965), ein Schweizer Emigrant, benutzte eine ausgefeilte „Abweichungstheorie" bei seinen Berechnungen, um zu zeigen, dass ein relativ dünner Fahrbahnträger angemessener wäre als die hohen aussteifenden Konsolen, die damals bei großen Hängebrücken üblich waren. Die längst verloren gegangene Leichtigkeit und Eleganz früher Hängebrücken wurde wiederentdeckt. Im Entwurf sah er monumentale gemauerte Pfeiler vor, die aus einem mit Stein verkleideten Stahlgitter bestanden. Die Begeisterung für ungeschmückte Bauten fiel mit dem Geldmangel während der Wirtschaftsdepression zusammen, und die nackte Stahlkonstruktion der Brücke wurde zum neuen ästhetischen Standard.

Die nächste größere Brücke in Amerika, die Golden Gate Bridge (1933–37; Abb. 17) in San Francisco von Joseph Strauss, könnte als das Bauwerk angesehen werden, das den Brückenentwurf in die Phase der Moderne rückt. Das Projekt ist malerisch: seine Lage zwischen sanften Hügeln, die klimatischen Bedingungen mit den dort herrschenden Nebeln, die Lage über der Linie des Sonnenuntergangs, zusammen mit der ungewöhnlichen Höhe der Brücke (damit Schiffe unten durch fahren können) und das dunkle Ocker der roten Grundierung auf der Stahlkonstruktion – all dies zusammen ermöglichte Fotos, die die Brücke zum globalen Beispiel frühen modernen Brückenbaus machten.

Die Golden Gate Bridge ist eine Reaktion auf die unmittelbare wirtschaftliche Notwendigkeit, das Marin County zur Stadt hin zu öffnen. Es ist ein technisches Extrem, sowohl in Bezug auf die Oberkonstruktion als auch auf die Fundamente. Der östliche Pylon gründet auf unstabilem Schiefer innerhalb des Gezeitenstroms; während der Bauphase war sogar ungewiss, ob eine Gründung überhaupt möglich sei.

Der Konstrukteur zeigte die Willensstärke, die typisch für Brückenbau-Ingenieure ist. Er musste 15 Jahre auf das Projekt hinarbeiten, doch seine ersten Entwürfe für die Brücke (Abb. 18), die durch sein Hintergrundwissen als Ingenieur für Zugbrücken „klemmten" (Abb. 19), profitierten davon. Der Projektarchitekt Irving Foster Morrow (geb. 1884) arbeitete hart daran, den Entwurf zu analysieren und zu vereinfachen, seine Bemühungen gipfelten in der völligen Klarheit der Brücke. Das sparsame Zierwerk an den Pfeilern ist sofort erkennbar.

Nun kamen moderne Brückentypen auf und ästhetische Antworten wurden anerkannter Teil eines Ingenieurentwurfs. Neben diesem wachsenden Gespür, neben Fortschritten beim Material und technischen Neuerungen setzten sich weitere feste Bestandteile in der heutigen Baupraxis durch. Neue Entwurfswerkzeuge machten es möglich, jede Form genauestens zu analysieren und zu beschreiben sowie Verhaltensweisen unter unterschiedlichen Bedingungen und über einen gewissen Zeitraum genau zu bestimmen. Dadurch haben wir heute die Freiheit, alles Denkbare zu testen, bevor wir es bauen.

Die Finite-Elemente-Methode zur Lösung von partiellen Differenzialgleichungen war bereits seit einiger Zeit bekannt; Andeutungen

findet man in der Arbeit von Gottfried Leibniz in den 60er Jahren des 17. Jahrhunderts. Differenzialgleichungen haben mit einer Wechselrate zu tun, sei es im Hinblick auf fließendes Wasser, auf die Anziehungskraft eines Planeten auf einen Satelliten oder auf die Spannungen eines Festkörpers unter Belastung. Sie sind mathematische Modelle physikalischer Situationen und können Ingenieuren auf dem Papier zeigen, wie sich die Systeme, die sie bauen wollen, verhalten. Unglücklicherweise haben die meisten dieser Gleichungen keine einfachen Lösungen, obwohl manche durch einfaches Ausrechnen gelöst werden können. Klassisch ausgebildete französische Ingenieure aus dem 17. Jahrhundert, die mehr durch mathematische Formen berauscht waren als durch jene auf dem Gelände, entwarfen ihre Brücken so, dass sie sich mit einer eleganten Reihe von Gleichungen deckten.

Diese Vorgehensweise, einen Entwurf rund um die Erfordernisse eines Zwischen-Systems zu entwickeln und die Form dabei anzupassen, durchdringt den Ingenieurbau. Die meisten Brückenformen kann man als Reflexionen von Baumöglichkeiten ansehen oder als die Versuche von Ingenieuren, Kraftsysteme in verständliche Muster anzuordnen.

Wie der Name sagt, bedeutet die Finite-Elemente-Methode, sich eine durchgehende Konstruktion als einen Satz von Einzelstücken vorzustellen, die an imaginären Grenzen miteinander verbunden sind. Mit dieser Methode kann der Mathematiker die Schwierigkeiten beim Umgang mit Differenzialgleichungen vermeiden. Wenn er die Kanten algebraisch definiert, zeigt sich, ob sie zusammenbleiben oder irgendeine andere Beziehung miteinander eingehen, wie zum Beispiel auseinander zu brechen. Das Ergebnis ist eine ungeheure Menge von sehr einfachen Gleichungen, die schwierig zu lösen sind. Heute jedoch kann jede beliebige Differenzialgleichung, für die es Lösungen gibt, mit dem Computer gerechnet werden und dadurch unterliegen die Formen keiner Begrenzung mehr.

Reine Mathematiker brachten diese numerische Methoden ins 20. Jahrhundert mit und Ingenieure begannen versuchsweise, sie anzuwenden. Der zweite Aswan Damm von 1910 war die erste umfassende praktische Anwendung. Sehr große zivile Ingenieurbauprojekte konnten die für den zeitraubenden Prozess erforderliche Menge an Personal verkraften, doch die bevorstehende „Revolution" musste auf zwei weitere Komponenten warten: Mittel, um mit der Plackerei des dazu gehörenden Rechnens umzugehen und eine Industrie mit dringendem Bedarf für diese Technik sowie Geld für die Finanzierung ihrer Entwicklung.

Die kometenhafte Entwicklung des elektronischen Computers nach dem Wegfall der kriegsbedingten Geheimhaltungsvorschriften ist gut dokumentiert. Sie hat auf den Schreibtisch eines jeden Ingenieurs die Kapazität einer ganzen Armee von „Rechengehilfen" geliefert (das waren Männer und Frauen, die in den 20er und 30er Jahren des 20. Jahrhunderts angestellt waren, um sich wiederholende Summen auf Addiermaschinen auszurechnen). Das Problem der Hilfsmittel hatte sich damit erledigt.

Die Luftfahrt-Industrie stellte das Budget zur Verfügung und zeigte dringenden Bedarf. Am Ende des Zweiten Weltkriegs lieferten die gewaltigen Bombardierungen eine industrielle Grundlage für die Herstellung großer Langstrecken-Flugkörper. Der Einsatz der Alliierten eröffnete eine transatlantische Achse, die einen ständig wachsenden internationalen Flugbetrieb in Gang setzte. Technisch immer ausgefeiltere Geräte wurden für das Wettrüsten und die Erforschung des Weltalls benötigt. Die Konstruktionen mussten leicht und wirkungsvoll sein, da sie in einer Umgebung eingesetzt wurden, die zu dynamischen Effekten, extremen Temperaturen und zum Verschleißen von Metall neigte (Abb. 20). Der Wohlstand der Luftfahrt-Industrie erlaubte reinere Forschung als zu jener Zeit üblich, und mehrere Arbeiter entwickelten unabhängig voneinander ähnliche Techniken für die Analyse von Flugkörpern.

Mathematiker machten sich an die Gestaltung der Finite-Elemente-Methode. Dem Amerikaner Richard Courant (1888–1972) wird eine maßgebliche Ausstellung im Jahr 1943 zugeschrieben, doch die Art, wie heutige Ingenieure mit dieser Methode umgehen, stammt von einer Veröffentlichung von vier Boeing-Ingenieuren, Turner, Clough, Martin und Topp, aus dem Jahr 1956. Die Entwicklungen folgten allmählich, als dringende Probleme praktische Lösungen erforderten.

17 | 18

Abb. 17:
Die Golden Gate Bridge, San Francisco, 1933–37, von Joseph Strauss und Irving Morrow: auf der ganzen Welt eine der berühmtesten und fotogensten großen Brücken

Abb. 18:
Ein Vorentwurf für die Golden Gate Bridge, 1924, von Joseph Strauss. Der Entwurf wurde nach und nach vereinfacht und klarer entwickelt, was zeigt, wie sich Strauss endgültig von den Zwängen erworbenen Wissens befreite.

Nach und nach verstand man, dass nicht-lineares Verhalten (unebene und plötzliche Wechsel), Instabilitäten wie Knicken und dynamische Effekte wie Vibrationen der Methode zugänglich waren. Die mathematischen Untermauerungen dieser Erscheinungen wurden in den 70er Jahren des 20. Jahrhunderts vertieft, als die frühen Techniken der Ingenieure festgelegt wurden.

Es wurden Lehrbücher verbreitet und die Methode wurde bereits angewendet, als man im Jahr 1972 zur Schlüssel-Erkenntnis kam. Der tschechische Mathematiker Ivo Babuska (geb. 1926) zeigte, dass die Methode tatsächlich allgemein anwendbar war. „Programm-Pakete" für den allgemeinen Gebrauch kamen nach und nach auf. Ein moderner Computer kann heute leicht die Bedingungen innerhalb einer Konstruktion, die aus mehreren verschiedenen, beliebig zusammengesetzten Materialien besteht, bestimmen, und anschließend ihr Verhalten über einen Zeitraum grafisch darstellen, einschließlich des Auftretens von Instabilitäten, Brüchen und Kriecheffekten.

Es ist bezeichnend, dass die Struktur von Flugkörpern so stark durch die Zwänge des Fliegens bestimmt wird. Die Strukturen können nicht idealisiert werden, um auf das Grundprinzip der erzeugten Kräfte zu reagieren, da die Last tragenden Elemente eines Flugzeugrumpfes sich auf die stromlinienförmige Hülle und den Raum für die Nutzlast beschränken. Das entscheidende Kriterium für den Flugkörper liegt außerhalb der konstruktiven Logik, und so kann es auch beim Brückenentwurf sein. Da die analytischen Methoden des Luftfahrt-Ingenieurs preisgünstig genug geworden sind, um sie auch auf Brücken anzuwenden, ist man immer weniger auf das „konstruktive Gespür" angewiesen.

1878–2000 Eine Auflistung von Katastrophen

Eine Sichtweise im modernen Brückenbau besagt, dass er durch zunehmend unterschiedliche Verstehensweisen und durch Vorurteile geprägt wird. Dem steht die Idee einer Baupraxis entgegen, die eine Reihe beispielhafter Veränderungen bildet, und das in einem ständig wachsenden Maß an Ausgereiftheit angesichts der Projekte und ihrer Beschaffenheit.

Ein dritter Blickwinkel bezeichnet den heutigen Brückenbau als einen Bereich, der Phasen des Wandels durchmacht, was Reaktionen, Ausbeutung, Selbstzufriedenheit und Rückschläge mit einschließt. Brücken mögen größer werden, doch das Handlungsmuster bleibt konstant. Die breite Welle des Fortschritts wird natürlich von Katastrophen bedroht. Brücken stürzen ein, Leute verlieren ihr Leben und Karrieren werden ruiniert. Jeder Wissensfortschritt wird durch unvermeidliche Rückschläge und einem Rückbesinnen auf konservativere Bauweisen gedämpft.

Die Reaktion auf den Einsturz der Ashtalabula Brücke im Jahr 1876, ein Bündel an neuen Gesetzen, wurde bereits erwähnt (siehe S. 25). Die erste Katastrophe mit der Tay Brücke in Schottland, drei Jahre später, spiegelt die zyklische Natur des Fortschritts in der angewandten Technologie besser wider. In den vergangenen 20 Jahren wurde der Weg für tiefgreifende Neuerungen bereitet. Die Unsicherheiten bei den Änderungen erzwangen akribische Aufmerksamkeit aufs Detail und Sorgfalt beim Bestimmen von Materialien sowie bei der Qualitätskontrolle am Bau, sodass heute jedes Problem gelöst ist. Der Eisenbahnboom zog den Wettbewerb von den Grenzen der Technologie ab und richtete ihn auf die Festigung und Wirtschaftlichkeit bewährter Systeme. Es ist falsch, anzunehmen, dass Phasen intensiven Wettbewerbs zu technischen Neuerungen führten. Entscheidend wird es, Schaden, sogar begrenzten, der den Ruin bedeuten könnte, zu vermeiden. Es kommt auch Selbstzufriedenheit auf und eine zweite Generation von Designern konzentriert sich beim Entwerfen weniger auf das einzelne Projekt, sondern mehr auf die Herstellung von Masse. Unter diesen Bedingungen erweisen sich verschlüsselte Entwürfe als höchst zweckmäßig; im Gegensatz dazu setzt eine eingeschränkte Baupraxis die konservative Mentalität fort.

Der Einsturz der Tay Brücke zeigt ein wiederkehrendes Merkmal größerer Katastrophen: das Zusammentreffen von Fehlern und anderen beteiligten Faktoren. In der zweiten Hälfte des 19. Jahrhunderts verbanden zwei rivalisierende Eisenbahngesellschaften Schottland und England. Eine Reihe von Übernahmen stärkte die Caledonian

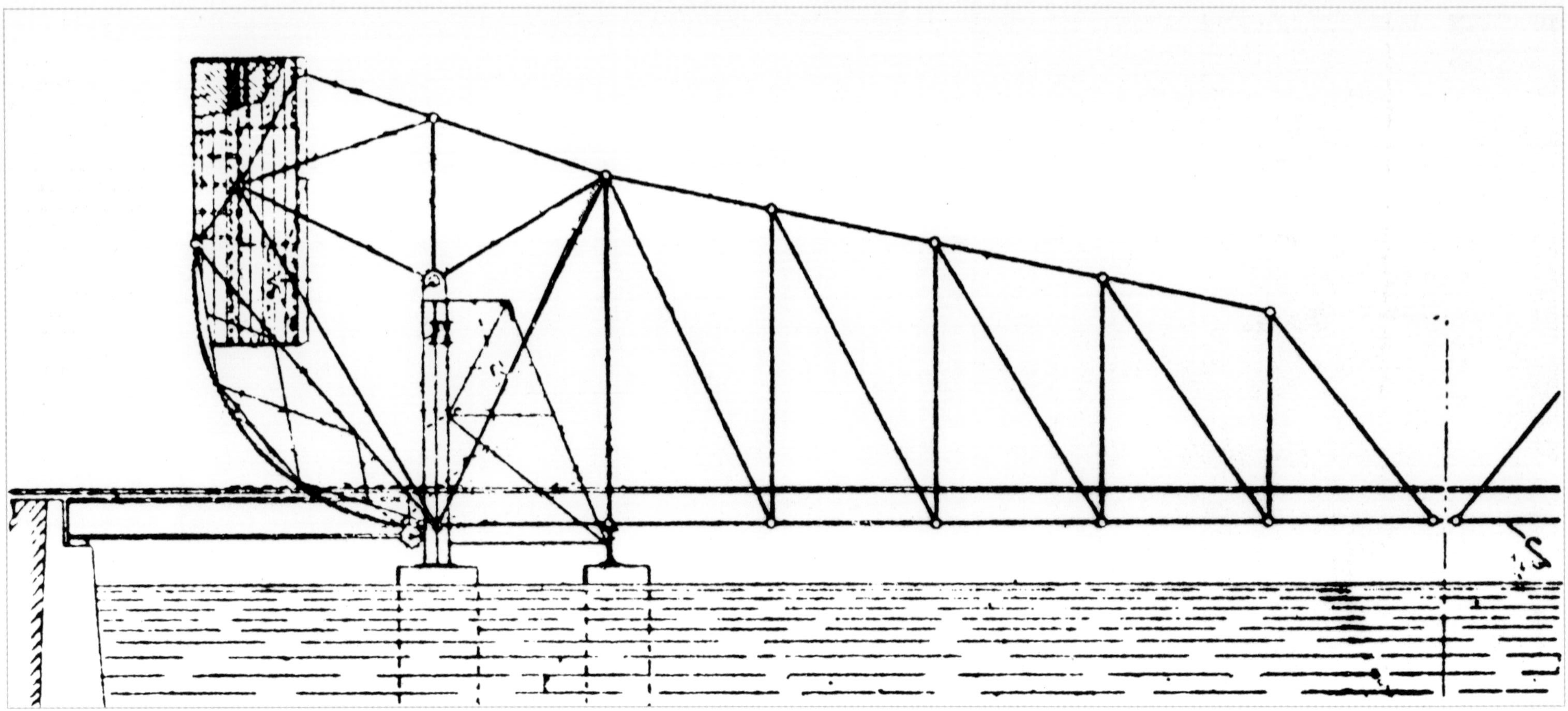

Railway erheblich und wollte die North British Railway überleben, mussten die Mündungen des Tay und des Forth überquert werden. Die Tay-Mündung war die schmälere von beiden. Der Ingenieur Thomas Bouch (1822–90) schlug das bewährte System von schmiedeeisernen Trägern auf Brückenböcken vor, doch mit einer viel größeren Spannweite als üblich. Die Bauarbeiten gingen schlecht voran und während der sechsjährigen Bauphase kamen 20 Arbeiter ums Leben. Die Gründung erwies sich als schwierig, aber, wichtiger noch, die Hauptträger blieben immer wieder stecken. Sie wurden vorgefertigt, aufs Wasser hinausgetrieben und hydraulisch angehoben – für dieses Verfahren war 20 Jahre zuvor Stephenson und danach Brunel Wegbereiter gewesen. Schließlich wurde die Brücke 1878 eröffnet und ein Jahr später befuhr sie Königin Victoria im Königlichen Zug.

In den ersten 18 Monaten nach der Eröffnung reichten die Einnahmen der North British Railway für eine kompetente Wartung und Kontrolle nicht aus. Am 28. Dezember 1897 um 19.00 Uhr versuchte ein nach Norden fahrender Zug in einem seit zwei Stunden tobenden Sturm, der von Skandinavien hereinblies, langsam die Brücke zu überqueren. Sobald der Zug den mittleren Abschnitt der Brücke befuhr, brach die gesamte Konstruktion zusammen und riss 75 Passagiere und die Mannschaft in den Tod (Abb. 21).

Als sie dann in Stücken da lag, konnte der bauliche Zustand nicht mehr bestimmt werden, doch viel von dem gefundenen Material stellte sich als schadhaft heraus. Viele der wichtigsten gusseisernen Elemente wiesen große Luftlöcher auf, die mit einem primitiven Klebe-Füllstoff bearbeitet worden waren, der als *Beaumont's egg* bekannt war. Es sprach einiges dafür, dass die Gefahr von Hohlräumen, die zu ernsthaften Spannungsverdichtungen in metallischen Bauelementen führen, nicht erkannt worden war, bis schließlich die Elastik-Theorie in den 90er Jahren des 19. Jahrhunderts entwickelt wurde. Doch die Bemühungen, diese Schäden zu verbergen, weisen auf ein zu dieser Zeit sicherlich vorhandenes Bewusstsein für das potenzielle Problem hin.

Obwohl die Qualität der Ausführung durch zu große Anforderungen an den Unternehmer und durch eine allgemeine Unterfinanzierung des Projekts gelitten hatte, sollte man nicht übersehen, dass der Entwurf selbst himmelschreiende Fehler aufwies. Der Schienenstrang krümmte sich über die Flussmündung auf paarweise angeordneten Trägern. In der Mitte der Brücke wurden die Träger höher ausgebildet, sodass der Zug zwischen ihnen fuhr und der Lichtraum für die Schifffahrt unter der Brücke beträchtlich vergrößert wurde. Zwischen diesem zentralen Abschnitt und den seitlichen Spannweiten wurde keine Verbindung hergestellt, die in der Lage war, seitlichen Kräften standzuhalten. Am fatalsten war jedoch, dass die Einschätzung der Windlasten auf die Brücke vollkommen unzulänglich war.

Die Windlast ändert sich zwangsläufig mit dem Wetter. Sturmbedingungen (Beaufort Skala 8) bedeuten Windgeschwindigkeiten um 80 km/h. Sie drücken mit einem Druck von etwa 50 kg/m² auf eine flache Platte, die Hälfte der Last, die ein Fußboden in einem Haus tragen muss. Das Umfeld beeinflusst die Lastbedingungen, da Gebäude und Bäume den Wind in Böen aufteilen, während lange, leere Bereiche dem Wind ermöglichen, an Stärke zuzunehmen. In Großbritannien bringt der Einfluss des Atlantiks vorwiegend Winde aus Süd-West mit sich, die nächst häufigsten Winde kommen aus der anderen Richtung und der Nord-Ost-Wind von der Nordsee ist extrem heftig.

Bouch verließ sich auf Windlast-Tabellen von John Smeaton (1724–92), der Mann, der als Begründer des britischen zivilen Ingenieurbaus gilt. Diese Entscheidung verband sich fatalerweise mit Bouchs Selbstgefälligkeit, denn genau hier wurde das kritische Wechselspiel von Wind und Konstruktion übersehen. Die Windenergie bildet ein Frequenzspektrum, auf das Konstruktionen unterschiedlich reagieren, sodass bei allen Windverhältnissen eine Brücke aus Stein weniger Energie anzieht als eine aus Stahl. Wenn bei einem Entwurf statische Druckbedingungen angenommen werden, also ein gleichförmiger Druck auf die Seite eines Gegenstandes und nicht ein Energietransfer, dann sind die 60 kg/m², die Smeaton für die Seiten seiner gemauerten Konstruktionen veranschlagte, eine sichere Rechnung. Bouch jedoch wendete Smeatons Diagramm für offene gusseiserne Träger an.

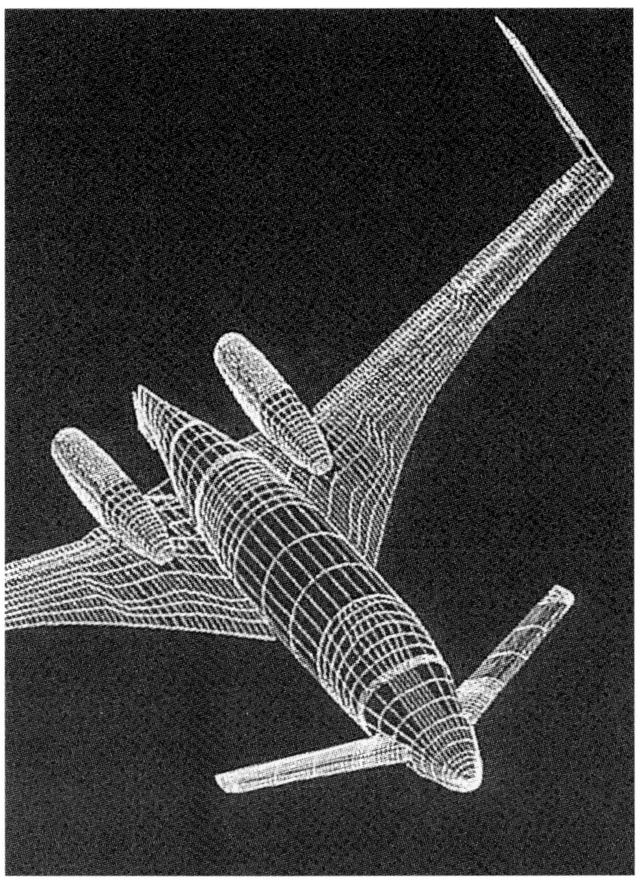

19 | 20 21

Abb. 19:
Patentierte Skizze einer Zug-Klappbrücke von Strauss im Jahr 1915

Abb. 20:
Aeronautische Konstruktion, reduziert auf ein Drahtrahmen-Modell für computergesteuerte Spannungsanalysen. Kommerzieller Flugbetrieb, Weltraumforschung und Kalter Krieg erforderten immer wirkungsvollere Konstruktionen. Dies führte zu den dünnst möglichen Montagen.

Abb. 21:
Der Tag nach der Tay-Katastrophe am 28. Dezember 1879. Der Zug, der mittlere Trassenabschnitt und die Stützpfeiler wurden im Sturm einfach umgeweht. Zu Unzulänglichkeiten im Entwurf kamen schlechte Detailausbildung und mangelhafte Baupraxis.

Berücksichtigt man das Wechselspiel von Wind und Konstruktion, lag der äquivalente statische Winddruck auf die Tay Brücke in jener Dezembernacht wahrscheinlich bei etwa 250 kg/m², was der Belastung eines Bürobodens entspricht und fünf Mal stärker ist als im Diagramm vermerkt, das Bouch für die Brücke herangezogen hatte. Traditionell wird als umfassender Sicherheitsfaktor das Dreifache der angenommenen Windstärke angesetzt, sodass diese Annahme völlig unzulänglich war. Nachdem die Untersuchungsergebnisse vorlagen, wurden künftig Windlast-Einschätzungen mit dem allergrößten Respekt vorgenommen.

Die Forth Eisenbahnbrücke (1882–89; Abb. 22) ist im Gegensatz dazu die schönste Verkörperung vorsichtiger Zurückhaltung. Sie ist eine Reaktion auf die Tay Tragödie und fasst die unerschütterlich soliden Aspekte des viktorianischen Ingenieurwesens zusammen. Bouch war bereits mit vorbereitenden Arbeiten zu seinem Entwurf für die Hängebrücke über den Forth beschäftigt, als weiter unten die Tay Brücke einstürzte. Bouch geriet durch den Untersuchungsausschuss ungeheuer in Bedrängnis und gab sein neues Projekt auf. John Fowler (1817–98) übernahm zusammen mit Benjamin Baker (1840–1907) die Arbeit. Ihr alternativer Entwurf galt in Großbritannien als innovativ, da sie durchwegs den Gebrauch von Stahl vorschlugen. James Eads hatte acht Jahre früher die Anwendung des Materials bei der St. Louis Brücke bewiesen, doch erst nach einem Wechsel in der britischen Regierung konnten Fachkenntnisse über den Clydeside-Schiffsbau aus Stahl quer über Schottland hinweg übertragen werden.

Fowler und Baker entwickelten und überprüften drei weitere Hängebrücken-Entwürfe, doch sie waren unzufrieden mit der begrenzten Steifigkeit, die sie erzielen konnten, stellten jedoch fest, dass es bei durchgehenden Fachwerkträgern kaum Einschränkungen bei der Steifigkeit gab. Zu der Zeit war gerade zum ersten Mal eine Eisenbahnbrücke als Auslegerbrücke in Deutschland gebaut worden und sie beschlossen, diese Bauweise zu übernehmen, wobei sie allerdings ihre Kragbalken sehr hoch ausbildeten. Die Brücke wiegt nach dem endgültigen Entwurf 50.000 Tonnen und gilt mit Faktor fünf überdimensioniert.

Für eine Einschätzung der Windlasten wurde das beste Hilfsmittel eingesetzt, nämlich das Vermessen des Geländes. Zu diesem Zweck wurde ein kleines Fenster aus der Nord-Ost-Fassade einer Hütte auf einer der nahen Inseln entfernt. Das Glas hatte viele Jahre überstanden und wurde nun mit Sand beladen, bis es brach. Dies diente dazu, den Druck zu berechnen, den die neue Brücke aushalten musste. Als Beweis für den Erfolg wurde die Brücke zur Jahrtausendwende für ein weiteres Jahrhundert der Nutzung aufpoliert.

Die erste Québec Brücke (1904–07) über den St. Lorenz Fluss in der Stadt Québec war eine Auslegerbrücke, die der Forth Eisenbahnbrücke sehr ähnelte. Sein Ingenieur, Theodore Cooper (1839–1919), war Eads gewissenhafter, wenn nicht überängstlicher Chef-Ingenieur bei St. Louis gewesen. Wie bei der Forth Brücke erforderte es die Konstruktion, dass beide Seiten jeweils nach vorne hinaus aufeinander zu gebaut wurden. Anfang August 1907, als jede Seite etwa zu zwei Drittel fertig war, bemerkte jemand, dass sich die Platten unten an den Hauptstützen zu verformen begannen. Cooper, der mittlerweile alt und schwach war, besuchte selten die Baustelle und beaufsichtigte die Arbeiten von New York aus. Seine Anordnung an den Unternehmer, die Arbeiten einzustellen, kam zu spät und am 29. August 1907 brach die Nordseite der im Bau befindlichen Brücke ein und riss 85 Arbeiter mit hinab. Nur elf überlebten. Dies war der schlimmste Baustellenunfall des 20. Jahrhunderts.

Die Trümmer lagen in einem beinahe ordentlichen Muster entlang der beabsichtigten Mittellinie (Abb. 23). Prüfer fanden heraus, dass das Material eine gute Qualität hatte und dass die Arbeiten ausgezeichnet vonstatten gegangen waren, doch es gab mehrere offenbar spontane Brüche in den Haupttragteilen und die Untersuchungskommission befand, dass der Entwurf niemals funktioniert hätte (Abb. 24). Der Druck, Kosten einzusparen, trug das Seine zu den Schwächen des Entwurfs bei. Die Spannweite des ursprünglichen Entwurfs wurde um 15% überschritten, um die Stützen in flacheres Wasser zu setzen, da die Gründung dort viel billiger wäre und es so die längste Spannweite der Welt würde.

Nach der extremen Anstrengung, einen größeren Entwurf fertig zu stellen, finden Überprüfungen oft auf weniger überlegte Weise statt. Die unteren Stützen der Québec Brücke hatten in der Ansicht eine ausgeprägtere Kurvenform als die der Forth Brücke, was die zusätzlichen Kräfte, die gekrümmte Elemente erzeugen, verstärkt. Der rechtwinklige Aufbau der Hauptstützen erwies sich daher als kritisch. Fowler und Baker wendeten die übliche nordamerikanische Entwurfspraxis an, übertrugen sie jedoch in einen viel größeren Maßstab, dabei passten sie ihre Entwurfsmethoden der von ihnen gewählten Form an. Im Gegensatz dazu hatte die überdimensionierte Forth Brücke Röhrenstützen (wie Bambusstäbe), ein ideales Profil, das auf Grund von Beobachtungen übernommen wurde – eine kultivierte Eingebung konstruktiver Form.

Tragende Elemente unter Drucklast, Stützen und Streben, haben eine theoretische Fähigkeit (Stärke), unterhalb der sie sich verbiegen. Diese Stärke verringert sich deutlich, wenn das Element bereits leicht gebogen ist oder Platten enthält, die nicht ganz flach sind. Das fürs Herstellen von metallischen Konstruktionen erforderliche Erhitzen – Schlagen, Nieten, Schweißen – hinterlässt eingeschlossene Spannungen. Wenn das Muster uneben ist, liegt darin eine versteckte Neigung zum Verdrehen. Rechtwinklige Plattenanordnungen haben sich als besonders anfällig für diese Probleme erwiesen. Die flachen Platten in der Québec Brücke warfen sich örtlich auf, die Stützen folgten dieser Instabilität. Coopers unzweifelhafte Kompetenz und Erfahrung wurde durch kommerziellen Druck und das Fehlen eines klaren theoretischen Überblicks geschwächt. Er starb als gebrochener Mann fünf Jahre nach der Tragödie. Beim Ersatz-Entwurf benutzte man über zweieinhalb Mal so viel Stahl wie beim ersten Entwurf und kam auf gerade Untergurte zurück. Ein massiver mittiger Abschnitt wurde vorgefertigt und aufs Wasser hinausgetrieben, um an die richtige Stelle angehoben zu werden, was Spannungen in der Bauphase minimierte. Doch auch dieser Abschnitt fiel hinab, als beim Anheben ein bügelförmiges Gussteil brach. Weitere elf Männer fanden hierbei den Tod.

Die größten Brückenkatastrophen passierten meist während der Bauphase. „Versteckte Neuerungen", leichte Ausweitungen der üblichen Praxis, die sich als entscheidend erwiesen, liegen einigen Einstürzen von Stahl-Kastenträgern in den späten 60er und 70er Jahren des 20. Jahrhunderts zugrunde. In dieser Zeit des Aufschwungs schienen die Neuerungen wirtschaftliche, verlässliche und leicht baubare Brücken zu versprechen, die zu mittleren Spannweiten passten. Trotz dieser Faktoren forderten die bekannten Bedingungen – wirtschaftlicher Druck, übliche Entwurfspraxis, umfassende Präzedenzfälle und Selbstgefälligkeit – ihren Tribut.

Typischerweise enthält eine Stahlkastenträgerbrücke eine Reihe vorfabrizierter Einheiten, die aufgebaut werden, indem sie von zwei Seiten freitragend aufeinander zu geschoben werden. Die Einheiten werden entlang des Auslegers hinausgeschoben oder von unten angehoben und an die richtige Stelle geschweißt. Anfang Juni 1970 brach die im Bau befindliche Brücke in Milford Haven, Wales, zusammen und tötete fünf Menschen. Drei Monate später brach eine sehr ähnliche Brücke über dem Yarra in Melbourn, Australien, an der mittigen Verbindung unter sehr geringer Last, dabei verloren 35 Menschen ihr Leben. Die offensichtliche Einfachheit bei der Analyse beider Formen hat sich als enttäuschend herausgestellt. In Milford Haven brach ein metallener Querrahmen und verschweißte Verbindungen rissen wie ein Reißverschluss auf; in Australien hat die Schweißnaht versagt. Die Projekte waren nicht von früherer Praxis geleitet, sondern sie wiesen tatsächlich feine, aber bezeichnende Unterschiede auf.

In Flugzeug- und Schiffsrümpfen sind die Röhren verglichen mit ihrem Umfang kurz. Bei Brücken ist das Verhältnis Länge zu Breite viel größer. Wenn eine unsymmetrische Röhre, wie die Fahrbahn einer Brücke, verdreht wird, verformen sich die Längsfasern und sie verwindet sich. Die Anfälligkeit von Brückenformen für dieses Phänomen wurde damals bei den Tragödien in Milford Haven und in Melbourne unterschätzt. Verglichen mit einem allgemeinen Entwurf ist es unglaublich schwierig, sie einzuschätzen. Querschnitte werden aus der Ebene herausgedrängt und dieser Effekt führt, gekoppelt mit den hohen örtlichen Kräften an den tragenden Punkten, zur Verformung der Konstruktion unter Last.

22 | 23

Abb. 22:
Die Forth Eisenbahnbrücke von John Fowler und Benjamin Baker, 1882–89. Eine Kombination aus frühzeitigem viktorianischen Ingenieurbau, Fachkenntnissen im Clydeside-Schiffsbau und den verbesserten wirtschaftlichen Bedingungen nach dem Boom im Eisenbahnbau.

Abb. 23:
Der nördliche Abschnitt der Québec Brücke, kurz nach ihrem Einsturz am 29. August 1907. Örtliche Verformungen bei der teilweise fertig gestellten Brücke wurden erstmals zwei Monate zuvor beobachtet. Anweisungen, den Bau zu stoppen, wurden fatalerweise wieder verworfen.

Probleme beim Schweißen tauchten auf, als zunehmend vor Ort geschweißt wurde. Gute Schweißnähte erfordern einen sehr akkuraten Anschluss der Platten. Metallisches Bogenschweißen erzeugt eine elektrische Last zwischen dem Schweißbrenner und den miteinander zu verbindenden Platten. Die ungeheure Hitze rund um den durchgehenden Lichtbogen schmilzt das Metall zusammen. Es darf kein Sauerstoff in das geschmolzene Metall gelangen, sonst gibt es eine brüchige Stelle, doch es wurden Methoden entwickelt, um dieses Problem zu lösen. Bei einer Technik wird der Oberfläche des Schmelzbads träges Material zugeführt, um es vor der Luft zu verhüllen, eine andere, neuere Technik bläst Gase über den gesamten Arbeitsbereich, um ihn abzuschirmen. Während ein passendes Umfeld und zugfreie Bedingungen in einer Schiffswerft ohne weiteres vorhanden sind, ist dies bei einer ausgesetzten Brücke viel schwieriger. Es gibt gegenwärtig keine technische Möglichkeit, Verdrehungen und Restspannungen in geschweißten Verbindungen vorherzusagen.

Die zahlreichen großen Hängebrücken, die kurz vor dem Zweiten Weltkrieg gebaut wurden, repräsentieren die Arbeit einer Handvoll Entwerfer. Die „Schwergewichte", ganz besonders Othmar Ammann, gossen Material und Steifigkeit in ihre Konstruktionen. Ammann, ein Schüler Gustav Lindenthals (1850–1935), suchte klassische Proportionen, die mit Masse nicht unvereinbar waren. Seine Pylone sind einfach, mit Dreieckszwickeln oben, und die Längsträger bestehen aus eingeschlossenen Fachwerkträgern oder einzelnen Plattenabschnitten.

Mittlerweile begann eine jüngere Generation sogar in den größten Hängebrücken Wirtschaftlichkeit zu suchen. Ammanns Rivale, David Steinman (1887–1960), ein weiterer Schützling Lindenthals, wünschte Schlankheit und Eleganz, er dekorierte daher seine Hängebrücken, besonders die Pylone, mit durchbrochenen Mustern. Ein dritter Entwerfer, Leon Moissieff, reagierte auf den Einfluss beider Männer und versuchte, durch Neuerungen zu konkurrieren. Im Jahr 1940 baute er eine Brücke mit eleganten Proportionen in Tacoma Narrows im Staat Washington, wobei er eine sehr hohe Fahrbahn mit starken Seitenträgern von reiner Eleganz einsetzte. Das Gewicht der Brücke war, verglichen mit Brücken ähnlicher Spannweiten, sehr niedrig.

Als die Brücke in Betrieb genommen wurde, stellte sich ihre Neigung heraus, sich zu verformen und sogar bei mäßigem Wind zu schwanken, was ihr den Beinamen „Galoppierende Gertie" einbrachte. Sie wurde sogar zu einer Wochenendattraktion für Freizeitfahrer. Stützen wurden hinzugefügt, doch es nützte wenig. Es wurden Windtunnel-Tests vorgenommen, als am 7. November 1940 in einer konstanten, starken Brise die Konstruktion anfing, eine Reihe oszillierender Bewegungen auszuführen (Abb. 25). Über mehrere Stunden hinweg bauten sich die Bewegungen zu erstaunlichen Verwindungen auf, bis die Fahrbahn weggerissen wurde und in den Fluss fiel. Professor Burt Farquarson von der Universität Washington war für die Stabilität der Brücke verantwortlich gewesen und war zu der Zeit vor Ort. Er verließ die Brücke als letzter und war tief geschockt, als die Konstruktion die Schwingungen nicht aushielt. Es gab keine Opfer, abgesehen von einem Hund, der in einem auf der Brücke abgestellten Auto zurückgelassen worden war.

An ihrem letzten Tag hatte die Brücke alle möglichen Bewegungen durchlaufen. Die solide Fahrbahn war im Verhältnis zu ihrer Breite flach ausgebildet, solche Querschnitte dienen als einfache aber wirkungsvolle Tragflächen. Bei einer bestimmten Windgeschwindigkeit beginnt die Fahrbahn zu flattern und hebt sich dann ab, aber die Steifigkeit des Systems bremst diese Bewegung und zieht die Fahrbahn zurück. Die Brücke flattert dann in die andere Richtung und wird wieder zurückgezogen. Diese Bewegungsfolge geht in eine Oszillation über und die Brücke fängt an, auf und nieder zu hüpfen, eine Bewegung, die häufig bei verschiedenen Brücken vor dem Einsturz der Tacoma Brücke beobachtet worden ist.

Die Bewegung der Fahrbahn verdrängt die Luft ringsum, was die Bewegung abbremst. Wind, der nahe am Boden oder über holpriges Gelände weht, ist turbulent und neigt auch dazu, jeder zyklischen Bewegung „einen Schlag zu versetzen". Unglücklicherweise bedeutete das ungehinderte Erreichen des Tacoma Flusses, der Trichtereffekt der Narrows und die Höhe der Straße über dem Wasser, dass die

Fahrbahn in einem extrem horizontalen Fließsystem platziert war, das diese aerodynamische Dämpfung beschränkte.

Eine ernstere Auswirkung hat die Wechselwirkung der Tragfläche mit ihrem eigenen Sog. Ein Gegenstand mit einer hohen und breiten Stirnseite entwickelt unmittelbar hinter sich einen Strudel mit niedrigem Druck. Diesen Effekt kann man bei Schmutz beobachten, der vom schrägen Heck eines Autos oder vom Rücken eines Radfahrers angesaugt wird. Der Strudel fällt schließlich zusammen und baut sich dann neu auf, wobei er dem Gegenstand vor ihm eine leichte Drehung verpasst. Wenn die Fahrbahn einer Brücke einmal verdreht ist, ändert sich der Angriffspunkt für den Wind und sie flattert wieder von Neuem. Die Drehung wird verstärkt, wenn die Fahrbahn versucht, abzuheben, bis sie abrutscht und durch ihre eigene Mittellinie zurückfällt, um dann nach unten abzusacken. Wieder baut sich eine sich wiederholende Bewegung auf, die als „ausweichendes Flattern" bezeichnet wird und die durch den vorbei streichenden Wind gedämpft wird. Die Tacoma Narrows Brücke machte an ihrem letzten Tag diese Phase durch.

Wenn die konstruktiven Merkmale der Brücke es ihr erlauben, auf natürliche Art zu vibrieren, sowohl in vertikaler Richtung als auch durch Drehen mit etwa der gleichen Frequenz, dann verbinden sich die oben beschriebenen Bewegungen miteinander und die Konstruktion scheint durch die Luft zu jagen wie ein Fisch, der stromaufwärts schwimmt. Es gibt nur eine sehr geringe Bewegungsdämpfung und die Brücke beginnt, bei jeder Runde Energie aufzunehmen, wie leicht die Brise auch immer sein mag, bis nichts mehr aufgenommen werden kann und eine vollkommene Instabilität eintritt. Als dieser Prozess in Tacoma Narrows einsetzte, kam das Ende schnell.

Das Phänomen von Tacoma Narrows war nicht neu. Eine Skizze eines Majors der Armee aus dem Jahr 1836 des Brighton Chain Piers von Captain Samuel Brown im Prozess des Weggewehtwerdens zeigt genau eine der verschiedenen Formen aerodynamischer Instabilität (Abb. 26). Wiederholt wurde der Brücke von Telford über die Menai-Straße etwas hinzugefügt, um die Fahrbahn im Wind zu stabilisieren, während die Golden Gate Bridge eine leicht plätschernde Bewegung zeigte und seitlich ausgesteift werden musste.

Die Tatsache, dass bestimmte Kombinationen von aerodynamischen Formen mit konstruktiven Reaktionen unvermeidlich zum Einsturz führen, egal wie stark oder steif eine Konstruktion ist, war aeronautischen Ingenieuren wohl bekannt. Das Problem hatte am Ende des Ersten Weltkriegs den frühen Flugzeugentwurf beherrscht. Doch trotz dieser Vorgänger scheint es unter zeitgenössischen Brückenbauingenieuren eine mentale Blockade gegeben zu haben, die sie nicht glauben ließ, dass das Phänomen in so großem Maßstab auftreten könnte. Die Tatsache, dass der Wind im Moment des Einsturzes nicht stark oder böig war, wurde mehrfach in Berichten festgestellt.

Der Verlust der Tacoma Narrow Brücke wurde seitdem als ein Beispiel hingestellt, wie sich unvorhergesehene Effekte plötzlich in eine sorgfältige Entwicklung hineindrängen können, was dem Entwerfen eine neue Richtung gab.

Die Folgen des Einsturzes zeigen wieder einmal die Prozesse, die solchen Rückschlägen folgen. Moisseiff war damals mitten im Entwurf für einen viel größeren Plattenträger für die Überbrückung der Mackinac Straße in Michigan. Er wurde von dem Projekt abgezogen und durch das Triumvirat ersetzt, das von Ammann, Steinman und einem dritten Ingenieur, Glenn B. Woodruff, gebildet wurde. Nach einer Panne zog Ammann seine Teilnahme zurück und Steinman machte damit weiter, die insgesamt längste Einzelbrücke, die es heute gibt, zu bauen. Die Brücke wurde zwischen 1954 und 1957 errichtet und in großer Tiefe auf festem Fels gegründet, mit mehr massiven Fundamenten, als je zuvor verwendet wurden. Es kam regelmäßig zu Vereisungen und die Oberkonstruktion wurde so entworfen, dass sie der gewaltigen Last von 16.000 kg pro laufendem Meter standhielt. Diese vorgesehene Last entsprach dem zehnfachen Wert, der vernünftigerweise erwartet werden konnte.

Ammanns letztes und größtes Meisterwerk, die Verrazano Narrows Bridge von 1959–64 in New York war sogar eine massivere Konstruktion für ein vergleichsweise günstiges Umfeld (Abb. 27). Die einfachen Profile der Türme und die klaren Linien verdecken die

24 | 25 | 26

Abb. 24:
Abbildung aus dem *Scientific American* (1907), die erklärt, warum der Quebec-Brückenentwurf niemals funktioniert hätte.

Abb. 25:
Die Tacom Narrows Brücke in der allerletzten Phase vor ihrem Einsturz am 7. November 1940. Eine vertikale „galoppierende" Bewegung gekoppelt mit einem „drehenden Flattern" erzeugte die gefährlichste Form aerodynamischer Instabilität: „Klassisches Flattern".

Abb. 26:
Skizze nach einem Augenzeugenbericht, die den Einsturz der Brighton Chain Pier Brücke (1836) von Samuel Brown zeigt.

gewaltige Masse und vermitteln ein starkes Gefühl von Ruhe und Stabilität.

In Europa war die Reaktion auf den Einsturz der Tacoma Narrow Brücke sehr unterschiedlich. Anstatt Brücken schwerer und steifer auszubilden, um jedem aerodynamischen Verhalten zuvorzukommen, versuchten mehrere Ingenieure, das Problem zu verstehen und die Wirkungen, die sich gezeigt hatten, zu beeinflussen. Ihre theoretischen Einsichten führten zu einer Lösung. Der Ingenieur Fritz Leonhardt bezeichnete einen Fahrbahnabschnitt als Tragfläche, der im umgebenden ungestörten Luftstrom stabil bleiben würde. Er arbeitete die Idee für den Wettbewerb für die Tagus Überbrückung in Lissabon (1959) aus, doch dann wurde ein anderer Entwurf ausgezeichnet, und zwar der Entwurf für eine hohe Fachwerkbrücke, der von einem amerikanischen Konsortium einschließlich Steinman erstellt worden war.

Einige Jahre vorher wurde in England das Beratertrio Mott, Hay und Anderson zusammen mit der Firma Freeman Fox und Partner beauftragt, eine Brücke über den Severn zu bauen. Sie hatten zuvor an der Forth Straßenbrücke gearbeitet, eine Fachwerk-Hängebrücke mit einigen Neuerungen bei den röhrenförmigen Pylonen (Abb. 28). 1960 begann die Arbeit mit einem ähnlichen Entwurf über den Severn, als Forschungsergebnisse des Norwegers Arne Selberg auftauchten, die eindeutig zeigten, dass lange Brücken eher wie Tragflächen von Flugzeugen oder wie Segel wirken. Obwohl sie heftig flattern, wenn sie außer Kontrolle geraten, werden sie fest und stabil, wenn sie in einem Luftstrom richtig angeordnet werden. Ein Ingenieur von Freeman Fox und Partner, Gilbert Roberts, griff Leonhardts Idee auf und entwickelte sie durch eine Reihe von Windtunnel-Versuchen weiter. Ein sehr leichtes, verdrehungssteifes Kastenträgerprofil wurde erarbeitet und eingesetzt. Das Selbstvertrauen in der damaligen Zeit führte zu mehreren Fortschritten gleichzeitig, und das in bemerkenswerter Geschwindigkeit.

Die dünne Fahrbahn reduzierte die Windlasten, die zu den Pylonen geführt werden, die wiederum eleganter als üblich ausgebildet waren. Der walisische Architekt Percy Thomas wendete seine klassische Ausbildung auf die Proportionen an. Im späteren Verlauf des Entwurfs wurden die Ingenieure unsicher und entschieden sich, die wichtigsten Seile mit stärkerer Krümmung als üblich auszubilden, um ihre Tragfähigkeit zu verbessern, was auch ihr Erscheinungsbild mehr zur Geltung brachte (Abb. 29). Leider ging der Entwurf zu weit. Eine Brücke sollte ein Jahrhundert überdauern, aber innerhalb eines Jahrzehnts zeigten sich ernsthafte Fehler bei der Severn Brücke, und Verkehrsbeschränkungen und Ausbesserungsarbeiten folgten.

Versagt eine Brücke, sind die Folgen unvermeidlicherweise groß. Sowohl die Größe der mobilisierten Kräfte als auch die Tatsache, dass die Arbeit in einem sozialen Kontext ausgeführt werden muss, lässt den Brückenbau zu einer politischen Aktivität werden. Viele maßgeblich Beteiligte litten unter ruinierten Karrieren, gesundheitlichen Schäden und geplatzten Träumen. Ein extremes Beispiel: Herodot (485–425 v. Chr.) erzählt, dass der griechische General Xerxes seine Ingenieure enthauptete, als eine Pontoon-Brücke über den Hellespont wegflog (obwohl die Hinrichtung offensichtlich nicht nur aus Groll geschah, sondern auch, um die Götter zu besänftigen). Washington Röbling musste vom Rollstuhl aus in einem Dachgeschoss über dem Hudson beobachten, wie die Brooklyn Brücke fertiggestellt wurde. Er wurde durch die Folgen einer Dekompression verkrüppelt, nachdem er und einige seiner Männer bedingt durch ein Feuer zu lange in einer Druckkabine im Flussbett ausharren mussten.

Die Karriere von Louis-M.-H. Navier, einem brillantem Mathematiker, erholte sich nie wieder, als der Bau der Pont des Invalides abgebrochen wurde. Das französische Beratungssystem hatte eine exakte Methode zum Beschreiben des Entwurfs erstellt, indem es Verantwortlichkeiten übertrug und vertragliche Vereinbarungen anführte. Als Schwierigkeiten auftraten, war der Unternehmer Desjardins in der Lage zu zeigen, dass der Entwurf konzeptgetreu ausgeführt worden war und dass infolgedessen die Haftung nicht gleichmäßig verteilt war, sondern vollständig auf den Konstrukteur entfiel. Navier war ein Vertreter des Elite-Korps der École des Ponts et Chaussées, die beherrschende Machtinstitution im Ingenieurbau jener Zeit, und sein Widerspruch bauschte die Sache auf. Die Tatsache, dass das Problem in der Gründung lag und am Ende des Jahres auftrat, bedeutete, dass es

nicht vor dem nächsten Frühjahr korrigiert werden konnte. Dies stellte sich leider als Unfähigkeit, das Problem zu lösen, dar, und die Brücke wurde nach einem Entwurf des Unternehmers neu gebaut. Navier machte an der École ohne Promotion weiter und starb 1836 im Alter von 42 Jahren. Seinen Zeitgenossen fiel seine angeschlagene Gesundheit und sein gebrochener Geist auf.

Genau hundert Jahre später, bald nachdem der Bau der Golden Gate Brücke begonnen hatte, erlitt Joseph Strauss einen Zusammenbruch. Gegen ihn lief eine Pressekampagne, die seine Berechtigung zu dem Entwurf anzweifelte und er gab vier Monate vor Fertigstellung der Brücke auf. Er zog sich zurück, um über seine Erfahrungen Knittelverse zu schreiben und starb zwei Jahre später im Alter von 68 Jahren.

Zeitgenössischer Brückenentwurf

Die neuesten Entwicklungen im Brückenentwurf lassen sich in drei Richtungen aufspillten. Es gibt größere Überbrückungen, die durch das Wirtschaftswachstum finanziert und gefördert werden, indem sie immer größere Ballungsräume miteinander verbinden. Die Größe einer Brücke hat jedoch eine theoretische Grenze. Die Tragfähigkeit steigt mit dem Quadrat ihrer Dimension, dem Querschnitt des tragenden Elements, während das Eigengewicht mit dem Kubus der Dimension steigt, ihrem Volumen. Wenn Brücken größer werden, brechen sie irgendwann unter ihrem eigenen Gewicht zusammen. Für Stahl ist die äußerste Spannweite 18 km, für Materialien mit einem günstigeren Verhältnis von Festigkeit zu Gewicht sind jedoch entsprechend größere Spannweiten möglich.

Es dauert lang, bis solche Grenzen erreicht werden, aber es tauchen immer wieder neue Materialien auf, deren Anwendung nur durch Bedenken im Hinblick auf ihre Langlebigkeit eingeschränkt wird. Parafil-Seile, die erstaunlich stark aber auch teuer und von zweifelhafter Lebensdauer sind, haben sich als Ankerseile bei Tiefsee-Bohrtürmen bewährt. Andere Kunststoffe, mit „design-gerechten" konstruktiven Eigenschaften, die für jede Anwendung erfunden wurden, gelten nun als wirtschaftlich und praktikabel für Teile von Trägern und Stützen. Die anfängliche Testphase, in der neue Materialien auf konservative Art genutzt werden, ist nun voll im Gange und es werden in Kürze völlig neue Formen, denen ein tieferes Verständnis der Möglichkeiten von Materialien zugrunde liegt, erwartet.

Neben weiteren Fortschritten in der Materialwissenschaft folgt gerade eine zusätzliche Veränderung: die Revolution in der Einschätzung eines Umfelds von Lasten. Dies ist schon immer ein wichtiges Gebiet des Risiko-Managements gewesen. Alle Lastarten, nicht nur Windlasten, werden nun als Teil eines Spektrums von Möglichkeiten betrachtet, die statistisch untersucht werden müssen. Wenn diese realistischen Einschätzungen mit Modellen konstruktiver Zuverlässigkeit kombiniert werden, kann eine umfassende Beurteilung der Sicherheit stattfinden und wirtschaftlich genutzt werden. Konstruktionen werden ein noch nie da gewesenes Niveau an Verfeinerung und Leistungsfähigkeit.

Schließlich erzeugt das wachsende Selbstbewusstsein unter Brücken-Konstrukteuren eine breite Palette von Entwurfsmöglichkeiten. Eine Übereinstimmung, ab wann ein Brückenentwurf als gut zu bewerten ist, bahnt sich langsam an. Ein Grundsatz des Modernismus lässt Technologie und ihre übermäßige Anwendung zu einem bestimmenden Merkmal neuer Architektur werden. Vom Einbinden des Ingenieurbaus als wesentlichen Bestandteil der Architektur bis hin zum Verwenden von ingenieurbautechnischen Kunstwerken als mögliche architektonische Produkte war es ein kurzer Schritt.

Architekten und Ingenieure mögen noch von einer Übereinstimmung entfernt sein, wenn es darum geht, was im Brückenentwurf zulässig ist, doch das Material ist da, um einen entscheidenden Überbau zu entwickeln. Dies wiederum kann als Werkzeug für das Verständnis und die Bewertung der verschiedenen Annäherungen der vielen talentierten Entwerfer von heute genutzt werden. Die folgenden unterschiedlichen Beispiele sollen einen Teil der Ideen widerspiegeln, aus denen viele neue Brücken, so schön und innovativ wie ihre Vorgänger, entspringen werden.

27 28 | 29

Abb. 27:
Von 1959 bis 1981 rühmte man sich damit, dass die Verrazano Narrows Brücke, New York, die längste Spannweite der Welt hatte.

Abb. 28:
Die Forth Straßenbrücke 1958: Ein Hängebrücken-Entwurf, der einen hohen Aussteifungsträger unter der Fahrbahn vorsieht. Die extreme Reduzierung der Pylone durch die Einführung von dünnwandigen hohlen Stahlstützen wurde möglich.

Abb. 29:
Die elegante Kontur der ersten Severn Brücke, 1961. Die herkömmlich ausgesteifte Fahrbahn wurde durch ein aerodynamisch geformtes, geschweißtes Kastenträgerprofil ersetzt.

Helgeland Brücke; Alsten, Norwegen; Leonhardt, Andrä und Partner 1991

452 m

In Norwegens Landschaft mit ihren Fjorden und Bergen ist es nicht ganz einfach, wichtige Transportverbindungen zu entwickeln. Der Wohlstand entstand durch die Schifffahrt und das Erdöl der Nordsee und wurde in die Infrastruktur investiert, die notwendig war, um das Land rundum zum Blühen zu bringen. Die kleine, abgelegene Insel Alsten, 20 Kilometer südlich des Polarkreises, hat von dieser Investition profitiert und ist nun über den Leirfjord mit dem Straßennetz des Festlandes verbunden.

Bei der Erdölförderung in der Nordsee lernte man immer mehr über den Umgang mit Wind und den Meereskräften, was dazu führte, diese schmale zweispurige Autobrücke ökonomisch lebensfähig zu machen. Die örtlichen Wetterbedingungen sind extrem: Stürme von der Nordsee umtosen die Inseln und toben in den steilen Fjorden. Starke Strömungen verbinden sich mit Sturmwellen und die Temperaturen fallen regelmäßig auf 15°C. Die komplizierten Felsformationen entlang der Küste strahlen seismische Aktivitäten der nahen Nordsee zurück.

Die Ausdehnung der Erdölindustrie in diese unwirtliche Gegend, wo Wind und Wellen die beherrschenden Einflüsse auf Konstruktionen sind, führte zu einer raschen Entwicklung von Techniken, die eine bessere Einschätzung wahrscheinlicher Windlasten erlauben. Gleichzeitig wurden die größten Bohranlagen zunehmend in Stahlbetonkonstruktion ausgeführt. Bei Anwendung der neuen Methoden auf den Brückenbau wird die Machbarkeitsgrenze selten benutzter Brücken ausgeweitet.

In der Vergangenheit war der Windkanal ein wichtiges Werkzeug um den Winddruck zu bestimmen. Dem Problem der Windwirkungen begegnete man, indem man den Winddruck geschätzt und dann eine Konstruktion in der passenden Größe errichtet hat. Der gewählte Winddruck hing nicht nur vom Wind ab, sondern auch von der Form

der Konstruktion. In der letzten Zeit hielt jedoch eine genauere Annäherungsweise Einzug in den allgemeinen Ingenieurbau. Sie wurde von der aeronautischen Industrie eingeführt und von der Marine für den Entwurf von Tiefseekonstruktionen angewendet.

Formen in einem Luftstrom stehen in Wechselwirkung mit umgebenden Luftströmen, reagieren auf diese Strömungen und gestalten sie auch. Bei diesem Vorgang wird Energie von der Luft in die Konstruktion übertragen und wieder zurück, und zwar in einer Bewegung, die je nach Art des Windes ein Energiespektrum verschiedener Frequenzen mit einbezieht. Die Konstruktion wiederum hat ein Reaktionsspektrum: natürliche Frequenzen, bei denen sie schwingt und Energie aufnimmt. Wenn man die Spektren von Anregung und Reaktion miteinander kombiniert, kann man zu einer Einschätzung der größten anzunehmenden Beschleunigung der Brücke gelangen und die Bewegung in sicheren Grenzen innerhalb der Konstruktion halten.

Bei der Helgeland Brücke wurden diese Feinheiten einen entscheidenden Schritt weiter geführt. Neben der Brücke wurde eine Wetterstation errichtet, mit deren Hilfe drei Jahre lang Daten zusammengetragen wurden. Durch Messungen der Intensität und Dauer von Stürmen wurden statistische Standardmodelle des Wetters den spezifischen Gegebenheiten der Umgebung angeglichen. Dann wurde mittels Computer die Zukunft der Brücke simuliert, wobei hinsichtlich der Veränderungen der gesamten Brückenstruktur die Windwirkungen über einen bestimmten Zeitraum betrachtet wurden. Die Eigenarten einzelner Materialien wurden auch in die Studie mit einbezogen. Zum Beispiel verhalten sich Stahlbrücken wie Sprungfedern, ihre Gegenstücke aus Beton ähneln jedoch eher verformbaren Plastikmassen.

Diese Wahrscheinlichkeitsanalysen machen einen Konstruktionsentwurf zu einer Art Gefahreneinschätzung, mit der die Wahrscheinlichkeit des Auftretens einer bestimmten Situation herausgefunden

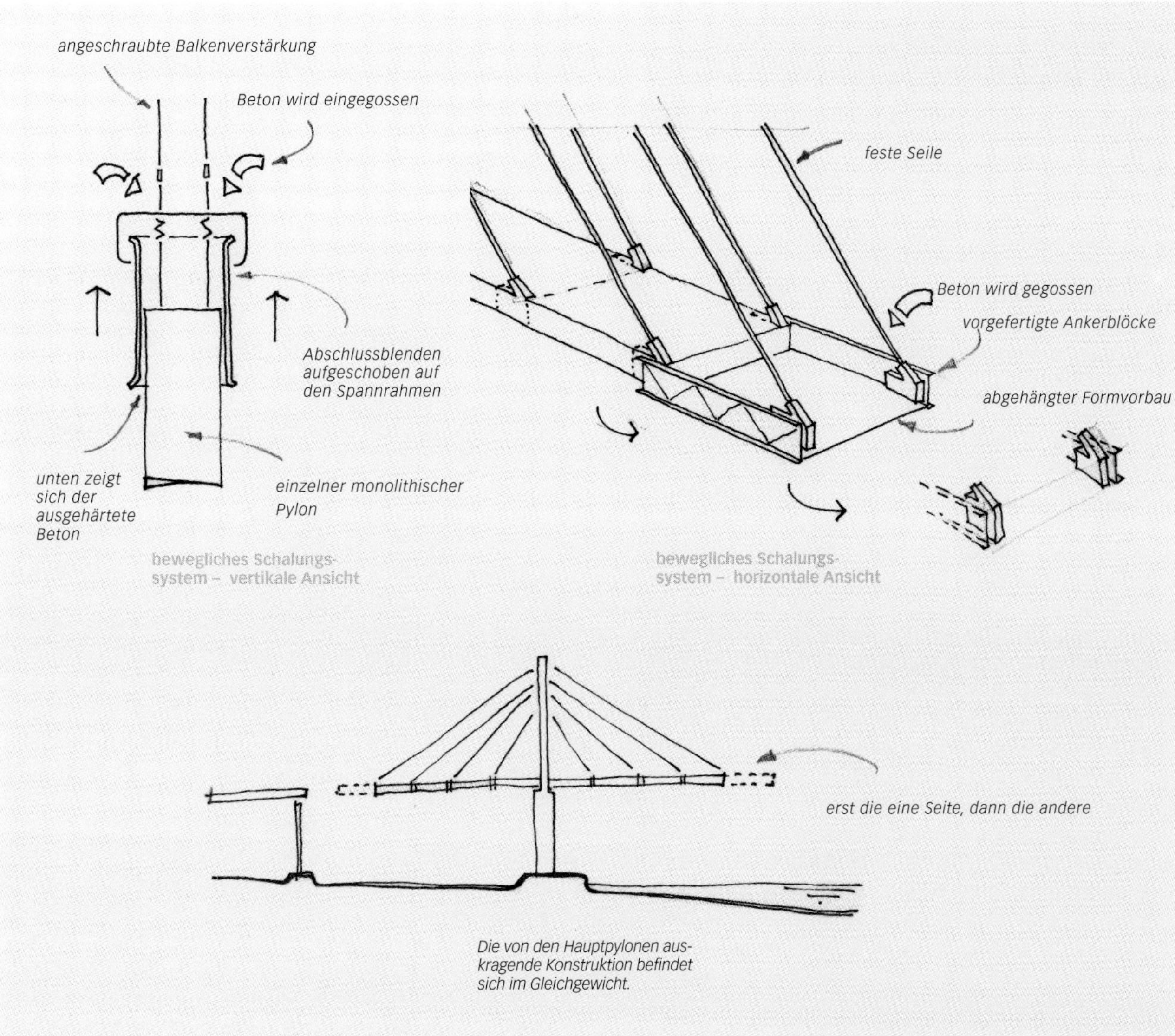

Die von den Hauptpylonen auskragende Konstruktion befindet sich im Gleichgewicht.

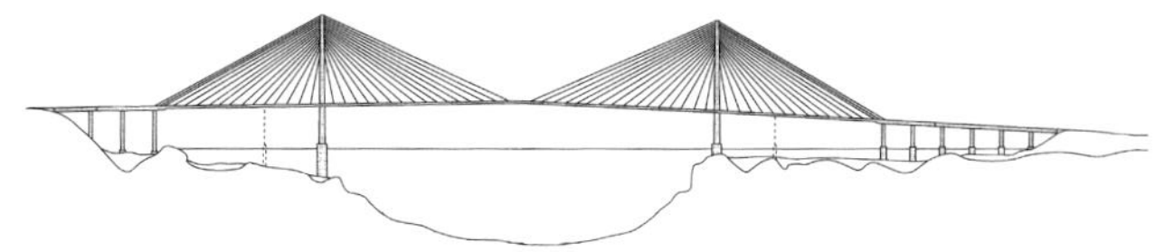

Ansicht der Brücke

gegenüber:
Die nüchterne Betonbrücke, die die Insel Alsten mit dem norwegischen Festland über den Leirfjord verbindet.

links:
Die Entwicklung von abgehängten Schalungssystemen und Gleitschalungstechniken führte dazu, dass Stahlbetonbrücken wirtschaftlich und schnell zu errichten sind.

wird. Sie erlauben es auch, Konstruktionen bis zu einem akzeptablen Niveau, das von wirtschaftlichen oder sozialen Zwängen vorgegeben wird, zu verfeinern. Das wichtigste Kriterium ist gewöhnlich der „Jahrhundert-Sturm". Dies stellt eine Wahrscheinlichkeits-Ebene dar, eine vage Möglichkeit zu jeder beliebigen Zeit. Mit diesem Konzept können auch – koordiniert mit Unsicherheits-Faktoren – viel kürzere Wiederholungszeiträume während der Lebensdauer der Brücke angesetzt werden.

Die Machbarkeitsstudien bestätigten, dass die Windlasten den Entwurf steuern. Aus Stahl und Beton zusammengesetzte Brücken wurden verworfen, da es sich erwies, dass eine massive, monolithische Betonkonstruktion besser auf die seismischen Lasten reagieren würde und weniger kippanfällig wäre. Die Größe der Fahrbahn führte zu der Überlegung von auskragenden und Schrägseil-Tragwerken, wobei eine Schrägseilbrücke mit Pylonen und einer Fahrbahn aus Stahlbeton die preiswerteste und dauerhafteste Option war. Die Fundamente wurden auf beiden Seiten auf harten Felsen gesetzt, 30 Meter unter Wasser auf der Nordseite, wodurch man die Ausgaben für Leichtbeton sparte.

Die Gegend ist dünn besiedelt, deshalb entschied der Konstrukteur, dass die Brücke nur ein Minimum an Wartung erfordern dürfe. Die Fahrbahn wurde extrem dünn ausgebildet, um Windeinflüsse zu reduzieren, und es wurde durchgehend hochfester Beton (C 65) benutzt – der hohe Anteil an Zement verbesserte die Dauerhaftigkeit. Eine durchgehende Betonfahrbahn wird leicht mit dem Fehlen einer Stütze fertig. Angeschrägte Pylone sind bei hohem Winddruck elastischer als H-Rahmen, aus ästhetischen Gründen wurden jedoch rautenförmige Pfeiler anstatt A-Rahmen gewählt, auch weil ihr Sockel genau auf die schmalen Caissons passt. Auf Grund der engen Anordnung der oberen Verankerungs-Blöcke wurde die Größe der Pylone gering gehalten. Die Fahrbahn wird nur an jedem Ende gehalten, nicht

von den Pfeilern dazwischen. Sie stabilisiert die Pylone eher durch die Schrägseile als durch die Pfeiler, sodass die Stützen so dünn wie möglich sein können.

Der Bau der Brücke dauerte zwei Jahre, wobei auch während des arktischen Winters gearbeitet wurde. Sehr große Lastboote (100 x 40 m) wurden als Arbeitsplattformen mit einer Betonmischanlage an Bord in den Fjord gesetzt. Die Oberkonstruktion wurde mit der „freien Ausleger"-Methode gebaut, bei der man sich von den Pylonen aus nach außen vorarbeitete. Zwischenzeitlich wurden Hilfsstützen eingeführt, damit die auskragenden Teile bis zur nächsten Stütze im Gleichgewicht blieben. Die Pylone wurden rasch errichtet, indem sie als einzelne monolithische Stücke in Gleitschalung gegossen wurden.

Die sehr schmale Fahrbahn wurde als riesige gleitende, 115 Tonnen schwere Form vor Ort gegossen, zwischenzeitlich wurde sie – um den Bauprozess zu beschleunigen – von den dauerhaften Stützen mit vorgefertigten Anker-Blöcken getragen. Die Fahrbahn ist nicht übermäßig steif, was Korrekturen beim Zusammenfügen der Brückenabschnitte einfach machte. Es mussten nur die Stützen ausgerichtet werden. Unglücklicherweise drang jedoch Spritzwasser in den Beton ein, obwohl eine Schutzmembrane aus Kunststoff verwendet wurde (eine farbige Schicht, die den Beton umhüllt, um ihn beim Aushärten zu schützen). Infolgedessen brach mehrfach der Kunststoff – dies passiert in der ersten Phase des Betonierens, wenn sich das Material zu sehr zusammenzieht, bevor die endgültige Härte erreicht ist.

Die fertige Brücke wurde mit einer meteorologischen Ausrüstung und mit Wandlern versehen, die Bewegungen aufzeichnen. So wurde die Brücke selbst zu einem empfindlichen Instrument, das die Kräfte misst, die so eine Umgebung erzeugen kann. Die Daten werden nicht nur benutzt, um die Computermodelle für das Projekt neu zu eichen, sondern auch für die nächste Generation von Brückenbauern.

gegenüber:
Bauphase im Sommer 1990: Die Ausleger befinden sich im Gleichgewicht und schieben sich hinaus. Die Arbeitsbereiche werden durch zeitweilige Planen geschützt.

ganz links:
Während der Arbeit im Winter kam es zu arktischen Stürmen.

links:
Die ausgezeichnete Felsgründung erlaubt schlanke und elegante Proportionen der Pylone.

Plashet Grove Schulbrücke; London, England; Birds Portchmouth Russum/Techniker, 2000

67 m

Die Plashet Grove Gesamtschule im Osten Londons ist durch eine geschwungene Allee in zwei Hälften geteilt. Die Straße ist – unter anderem von Bussen – stark befahren, was das Überqueren gefährlich macht. Um die beiden Schulhaushälften miteinander zu verbinden und um die gefährliche Straße zu umgehen, wurde im ersten Stock auf behutsame Art eine Fußgängerbrücke eingefügt. Sie verbindet die beiden Hauptgebäude miteinander. Das Problem unterschiedlich hoher Ebenen, die Anpassung der Endbereiche und dazwischen liegender Bäume wurde durch einen sinusförmigen überdachten Übergang gelöst.

Die Arbeit der Architekten Birds Portchmouth Russum ist durch unerschrockene Experimente mit Brückenformen charakterisiert. Ihre Untersuchungen werden durch mehrere frühere Brückenprojekte verdeutlicht: Eine schwingende Fußgängerbrücke verbindet einen Parkplatz mit einer alten Stadtmauer; eine Stadtautobahn erhält einen räumlichen Charakter durch eine Reihe freigeformter Brücken, die Tragelemente aus Kunststoff und passende Bezugssysteme enthalten. Solche Entwürfe erinnern an eine industrielle Archäologie und es entwickelt sich das Motiv eines mittigen Einschnitts in einer durchgehenden Form.

Die Schulbrücke begann mit der Überarbeitung eines Entwurfs mit einer gitterartigen Röhre. Ein mittiger Einschnitt wurde später in einen Aussichtsbalkon umgeformt. Kostenbeschränkungen führten zu einer ständigen Vereinfachung des Entwurfs. Schließlich wurden Walzstahl-Träger in der größten verfügbaren Standardgröße einfach nebeneinander angeordnet, und zwar unter einem Dach aus Stoff, das den Eindruck eines geschlossenen Raumes vermittelt.

Diese Träger fassen den Fußweg seitlich ein, die Standard-Höhe für die Brüstung wird durch einen überdimensionierten Handlauf, der am oberen Flansch angebracht ist, erreicht. Wenn sich ein Balken

nach unten biegt, wird die Unterseite gespannt und die Oberseite gedrückt. Der obere Flansch versucht, diesem Druck seitlich auszuweichen. Beim Original-Entwurf für Plashet Grove begegnete man diesem Effekt, indem die Seitenträger über ihre Oberseite miteinander verbunden wurden. Im endgültigen Entwurf erforderte die weiche Oberseite eine andere Vorgehensweise. Die beiden Träger wurden mit einem genügend steifen Querrahmen auf jeder Seite und unten miteinander verbunden, was die beiden oberen Flansche entsprechend einspannte. Diese U-Rahmen erfordern eine biegesteife Decke. Die notwendigen steifen Platten wurden in den Entwurf für die Auflagerpunkte der Überdachung integriert und wurden so zur eigentlichen Dekoration.

Es war besonders schwierig, die Biegung in der Brücke zu erzielen. Die Träger konnten im Grundriss leicht gebogen werden, sie wurden zwischen Rollen befestigt und kalt geformt. Das vertikale Profil anzupassen stellte jedoch ein größeres Problem dar. In der vertikalen Ebene muss das Ganze natürlich sehr steif sein, aber das Kaltwalzen verwirft die horizontale Ausrichtung. Um das Problem zu lösen, wurde zunächst vorgeschlagen, die Brücke hoch in Position zu bringen. Die Konstruktion musste gerade montiert werden, dann musste sie fallen dürfen und schließlich in die endgültige Ausrichtung gezwungen werden. Dafür hätte die Straße jedoch zu lange gesperrt werden müssen, stattdessen wurden die Träger in Form „geschmiedet" – erhitzt, abgekühlt und gezogen –, ein handwerklicher Vorgang, für den es keine geschriebenen Gesetze gibt.

Die Konstruktion läuft von Anfang bis Ende durch, so wird sichergestellt, dass unter jeder Art von Teillasten ein ebenes Profil erhalten bleibt. Bei der Länge von über 60 Metern ist eine Dehnungsfuge wichtig. Im Klima Englands kann sich ein Stahlabschnitt von dieser Größe bis zu 20 mm dehnen oder zusammenziehen, vorausgesetzt

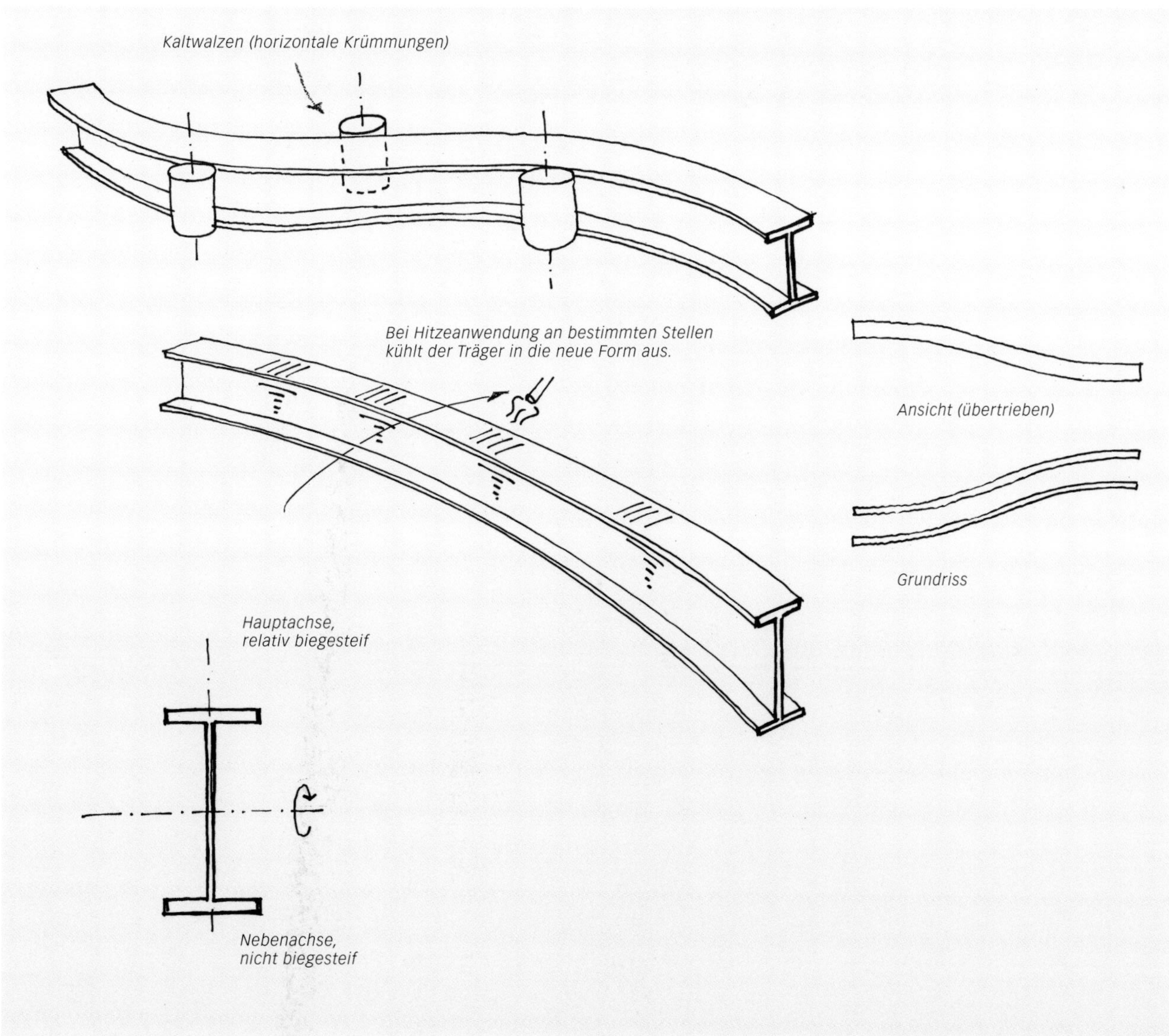

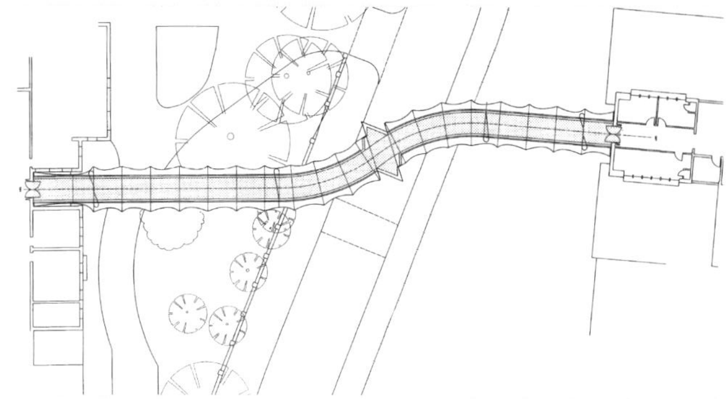

Grundriss der Brücke. Sie verbindet die wichtigsten Verkehrswege der Schule

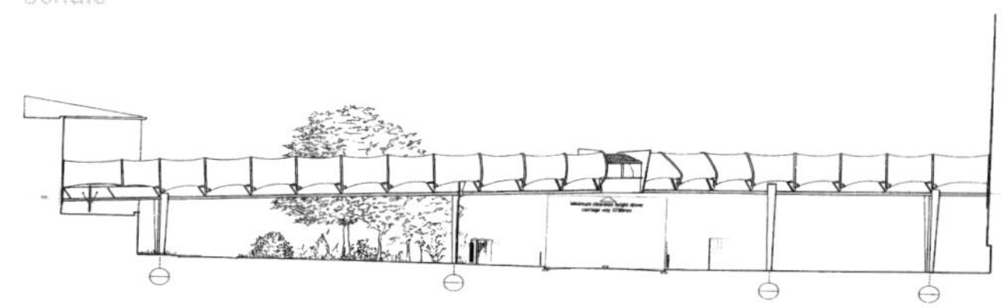

Ansicht der Brücke

gegenüber:
Die überdachte Brücke hat einen mittigen Aussichtsbalkon und verbindet die beiden Hälften einer Schule miteinander, die durch eine verkehrsreiche Straße getrennt sind.

links:
Die Form der Brückenträger ist durch eine Kombination von Kaltwalz- und Heißschmiede-Verfahren geprägt.

die Temperaturschwankung liegt im Bereich von 40° C. Die Plashet Grove Brücke ist nur am nördlichen Ende fest verankert, am südlichen Ende wurde hingegen ein einfacher Falz als Dehnungsfuge eingefügt, der nur vertikale und seitliche Kräfte überträgt.

Die Stützpfeiler sind formale Elemente, die – abgesehen von gelegentlichen und geringen Eingriffen durch den Ingenieur – von den Architekten entwickelt wurden. Dieses Plattentragwerk wird durch abgerundete Kanten und Falze ausgesteift, doch die abstrakten Formen neigen dazu, sich zu verbiegen, was nur durch sorgfältige physikalische und computergesteuerte Versuche überprüft werden kann. Anfängliche Ungenauigkeiten in der rohen Platte und örtlich störende Kräfte können problematisch sein. Entscheidend beim Entwurf war es, die Empfindlichkeit der Pfeiler abzuschätzen.

Der mittige Aussichtsbalkon der Brücke – ein Kasten aus gefalteten Stahlplatten – wurde zwischen Membranen, die am Fußweg befestigt sind, geschweißt. Die Hauptträger verlaufen unter Fenstersitzen, Plattenträger dienen als Aussteifungselement. Sie sind so angeordnet, dass sie örtlich auftretende Kräfte sicher um die Störung herumleiten. Das Schweißen der Plattenabschnitte ist kompliziert. Man muss von Hand schweißen, ein Prozess, der handwerkliches Geschick erfordert und bei dem geschmolzenes Metall in Form gezogen wird. Es ist schwierig, die Oberflächen vollständig miteinander zu verschmelzen, dabei Kontamination zu vermeiden und ein gleichmäßiges Abkühlen zu erzielen, ohne dass es zum Bruch kommt. Kritische Schweißnähte müssen für einen Probelauf bestimmt werden. Stumpfe Schweißnähte werden normalerweise mit Ultraschall sondiert, automatische Echos zeigen versteckte Fehler an. Bei komplexen Plattenabschnitten wird es jedoch schwierig, die inneren Reflexionen zu interpretieren. Es kommt häufig zu Fehlern, daher müssen die Verbindungen mit Blick auf möglicherweise anfallende Reparaturen ent-

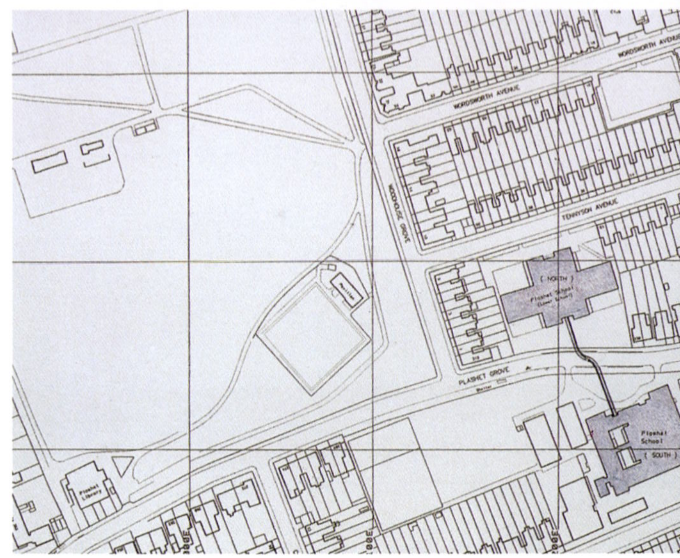

worfen werden. Bei der Plashet Grove Brücke wurden die notwendigen Details sorgsam mit eingebunden. Anfang und Ende einer Stumpfschweißnaht sind Diskontinuitäten (Schwachstellen) und deshalb werden Löcher eingeführt, durch die Schweißnähte von einem Schweißgerät zu einem anderen über eine dazwischenliegende Platte geführt werden können. An den Kanten überstehende Platten erlauben es, dass die Schweißnaht unterhalb der Grenze geführt wird, um Kerben zu vermeiden. Die nach dem Schweißen abgeschnittenen Enden können geätzt werden, um die Arbeit optisch zu überprüfen.

Die architektonischen Details an der Brücke wurden vernünftig und stabil ausgeführt. Träger werden an die Stützen mit Dübeln angeschlossen. Das Regenwasser wird von den Dächern durch winzige Öffnungen in den Membranen abgeleitet und läuft in Trichter, die mit den Handläufen verbunden sind. Dies funktioniert wie bei einem Fallrohr.

Die Überdachung des Fußweges besteht aus verdrehten Paraboloiden aus teflonbeschichtetem Glasfiberstoff, die zwischen eigens geformten Ankerringen gespannt sind. Lichter in den Ringen beleuchten von unten die gerundeten Laibungen. Die Paneele werden über Stahlanker miteinander verbunden, die ohne zusätzliche Klappen oder Dichtungen wasserdicht sind. Mit einer Lichtdurchlässigkeit der Überdachung von etwa 18 Prozent wird der Übergang tagsüber angemessen belichtet, in der Nacht leuchtet er.

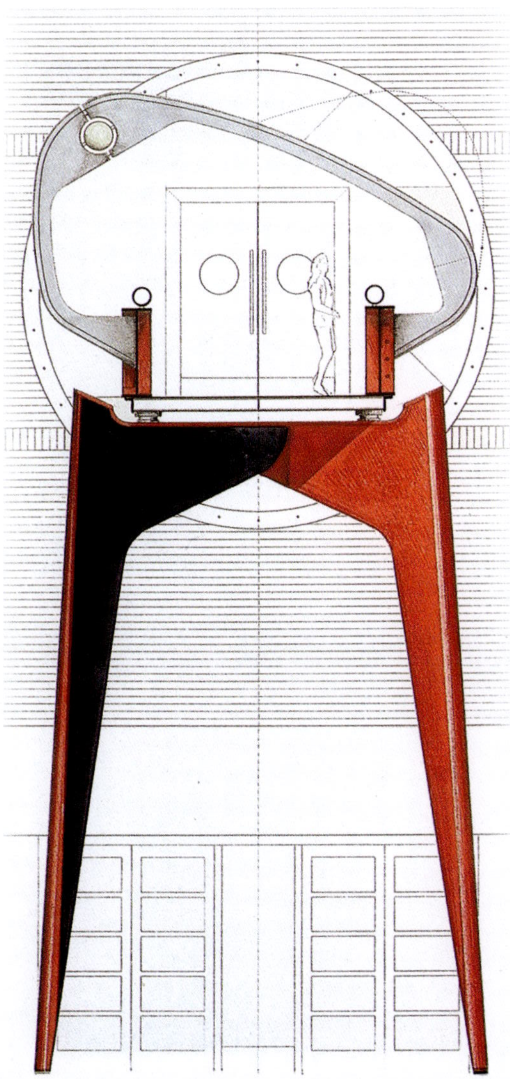

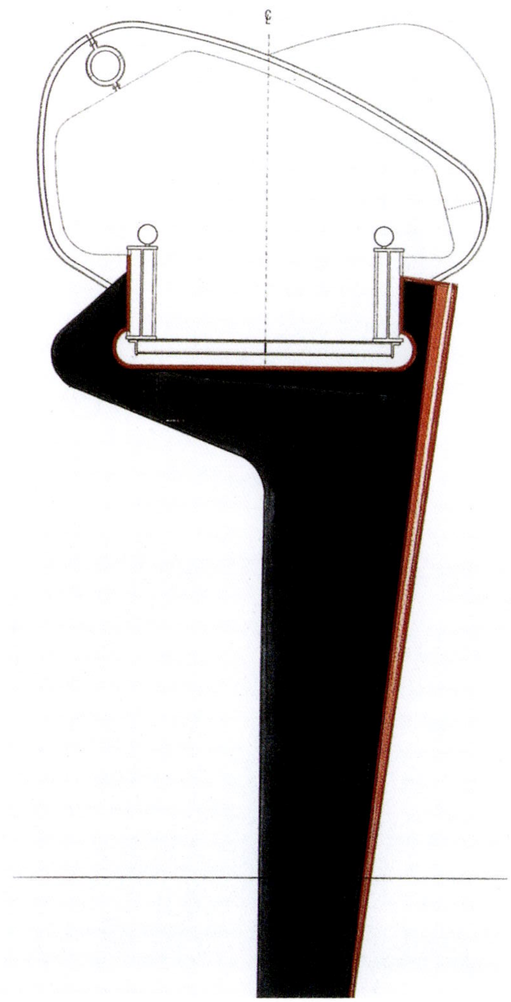

gegenüber, links:
Die spezielle Dachform besteht aus individuell gemusterten, Teflon-beschichteten Glasfiberpaneelen.

gegenüber, oben Mitte:
Jeder sattelförmige Einschluss wird beim Dehnen steif. Die Abdrücke entlang der Schweißnaht bleichen in der Sonne aus.

gegenüber, unten Mitte:
Das vorgefertigte Stahlskelett wurde auf dem Boden zusammengebaut und dann für das Anheben in die endgültige Lage vorbereitet.

gegenüber, oben rechts:
Die Stahlringe, die das Dach tragen, sind aus Stahlscheiben hergestellt und mit einer computergesteuerten Maschine nass geschnitten.

gegenüber, unten rechts:
Die Gesamtschule ist ein Zusammenschluss eines früheren Gymnasiums und einer weiterführenden Schule. Die Brücke vervollständigt die Verbindung.

ganz links:
Architektonische Studie in Bleistift und Buntstift des nördlichen Pfeilers und des Anschlusses ans Gebäude.

links:
Die Pfeiler sind als plastische Formen aus dicken Stahlplatten entworfen.

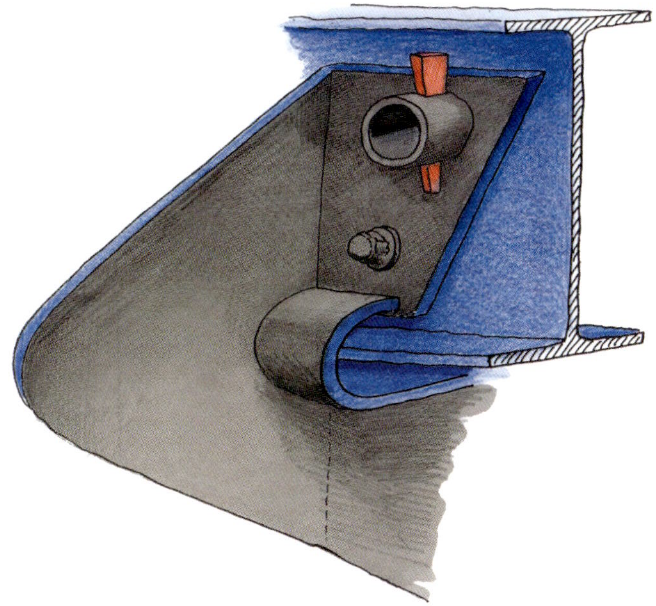

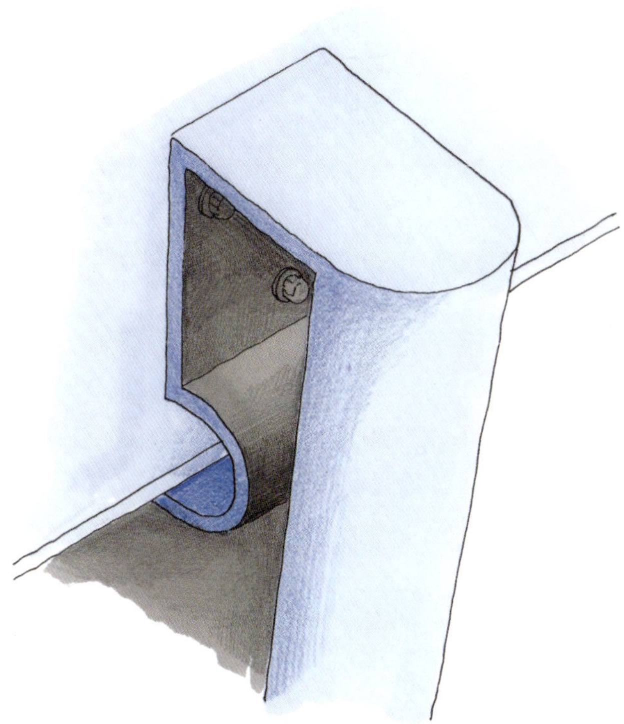

gegenüber:
Der Kloster-ähnliche Charakter der Umhüllung wird durch die Lichtdurchlässigkeit des Stoffes und die Beleuchtungseinrichtungen noch unterstrichen.

Mitte:
Der mittige Aussichtsbalken wird zum Bestandteil der schulischen Erholungsfläche.

oben links:
Die einfache Dübelverbindung zwischen den Hauptträgern und den Pfeilern.

unten links:
Die Platten zur örtlichen Aussteifung sind in den Entwurf für die Stützenköpfe integriert.

Greater New Orleans Brücke; New Orleans, Louisiana, USA; Modjeski und Masters, 1984

480 m

Wenn der Mississippi New Orleans erreicht, fließt er mit einer Geschwindigkeit von mehr als einer Million Kubikfuß je Sekunde. Von einem künstlichen Flussdeich begrenzt, überquert der breite, träge Fluss ein flaches Deltagebiet aus angeschwemmten Böden. Als Antwort auf diese Gegebenheiten haben sich die Straßen- und Schienenquerungen über die unteren Flussabschnitte zu einer spezifischen Brückenform entwickelt, die heute nur noch in den Südstaaten gebaut wird.

Die Form der Greater New Orleans Brücke spiegelt ihr Umfeld wider. Der Fluss ist eine bekannte Transportroute, und die Spannweiten sollten möglichst breit sein und eine hohe Lichtweite für Schiffe aufweisen. Die Fahrbahnen müssen von der flachen Umgebung auf langen Brückenrampen aufsteigen. Die Gründungen sind tief in die nachgebenden Anspülungen zu setzen und müssen aus wirtschaftlichen Gründen auf so wenig Standorte wie möglich konzentriert sein. Den Entwurf der neuen Brücke bestimmen Erfahrungswerte.

Als wesentliche Bauteile dieser Auslegerbrücke wurden festgelegt: eine minimale Anzahl an Stützen, eine flache Unterseite, die für eine gute Luftströmung sorgte und ein profilierter Obergurt, der auf den erzeugten Kräfteverlauf ansprach. Nun stand eine zuverlässige Konstruktionsmethode zur Verfügung.

Die Entwicklung konzentrierte sich darauf, die Kosten niedrig zu halten. Das Material konnte effizienter genutzt werden, wenn die eingehängte Spannweite mit den Abspannungen durchgehend gestaltet wurde. Anfangs geschah dies durch das Hinzufügen von „leeren Verbindungen". Sobald ein Entwurf so gelöst worden war, dass er zu den Totlastbedingungen der fertig gestellten Konstruktion passte, ergänzte man zusätzliche Verbindungen, die nur unter Nutzlasten wirksam wurden. Auf diese Weise funktionierte die Brücke etwas effizienter und die erforderliche Materialmenge konnte reduziert werden. Für den Entwurfsverfasser war es nicht leicht, den Kräfteverlauf in der Konstruk-

tion zu ermitteln. Doch das Vertrauen in die Umschlagsmethoden zur Untersuchung unbestimmter Konstruktionen wuchs, als man in den Jahren um 1900 die Sachkenntnisse aus Europa einführte. Die mittels Führungsgelenken ermöglichte Kontrolle von thermischen Bewegungen war in Vergessenheit geraten, aber man fand andere Mittel, um die erforderliche Verformung zu berücksichtigen. Die Joche, die für die Durchfahrt von Flusskähnen notwendigerweise hoch sein mussten, konnten steif genug hergestellt werden, um Windlasten entgegenzuwirken, aber weich genug, um ausreichend zu schwingen, damit sich die Brücke ausdehnen und zusammenziehen konnte.

Nachdem sich der Aufbau eines durchlaufenden Trägers bewährt hatte, wurden Verschönerungen vorgenommen. Die Schließung, also der Moment, in dem die beiden Brückenseiten zu einem Ganzen verbunden werden, ist ein kritisches Baustadium. Während der Montage wurden die Abmessungen kontinuierlich überprüft, um die Teile in ihre korrekten Positionen zu bringen. Die abschließenden Nachstellungen erfolgten mittels Hochwinden (genauso wie ein Wagen aufgebockt wird) oder indem die Bauteile vorübergehend in heiße Kohle oder Eis gepackt wurden, um ihre Längen zu verändern. Von hier aus war es nicht mehr weit bis zur aktiven Spannung der letzten Verbindungen mittels Hochwinden. Der Kräfteverlauf in der fertig gestellten Konstruktion konnte dem Ideal angepasst und im Verfahren bestätigt werden.

Auf diese Weise ist durch eine Reihe kleiner innovativer Schritte die Auslegerbrücke in ein modernes Durchlauftragwerk umgewandelt worden. Dieses bildet eine einzige, einheitliche Form und verteilt stählerne Stangenelemente in ein höchst effizientes räumliches Rahmentragwerk mit einem Minimum an Material.

Zu der weiten Verbreitung dieser Brückenform trug auch ihre Klarheit bei, sowie die Möglichkeit, sie Analyseverfahren, insbesondere der graphischen Statik, leicht zuzuordnen. Bei diesem Verfahren

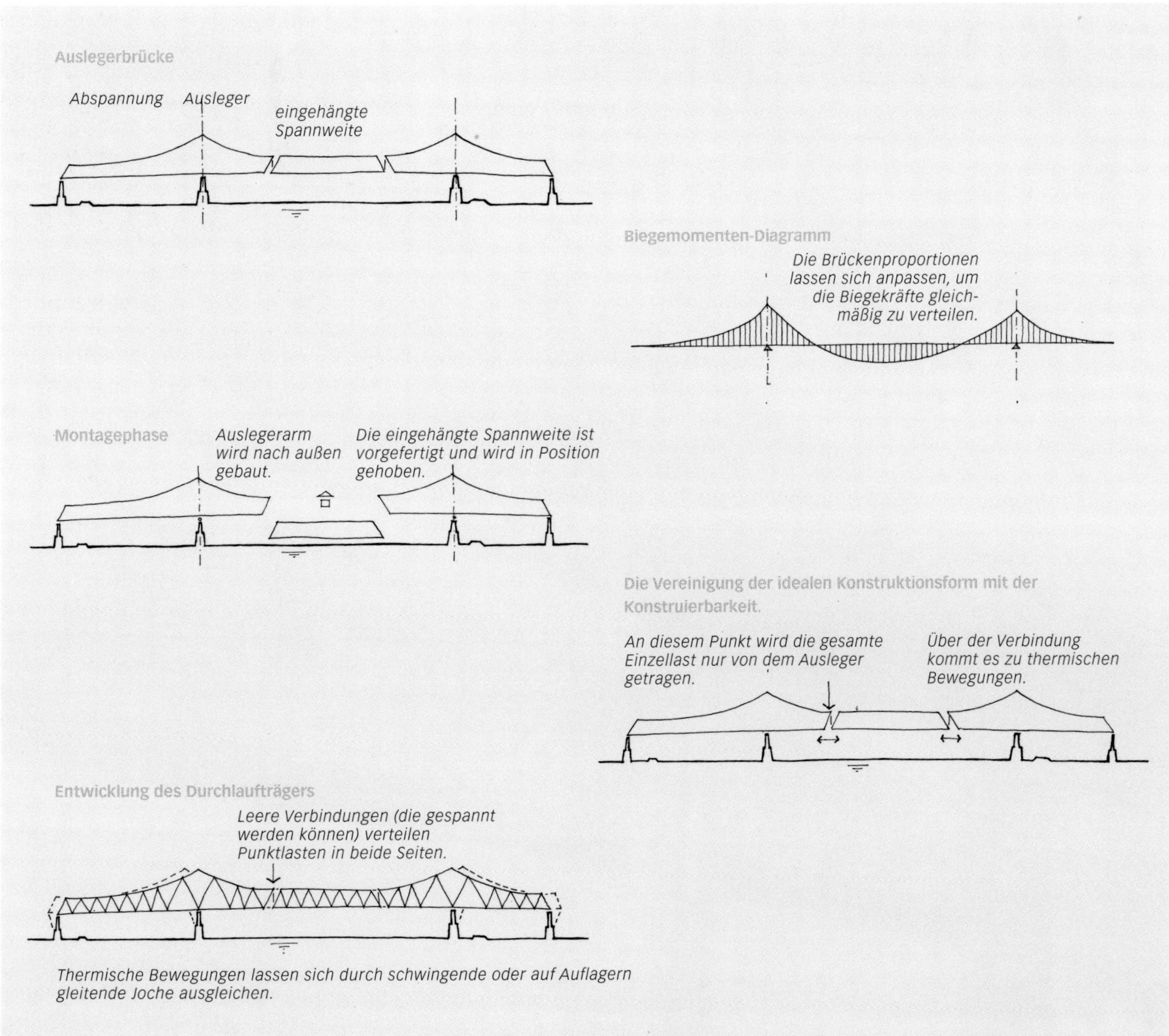

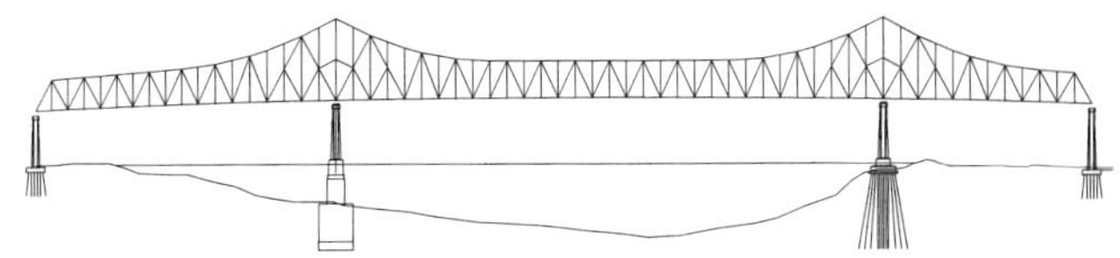
Ansicht der neuen Brücke

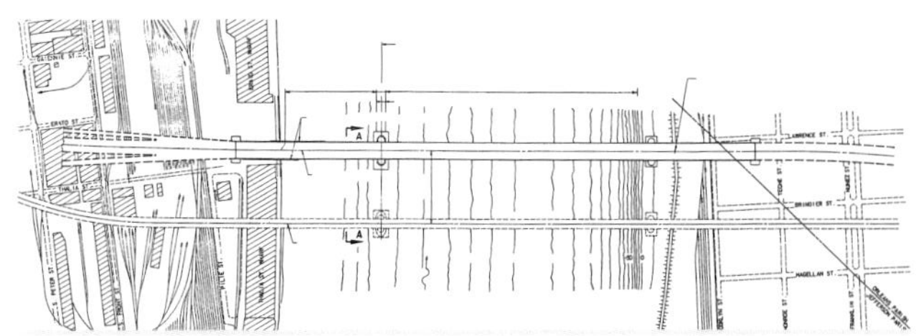
Lageplan der alten und neuen Brücke

gegenüber:
Der Entwurf der Brücke repräsentiert das Ergebnis eines fortschreitenden Verbesserungsprozesses einer anerkannten Norm.

schließen sich einfache Zeigerdiagramme nur, wenn das innere Kräfteschema von den extern einwirkenden Lasten ausgeglichen wird. Diese selbstprüfende Entwurfsmethode trägt unmittelbar zur Sicherheit bei.

Schon früh stellte man fest, dass es möglich sein sollte, die idealen Proportionen für die gesamte Konstruktion und ihre Teile zu ermitteln, zum Beispiel das Verhältnis zwischen Haupt- und Seitenöffnungen und von der relativen Höhe über den Stützen zu einer bestimmten Spannweite. Zur logischen Schlussfolgerung aus diesen Spekulationen kam es, als 1904 der australische Mathematiker und Ingenieur Anthony George Maldon Michell (1870–1959) die Bedingungen für die Optimierung aller ebenen Tragwerke darlegte. Zwölf Jahre später konnte der amerikanische Ingenieur Alexander Low Waddell (1854–1939) in seinem einflussreichen Lehrbuch „Bridge Engineering“ (1916) behaupten, dass Auslegerbrücken mit Durchlaufträger weniger effizient waren als einfache Sprengwerke. Ein Fehler, den er mit der Erklärung abmilderte: „Einige Jahre lang bestand in amerikanischen Städten die leichte Tendenz, Auslegerbrücken wegen ihrer Neuartigkeit zu bauen, vielleicht auch, weil die Stadtväter von schönredenden Brückenvertretern zur Zustimmung verleitet wurden“. Dies war eine seltene Einsicht in die Bandbreite der Einflüsse bei der Auftragsvergabe für Brücken.

Die Second Greater New Orleans Brücke könnte als Repräsentantin der letzten Phase dieser Tradition gesehen werden. Neben einer 1958 gebauten Brücke von ähnlicher Form gelegen, ist die neue Konstruktion breiter und etwas höher als ihre Nachbarin. Durch die Verbesserungen in der Beurteilung des Knickvermögens schlanker Elemente nimmt der spätere Entwurf wesentlich mehr Raum ein. Die heutzutage verfügbaren Hubvorrichtungen ermöglichen es, schwerere Bauteile und ihre Bulldogdübel in höheren Positionen zu platzieren.

Die technischen Fortschritte des neuen Projekts sind auf mehreren Fronten verteilt. Beim Entwurf kam erstmals bei einem Brücken-

sprengwerk die so genannte „Lastenfaktor"-Methode zum Einsatz. Die Methode beruht auf verschiedenen Sicherheitsfaktoren, die auf unterschiedliche Bedingungen, Materialien und Konstruktionsformen angewandt werden. Totlasten lassen sich genauer voraussagen als Windlasten und führen zu einer geringeren Sicherheitsspanne. Die Kosteneinsparungen zeigen sich nach der Umsetzung des Entwurfs. Diese Zugangsweise markiert eine frühe Stufe in Richtung auf die Einführung echter wahrscheinlichkeitstheoretischer Methoden. Eine solche Beurteilung der Störanfälligkeit wird zur Norm werden und Informationen für zukünftige Brückenentwürfe liefern.

Zugglieder stellen bei Sprengwerkkonstruktionen wichtige Bauteile dar – ihr Ausfall wirkt sich katastrophal aus. Ermüdungsanrisse sind eine immer wieder kehrende Sorge bei Stahlbrücken. Die Versprödung in den wärmebeeinflussten Bereichen um Schweißstellen und die Spannungskonzentrationen in der Nähe von Bolzenlöchern sind von den Entwurfsverfassern der Greater New Orleans Brücke gründlich untersucht worden, um Wege zur Abschwächung des Problems zu finden. Die Dauerfestigkeit von Schweißgruppen und Formteilen ließ sich mittels einer sorgfältigen Durchbildung deutlich verbessern.

Die Konstruktionsmethoden sind bis zu dem Punkt verfeinert worden, wo eine Mittelöffnung nicht mehr vorgefertigt ist, sondern die beiden Seiten lediglich zu einem mittleren Abschluss ausgedehnt sind. Der zum Teil einseitig eingespannte mehrschichtige Einbau ist für den Entwurf entscheidend. Bei der Schließung wechselt die Konstruktion von einem Kräfteschema zum anderen. Bei der Montage dieser Brücke brachten in die Obergurte eingebaute Scherenheber die Seiten zusammen und gestatteten, den idealen Spannungsverlauf vor der Fertigstellung der Brücke einzustellen.

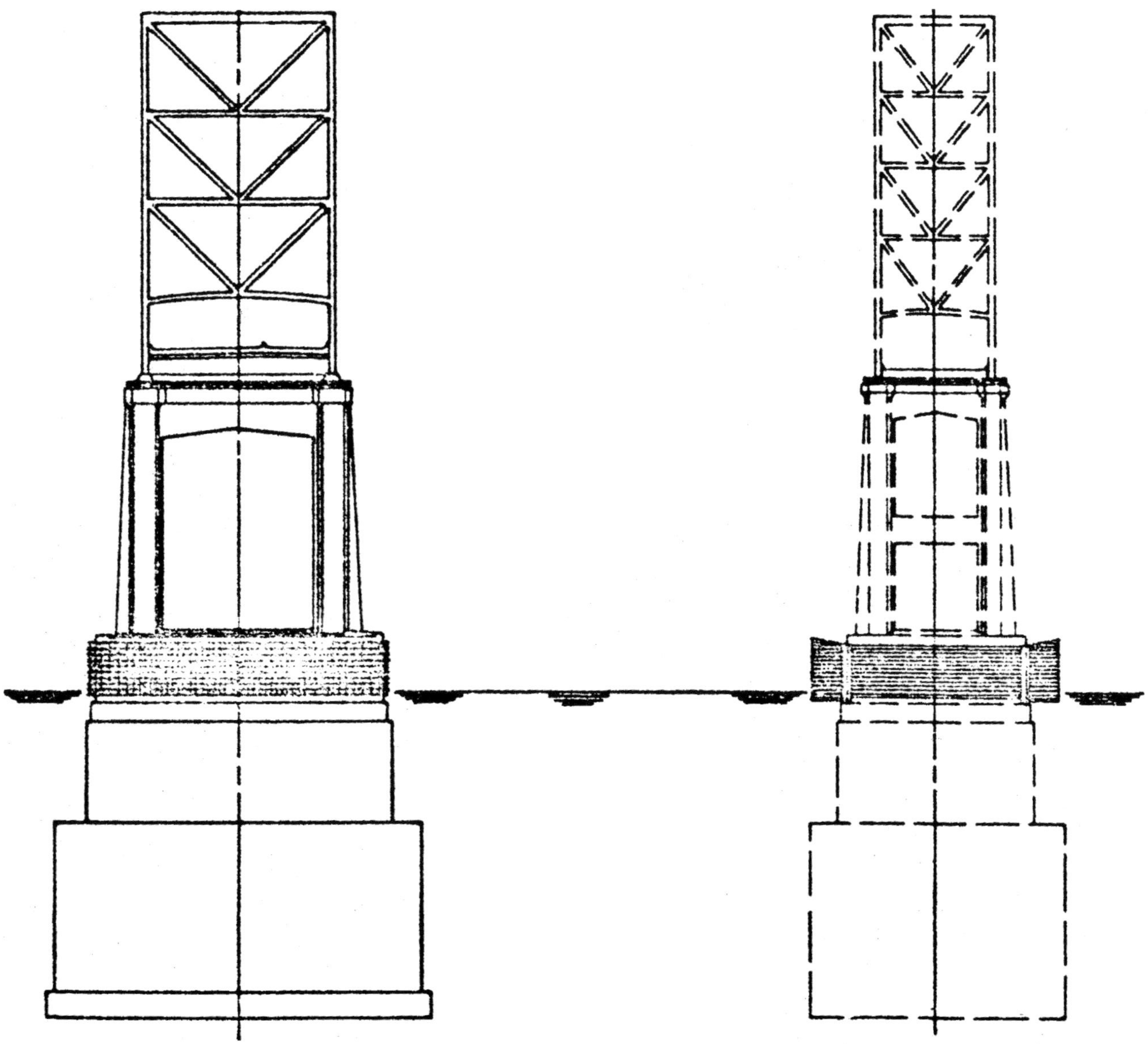

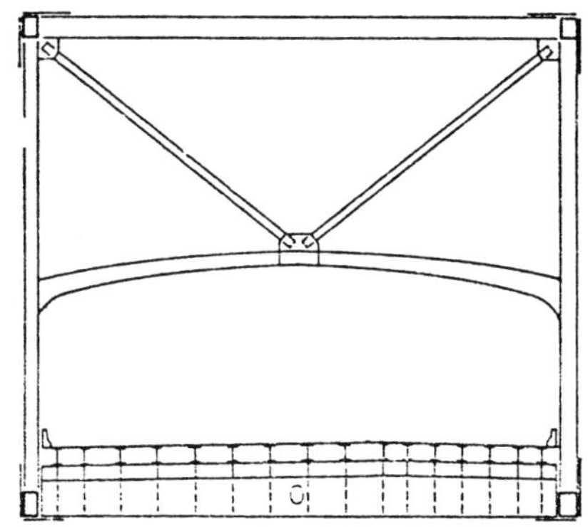

gegenüber:
Bei den Fachwerkbindern der neuen und alten Brücke handelt es sich um effiziente Raumfachwerke mit einem Minimum an Material, um vertikalen, horizontalen und Torsionslasten entgegenzuwirken.

links:
Verbesserungen in der Analyse und der konstruktiven Handhabung ermöglichen, dass die neue Brücke breiter und höher ist als die alte. Die beiden Konstruktionen liegen nah beieinander, um die Navigation zu erleichtern. Der Raum ist gerade ausreichend groß, um die neuen Baumaßnahmen durchzuführen.

rechts:
Ein typischer Querrahmen: die Größe der Bauteile konnte durch die sorgfältige Zeichnung des Fachwerks minimiert werden.

Campo Volantin Fußgängerbrücke; Bilbao, Spanien; Santiago Calatrava, 1990–97

71 m

Die vielen Nachahmungen der vom spanischen Ingenieur-Architekten Santiago Calatrava geschaffenen Brückenprojekte zeigen, wie sehr Brückenentwürfe zu einer Kunst geworden sind. Vom Brückenbau könnte man vielleicht sagen, dass er die Kluft zwischen Wissenschaft und Kunst überschreitet. Er profitiert von der unablässigen Anhäufung von Wissen, erfordert aber auch den einzigartigen, individuellen Ausdruck. Die Erkenntnis des deutschen Ingenieurs Fritz Leonhardt führte beispielsweise im modernen Brückenbau zu aerodynamisch stabilen Brückenquerschnitten. Demgegenüber baute und erforschte Calatrava eine Folge skulpturartiger Brücken.

Calatravas Werk ist einmalig und von eigener Art. Seine Entwürfe haben ein neues Bewusstsein entwickelt, aber keine zusammenhängende Sammlung von Prämissen für den Allgemeingebrauch. Gleichwohl dürften kritisch untersuchte Imitationen seiner Entwürfe das Phänomen „kein Calatrava" zum Vorschein bringen. Seine katalanische Herkunft mit ihrer Tradition, plastische Formen zu bauen, und seine eigenen Erfahrungen bei der Arbeit für einige der großen schweizer Ingenieure ergeben zusammen eine bunte Mischung aus innovativen und formalen Nachforschungen. Manche seiner Arbeiten sind elegant, andere wiederum anscheinend schwülstig; alle sind äußerst populär und zugänglich.

Calatravas vielschichtige Methode geht von der Überzeugung aus, dass seine Formen die inneren Kraftsysteme exakt verkörpern und ein Spannungsfeld dennoch nur durch den Aufbau einer Form zu erzeugen ist. Seiner Ansicht nach ist ein Kräfteschema nicht vorher vorhanden, um von einem Ingenieur entlastet oder ans Licht gebracht zu werden. Vielleicht bezieht er seine Inspirationen von Skizzen von Vögeln im Flug oder anderen Formen der Bewegung. Er stützt sich etwa auf die Ähnlichkeiten zwischen der Fluglinie eines Vogels oder der geschwungenen Wurfbahn eines Balls und der Ruhelage eines

Bogen- oder Hängegurts. Die sehr unterschiedlichen physikalischen Systeme – Projektil- und Brückenprofil – produzieren ähnliche Muster. Ein freier Körper in einem Schwerefeld beschreibt einen Parabelbogen, wenn er zur Erde zurückkehrt, und eine statische Kettenlinie legt den umgekehrten Weg nach oben zu ihren Auflagern zurück. Ebenso macht die Spiegelung einer hängenden Kette das ideale Bogenprofil aus. Der Bogen verdinglicht die Bewegung im Raum.

Zusätzlich zur erstarrten Dynamik dieser Seilformen wird der kinästhetische Sinn angesprochen. Die Schemen werden in Calatravas Literatur zusammen mit einer Skizze präsentiert, und man kann sich vorstellen, wie der Kohlestift des Künstlers frei über das Papier streicht, in dem Schwung und der Bewegung der fertig gestellten Form.

Die Fußgängerbrücke über den Nervión in Bilbao verbindet eine beliebte Flusspromenade und Parkfläche mit einem baufälligen Lagerhauskomplex, der als Wohn- und Einkaufsviertel neu entwickelt werden soll. Das einzige Brückenfeld umfasst eine im Grundriss gebogene, an einem geneigten Bogen aufgehängte Gehbahn. Die Krümmung folgt der natürlichen Bewegung von Fußgängern, die sich der Brücke flussabwärts nähern. Diese horizontale Kurve ist der Neigung des Stützbogens entgegengesetzt, sodass beide ein Gleichgewicht herstellen. Auflasten schließen das System fester zusammen und erhöhen seine Stabilität.

Bei einer herkömmlich angeordneten asymmetrischen Bogenbrücke ist die Brückentafel vor dem Bogen platziert. In dieser Variante überspannt der Bogen die Gehbahn und ausgeschrägte Stützen aus Hängern stabilisieren die Hauptrippe, die auf ein fein proportioniertes Rohr reduziert ist. Die Bauzeichnungen zeigen, wie der Bogen im Verlauf der Entwicklung weniger beherrschend und die Geometrie zunehmend komplexer wird.

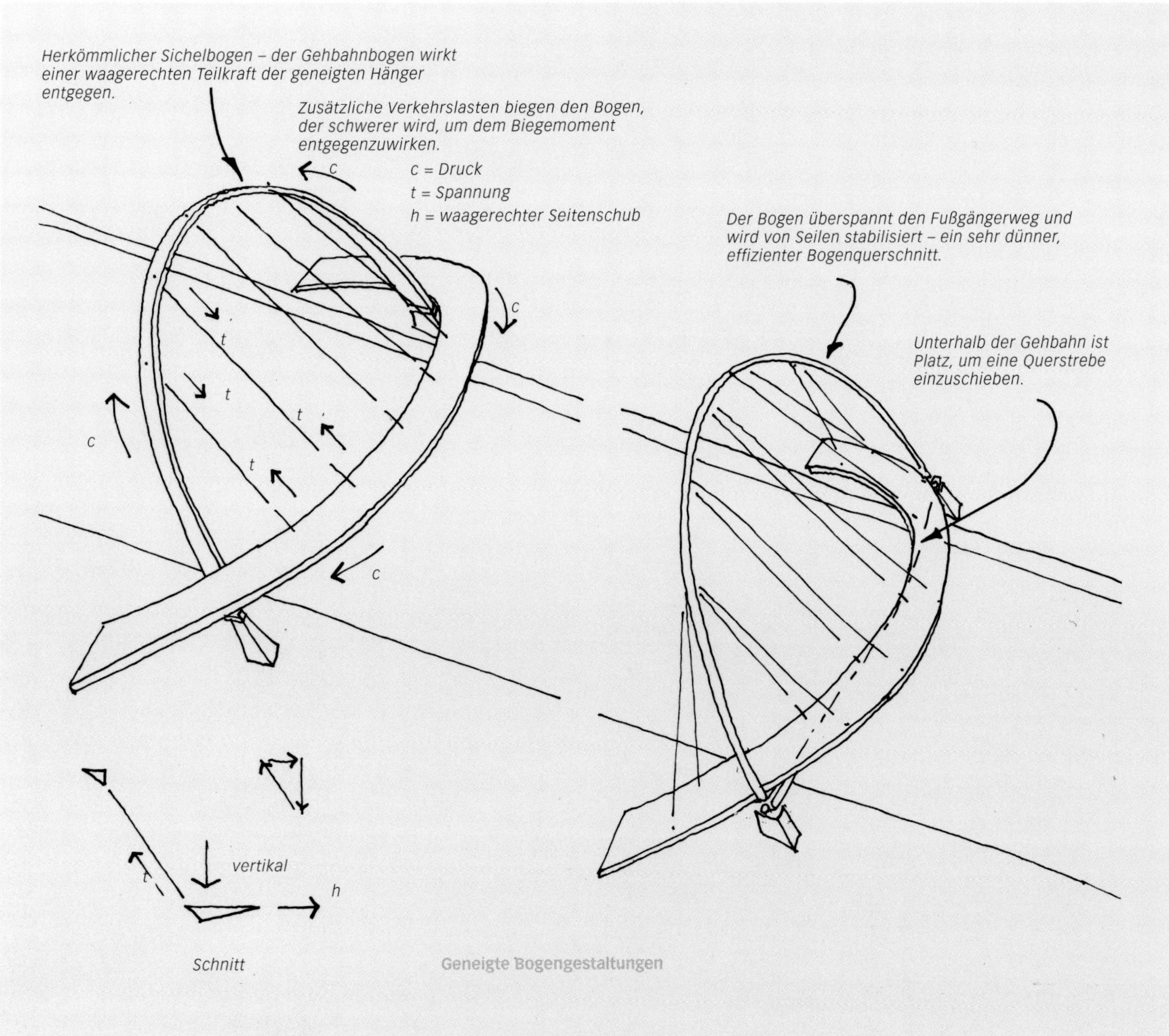

Geneigte Bogengestaltungen

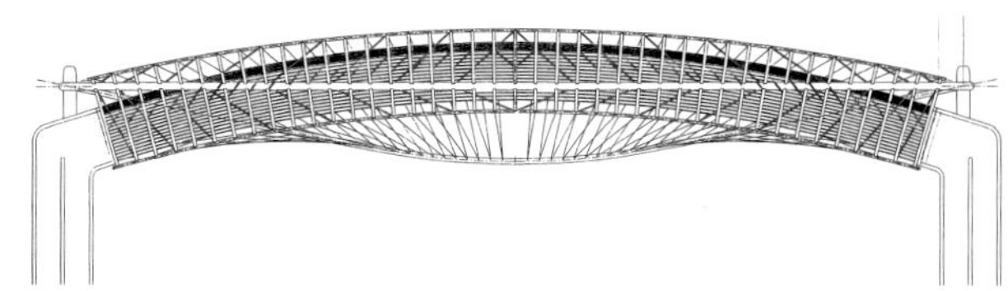

Grundriss der Brücke

Ansicht der Brücke

gegenüber:
Die skulpturale Fußgängerbrücke verbindet in ihrem städtischen Umfeld einen öffentlichen Park mit einem abrufreifen, für die Neuentwicklung bestimmten Areal von Lagerhäusern am Nervión.

links:
Die geschwungene Gehbahn der Brücke und der geneigte Bogen zeigen ein Gleichgewicht der Kräfte.

Entlang der Innenseite der geschwungenen Gehbahn beschreibt die Anordnung aus leichten Hängern eine anmutige Hülle aus wechselnden Winkeln, da jeder Hänger zwischen geraden und geschwungenen Rändern verläuft. Diesen Kunstgriff hat Calatrava bei mehreren Brücken wiederholt. Am Außenrand jedoch muss die Gehfläche unter den schrägen Hängern zurückgezogen sein, um für eine ausreichende Kopfhöhe zu sorgen. Dabei lässt sie eine Reihe unschöner, vorstehender Ausleger zurück. Außerdem breiten sich die Seile auf der Ansicht aus und ihr gedachter Brennpunkt erteilt eine kreisende Bewegung, die mit der Trajektorie uneins ist. Das Kräftesystem ruft eine Rippe mit einem geschwungenen Scheitelpunkt und geraden Seiten hervor, wobei die Seile zum Mittelteil hin gebündelt sind und eine ungeschickte Komposition ergeben. Die Brückenwiderlager verteilen die von den Brückenenden erzeugten Punktlasten gleichmäßig in den umgebenden Baugrund. Sie bilden außerdem die Schwelle zwischen dem Standort selbst und dem abstrakten Raum des Gleichgewichts und der Kräfteauflösung, den die Brücke einnimmt. Der stählerne Mittelteil liegt auf geformten Widerlagern aus Stahlbeton, während sich die Pfeiler parallel zum Ufer zu Brückenrampen formieren. Leider ist das Gleichgewicht des leichten Stahlüberbaus auf den frei tragenden Widerlagerenden wie ein skulpturales Spielzeug überlastet und die Brücke berüht unangenehm den Grund. Viele der Brücken Calatravas sind ihren Widerlagern eher wie ein Kuchen auf einem Kuchenständer aufgesetzt. Vielleicht ist dies auf die Verwendung kleinmaßstäblicher Modellstudien zurückzuführen.

Die Fußgängerbrücke ist weiß, wie alle Brücken Calatravas. Da sie nord-südlich ausgerichtet ist, kann das diffuse baskische Licht die Schichtung der formalen Elemente in einem sich fortwährend verändernden Schattenmuster beleben. Die Gehbahn besteht aus Gussglaspaneelen, die mit einem Silikon-Dichtungsmittel in rostfreie Stahl-

rippenträger gesetzt sind. Diese durchscheinenden Bauteile sind von unten beleuchtet und ergeben eine theatralische Wirkung, welche die Stille des trägen Flusses ausnutzt, um eine dramatische Spiegelung hervorzurufen. In der Nacht ruft die Spezialbeleuchtung ein elegantes Muster inmitten der Lichter der umgebenden Stadt hervor.

Die ausverkauften weltweiten Wanderausstellungen der Werke Calatravas haben eine ausgesprochen hermetische Atmosphäre; anscheinend sind sie von anderen Einflüssen abgeschottet. Als Gruppe genommen, bringen die Modelle die Erkundung von Typen, formalen Experimenten oder manierierten Nachforschungen zum Ausdruck, in denen Veränderungen vorgenommen werden, um Neuartiges und Resultate für zukünftige Studien zu schaffen. Die Logik jeder Brücke zeigt sich durch ihre Erfahrungswerte, sodass das Gesamtwerk wichtiger erscheint als das einzelne Projekt. Diese Zugangsweise hebt sich von der Arbeit seiner Zeitgenossen wie etwa dem tschechischen Gestalter Jiri Strasky ab. Der von der flauen Wirtschaft im Ostblock gehandikapte Starsky kompensierte den Mangel an Baugelegenheiten, indem er ein einziges Konzept – die Spannbandbrücke – vervollkommnete, um formale und technische Lösungen zu ergänzen.

gegenüber:
Gläserne Gehbahnpaneele und Seilummantelungen definieren die Laufebene.

links:
Der schlanke Bogen wird innerhalb eines Seilgeflechts stabilisiert. Die Verankerungen sind zur Betonung der schlanken Konstruktion verdeckt.

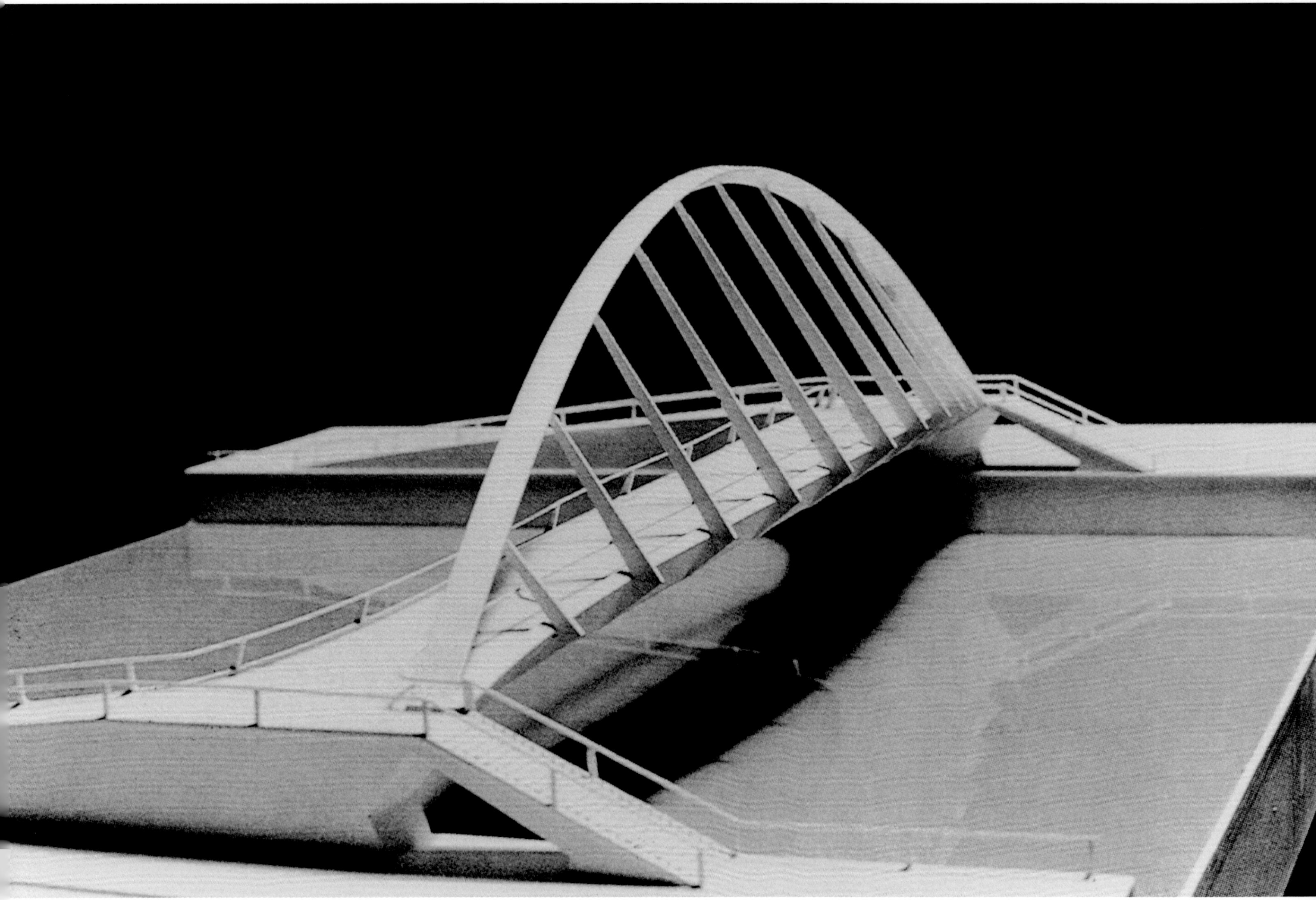

gegenüber:
Studienmodell eines Vorentwurfs

links:
Die fertig gestellte Konstruktion. Der stählerne Bogen und die Gehbahn werden von skulptierten Betonpfeilern getragen, die Widerlager und Brückenrampen zusammenfassen.

Wettstein Brücke; Basel, Schweiz; Santiago Calatrava, 1988

66 m

Diese unaufdringliche Brücke des spanischen Architekten Santiago Calatrava ist vielleicht auch seine beste. Ihr Entwurf unterliegt den Beschränkungen durch die Erfordernisse des Standorts und des Programms für einen neuen Überbau auf den bestehenden Pfeilern. Die Brücke ist als klassischer Typ entwickelt mit einer städtischen Fahrbahn über einem schnell fließenden Fluss, dem Oberrhein. Die tiefen Stützmauern im Flussbett sind zur Anpassung an Frühjahrsüberschwemmungen gebaut worden und lassen viel Raum für eine Konstruktion mit einem offenen Ornamentwerk. Dieses wird genutzt, um der Komposition eine elementare Ausgewogenheit durch drei gleiche, gebogene Brückenfelder zu geben. Zwei andere Projekte Calatravas wurden in dem gleichen Jahr realisiert, in dem dieser Entwurf entstand: Die zweifellos anerkannte und wohlproportionierte Mérida Brücke in Spanien und die weniger gut gelöste Fußgängerbrücke Leimbach in Deutschland. Angesichts der Überfülle an Calatravas Brückenentwürfen muss das Wettstein Projekt als Teil einer umfassenderen Entwicklung gesehen werden, und dennoch bildet es eine Ausnahme in seinem Gesamtwerk.

Die aufeinanderfolgenden weißen Bögen und skulpturalen Formen in Calatravas Entwürfen sind ungewöhnlich und sogar bewegend. Unüblich sind sie auch, weil die fertig gestellten Beispiele ihre Einheit bewahren und wie große Modelle aussehen. Die Entwürfe bringen eine innere Kräftezerlegung zum Ausdruck und ziehen eine sonderbare Parallele zwischen dynamischen und ausgeglichenen statischen Formen. Die Kraftlinien in einer Konstruktion folgen ähnlichen Trajektorien wie bewegte Massen in Schwerefeldern. Indem Calatrava diese unsichtbaren Linien zu einem wesentlichen Teil der Brückenform macht, zeigt er die Wirkungsweise der Konstruktion auf.

Beim Wettstein Projekt gibt es wenige, offene Hinweise auf frühere Beispiele Calatravas, und die charakteristischen organischen

Einflüsse sind dezent. Stattdessen existieren deutliche Anspielungen auf ein Bewusstsein für den mitteleuropäischen Brückenbau: die Pylone, klassischen Sockelproportionen und die Durchbildung aus Stahl erinnern an Wiener und vielleicht auch Pariser Vorgänger.

Die konstruktive Anordnung ist gebräuchlich. Die Hauptstützbögen tragen das Eigengewicht der Brücke, während ihre Ausschrägung das Volumen der Brücke reduziert. Dadurch entsteht ein flacher Fahrbahnquerschnitt, in dem der Durchhang quer zur mittleren Fahrbahn auf beiden Seiten von einseitig eingespannten Gehbahnen ausgeglichen wird. Streben führen nach oben bis zur Fahrbahnplatte aus Stahlbeton.

Entsprechend der Tradition des größten schweizer Bogenbauers, Robert Maillart, ist der Tragebogen unabhängig von den anderen, sekundären Elementen zu verstehen. Unterhalb der Fahrbahn sorgt ein Paar Tetraederträger für die Längssteifigkeit. Diese ist erforderlich, um Einzellasten gleichmäßig in den gebogenen Stützlinien der Bögen auszubreiten und um die dünnen Verdichtungsringe zu verstreben. Eine subtile sekundäre Krümmung bekamen die Untergurte dieser Elemente, um die Hauptbogenprofile zu unterstreichen.

Dieser Entwurf ist jedoch kein bloßes Zitat einer historischen Form oder eine Rückkehr zu den Sensibilitäten der vorangehenden Brücken.

Die Trennung der Mechanismen war in Maillarts Projekten ein analytischer Kunstgriff, um seine Konstruktionen den ihm verfügbaren Entwurfswerkzeugen zuzuordnen. In Calatravas Werk beruht ein vergleichbares Ergebnis auf völlig verschiedenen Verfahren. Auf eine Vorskizze und ein Modell folgt unmittelbar eine Computeranalyse von fast unbegrenzten Möglichkeiten im Hinblick darauf, was untersucht und umgesetzt werden kann. Die Wettstein Brücke mag wegen ihres ähnlichen Kräfteplans einer fin de siècle Konstruktion ähneln, aber sie lässt sich nicht so leicht analysieren. Wie so viele Brückenprojekte Calatravas zählt sie zu einer Reihe formaler Experimente: Die früheren

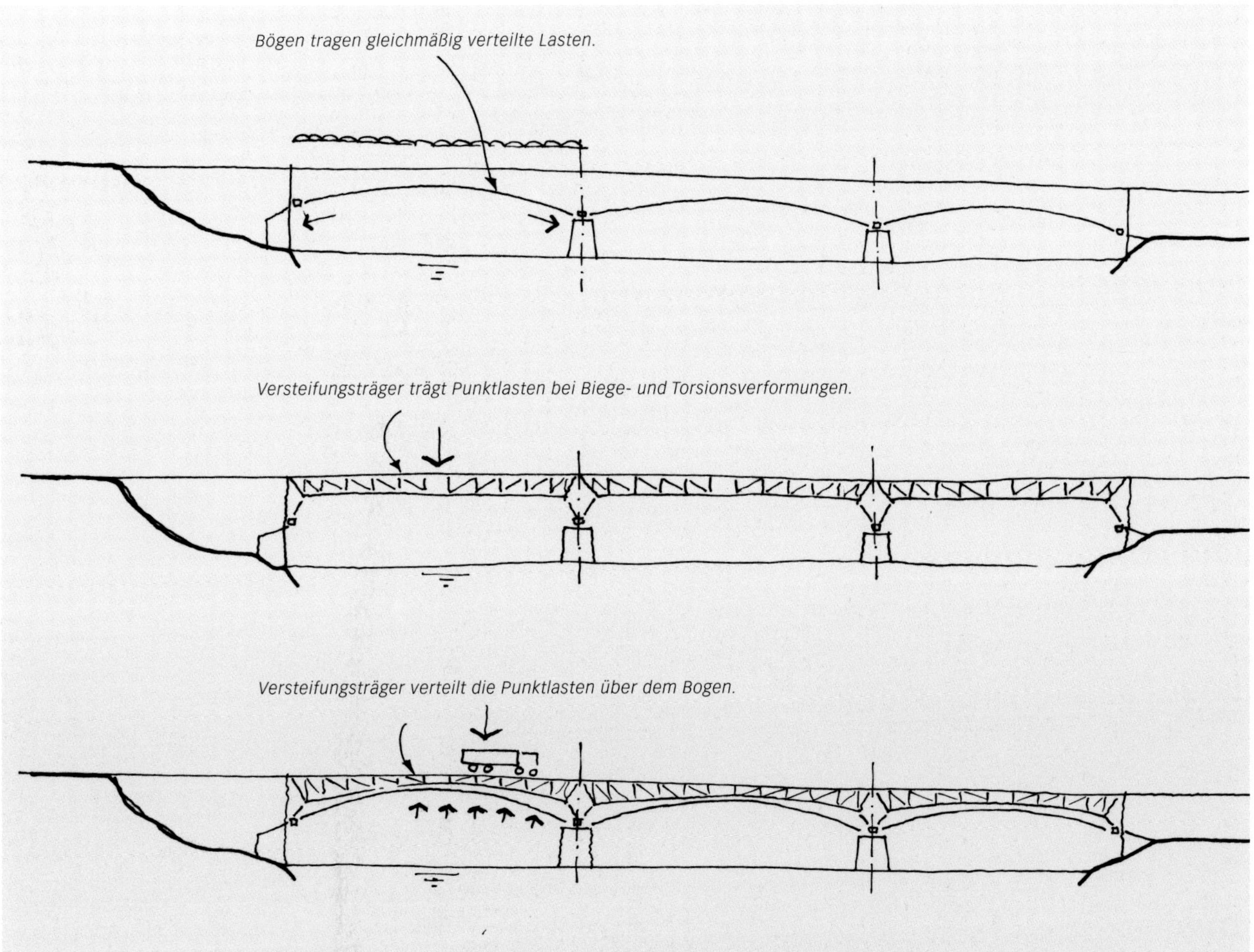

zusammengesetzte Konstruktion

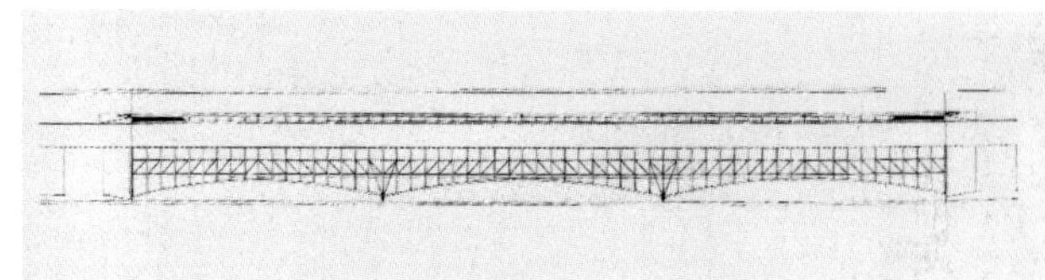

Ansicht der Brücke

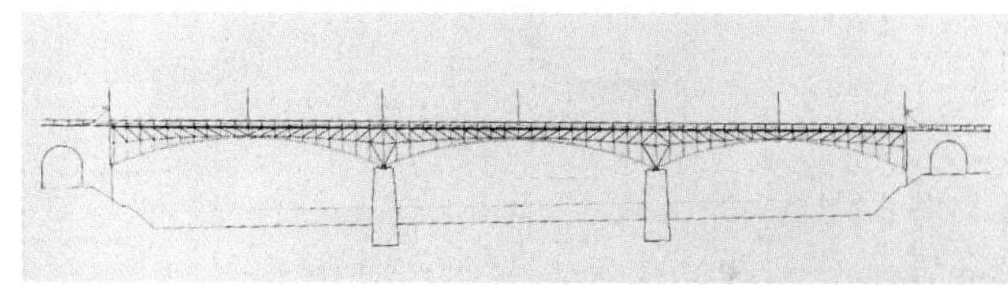

Grundriss der Brücke

gegenüber:
Die filigrane Konstruktion der neuen Brücke war auf den bestehenden gemauerten Pfeilern und Widerlagern zu errichten.

links:
Das Stabwerk kombiniert schlanke Bögen mit einem zentralen Versteifungsträger.

Ingenieurgenerationen auferlegten Beschränkungen sind aufgegriffen und ihre Auswirkungen akribisch durchgearbeitet worden.

Der verstrebte Überbau der vorgeschlagenen Brücke liegt den alten Gründungen der früheren Konstruktion leicht auf. Seine Filgranarbeit aus Metallrohren kontrastiert mit den stark bossierten, gemauerten Brückenpfeilerköpfen. Der Querschnitt ist technisch ausgereift und anhand einer Folge von Entwurfszeichnungen lässt sich sein Verfeinerungs- und Vereinfachungsprozess verfolgen.

Die Stärke der Fahrbahnplatte ist auf ein Minimum reduziert. Die Geländer bestehen aus offenen Spanndrahtgittern, die mit Winkeln versehen sind, um nicht mit der Fahrbahnkante zu konkurrieren und das Klettern zu verhindern. Unterhalb der Fahrbahn sind außerhalb des Blickfeldes in der Mitte Fernversorgungsleitungen konzentriert. Die Straße ist von Bordsteinen eingefasst: Ein profilierter Außenrand, der abgewichene Lastwagen zur Fahrbahn zurück- und vom benachbarten Fahrradweg ableitet. Die oberen Gurte des Versteifungsträgers sind in die gestaltete Unterseite gesetzt und durch Beleuchtungskörper hervorgehoben. Diese sind in den Durchlochungen der Fahrbahn verborgen, während konkave, äußere Untersichten die Spiegelungen des Wassers auffangen. Die vorgefertigte Vorderkante der Fahrbahn bekam ein zweites, hohlgewölbtes Profil und bildet dadurch eine Art klassisches Gesims.

Die Verbindung des Neuen mit dem Alten ist jedoch in einer recht selbstbewussten Weise gehandhabt. Die Fahrbahn kragt über die Pfeiler aus, und die ausgeschrägten Stützbögen werden von skulptierten Ausweitungen der oberen Pfeilerecken getragen. Diese bilden ungeschickte Zusammenbauten aus sich überschneidenden Flächen; konkave Oberflächen und scharfe Kanten unterstreichen die Schwierigkeiten, diese Verbindungen optisch zu lösen. Eine Folge von Zeichnungen zeigt, wie sich der Entwurfsverfasser durch eine Reihe von

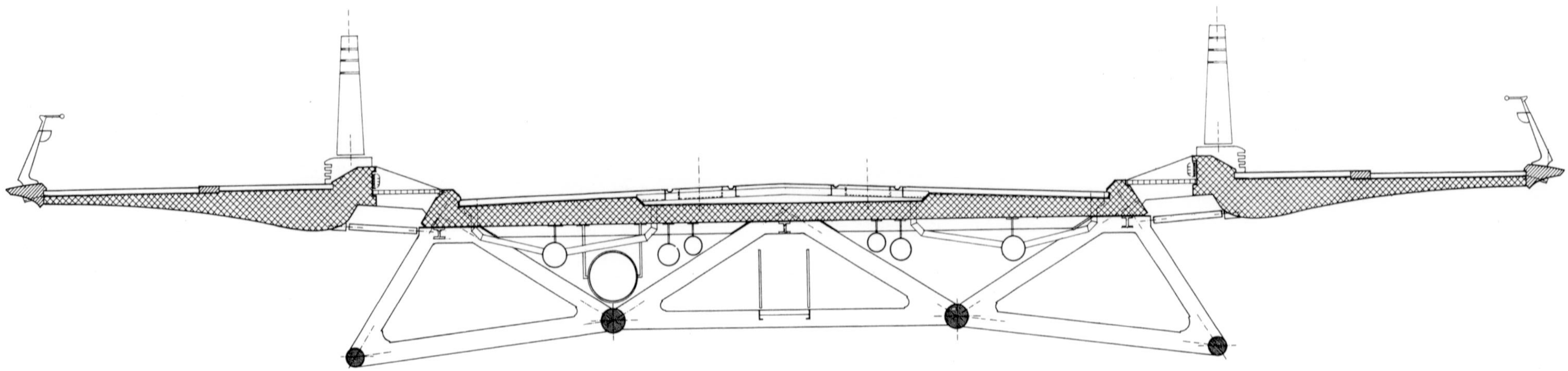

Möglichkeiten für diese wichtigen Stoßstellen durchgearbeitet hat.

Die Details der Brücke spiegeln nicht so sehr ihre Konstruktion und die Art, in der die Teile zusammengefügt sind wider. Vielmehr zeigen sie den Bewegungsverlauf der Kräfte über die Verbindungen und wie der Einfluss jeder Verbindung in das Spannungsfeld (der Konstruktion als Ganzes) zurückstrahlt. Die Wettstein Brücke wurde zunächst mit Schweißstößen entworfen, die optisch klar hervortreten und einen gleichmäßigen Kräfteverlauf über die ausgekehlten Knoten gestatten. Viele Verbindungen lassen sich allerdings extrem schwer auf der Baustelle verschweißen. Hinzu kommt, dass eingeschlossene Spannungen die feiner geschweißten Elemente von der Linie abbiegen und die Axialfestigkeit stark gefährden. Folglich wurden die Bolzengelenke im Entwurf ersetzt, da jeder Bolzen die Kräfte über seinen Anschluss in die Längsachse leitet. Die zahlreichen Kreuzungsstellen führen dazu, dass die Bleche ausgebreitet werden müssen, um Raum für die Bolzen zu schaffen, was einen bedauerlichen Kompromiss darstellt.

Ansonsten gibt es wenig Hinweise auf die Zusammensetzung der Konstruktion. Die Fahrbahn ist in Form hergestellt und umhüllt den Fachwerkbinder, bei dem es sich um einen vorgefertigten, verstifteten Zusammenbau handelt. Diese Zusammenlegung von zwei Konstruktionsformen ist zweideutig; sie zielt darauf ab, die Aufmerksamkeit des Betrachters auf sich zu ziehen und trägt zu dem immens raffinierten Gesamteindruck bei. Viele Einflüsse haben diese Konstruktion geprägt. Die Einbeziehung und Lösung widersprüchlicher Anforderungen demonstriert sowohl die Gewandtheit des Entwurfsverfassers als auch das Potenzial des Brückenbaus, mehr als ein konstruktiv ausdrucksvolles Artefakt zu schaffen.

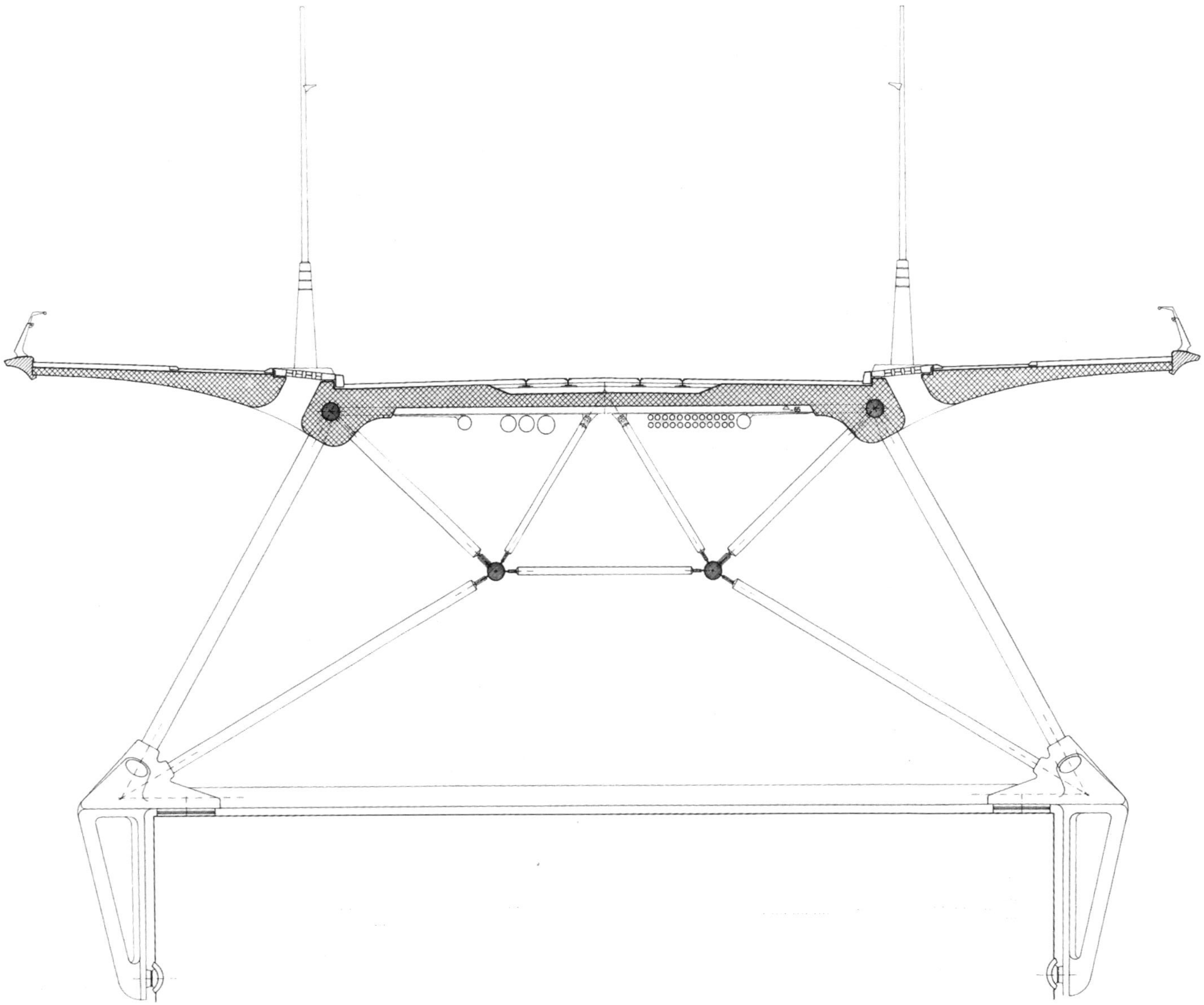

gegenüber, oben
Der Brückenquerschnitt war ursprünglich mit Gussstahlknoten und reinen Schweißverbindungen entwickelt.

gegenüber, links:
Das Projekt der Leimbach Fußgängerbrücke wurde im selben Jahr wie die Wettsteinbrücke entworfen.

gegenüber, rechts:
Die Brücke Gare d'Austerlitz, Paris. Ein anderer Projektvorschlag aus dem Jahre 1988.

links:
Der Schnitt des endgültigen Entwurfs zeigt einfache Bulldogdübel. Die Pfeilerauflager werden von komplizierten Stahlgussstücken gebildet.

Traversina Steg; Viamala, Schweiz; Conzett, Bronzini, Gartmann AG, 1999

48 m

Der Traversina Steg, der 1999 durch einen Felssturz fortgerissen wurde, repräsentierte ein Element in einem „Öko-Museum". Als Produkt einer organisierten Begegnung mit einer besonderen Umwelt gehörte er zu der historischen Wechselbeziehung mit dem Menschen in dieser Landschaft.

Die Schweizer Alpen bilden eine Art von Palimpset, in dem ein Netzwerk aus alten römischen Pfaden überlagert wird mit der späteren Geschichte, mit Schlössern, Kirchen, Klöstern und Handelsrouten. Jede Veränderung an dieser Landschaft erfordert den geringstmöglichen Eingriff, damit ihre einzigartige Atmosphäre nicht verloren geht. Daher wurde eine sehr leichte Konstruktion entlang der alten Vía Traversina vorgeschlagen, um einen Saumpfad über der Schlucht umzuleiten, durch die der Traversina Tobel fließt. Die Fußgängerbrücke leistete einen schlichten Beitrag zu der Umgebung, ihre Details erwecken Vertrautheit und erinnern an die Nähe der Brücke zur Natur.

Die Unzugänglichkeit des Standorts führte zu einer mit dem Hubschrauber eingehobenen Konstruktion mit einer Spannweite von 48 m. Das Material der Wahl war Holz, wobei das Fachwerk von Zugbändern und Metallverbindungen zusammengehalten wurde. Die Eignung der nachwachsenden Ressource und ihre unmittelbare Resonanz mit dem nahe gelegenen, von Koniferen bewachsenen Abgrund wurden von einer anderen Sensibilität untermauert. Die Konstruktion ist im modernen konzeptuellen Raum analysiert, entwickelt und baulich durchgebildet worden, doch könnte sie zu jeder Zeit während des Bestands des alten Pfades entstanden sein. Allerdings handelte es sich eindeutig um keine Nachahmung.

Um Gewicht einzusparen, kam eine Kombination aus Lärchenholz und Douglasie zum Einsatz, Spezies, deren Festigkeit-Gewichts-Verhältnis das von Stahl oder Kohlenstofffaser übertrifft. Die Zugbänder aus gezogenem Draht bestehen aus einer außergewöhnlich dauer-

haften Stahlform. Hierzu wird der Draht durch einen Ziehring gezogen und anschließend „kaltverfestigt". Die damit verbundene Versprödung wird durch die Seilstruktur aus verseilten Litzen gemäßigt. Jede einzelne Faser ist hauchdünn, aber das ganze Seil äußerst robust, elastisch und biegsam und bildet das feinstmögliche Filigran.

Da das Transportgewicht auf 4, 3 Tonnen begrenzt war, bestand die in drei Teilen konzipierte Konstruktion aus zwei Stücken. Das wesentliche lasttragende Element bildete ein einfacher Dreigurtträger: der obere Bauteil war eine Strebe aus Lärchen-Brettschichtholz, die Untergurte waren jeweils durchlaufende Spiralseile. Da das parabolische Profil der Brücke eine ideale Geometrie aufwies, hielt es die Beanspruchungen auf der ganzen Länge der unteren Gurtbänder gleichmäßig. Dies ist ein beliebtes Mittel unter den schweizer und deutschen Ingenieuren und gründet auf den linsenförmigen Formen von Friedrich von Pauli. Ein durchgehender Brettschichtholz-Balken, der zur Aufnahme von Windlasten horizontal platziert war, wurde auf den Fachwerkbinder gesetzt. Um die Drehkräfte im Wind zu reduzieren, wurde die Höhenlage des Balkens sorgfältig ermittelt, damit sie in der Nähe des Angriffspunktes entlang der Brückenseiten war. Den Gehweg bildete ein separates Holzdeck darüber. Fußgänger, die in der leichtfertig exponierten Brückenmitte standen, bekamen ein Gefühl der Sicherheit, indem H-Rahmen in regelmäßigen Abständen mit der horizontalen Platte und dem Fachwerkbinder verriegelt wurden. Der daraus resultierende U-Querschnitt widerstand Torsionskräften und hielt die Laufebene bei ungleichmäßiger Belastung.

Jedes Teil, einschließlich des Fachwerkbinders, des horizontalen Balkens und des U-Profils der Gehbahn, war solide genug, um das eigene Gewicht und das temporäre, vom Druckheber aufgebaute Kraftschema zu tragen. Zusammenverriegelt konnte der ganze Zusammenbau die aufgebrachten Lasten von Spaziergängern und Wind tragen.

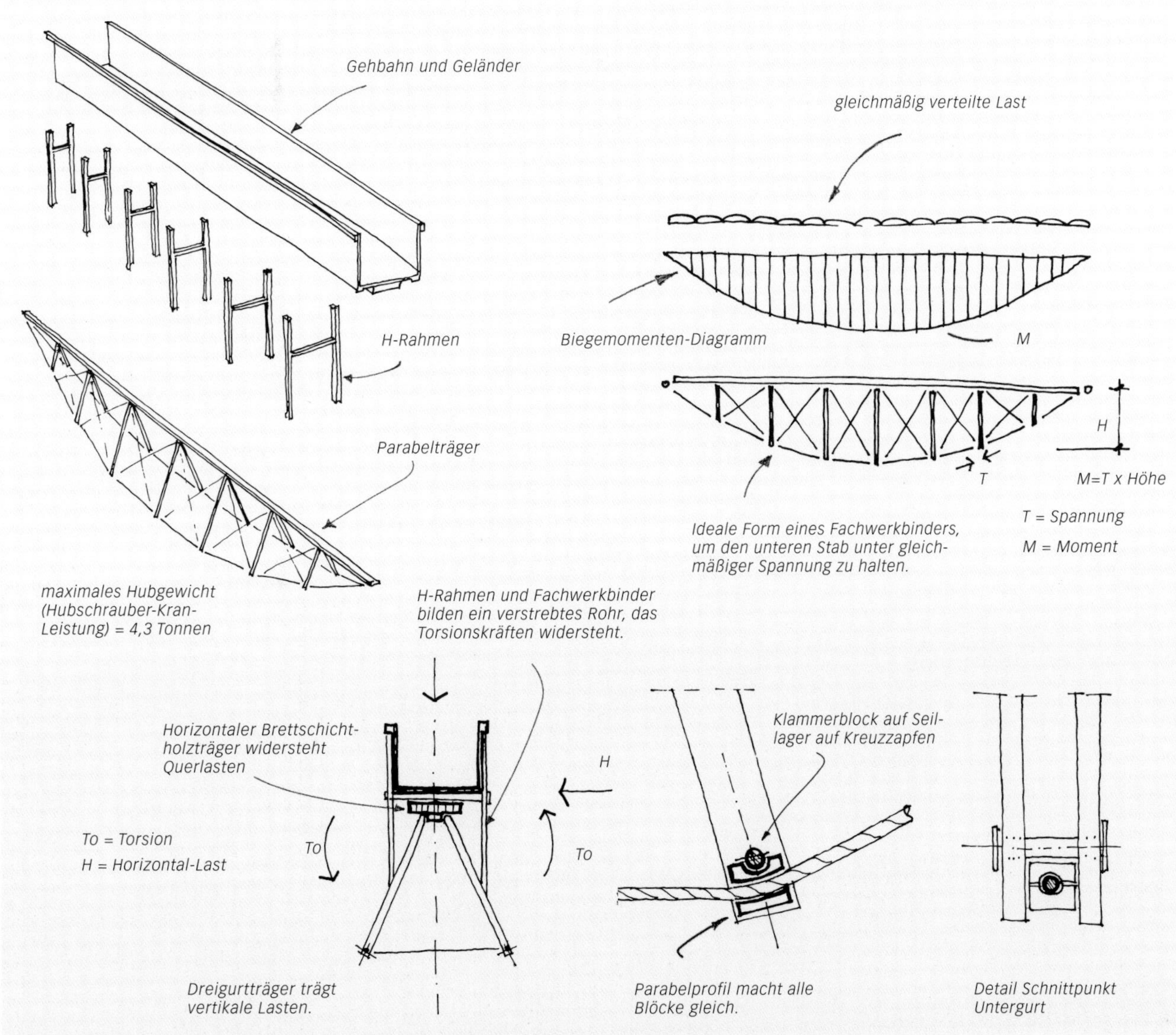

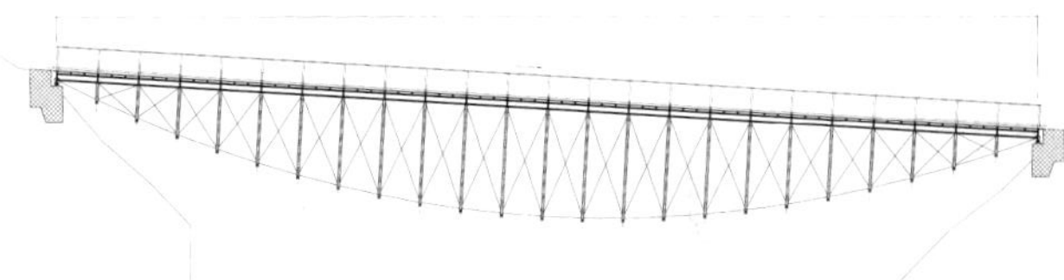

Ansicht der Brücke

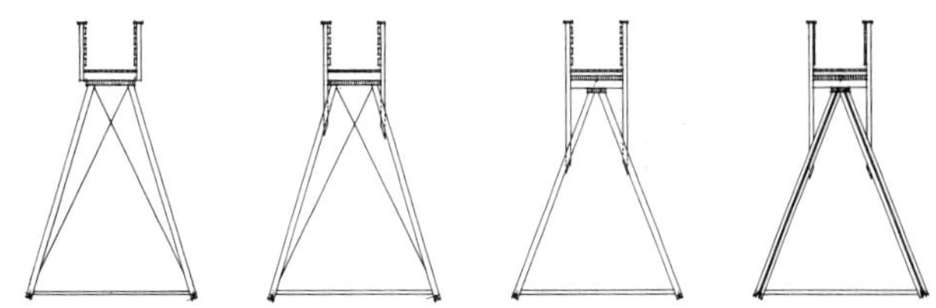

Schnitte der Brücke

gegenüber:
Die Holz- und Drahtseilbrücke unter den senkrechten Kieferstämmen in einem Abgrund der Traversina Schlucht.

links:
Die Konstruktion ist aus einer Reihe einfach durchgebildeter Baugruppen aufgebaut.

Die ungünstige Zusammenfügung der H-Rahmen und des Fachwerkunterbaus war ein Kompromiss zwischen Wartungsmöglichkeit und konstruktiven Erfordernissen. Aufeinanderfolgende Schnitte in der Entwurfsentwicklung zeigen, wie der Fachwerkbinder von der Gehbahn und den Außenwandverschalungen darüber unabhängig wird und die Berührungsfläche zwischen beiden Teilen betont.

Die bauliche Durchbildung zeugte von profunden Kenntnissen der Holzstruktur. Alle Teile waren aus rentablen Einschlägen aufgebaut. In einem versteiften Rahmen müssen die Einzellasten an jedem Ende von Bauteil zu Bauteil übertragen werden. Diese Kräfte müssen sich in dem weichen und zusammendrückbaren Faserverlauf der schnell wachsenden Nadelhölzer ausbreiten. Bulldogdübel verbessern die Festigkeit von Bolzen, indem sie Beanspruchungen nach außen verteilen. Hölzer können um stählerne, aus Brett- und Blechlagen zusammengesetzte Platten verdoppelt sein, sodass die Lasten im Metall konzentriert werden können und sich wieder lösen. Das umgebende Holz schützt und trägt die dünne Sandwichplatte aus Stahl. Das schwierigste Detail auf dieser Brücke, der untere Stab zur oberen Verbindung, wurde schön gelöst durch einen einfachen Klammerblock auf dem rostfreien Stahlseil (eine besonders sichere Möglichkeit wegen des sehr hohen Reibungskoeffizienten dieses Materials). Der Block wurde um einen Bulldogdübel geschwenkt, der in einer Strebe aus vier Schnitten eingebaut war.

In Skandinavien und Nordamerika hat die Langlebigkeit von Holzhäusern die Entwicklung von komplizierten Verwendungen gestattet. Südlich von Skandinavien weist das europäische Klima eine höhere relative Luftfeuchtigkeit (mehr als 20 Prozent) auf, sodass der Holzschutz zu einer Hauptbeschäftigung wird. Zu den wichtigsten Schutzmaßnahmen gehört die Verkleidung der Holzbauteile. Beim Traversina Steg wurden die oberen Strebenenden sorgfältig angeordnet, um sie

mit Hüllelementen zu überschneiden. Der schwere horizontale Balken wurde mit Bitumenisolierpappe und Abtropfkanten aus Kupferblech abgedeckt, um über den wichtigsten lasttragenden Bauteilen ein Dach zu bilden. Sekundäre Schutzmaßnahmen beinhalten die Versiegelung der Holzoberflächen oder ihre Imprägnierung mit Gift. Bei der zuletzt genannten Maßnahme wird ein Chromat-Kupfersalz-Arsenat-Gemisch in den Hirnschnitt unter Druck eingebracht. Die Holzstücke bekommen ein hellgrüne Farbe und verwittern langsamer als das übliche Silbergrau. Dieses umweltschädliche Verfahren wird beim Traversina Steg dadurch abgeschwächt, dass nur die Elemente behandelt werden, die sich nicht zu einem späteren Zeitpunkt auswechseln lassen. Die Gehbahn und die Geländer, mit denen die Fußgänger in Kontakt kommen können, sind gänzlich unbehandelt. Die Konstruktion nutzte das Gefälle in die darunter liegende Schlucht, um eine maximale Höhe und daher ein Maximum an Festigkeit zu erzielen. Der Zusammenbau so vieler Teile verlieh dem System einen sehr hohen Grad an Eigendämpfung; Tausende von Verbindungen reiben in der Konstruktion gegeneinander und verbrauchen bei jeder Anregung Energie und geben sie ab. Das Holz selbst sorgt für eine gute Hysterese-Dämpfung. Jedes Mal, wenn es gebogen oder verformt wird, geht etwas Energie als Wärme in und zwischen seinen Fasern verloren. Daher war die Brücke für Fußgänger-angeregte Schwingungen anfällig. Die eingeschränkte Umgebung bedeutete, dass die Konstruktion durch die bewegten Windstöße flatterte. Ein konstanter Aufbau der dynamischen Reaktion in einer Luftströmung wurde jedoch durch die aerodynamische Dämpfung in der Kasten-Drachen-Form ausgeschlossen. Die Brückenauflager bilden einfache Stahlwalzen auf Holzblöcken mit geraden Blättern, einem Zeichen von Ingenieur zu Ingenieur, um aufzuzeigen, dass insgesamt die Artikulation einer durchdachten Einfachheit beabsichtigt war.

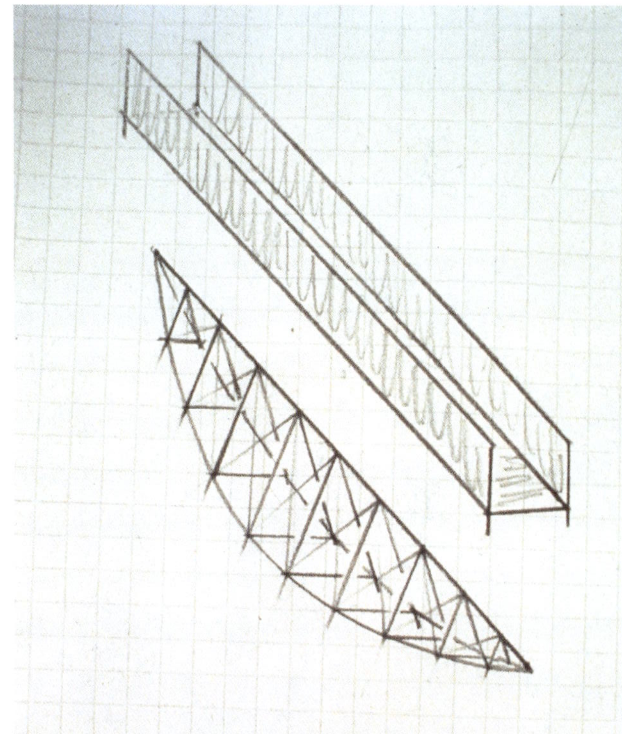

gegenüber:
Die Konstruktion wurde schließlich 1999 von einem Felssturz zerstört.

links:
Das von Menschenhand erschaffene Objekt ist von zähmendem Einfluss in einer unberührten, als „Öko-Museum" bestimmten Landschaft.

oben:
Skizze des Entwurfsverfassers für die mit dem Hubschrauber eingehobenen Fertigteile

gegenüber:
Detail des einfachen Klammerblocks, der die Haupttragseile mit dem Querrahmen verbindet.

Mitte:
Die Gestaltung der Knotenpunkte folgt den klassischen Prinzipien der Durchbildung von Holz. Hierbei werden überblattete Elemente und die Enden von Seilverzweigungen unmittelbar auf stählerne Bulldogdübel gebracht.

links:
Die gereihten Querrahmen verweisen auf die umliegende Forstwirtschaft.

Pùnt da Suransuns; Viamala, Schweiz; Conzett, Bronzini, Gartmann AG, 1997

40 m

Der erste Eindruck von dem Pùnt da Suransuns ist tiefgreifend und legt die perfekteste Lösung eines Überbrückungsproblems nahe. Außer einem Fußgängerweg, Handläufen und Raum gibt es hier nichts.

Die scheinbare Einfachheit der Brücke ist allerdings errungen. Ein offenbar unkomplizierter konstruktiver Mechanismus ist mit größter Ausgeklügeltheit subtil manipuliert worden. Die Details spiegeln deutlich ihren Zweck wider; die Tektonik ist elementar, fast shakerhaft in ihrer Überzeugung und Erhebung über das Praktische.

Das aus einem für einheimische Ingenieurfirmen offenen Wettbewerb hervorgegangene Projekt ist im Standort verwurzelt. Der Höhenunterschied von einem zum anderen Ende reicht gerade für die Ausführung der Kettenlinie aus. Die Form ist unverfälscht, eine reine Linie zwischen den angehäuften Felsblöcken in der Talsohle.

Die Konstruktion umfasst eine Gehbahn aus Gesteinsplatten, welche von Bändern aus hochzugfestem Duplex-Stahl getragen werden, die zwischen Ankerblöcken aufgehängt sind. Die beiden Teile werden zusammen gespannt, um zusammengesetzt zu wirken. Die nicht zu vereinfachende Klarheit der gleichmäßig belasteten Kettenlinie – sie wird von den elementarsten und elegantesten Differenzialgleichungen beschrieben – verzweigt sich zu einer Komplexität, sobald wegen der ungleichmäßigen Kräfte eine Versteifung hinzukommt. Wenn eine Punktlast auf ein Seil einwirkt, verändert sie seine Form. Ausknickungen variieren nicht in einer linearen Art und Weise, sondern werden von den Verdrehungen verstärkt. Die wesentliche Strategie bei einer Spannbandbrücke besteht darin, die Punktlast, in diesem Fall eine Einzelperson oder eine kleine Fußgängergruppe, aufzunehmen und möglichst weit quer zum Hängegurt zu verteilen. Dadurch verhindert man die Entwicklung einer scharfen „Ecke", an der hohe Biegespannungen und Ausknickungen auftreten. Hier sind die Steinplatten zusammengedrückt, um eher als lokales Biegeelement und weniger als

Gewichtsheber zu wirken, der eine Reihe von Ziegelsteinen in der Luft zusammenhält.

Der Entwurf konzentriert sich auf die durchdachte Reduktion und Vereinfachung der Bestandteile. Hier ist „Ockhams Rasierklinge" am Werk: Die mittelalterliche Vorstellung, wonach die versteckte Realität natürlicher Formen eine transzendentale Einfachheit aufweist. Die Wahrheit erlangen oder etwas Entsprechendes zu tun, beinhaltet, etwas zu beschneiden, bis nur noch das Wesentliche zurückbleibt.

Die für die Gehbahn verwandten Steinplatten bilden eine stille Fortsetzung des alten, von der Brücke versorgten Fahrdamms. Die Blöcke werden von jedem Ende aus zusammengedrückt. Die Lastenübertragung zwischen den Steinen erfolgt nicht mit Mörtel, sondern mit dehnbaren Aluminiumstreifen, die um Härtegefüge nachgeben, korrosionsgeschützt sind und als Verstärkung des fehlerhaften Materials dienen. Die Gehfläche aus Granit ist geflammt, um die Rutschgefahr zu verringern. Die Hauptstützbänder der Brücke bilden flache Duplex-Stangen, ein hochzugfester Stahl von außergewöhnlicher Beständigkeit, der für die chemische und Nahrungsmittelindustrie entwickelt worden ist. Jede Seite hat ein Doppelband, das genau um den Ankerblock passt und dieses kritische Element zur größeren Sicherheit verstärkt.

Die Umwelt- und Sichtbeeinträchtigung des Geländers ist auf ein Mindestmaß beschränkt. Es besteht aus einer Gruppe von Senkrechtgliedern mit einer Abdeckplatte und ist unbesteigbar. Jeder Geländerpfosten führt durch die Mitte eines Sturzriegels zwischen den Stützbändern, unterhalb derer er durchgesteckt ist, um ein Unterlagsblech und eine Gegenmutter aufzunehmen. Die Pfosten tragen die Bänder und Steine und ziehen sie außerdem zusammen. Dort, wo das einzelne Band die Widerlager erreicht, verläuft es über einen Aufbau von Schichten und bildet eine Blattfeder. Dieses Brückenauflager reagiert mit zunehmender Festigkeit und reduziert die Nebeneffekte, die sich

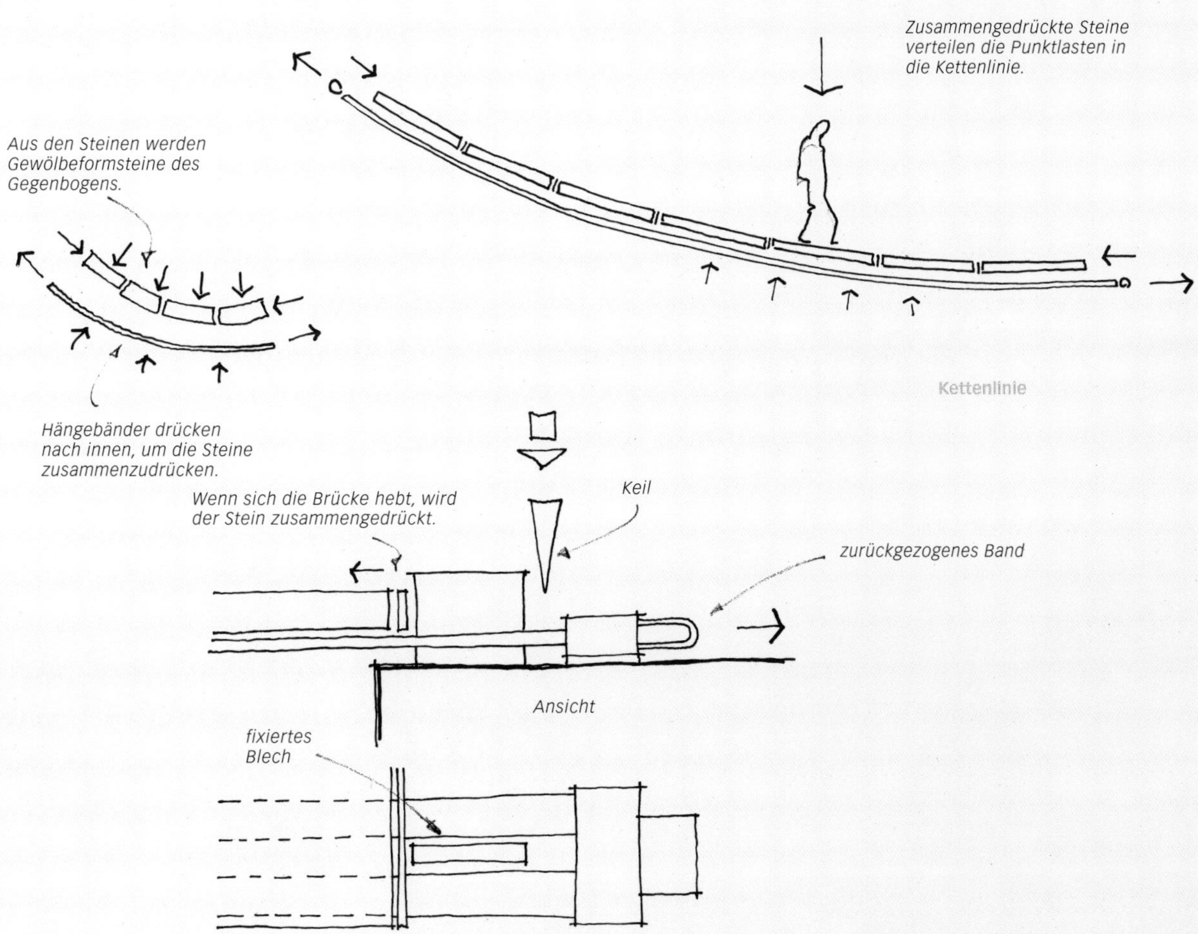

Detail der Endknotenverbindung

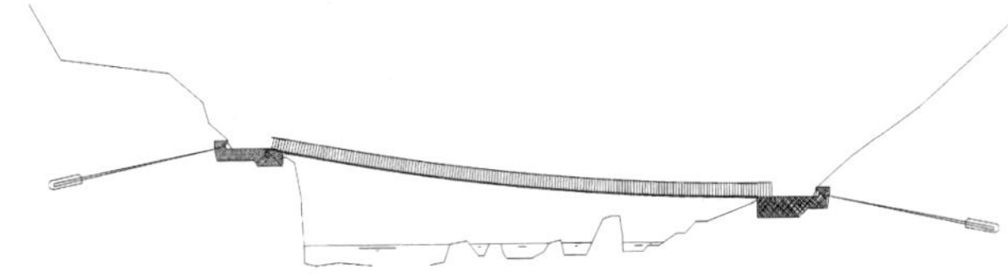

Ansicht der Brücke

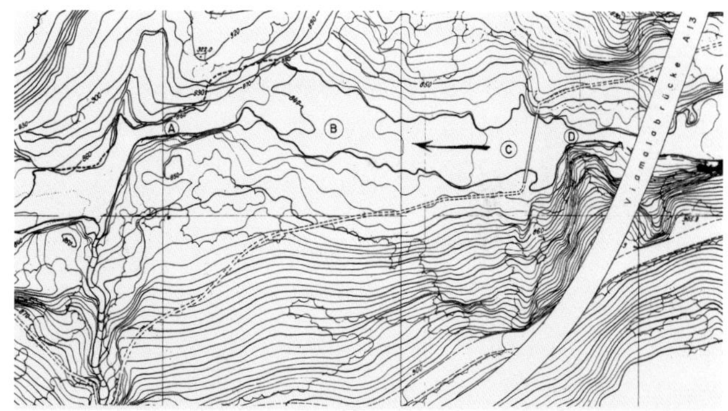

Grundriss der Brücke und umgebende Schlucht

gegenüber:
Die einfache Linie der Brücke überquert das mit Geröllsteinen überfüllte Flussbett des Hinterrheins.

links:
Ein Fußweg aus Granitplatten wird zusammen gespannt, um eine ausreichende Festigkeit zu erreichen.

nach den Voraussagen der Leitgleichungen unter nicht ganz idealen Randbedingungen entwickeln werden.

An ihren Enden verlaufen die Hauptbänder beidseits eines einfachen Rippenblechs, das tief in den Ankersockel gegossen wurde. Die Auflagerverbreiterungen weisen aufgeschweißte Überwürfe auf. Während der Montage wurden die Bänder von diesen Krampen auf Spannschlösser gelegt, die auf den Ankerblöcken rückwärtig verankert waren. Anschließend wurden die Steinplatten eingebaut und das Lager gegen die Innenseite der Rippenbleche eingespannt. Durch das Festspannen der Spannschlösser wurde der durchgebogene Flachstahl gehoben und die Reihe der Gesteinsplatten gegeneinander zu einem verriegelten Ganzen zusammengedrückt. Zum Abschluss wurden stählerne Klappkeile zwischen die Auflagerverbreiterungen der Bänder und die Rückseite des vertikalen Rippenblechs eingetrieben und die Spannvorrichtungen entfernt. Die in die Widerlager integrierten Bodenanker weisen exponierte Köpfe auf, die außerhalb des Brückenaufbaus zurückgesetzt sind. Bei allen Konstruktionsteilen läuft das Wasser ungehindert ab. Sie sind für die Kontrolle sichtbar belassen und leicht zu ersetzen.

Die unnachgiebige Lösung des Entwurfs beruht auf einem tiefsinnigeren Hintergrund als der durchdachten Sorgfalt des Minimalismus. Chur, im Kanton Graubünden in der Ostschweiz gelegen, hat ein spezifisches Bauverständnis: eine Verbundenheit mit Materialien, ein Respekt vor bäuerlichen „Verfahrensweisen" im Verein mit einer kultivierten Modernität und einer charakteristischen Mischung aus lateinischen und griechischen Einflüssen. Die insulare Lage der Berge führt zu einer nach innen gewandten und hermetischen Anschauung ohne jeden Sinn für Universalität. Der Entwurfsverfasser Jürg Conzett schloss nach seiner Ausbildung als Bauingenieur eine Lehre bei dem

gefeierten Architekten Peter Zumthor ab. Zumthors handwerklicher Werdegang, seine genaue Beachtung der stofflichen Substanz und sein sanfter Modernismus haben sich als zugänglich und beliebt erwiesen. Eine Mindestanforderung solcher Entwurfsverfasser scheint in diesem Gebiet erfüllt worden zu sein. Ihre Erzeugnisse sind unmittelbar und zeitlos. Die von ihnen repräsentierte Kontinuität spiegelt sich in den offenen Worten von Adolf Loos wider, einem frühen modernistischen Architekten von der nahe gelegenen österreichischen Grenze. In seinem Essay „Regeln für den, der in den Bergen baut" von 1913 stellt er fest: „Baue so gut wie du kannst. Nicht besser. Überhebe dich nicht. Und nicht schlechter. Drücke dich nicht absichtlich auf ein niedrigeres niveau herab, als auf das du durch deine geburt und erziehung gestellt wurdest. Auch wenn du in die berge gehst. Sprich mit den bauern in deiner sprache. Der wiener advokat, der im steinklopferhansdialekt mit dem bauern spricht, hat vertilgt zu werden. Achte auf die formen, in denen der bauer baut. Denn sie sind der urväterweisheit geronnene substanz. Aber suche den grund der form auf. Haben die fortschritte der technik es möglich gemacht, die form zu verbessern, so ist immer diese verbesserung zu verwenden ...

Sei wahr! Die natur hält es nur mit der wahrheit. Mit eisernen gitterbrücken verträgt sie sich gut, aber gotische bogen mit brückentürmen und schießscharten weist sie von sich."

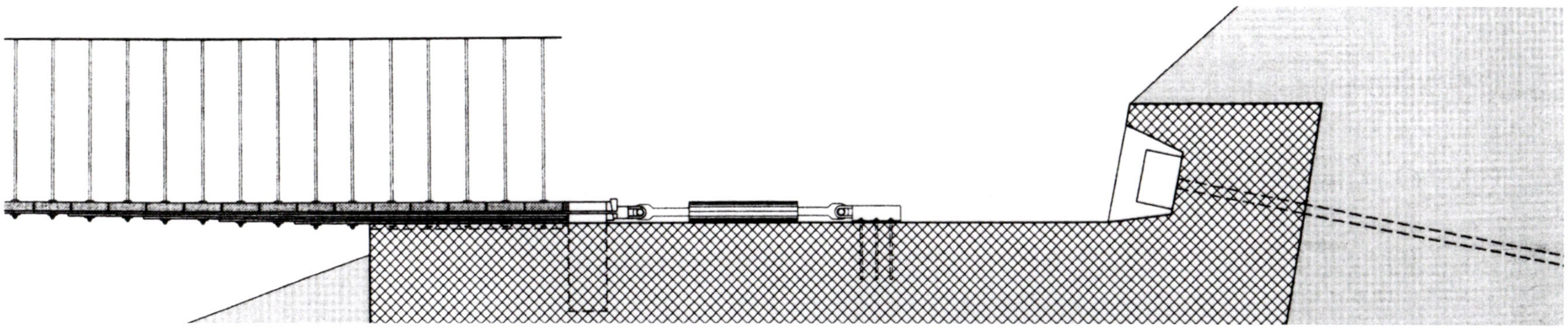

gegenüber, links:
Die Brücke dient als Fortsetzung einer alten römischen Pflasterstraße.

gegenüber, rechts:
Die Senkrechtstützen des Geländers befestigen die Steinplatten der Gehbahn mit den Hauptstützbändern.

oben, links:
Bodenanker sind in den Widerlagern integriert und das Spannsystem in einem großen Betonblock.

unten, links:
Die Enden der Bänder und die Keile an den Stützbändern bleiben exponiert; die Konstruktionsmethode ist für den Passanten sichtbar.

gegenüber:
Die Einfachheit der Brückenform bedeutet einen minimalen Eingriff in die Landschaft.

links:
Der Höhenunterschied auf dem Standort reicht aus, um die erforderliche Kettenlinie ohne einen übermäßigen Durchhang zu bilden.

Verbindung über den Großen Belt (Ost-Brücke); Meerenge Großer Belt, Dänemark; Dissing und Weitling/COWIconsult, 1998

1624 m

Sehr große, von Menschenhand geschaffene Strukturen, seien es städtische Gebäude oder Ingenieurbauwerke, verändern die Landschaft. In einem bestimmten Maßstab fügt sich ein Artefakt nicht mehr in seine Umgebung ein, sondern ordnet sie neu. Obwohl solche Bauten riesige Ressourcen erfordern und langlebig sind, haben sich Strategien zur Überwachung ihrer Auswirkungen langsam entwickelt.

Ein besonders positives Beispiel bildet die Ost-Brücke für Eisenbahn- und Straßenverkehr, die letzte Verbindung in einer Kette von drei Überquerungen über die 18 Kilometer breite Meerenge Großer Belt. Die Berücksichtigung aller projektbezogenen Aspekte von Anfang an spiegelt Dänemarks hoch entwickeltes Umweltbewusstsein wider. Vom gesamten Layout bis zu den Details der konstruktiven Verbindungen demonstriert das Projekt eine einheitliche Zugangsweise. Die Entwurfsverfasser vereinigten in einem streng geführten Team die Funktionen Ingenieurarbeit, Architektur, Landschaftsarchitektur, Umweltplanung, Produktgestaltung und graphische Statik.

Den Standort für die Überquerung gab die Insel Sprogø vor. Diese teilt die Meerenge in fast gleich große, östliche und westliche Wasserstraßen, die beide mit Tunneln oder Brücken in einem bereits andernorts ausgeführten Maßstab überspannt werden konnten.

Die Landschaftsgestaltung bei groß dimensionierten Ingenieurbauten beinhaltete häufig eine Anpassung der Landschaft an die Installation, um deren Auswirkungen auf die Umgebung zu verringern, sie zu tarnen oder „natürlicher" erscheinen zu lassen. Beim Ingenieurkomplex Großer Belt eigneten sich die Architekten eine subtilere Strategie an. Die bestehenden Landschaften wurden zunächst auf ihre spezifischen Eigenschaften und Qualitäten hin untersucht, um anschließend den Entwurf dazu als Kontrapunkt zu entwickeln. Dabei wurden die landschaftlichen Merkmale hervorgehoben und interpretiert. Beide Seiten der Meerenge sind recht unterschiedlich ausge-

bildet: auf der Ostseite, Seeland, verläuft der Schienen-Zubringer entlang des Ausgangspunktes eines Fjords und die Streckenführung erwidert die umgebenden Hügel, Dünen und geologischen Formationen. Im Westen folgen die Streckenführung des Zubringers und der Erddamm den Merkmalen der lokalen Ablagerungen in Form von langen, mit ausgedehnten Grüngürteln aus Kiefern bepflanzten Bodenwellen aus Sand.

Die angrenzenden Erdbauwerke, Erddämme, Einschnitte und Abtragungen sind als klare geometrische Formen angelegt. Diese bringen das Ausmaß der bei den Erdarbeiten eingesetzten künstlichen Kräfte zum Ausdruck; außerdem vermitteln sie ein Gefühl für die Faltungskräfte bei der Entstehung der umliegenden, durch Gletschertätigkeit geformten Landschaft.

Die Straßen- und Schienenverbindungen folgen einer gemeinsamen Streckenführung über die westliche Wasserstraße. Dabei steigen sie an und verlaufen kurvenförmig auf einer niedrigen Pfeilerbrücke zu der Insel, bevor sie sich in die große, hohe Ost-Brücke und den Eisenbahntunnel trennen. Die ständig wechselnde Kurvatur fördert die Konzentration der Autofahrer und erhöht die Verkehrssicherheit.

Die Umweltverträglichkeitsprüfung der Region dehnte sich auch auf die Gezeitenbewegungen der Ostsee aus. Es musste eine Lösung gefunden werden, die den Wasserfluss in und aus der Meerenge aufrecht erhielt. Die künstlichen Inseln machten einen Straßentunnel unter der östlichen Wasserstraße erforderlich. Da sich die Schifffahrtsrinne als zu umweltbeeinträchtigend erwiesen hätte, erwog man stattdessen eine große Brücke. Der Eisenbahntunnel stürzt unter die Bucht. Dadurch ermöglicht er eine hohe, breite und leichte Straßenbrücke darüber. Eingehende Analysen der gegenwärtigen und zukünftigen Anforderungen für die Seeschifffahrt ergaben den Bedarf

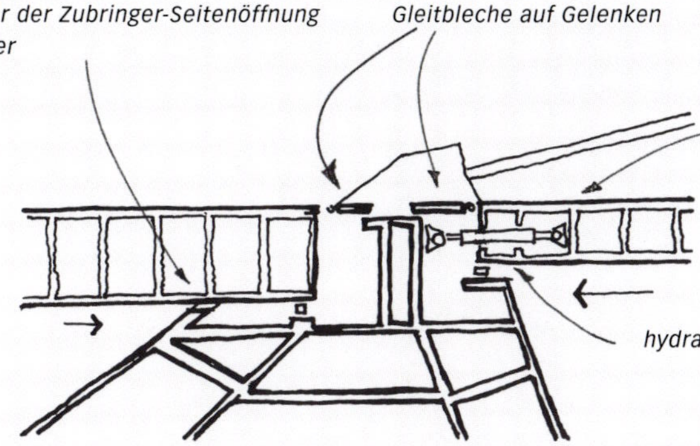

Regelung der thermischen Bewegungen
(Schnitt durch den oberen Teil der Ankerblöcke)

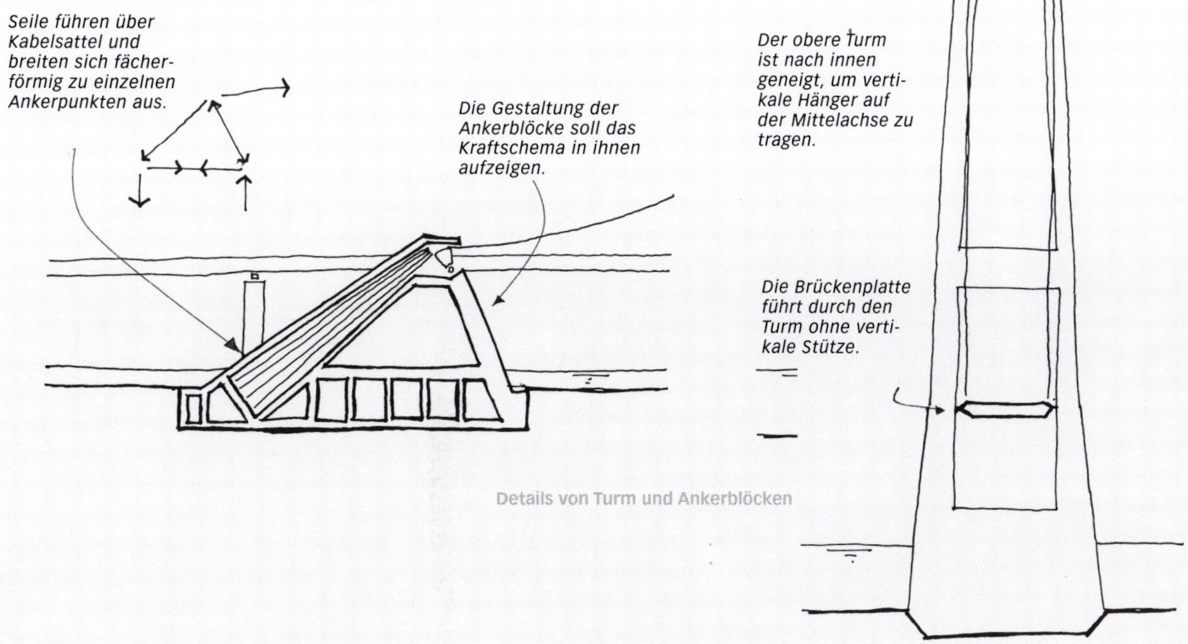

Details von Turm und Ankerblöcken

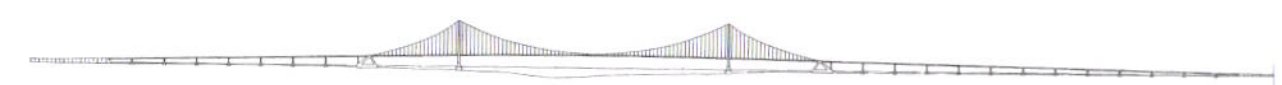

Ansicht der Brücke

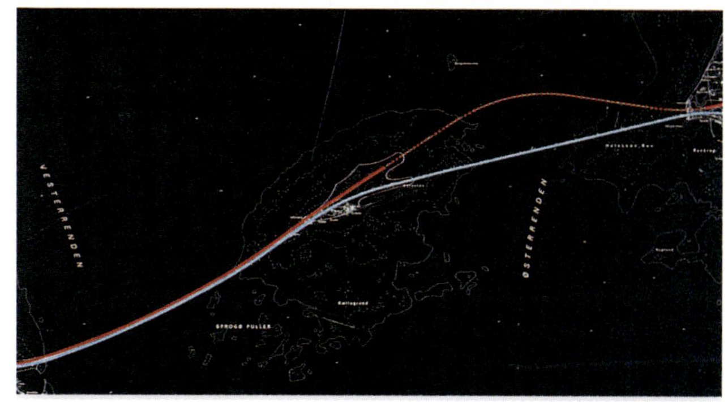

Der Lageplan zeigt den Großen Belt, die Insel Sprogø und die unterschiedliche Streckenführung der Straßen- und Schienenverbindungen.

gegenüber:
Die schön proportionierte Konstruktion ist durchgebildet, um unmittelbar von der Wasseroberfläche emporzusteigen.

links:
Turm und Ankerprofile wurden untersucht, um die einzelnen Konstruktionsteile optisch zu trennen und hervorzuheben.

an einer Hauptspannweite von mindestens 1600 m. Daher entschied man sich für das Konzept einer klassischen Hängebrücke.

Die konstanten geologischen Gegebenheiten unter Wasser gestatteten, die Ost-Brücke inmitten der Ausdehnung der Wasserstraße zu platzieren. Die Ankerblöcke ragen vom Meeresboden empor, sodass die Brückengestalt nicht von äußeren Gegebenheiten beeinflusst ist, sondern in ihrer Idealform ruht. Die Proportionen von der Hauptspannweite bis zu den rückwärtigen Spannweiten, von der Kettenlinie und von der Höhe bis zur Breite werden von einem konstruktiven Wirkungsgrad bestimmt, der fast durch Zufall harmonisch ist.

Um eine augenfällige Monumentalität und Anmut zu erreichen, sind verschiedene architektonische Mittel eingesetzt worden. Die Brückentafel bildet ein aerodynamisch gestalteter Kastenträger aus Stahl, der als durchgehender Streifen zwischen den Widerlagern geformt ist. Er ist optisch über Dehnungsanschlüsse mit den Seitenöffnungen der Zubringer verbunden, indem das Profil beibehalten, aber zwischen den Pfeilern zu einem tieferen Kastenträger ausgedehnt wurde. Die Kontinuität und Eigenständigkeit der Fahrbahn an der Stelle, an der sie die Türme passiert, wird dadurch hervorgehoben, dass die üblichen Querträger ausgelassen sind. Diese sind gewöhnlich unterhalb der Fahrbahn angebracht und dienen ihr als Auflager zwischen den Turmbeinen. Bei der Ost-Brücke verläuft das aufgehängte Bauteil gerade durch, während die unauffälligen seitlichen Auflager lediglich Windlasten aufnehmen. Die optische Trennung von Fahrbahn und Auflager ist bei den Seitenöffnungen der Zubringer beibehalten. Hier sind in die groß dimensionierten, ausgesparten Öffnungen zwischen jedem Pfeiler und der Fahrbahnunterseite Brückenauflager eingebaut, die sich problemlos warten und ersetzen lassen.

Die Stützen und Querträger der Türme sind als Monolithen entwickelt. In ihrer Form schwingt Corbusiers Ausspruch mit: „Archi-

tektur ist das großartige Spiel geometrischer, ans Licht gebrachter Formen." Der Lastenweg nach unten durch den Turm ist deutlich artikuliert. Die Türme neigen sich an ihrem Scheitelpunkt nach außen, nehmen die Hauptseile auf ihren Mittelachsen auf und führen um die Fahrbahn herum. Die Caissons, auf denen die Türme ruhen, sind 3,5 m unter die Wasseroberfläche gesetzt, um den Eindruck zu vermitteln, die Türme würden nahtlos ins Wasser übergehen. Gegen den Anprall von Schiffen dienen in erster Linie die sorgfältig abgestuften Sandbänke unter Wasser und weniger die vielen, auffälligen Eis- oder Wellenbrecher. Kiesschichten schützen die Sandbänke vor Unterspülung und zur Verhütung von Öllachen begrenzen sie bei aufgelaufenen Schiffen die Schäden am Rumpf. Die Ankerblöcke von Hängebrücken sind gewöhnlich monolithisch ausgebildet. Allein ihr Gewicht verhindert, dass sie nach innen rutschen. In der östlichen Meerenge weisen sie ausgehöhlte Formen auf und sind auf massive Dreibeine reduziert, welche die enthaltenen Kräfte hervorheben.

Die bauliche Durchbildung der Brücke ist klar und nicht überladen. Die Haupthänger treffen auf die Fahrbahn mit ausgesucht einfachen Muffendämpfern. Vorgespannte Drahtzugschranken unterteilen die Fahrbahn, sodass die Sicht nicht versperrt wird und sekundäre aerodynamische Einwirkungen vermieden werden. Thermische Bewegungen werden an jedem Widerlager von hydraulischen Puffern in sorgfältig geplanten Kontrollschächten geregelt. Die inneren Zellen des Stahlkastenträgers sind durch Entfeuchter korrosionsgeschützt. Die riesigen Auflagerkästen, auf denen die Hauptseile liegen, sind klimatisiert.

Die Brückenbeleuchtung ist gedämpft und subtil. Indirekte Scheinwerfer überziehen die Innenfläche der Türme, Hänger und Ankerblöcke. Einfache Punktlichter entlang der Kettenlinie vervollständigen die Akzentuierung der Form, ohne ein riesiges, hell erleuchtetes Objekt zur Schau zu stellen.

gegenüber, links:
Hängerverankerungen, Muffendämpfer und Korrosionsschutz sind in Augenhöhe der Passanten in einem kohärenten Detail integriert.

gegenüber, rechts:
Die Turmbeleuchtung unterstreicht die Innenflächen der vertikalen Elemente und verhindert dabei eine übermäßige Verschwendung von Licht.

links:
Die Profile des Kastenträgers der Hauptöffnung und der Zubringer-Viadukte sind optisch miteinander verbunden.

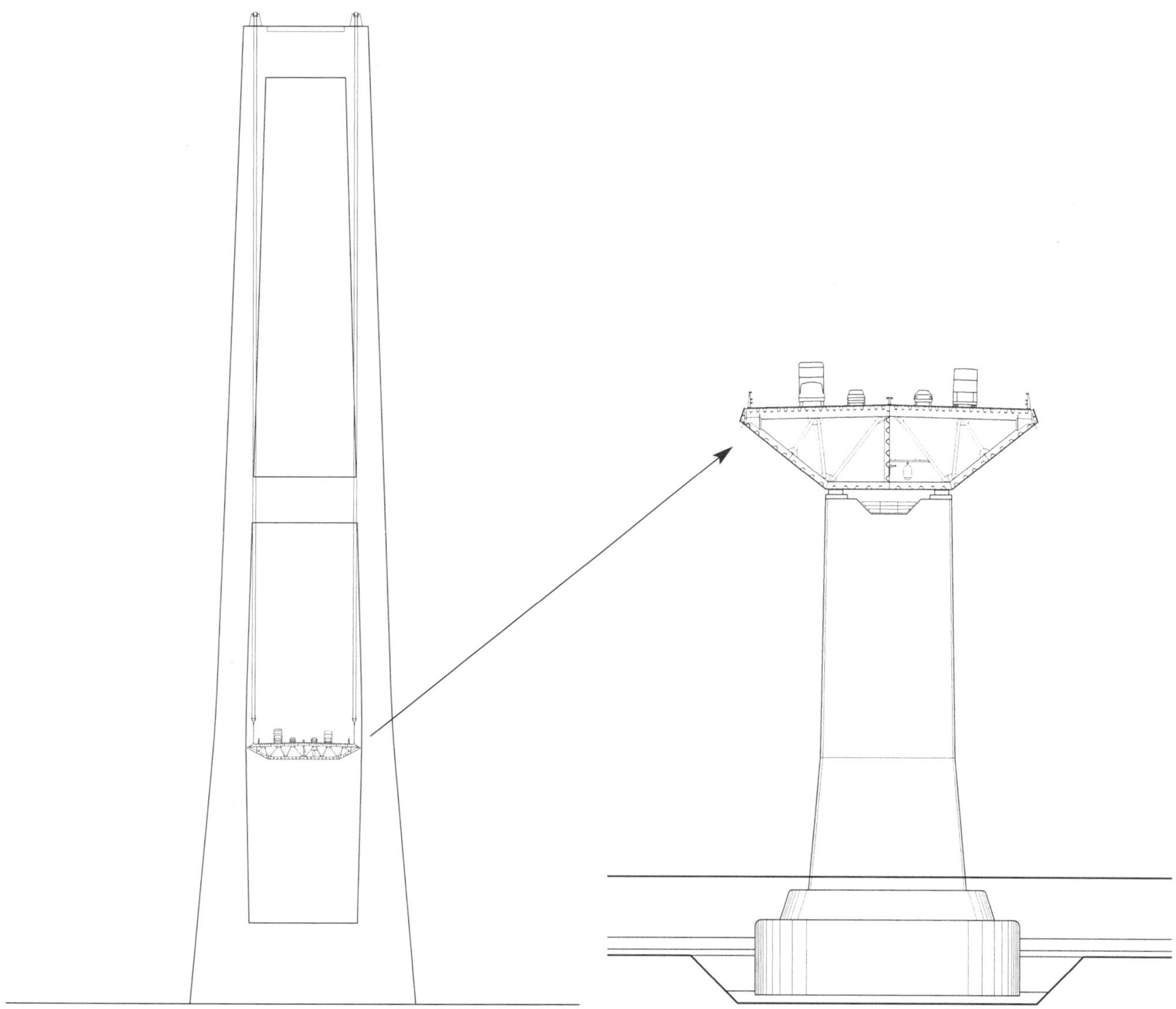

Verbindung über den Großen Belt (Ost-Brücke)

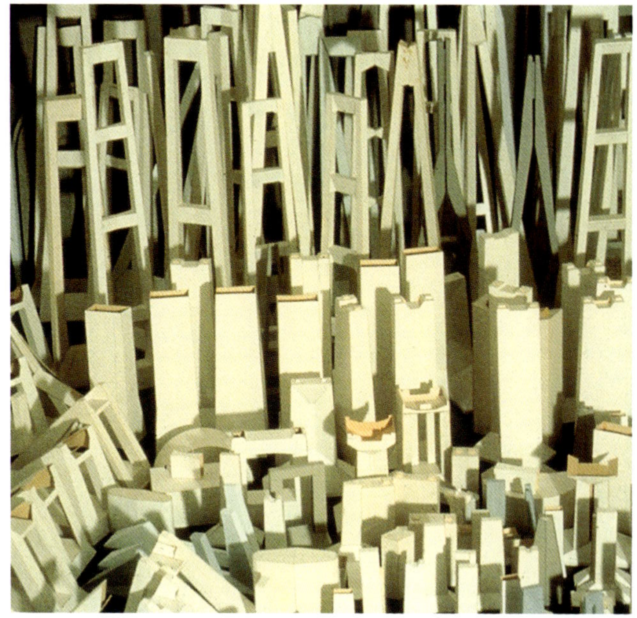

gegenüber:
Die gedämpfte Beleuchtung betont die wesentlichen Bauteile und das Brückenprofil.

links:
Bei den Bauarbeiten 1995 tauchen die Turmspitzen in einer Höhe von 254 m über dem Wasserspiegel aus dem Nebel über dem Meer empor.

oben:
Holzmodelle der Haupttürme, Verankerungen und Zubringer-Pfeiler

Millennium Brücke; London, England; Foster und Partner – Anthony Caro/Ove Arup und Partner, 2000

162 m

Der Entwurf für den Kristallpalast auf der Weltausstellung 1851 wurde auf einer Zugfahrt zwischen Leeds und London ausgearbeitet. Eine Tuscheskizze auf einer Leinenserviette hält den gestalterischen Ablauf fest. Die scheinbare Mühelosigkeit von Joseph Paxtons Inspiration macht einen Teil ihrer Anziehungskraft aus. Fast 150 Jahre später findet sie eine Parallele in der makellosen, grünen Serviette eines Weinlokals, auf der Foster und Partners ihre Entwurfsabsicht für Londons Fußgängerbrücke in Bankside zusammenfassen.

Diese Themse-Querung zwischen St. Paul's Cathedral und Bankside stand längere Zeit zur Diskussion, vor allem, als der Ausbau eines alten Elektrizitätswerkes in eine moderne Kunstgalerie diese Wegeführung für Touristen unumgänglich machte. Ein rein theoretischer Plan des Ingenieurs Robert Benaim und des Architekten Peter Clash hatte gezeigt, wie eine Hängebrücke mit flachem Profil die Aussicht auf die Londoner Altstadt am Nordufer erhalten und zur Geltung bringen könnte. Ihr Konzept eines „Zugbandes", das Seile und Brückenplatte integrierte, ebnete den Weg für eine radikale Lösung.

Die Ausschreibungsangebote für den nachfolgenden Entwurfswettbewerb beschäftigten sich auf verschiedene Weise mit der Notwendigkeit, einen extrem seichten Fluss zu überspannen. Das preisgekrönte Projekt von Foster and Partners machte sich die immense Festigkeit von vollverschlossenen Spiralseilen zunutze, um eine an Transparenz und Reduktion beispiellose Hängebrücke zu schaffen.

Die Skizzen gipfeln in einer mit „Grundriss" und „Schnitt" bezeichneten Zeichnung aus drei Bleistiftstrichen. Die Entwurfsanweisung des Architekten lautete praktisch „kein Tragwerk" und der Zusatz „Klinge aus Licht" sollte dies unterstreichen. Jedes Mittel wurde ausgenutzt, um die Brücke wie eine bloße Linie im Raum erscheinen zu lassen.

Da dieser Teil der Themse flach ist, konnten die Pfeiler ohne weiteres in die Strömung hinaus platziert werden und gestatteten, die

Brücke in ähnlich große Spannweiten zu unterteilen. Die Kettenlinien sind in einem ungewöhlich steilen Winkel nach innen geneigt und mittels fester Querverbände verbunden, um die dünne Gehwegplatte seitlich abzustützen. Der Brückensteg verläuft zwischen den Ufern in einer anmutigen Linie, wobei die Seile um diese Mittelachse auf- und abwärts geführt sind. Zur Erhöhung der Steifigkeit der Gesamtkonstruktion sind die Seile über den Türmen abgeteilt. Da sich die Gehwegplatte auf ein Mindestmaß beschränkt, müssen die regelmäßig angeordneten Hauptseile leider zu schweren Seilbündeln aufgebläht sein, um der sehr verzerrten Form gewachsen zu sein. Dies führt zu den beiden annähernd gleichen und miteinander konkurrierenden Elementen. Die Bezeichnung „Klinge aus Licht" ist bei Nacht angemessen. Doch darf zu diesem Zweck nur der Gehweg durch eine sorgfältige Beleuchtung hervorgehoben sein.

Zur Beschleunigung des Bautempos sind die Gehwegelemente in einer für den Straßenverkehr geeigneten Länge hergestellt worden. Die vielen Einzelteile sind anschließend zu einem kontinuierlichen Ganzen aneinandergefügt, doch nicht miteinander verbunden worden. Bemerkenswert wenig nutzte man die Gelegenheit, an diesen Punkten eine zusätzliche Dämpfung anzubringen. Im übrigen trägt das verfeinerte Erscheinungsbild des offenen Geländers – ein wichtiger Teil der Gesamtkonstruktion – zu einer unwesentlichen Dämpfung durch Luftwiderstand bei. Die aerodynamische Stabilität des Systems hatten allerdings die Standardserien der Windkanalversuche an aeroelastischen Modellen bewiesen.

Die Millennium Brücke war am Eröffnungstag von Menschenmassen überflutet, wurde jedoch innerhalb von 48 Stunden geschlossen, nachdem man Fußgänger-angeregte Schwingungen entdeckt hatte. Sobald eine große Personengruppe in Gleichschritt fiel, kam es zu bedenklichen Querschwingungen.

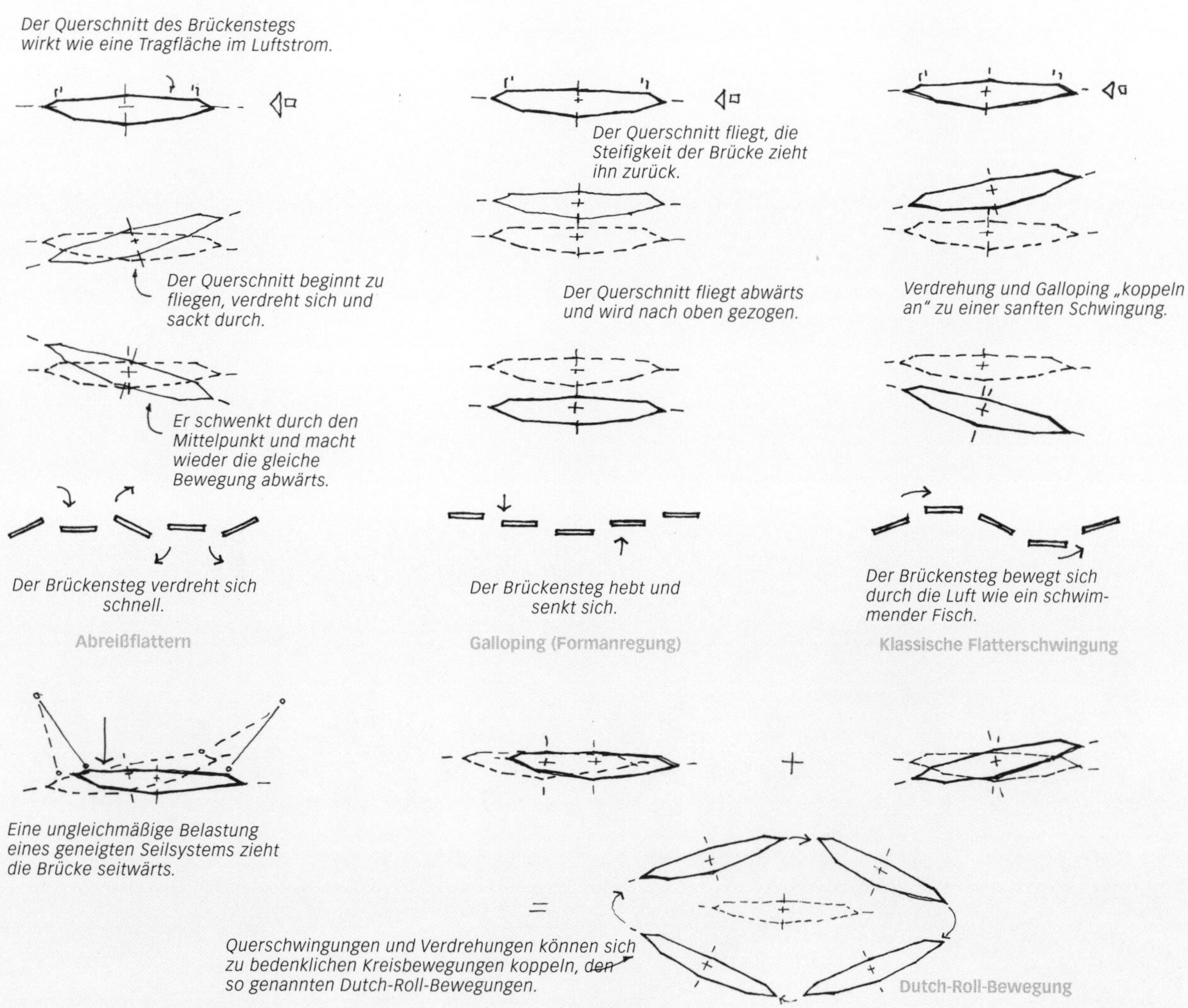

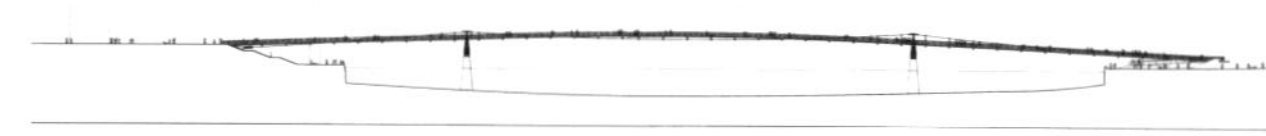

Ansicht der Brücke

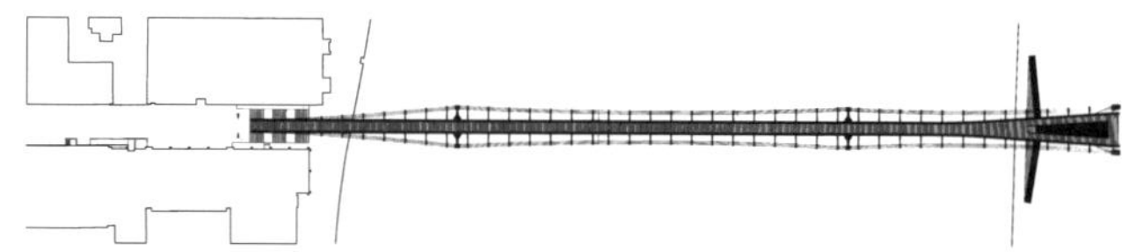

Grundriss der Brücke

gegenüber:
Die Millennium-Fußgängerbrücke verbindet die St. Paul's Cathedral am Nordufer mit der Tate Modern in Bankside.
links:
Die aerodynamische Wechselwirkung zwischen Brückenstegen und Windeinwirkungen kann mehrere Formen annehmen.

Die heute übliche Marschordnung für Soldaten sieht vor, bei Brücken aus dem Tritt zu geraten. Sie beruht auf einem Vorfall in Angers 1850, als eine 500 Mann starke Einheit der französischen Armee im Gleichschritt eine Hängebrücke über die Saône überquerte. Damals hatte sich von den Wurzeln der Schweißnähte bis zu einer der verrosteten Rückhalteketten eine Resonanz aufgebaut und zum Tod von 250 Männern geführt. Obwohl die Armeen dadurch weltweit eine nützliche Lektion erhielten, scheint eine lebenswichtige Nuance übersehen worden zu sein: Damit Resonanz herrscht, müssen Erregerfrequenz und Eigenfrequenz übereinstimmen. Eine Schwingung baut sich nur auf, wenn der Anstoß im richtigen Moment erfolgt. Bei geringster Ungleichheit wird die Bewegung durch das Einwirken eher verringert als vergößert. Auch wenn man sich dessen damals nicht bewusst war, scheint es unwahrscheinlich zu sein, dass die Truppe der französischen Soldaten genau in der Eigenfrequenz der Brücke zu marschieren begann als die Brücke zu schwanken begann. Inzwischen weiß man, dass sich Fußgängermassen eher vom Takt der Konstruktion einnehmen lassen als von ihm abzuweichen.

Einige der Entwurfsmerkmale der Millennium Brücke zeigen ihre ungewöhnlichen Schwingungseigenschaften. Durch die nach innen zur Gehbahn geneigten Hauptseile ist die Vertikal-, Horizontal- und Torsionssteifigkeit der Konstruktion vergleichbar. Wenn Gravitationslasten die vertikalen Frequenzen beeinflussen, bleiben die Horizontal- und Torsionsschwingungsarten zwangsläufig sehr ähnlich. Nicht im Gleichgewicht befindliche vertikale Lasten wie gleichzeitige Schrittfolgen verursachen horizontale und vertikale Bewegungen, die zu den so genannten Dutch-Roll-Bewegungen führen. Dabei verbinden sich Seitwärtsbewegungen mit Verdrehungen und bewirken, dass die Brückenplatte zwar ausschwenkt, aber waagerecht bleibt.

Auf einer durchgehenden Hängebrücke behindern sich gewöhnlich die stark differierenden Haupt- und Seitenöffnungen gegenseitig; die Bewegung in einem Teil lässt sich nicht auf den anderen übertragen, ohne große Dämpfungskräfte zu mobilisieren. Bei der Millennium Brücke schließen jedoch die gleichen Spannweiten diesen Beruhigungseffekt aus.

Abgesehen von größeren Maßnahmen zur Verbesserung der Steifigkeit lassen sich bei Fußgängerbrücken Schwingungen durch eine Dämpfung der Konstruktion beseitigen, sodass bei jedem Zyklus dem System mehr Energie genommen wird als ihm durch gleich agierende Fußgänger zugeführt werden kann. Allerdings entsteht in diesem Fall eine Komplikation dadurch, dass die aufgebrachte Last, die Fußgänger, einen bedeutenden Teil des Gesamtgewichts des Systems ausmacht. Frequenzen variieren mit der Masse. Zusätzliche, auf eine Frequenz abgestimmte Puffer schaffen daher keine Abhilfe, sobald sich die Bedingungen verändern und die Frequenzen verlagern.

Es bestand die Möglichkeit, auf der Brücke eine aktive Dämpfung einzubauen die sich, wie der Williams Rennwagen, an veränderliche Bedingungen anpasste. Doch aufgrund zeitlicher Zwänge wurde diese attraktive „Ingenieurlösung" abgelehnt. Stattdessen kamen weitere Aussteifungen und eine Kombination von Stoßdämpfern hinzu. Diese drosselten merkliche Schwingungen und verhinderten, dass die Fußgänger an das beginnende Schwingen „gekoppelt" wurden. Man installierte außerdem schwere, abgestimmte Dämpfer, um bei einer überfüllten Gehbahn einer Resonanz entgegenzuwirken.

Die Schließung der Millennium Brücke lehrte eine Menge über den analytischen Umgang mit der Schwingungstauglichkeit leichter Brücken. Vor allem verdeutlicht sie, dass sich Computermodelle als abgestumpfte Werkzeuge herausstellen können und zweckmäßige Testverfahren für Modelle die Norm werden.

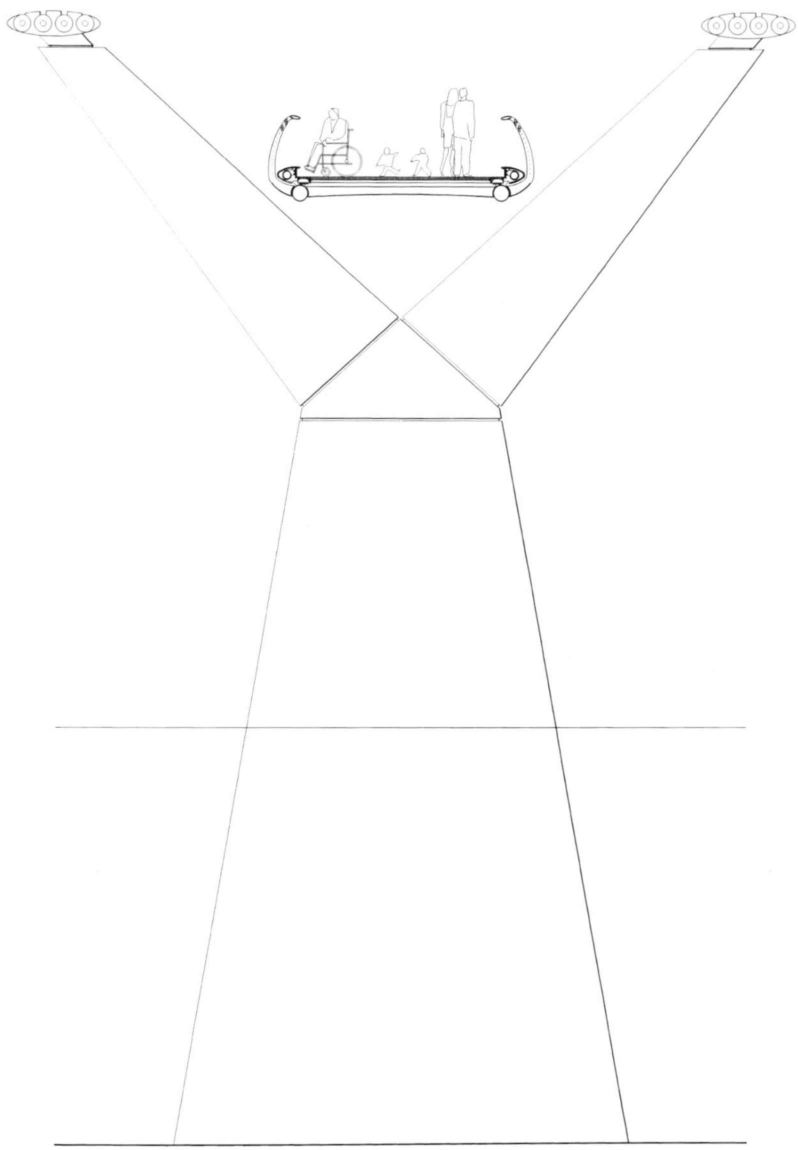

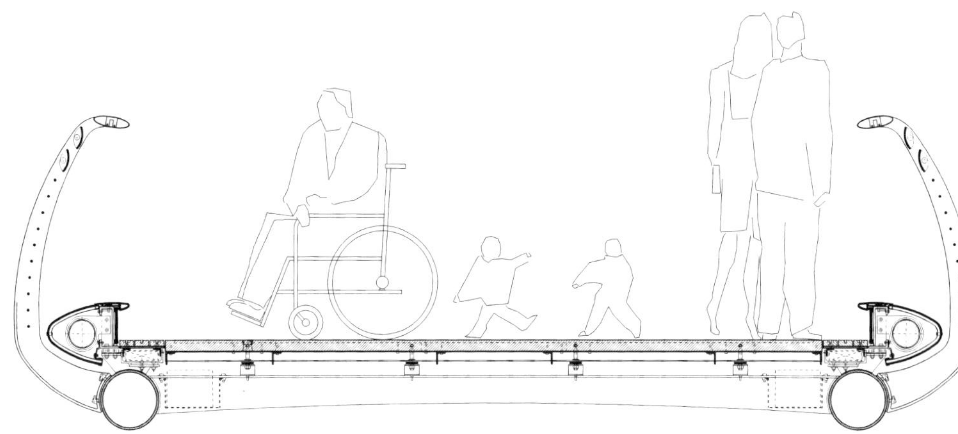

gegenüber, oben::
Ein früherer Vorschlag einer „Klinge aus Licht" für eine Spannbandbrücke, von dem Architekten Peter Clash und dem Bauingenieur Robert Benaim

gegenüber, unten:
Das lange, flache und gekrümmte Profil des Brückenstegs ist auf St. Paul's Cathedral ausgerichtet.

links:
Die monumentalen Pfeiler bestehen aus elliptischen Abschnitten, gegen eine verstählte Schalung gegossenen Stahlbetonsockeln sowie gepressten und geschweißten stählernen Tragarmen.

oben:
Der Gehweg-Abschnitt ist auf eine Mindestanzahl von Funktionsteilen reduziert. Die Brückentafel besteht aus einer Beplankung aus stranggepresstem Aluminium.

West India Quay Fußgängerbrücke; London, England; Future Systems/Anthony Hunt Associates, 1996

15 m

Die Macht der Brücken – ihre Fähigkeit, geographische und volkswirtschaftliche Gegebenheiten umzuwandeln und ihr Finanzbedarf – rückt sie in den Brennpunkt politischer Aktivitäten. Gegen Ende des 18. Jahrhunderts beispielsweise war es die starke Rückständigkeit der Habsburger Monarchie in technischen Fragen, die sie veranlasste, die modernsten ausländischen Entwürfe für die Überbrückung der Donau zwischen Buda und Pest zu übernehmen.

Die ersten Jahre der britischen Entwicklungsgesellschaften, die man zu Beginn der 1990er Jahre zur Förderung der innerstädtischen Sanierung gegründet hatte, waren von bescheidenen Entwürfen getrübt. Die London Docklands Development Corporation bemühte sich um Abhilfe durch ihren infrastrukturellen Bedarf an einer Reihe von Brücken, die ungenutzte Kais verbinden sollten. Die Lockerung der Planungskontrollen in dieser Gegend hatte zu einer bunten baulichen Mischung geführt. Diese Brückeninvestition hatte jedoch das Potenzial, von beispielhafter Qualität zu sein. Durch geschicktes Manövrieren gelang es dem Verkehrsleiter und Bauingenieur Cynthia Grant, Teams von bekannten Entwurfsverfassern für den Auftragswettbewerb zu bilden. Den dritten von sechs Wettbewerben gewann Future Systems mit den Architekten Jan Kaplicky und Amanda Levete, unterstützt vom Ingenieurbüro Anthony Hunt. Ihr Konzept zeigt alle charakteristischen Eigenarten einer überzeugenden Entwurfsphilosophie. Kaplicky ist berühmt für seine von modernen Techniken zielstrebig abgeleiteten Formen. Hunt hat zu vielen bedeutenden Beispielen der englischen Hightech-Architektur beigetragen: dem Sainsbury Centre, der Inmos Fabrik und dem Waterloo Terminal. Die zahlreichen Monografien über Future Systems spiegeln das polemische Wesen ihrer Arbeit wider, und die West India Quai Brücke veranschaulicht dies. Sie ist ein Prüfstand für Ideen, auf dem Probleme sorgfältig ausgewählt und ihre Lösungen nachgewiesen werden.

Intensiven Einsatz fanden vorgefertigte Elemente. Durch die Verwendung eines Ponton-Systems konnte die gesamte Konstruktion in einem Werk hergestellt und danach zum Ausrüsten zwischen einer Fahrgestell- und Schleppereinheit zu einem Standort am Rande des Docks transportiert werden. Zum Schluss wurde die Schwimmbrücke die Themse hinauf geschleppt und an ihrer endgültigen Position festgemacht. Die abschließende bauliche Durchbildung – Drehplatten ruhen lediglich auf den Granit-Pflasterblöcken des Kais – betont die in sich geschlossene Installation. Fußgänger betreten diese Brücke über eine sichere, aber markante Schwelle.

Stationäre Schwimmbrücken sind selten, zum Teil wegen ihrer Instabilität unter einwirkenden Lasten; beim Betreten tauchen sie auf und ab. Dieses Problem löste man bei der West India Quay Brücke, indem man sie mittels Zugpfählen in der Sohle des Docks verankerte. Lasten auf dem Steg bauen die Zugkräfte ab, ohne die Flöße nach unten zu drücken. Diese Vorrichtung ist in konstruktiver Hinsicht ineffizient – die Brücke könnte durchaus auf kürzeren Druckelementen liegen – aber sie hat sekundäre Vorteile. Die Niveaus und Vorspannungen lassen sich durch das Aufpumpen der Pontone einstellen. Dies ist weniger aufwändig als sie hochzuwinden. Außerdem sind auf diese Weise die Schwankungen des Wasserspiegels im Dock leichter auszugleichen. Die Flöße verhindern ein weiteres Hauptproblem bei leichten Fußgängerbrücken dieses Maßstabs: Die Fußgänger-angeregten Schwingungen. Die Flöße selbst, die stoßdämpfenden Vertäuungen der Pfähle und deren eingelassene Enden ergeben zusammen eine außergewöhnliche Dämpfungsquelle.

Das konstruktive Gefüge der Brücke ist unkompliziert. Den Steg bilden Bodenplanken aus stranggepressten Aluminiumprofilen (die wegen ihrer reaktiven Beschaffenheit keinen besonderen Korrosionsschutz benötigen). Das Geländer aus gespanntem Draht zitiert die

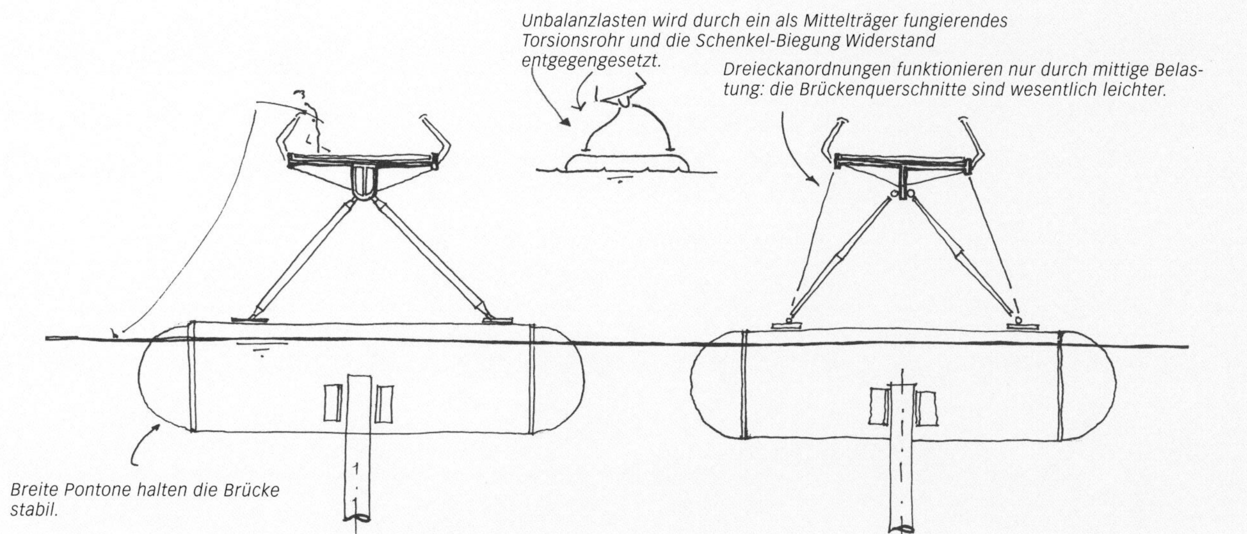

Torsionswiderstand

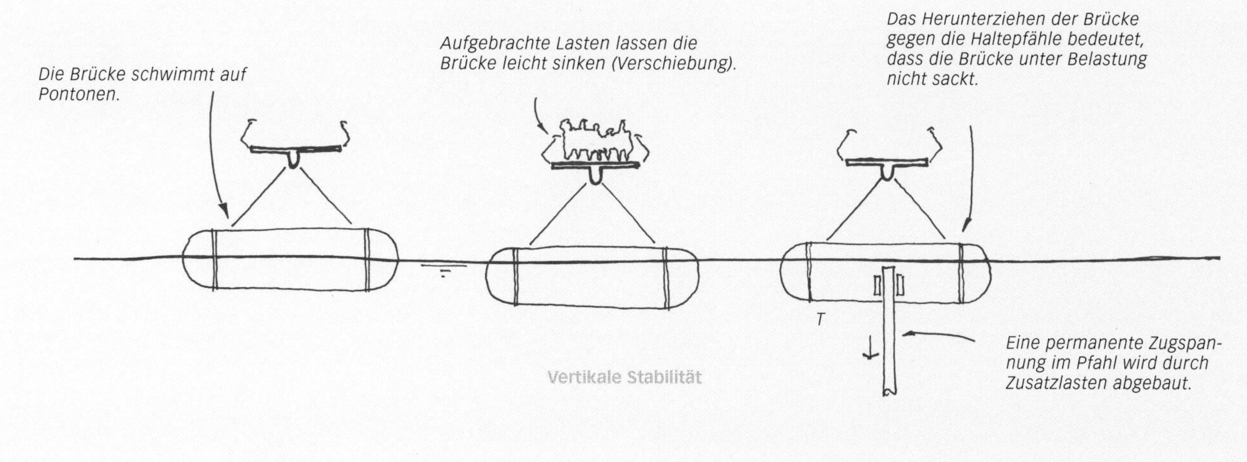

Vertikale Stabilität

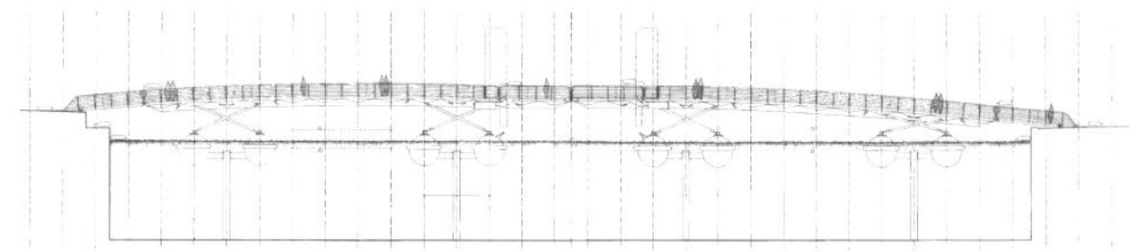

Ansicht der Brücke

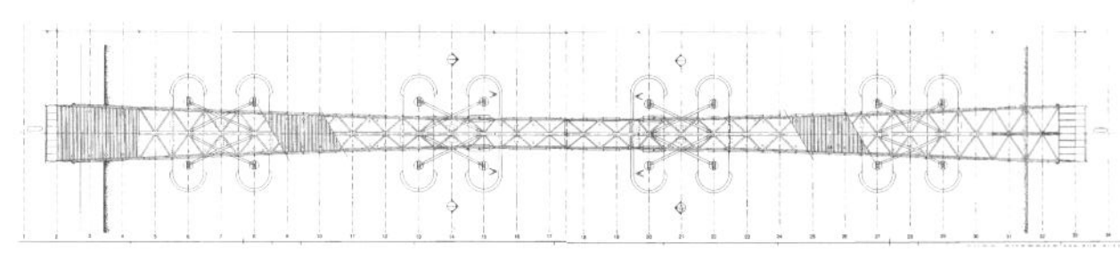

Grundriss der Brücke

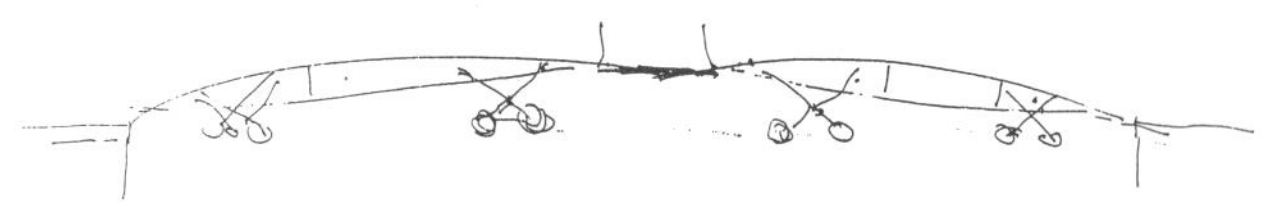

Vorskizze des Architekten

gegenüber:
Die tiefe Brücke mit den Flößen dominiert den Raum im Dock des West India Quay.
links:
Die Brückenform und die Vertäuungen halten den von ungleichmäßigen Lasten auf Pontonbrücken verursachten Bewegungen stand.

typische maritime Formensprache. Steg und Geländer werden von den Formrippen eines Mittelträgers getragen. Dieser erhielt einen Ellipsenquerschnitt, indem ein gewalztes Rohr aufgeschnitten und zu Abstandsblechen geschweißt wurde. Der Träger wiederum lagert auf gekreuzten Streben, die von den Pontontanks gestützt werden. Bei den Pontontanks handelt es sich um einfache Zylinder mit zusammengepressten Boilerenden. Die Anordnung der Stützen ist erzwungen. Die Klarheit des Lastenweges, vom Steg zu Rippen und Träger und dann hinunter zu den Schenkeln und in die Flöße täuscht über die von der Gestaltung geschaffenen Probleme hinweg. Am Stegrand stehende Fußgänger erzeugen im Mittelträger enorme Verdrehungen. Das Ersuchen des Ingenieurs, Ausgleichsseile an den Außenrändern des Stegs anzubringen, wurde abgelehnt und stattdessen das Konstruktionsgewicht verdoppelt.

Dem Bedarf an einem sich öffnenden Mittelelement wurde sehr offensichtlich und direkt entsprochen. Dies mag enttäuschend sein angesichts des Potenzials einer schwimmenden Konstruktion, sich für einige Zeit wieder selbst anzuordnen. Wie bei der Londoner Tower Bridge schwenken bei der West India Quay Brücke zwei Mittelteile nach oben aus. Die detailliert ausgeführten Gegengewichte sind vertraute Anleihen an die Luftfahrt. Der Steg weist eine klare bauliche Durchbildung auf und enthält Leuchten entlang seiner Seiten. In den Handläufen integrierte Beleuchtungseinheiten unterstreichen die lange, flache Kurvatur. Weniger gut gelöst sind die Knotenpunkte im stählernen Tragwerk: Die Verbindung zwischen Strebe und Floß besteht aus der einfachsten Art einer Flanschverbindung.

Einen Vergleich der Brückenform mit auf der Oberfläche schlitternden Insekten können die Entwurfsverfasser nicht akzeptieren. Dennoch hat man deutlich das Gefühl, der Steg würde schwerelos über das Wasser in einer einzigen Kurve gleiten, während die Flöße

die Fluglinie eines Springsteins zurücklegen. Das nahezu natürliche, aber hervorragend gezeichnete Profil des sich zu beiden Brückenenden hin verbreiternden Stegs erinnert stark an die Karlsbrücke in Kaplickys Heimatstadt Prag. Dieser Ort veranschaulicht ideal, wie Brücken ein Stadtbild in sich aufnehmen.

Wie der Kritiker Martin Pawley angibt, sollen Kaplicky auch die ungestrichenen, silbernen Dakotas und B17 beeinflusst haben, die er bei der Ankunft der Amerikaner in Prag am Ende des Zweiten Weltkrieges gesehen hatte. In Kaplickys Arbeiten finden sich genietete Schalenbauweisen wieder und an seinen früheren, mehr stromlinienförmigen Versionen der Brückenflöße lässt sich seine Beschäftigung mit dem Fliegen ausmachen. Auch die berühmten Schneider Trophäen-Flugzeuge aus der Blütezeit der heroischen Ingenieurarbeit könnten von Einfluss gewesen sein.

Eine unnachgiebige Abneigung gegen Kompromisse äußert sich in zwei Entwurfsmerkmalen. Eine Vorskizze enthält alle Hauptcharakteristika und muss bei der Ausführung des Entwurfs ständig hinzugezogen worden sein. Die Bleistiftlinie, welche die Krümmung der Brücke darstellt, ist in der Handbewegung etwas verzerrt. Diese abweichende Linienführung gibt die tatsächliche Konstruktion gewissenhaft wieder. Keine Bereitschaft zu Zugeständnissen zeigt auch die aufsehenerregende Farbauswahl. Verwendet wurde ein Sonderfarbton wie er nur bei den frühen Modellen der BMW 3er Serie vorkommt, die selbst eine Design-Ikone sind. Die Farbe wurde gemischt und vor der Verwendung auf dem Haupttragwerk kostspieligen Schnellbewitterungstests unterzogen. Heute wird sie unter dem Namen eines der Partner von Future Systems, Amanda, verkauft.

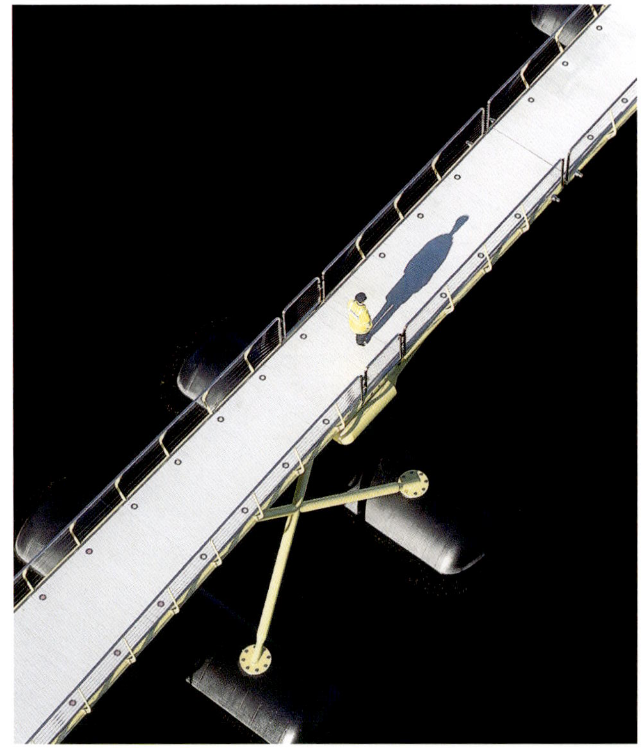

gegenüber:
Vorgefertigte Teile wurden in einem anderen stillgelegten Dock ausgerüstet, zusammengebaut und die Themse hinauf zum Standort geschleppt.

links:
Die Pontonpaare bestehen aus einfachen zylindrischen Tanks mit herkömmlich gepressten stählernen Boilerenden.

oben:
Die Bewegung der Flöße dämpft die Fußgänger-angeregten Schwingungen.

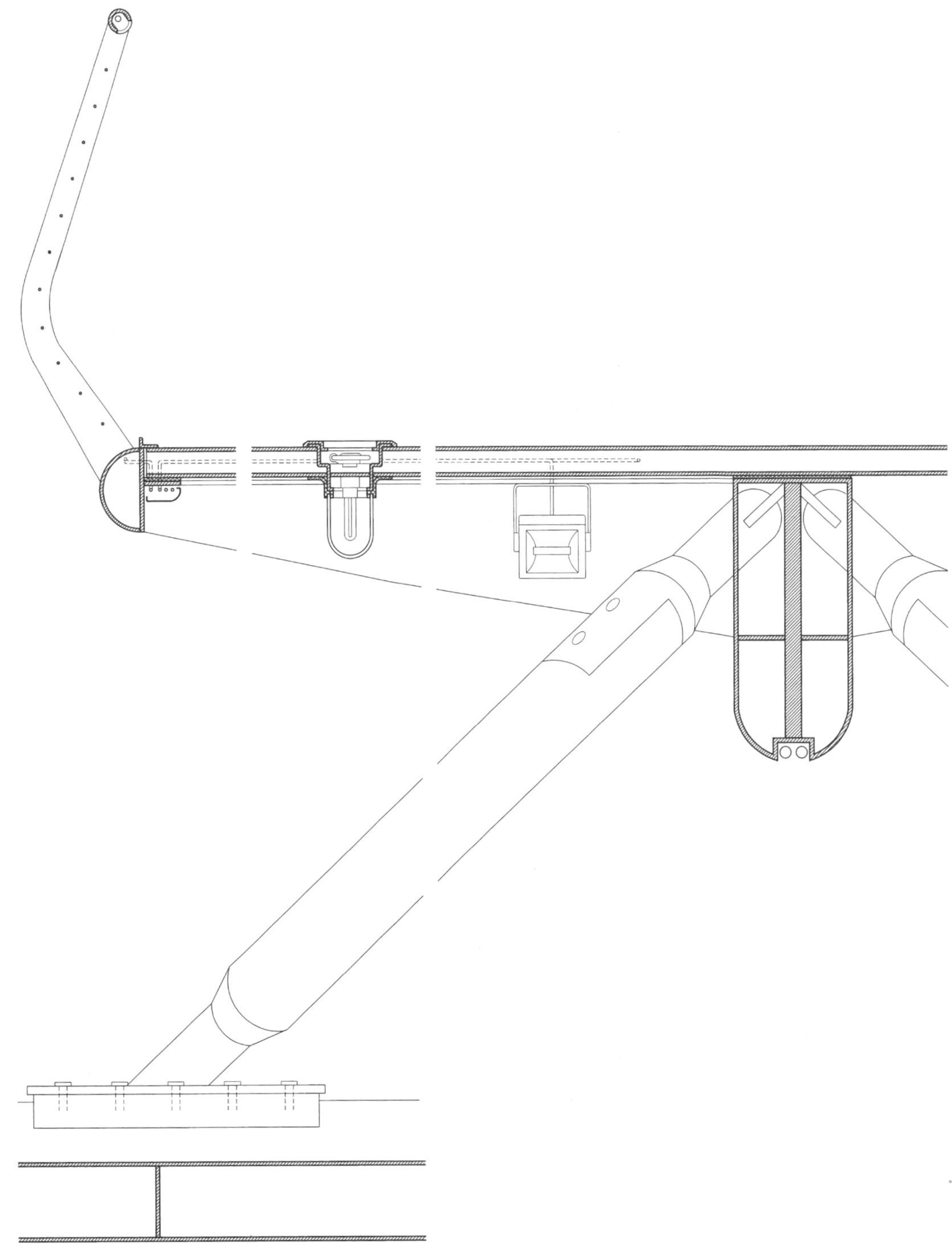

gegenüber:
Das niedrige, geschwungene Profil des Brückenstegs, der trichterförmige Grundriss und die geneigten Handläufe ergeben zusammen einen erholsamen Spazierweg.

links:
Ein Mittelträger aus Weichstahl trägt Ausleger und Bodenplanken aus stranggepresstem Aluminium. Im Brückensteg integrierte Bodenlampen beleuchten das Geländer, während die Beleuchtungseinheiten in den Handläufen für Licht auf dem Gehweg sorgen.

Faltbrücke über die Hörn; Kiel, Deutschland; von Gerkan Marg und Partner/Schlaich Bergermann und Partner, 1997

26,65 m

Für die alten Handelsstädte an der norddeutschen Küste charakteristisch sind die entlang von Schifffahrtswegen, Docks und Werftanlagen gebauten Kaufmannshäuser aus Backstein. Die Übergänge über das Wasser bilden einfache Klappbrücken oder andere, zu Einheitsformen entwickelte Klappmechanismen mit einer niedrigen, leichten Brückenplatte, oberirdischen Ausgleichsbalken und Gegengewichten. Das an der Ostsee gelegene Kiel wird von dem Fluss Hörn in die Altstadt im Westen und in die Werftanlagen am Ostufer unterteilt, wo sich auch der weniger florierende Stadtteil Gaarden befindet. In den frühen 1990er Jahren gerieten das Entwicklungspotenzial von Gaarden und der Druck, das Verkehrswegenetz zu verbessern zu den Schlüsselthemen der Lokalpolitik.

Die vom Hafen aus operierende Skandinavische Fährgesellschaft war mit dem Umzug ihres Terminals an der Hörn unter der Bedingung einverstanden, dass man eine Brücke errichtete, die den Bahnhof mit den verlagerten Einrichtungen auf der anderen Flussseite verband. Damit eine große Anzahl von Schiffen, darunter lokale Fähren und Yachten, in den Hafen ein- und ausfahren konnten, sollte die Brückenkonstruktion mühelos einziehbar sein. Diesen Vorgaben entsprechend gab der Leiter des Planungsamtes, Otto Flagge, einen außergewöhnlichen Entwurf in Auftrag.

Er schlug eine Dreifeld-Klappbrücke vor, eine technische Weiterentwicklung der Zweifeld-Klappbrücke. Dadurch bot sich die Gelegenheit, Ideen auszuprobieren und für das Viertel ein spezielles Symbol zu schaffen. Das Ergebnis könnte man als Verherrlichung der Mechanik sehen: eine einfache, wie ein Klappbett geformte Harmonika aus Decksplanken ist mit einer über zwei Gelenkrahmen gespannten Seil-

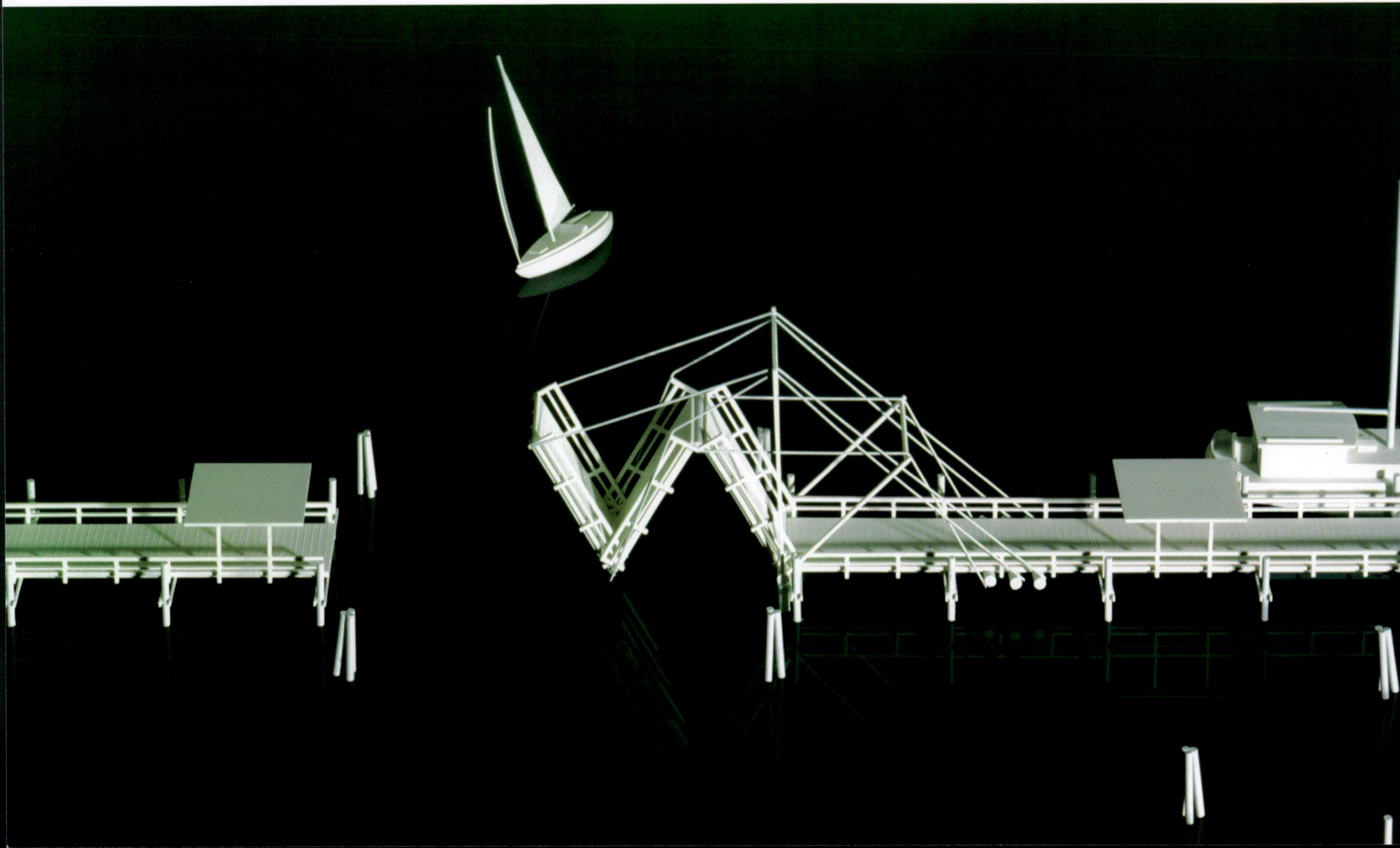

konstruktion geschmückt. Die Brückenklappen lassen sich durch das Hochwinden der Zugseile hochziehen und zusammenklappen.

Das Brückensystem muss unter den schlechtesten Witterungsbedingungen – bei Regen, Eis und Wind – sicher funktionieren. Anstelle von hochentwickelten, hydraulischen oder elektromechanischen Systemen kommt bei der Brücke der Flaschenzug mit auf herkömmlichen Windwerken aufgewickelten Drahtseilen zum Einsatz. Die mittels Masten und Seilwinden erreichte Hebelwirkung ist eine der ältesten Formen der Hebelübersetzung. Dieses System wurde in einer direkten Linie entwickelt, von den frühen Typen eines laufenden Gutes, das hanseatische Seeleute für die Bedienung von Segeln geschaffen hatten, bis zum schweren Takelwerk der modernen Fischindustrie.

Schlaichs Brückenmechanismus gründet auf einem einzelnen Paar durchgehender Seile, die sich gleichmäßig einziehen lassen, wodurch das Problem des gleichzeitigen Aufwindens mehrerer Seile vermieden wird. Die Spannung von Drahtseilen lässt sich bei unbeständigen Wetterlagen nicht genau überwachen und sie fangen an, ungleichmäßig zu ziehen. Dagegen bewegt sich ein einzelnes Drahtseil gleichförmig im System. Diese Hebevorrichtung bleibt auch bei Unterbrechung ihres zweieinhalbminütigen Öffnungs- und Schließturnus an jedem Punkt stabil.

Die Ansicht der Brücke zeigt den Verlauf der Seile und macht ihr Bewegungspotenzial sichtbar. Die Verwandlung der Zugseile von stehendem Gut (Tragsystem) zu laufendem Gut (der Mechanismus selbst) verleiht der Konstruktion eine spezielle, geistreiche Note: Die sich nicht weniger als zwölf Mal täglich öffnende Brücke gerät zu einer großen kinästhetischen Skulptur. Leuchtende Farben sollen den

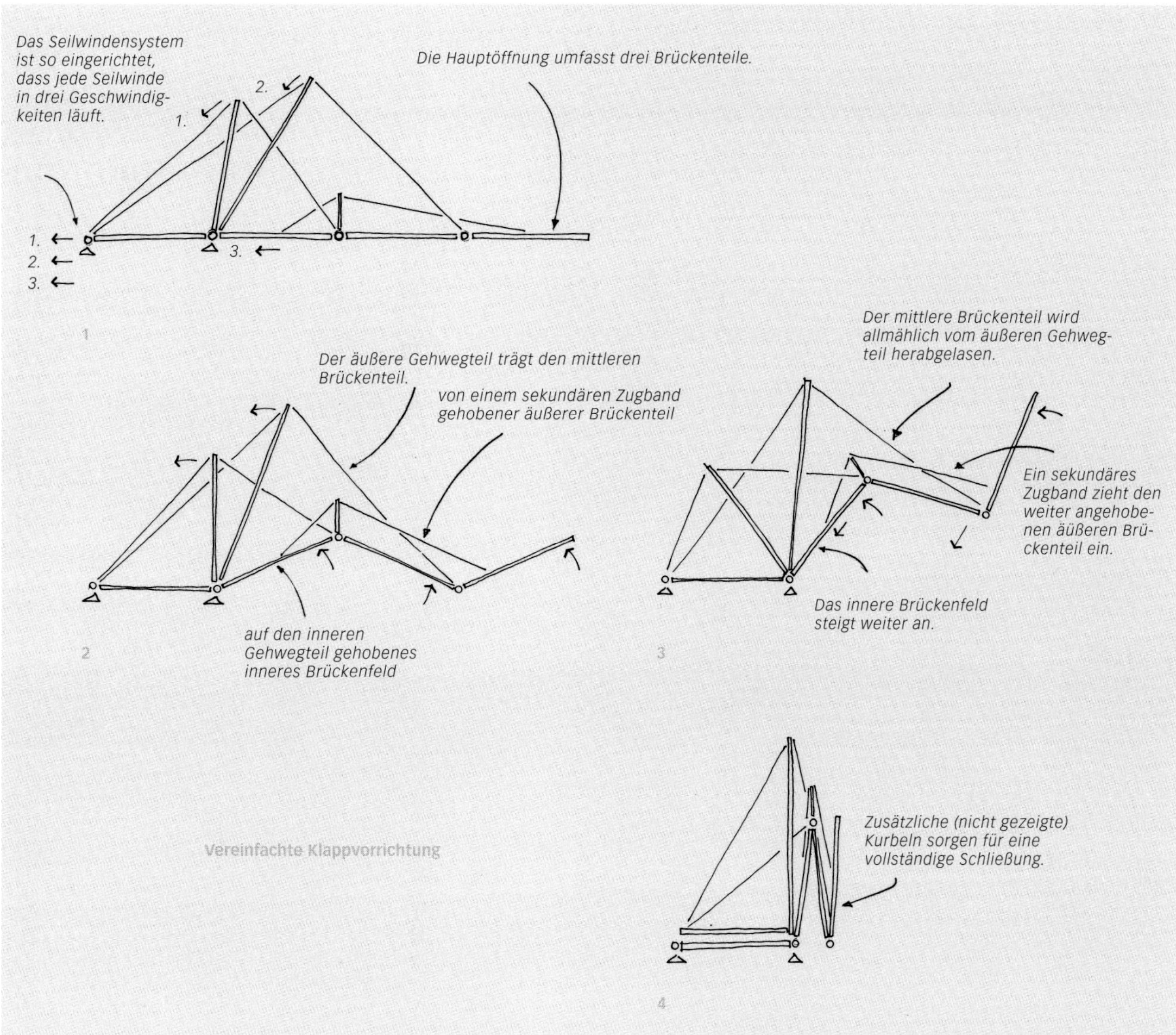

Vereinfachte Klappvorrichtung

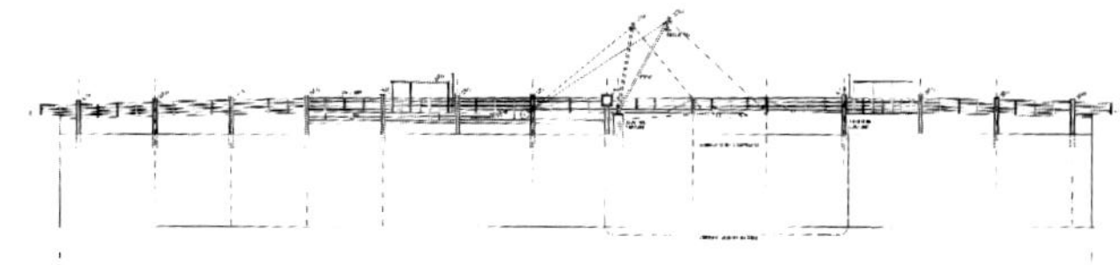

Ansicht der Brücke

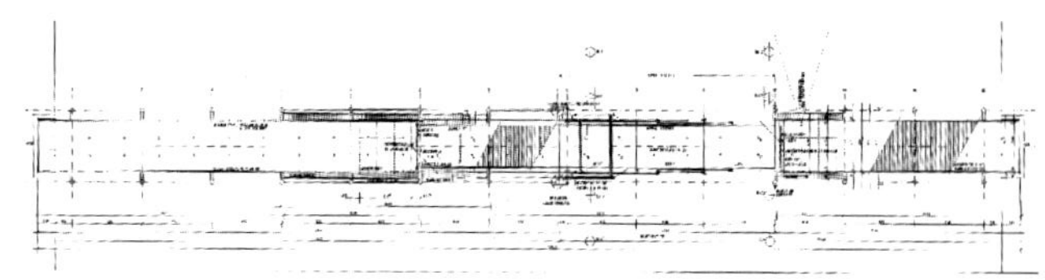

Grundriss der Brücke

gegenüber:
Der Maßstab des Zugseil-Brückenmechanismus bezieht sich auf die Hafenumgebung.

links:
Der vereinfachte Mechanismus zeigt die Hierarchie der dreiteiligen Bewegungsphasen.

Blick auf die Verbindung der einzelnen Bauteile richten und die Verkehrssicherheit verbessern, ohne auf grelle Markierungen zur Warnung vorbei fahrender Schiffe zurückzugreifen. Die sehr zurückhaltende bauliche Durchbildung auf der Konstruktion vermeidet bewusst eine Konkurrenz zu der artikulierten Komplexität der Hebevorrichtung. Das Holzdeck korrespondiert mit den Erwartungen an eine übliche Hafenanlage. Das Geländer besteht aus herkömmlichen Pfosten und Riegeln, die sich entsprechend der Brückenbewegungen auf- und zusammenfalten. Einfache Unterstände auf den Zugangsstegen gewähren Fußgängern und Radfahrern Schutz beim Warten auf die Öffnung der Brücke. Der Unterstand am westlichen Ende schützt auch das Windwerk unterhalb der Brückenplattform. Die Konstruktion hat einen menschlichen Maßstab in Einklang mit den vorbeifahrenden Schiffen und nahe gelegenen Häusern. Sie passt sich eher unauffällig ihrem Umfeld an, anstatt als gestalterische Aussage die Aufmerksamkeit auf sich zu lenken. Starke Beachtung fand dagegen das Projekt selbst und seine Durchführung steckte voller Probleme. Nicht nur Lokalpolitiker und Bewohner wandten sich gegen die Verwendung öffentlicher Mittel. Auch der Test des Systems auf der Schiffswerft ergab, dass es zu schwer war, um funktionieren zu können.

Die Kieler Hörn-Brücke veranschaulicht einen heute von vielen, namhaften Konstrukteuren angewandten experimentellen Ansatz. Allerdings wagt sie sich in nicht erprobte, ungetestete Bereiche vor, was unweigerlich zu unvorhergesehenen Problemen und einer notwendigen Verbesserung führte. Die Fehler der Brücke wurden methodisch diagnostiziert und korrigiert, wobei die gute Anpassungsfähigkeit des Entwurfs unter Beweis gestellt wurde. Gleichzeitig jedoch

führten eine Medienkampagne und die Rhetorik der Kommunalwahlen zu Spekulationen über die konstruktive Qualität und die Erfolgschancen der Brücke.

Der Widerstand gegen die Brücke lag an der Notwendigkeit, andere gesellschaftliche Bedürfnisse in diesem Viertel zu finanzieren. Obwohl dieser Bedarf unbestreitbar war, konnte man anführen, dass die Brückenanlage eine Lebensdauer von mindestens 120 Jahren haben würde. Für einige Zeit installierte man einen gebrauchsfertigen Ersatz. Doch drei Monate später wurde der ursprüngliche, 30 Prozent über dem Budget liegende Entwurf vollendet und die Brücke errichtet. Abgesehen vom Beitrag der Brücke für diese Region, stellt sich wohl die problematischere Frage, ob die billigste gemeinnützige Einrichtung jemals eine wahre Ästhetik enthalten kann.

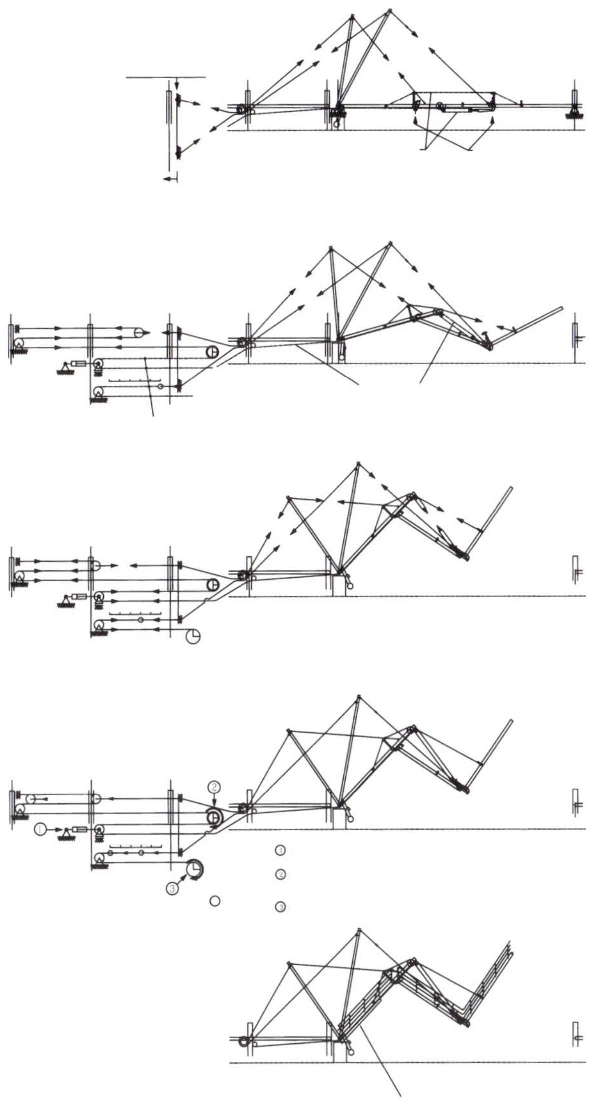

gegenüber:
Die teilweise geöffnete Brücke vor dem Hintergrund der Kieler Altstadt.

außen links, oben:
Der Grundspant während der Erprobung auf dem Montageplatz in Rostock.

außen, links:
Die beweglichen Brückenteile sind dekorativ hervorgehoben und farblich gekennzeichnet, um die Funktionsweise des Systems ablesbar zu machen.

links:
Die einzelnen Brückenfunktionen werden von einem Windwerk mittels einer Reihe von Seilwinden angetrieben. Die Konstruktion bleibt während aller Phasen ihres Öffnungs- und Schließturnus stabil.

Fred Hartmann Brücke; Baytown, Texas, USA; URS Southern Corporation/Leonhardt, Andrä und Partner, 1995

361 m

Das einzigartige Erscheinungsbild der Fred Hartmann Brücke entspringt zwei Umständen: ihrer Hurrikan-gefährdeten Lage am Golf von Mexiko und den pragmatischen Konstruktionsmethoden in Nordamerika, wo beweisbare Leistungsfähigkeit und Wirtschaftlichkeit Schlüsselfaktoren darstellen. Im Verein ergeben sie einen technisch ausgereiften Ingenieurbau, bei dem sorgfältige Überlegungen zum Einsatz von „einfacheren" Materialien geführt haben.

Die Brücke, die eine überfüllte Straßentunnel-Verbindung ersetzt, sollte acht Fahrspuren aufweisen. Ihre ungewöhnlich breite Fahrbahnplatte ist potenziell anfällig für sehr heftige Winde und Aufschaukelungen. Zu den gefährlichsten Kraftwirkungen bei Brücken zählen das Heben und Verdrehen der Plattenränder. Daher lautete die wichtigste Sicherheitsauflage eine jederzeit waagerechte Fahrbahnplatte. Anstatt diese gewaltige Brückentafel zusammenzubauen, hielten sie die Entwurfsverfasser im gesamtwirtschaftlichen Interesse sehr dünn, kombinierten sie aber mit Tragtürmen und einer Anordnung von Zugseilen von außerordentlicher Verdrillungssteifigkeit. Die Endtürme mit Dreiecksrahmen sind mit Gruppen von Fächerabspannungen zu riesigen „Torsionskästen" verbunden. Die einzelnen Bauteile sind im Raum verteilt, sodass der Wind die Gesamtkonstruktion – Fahrbahnplatte, Türme und Seile – und nicht nur die Fahrbahnplatte verdreht.

Die Entwurfsverfasser untersuchten verschiedene Versionen der Brückentafel, bevor sie feststellten, dass in zwei parallele Ebenen getrennte Träger für die Aerodynamik des Systems tauglich waren. Da Wind unterschiedlich oft und stark auftritt, kann sich ein Objekt wie ein Brückenträger rasch von einem Tragflügel in eine Art riesigen Schaufeldämpfer verwandeln. Indem die Träger auf diese Weise getrennt wurden, gab bei kritischen Windgeschwindigkeiten, wenn die Fahrbahnplatte im Wind flatterte, die Fahrbahn im Windschatten

Energie ab und beruhigte das System. Das doppelte Rautenformmuster der Türme nimmt den vom Wind ausgeübten Seitendruck sehr effizient ab. Alle Kräfte werden die Turmbeine herab axial abgebaut, ohne sie zu biegen, weshalb die Türme im Vergleich zu herkömmlichen H-Rahmen bedeutend leichter sind.

Die Gesamtspannweite der Brücke liegt in dem Bereich, in dem einfach angeordnete Seilabspannungen effizient sind. Das Bodenprofil am Standort war einheitlich und nahm daher keinen Einfluss auf die Platzierung der Gründungen. Um eine ideale Spannweite zu erreichen, setzte man einen Auflager auf einen bestehenden Hochwasserdeich, den anderen in die Wasserstraße. Deshalb enthielten auch alle Vorentwürfe vollkommen symmetrisch angeordnete Seilabspannungen mit herkömmlichen, statisch effizienten Fächerabspannungen, die übermäßig viele Verankerungen auf den Türmen vermieden. Ungleichmäßige Lasten in den mittleren Brückenfeldern gleicht eine Gruppe aus drei Seilen aus, die auf der Rückseite jedes Fächers mit den Endpfeilern befestigt sind. Diese Rückhalteseile haben die Tendenz, die Klarheit und Einfachheit der Fächer zu beeinträchtigen. Alle Zugseile wurden so dimensioniert, dass jedes von ihnen während der Nutzung gefahrlos beschädigt werden könnte. Die schlimmste, ins Auge gefasste Katastrophe war ein auf der Brücke sich entzündender Tanker aus der nahegelegenen Ölstadt. Deshalb erhielten die Rückhalteseile über ihre unteren Enden feuerbeständige Verkleidungen aus Zementbrei. Auch diese setzten das optische Gleichgewicht aufs Spiel. In Betracht kamen verschiedene Vielseilsysteme, doch wurden sie aus wirtschaftlichen Gründen abgelehnt, da die Kosten für zusätzliche Seile und ihre Verankerungen nicht die daraus folgende Gewichtsreduktion der Fahrbahnplatte gerechtfertigt hätten. Eine mühelose Montage und eine sparsame Verwendung von Materialien bestimmten das Entwurfsverfahren. Die Wahl fiel auf ein Angebot mit einer Verbund-

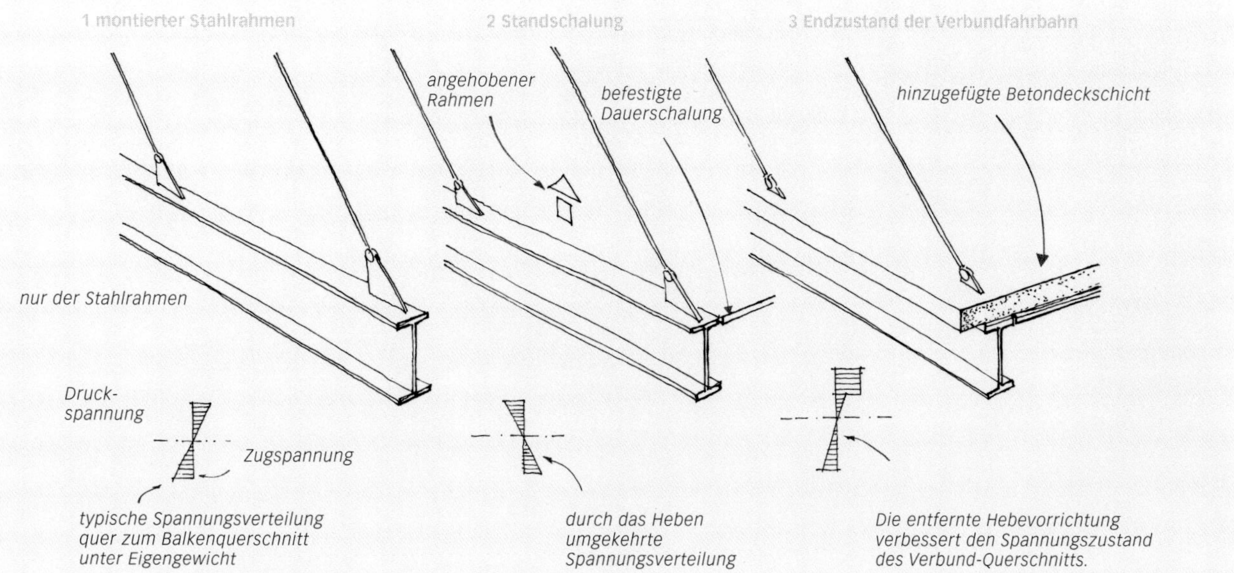

Reihenfolge bei der Verbundkonstruktion

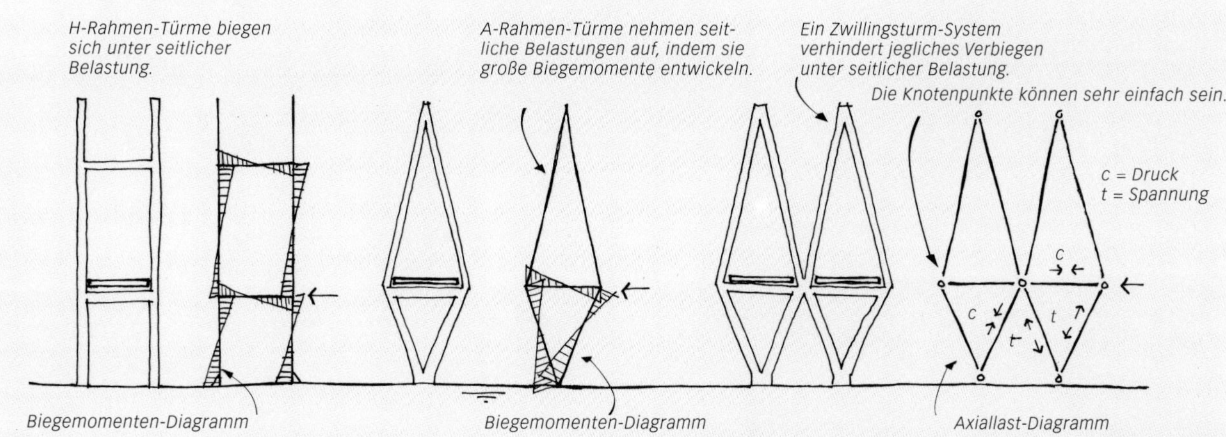

Querstabilität von Türmen

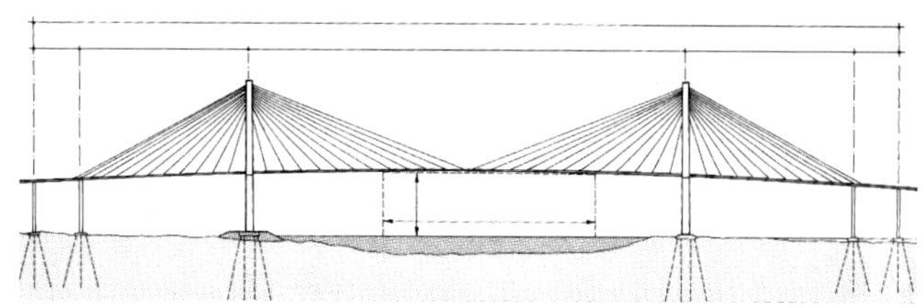

Ansicht der Brücke

gegenüber:
Die breite Straßenbrücke verbindet La Porte und Baytown über den Houston Schiff-Kanal und schafft ein integriertes Erdölraffinerie-Zentrum.

links:
Für die Brückentafel kam eine Verbundkonstruktion aus Stahl und Beton zum Einsatz. Die einzigartig gegliederte Anordnung der Türme sorgt für eine ungewöhnliche Querstabilität, um Hurrikans zu widerstehen.

Brückentafel aus Stahl und Beton sowie Betontürmen. Die nachfolgende Entwicklung des Entwurfs konzentrierte sich auf die Regelung der Bewegungen innerhalb der Konstruktion und auf die technischen Erfordernisse bei unterschiedlich ausgebildeten Anordnungen.

Die Fahrbahnplatte bildet ein Verbundelement aus einer oberen Beton-Tragschicht, die von einem Rostwerk aus Stahlträgern getragen wird. Während der Bauphase fungiert der Stahlrahmen als leichte Brückenfahrbahn. Er trägt lediglich sich selbst sowie einige Zugänge und ist entsprechend dimensioniert. Betonfertigplatten werden als Dauerschalung befestigt und anschließend wird der Rahmen leicht gehoben. Darüber wird Beton eingebracht, sodass das Ganze zusammengeschlossen wird. Das Heben bewirkt eine günstige Verteilung der inneren Kräfte. Der Verbund-Querschnitt unterstützt den endgültigen Belastungszustand auf so effiziente Weise wie dies ausschließlich mit Stahl oder Beton nicht ohne weiteres zu erreichen wäre. Da Beton ein örtliches Knicken des Stahls verhindert, lassen sich sehr dünne Tafelquerschnitte erzielen und die Probleme mit dem Schweißen und der Warmverformung verringern.

Allerdings verändert Beton seine Form im Laufe der Zeit und unter dem Druck der Last. Das Material bildet durch die Aufnahme von Wasser eine chemische Reaktion, die den vergießbaren Brei zu einer steinähnlichen Substanz erhärtet. Dieser Vorgang setzt sich mit der Zeit fort und führt zur Volumenminderung. Außerdem reagiert Beton unter Beanspruchung mit Kriechen und gibt den einwirkenden Kräften allmählich nach.

Derartige Bewegungen spielen bei Brücken dieses Maßstabs eine bedeutende Rolle und werden von Temperatureinwirkungen verstärkt. In den ersten Jahren wird die Brücke 15 cm kürzer werden. Um die Brückentafel an diese Bewegung anzupassen, ist sie mit einer konvexen Krümmung voreingestellt und darf sich leicht wölben. Folg-

lich ist die Beton-Deckschicht ständig auf Druck beansprucht. Vor Fertigstellung der Brückentafel sind die Außenpfeiler zur Seite gehoben worden und werden bei auftretender Bewegung allmählich in eine aufrechte Position zurückkehren.

Der Auftragnehmer folgte der bewährten Methode einer Konstruktion mit Seilabspannungen. Hierbei werden die Türme errichtet und anschließend die Fahrbahn als ein im Gleichgewicht befindlicher Ausleger geformt, der auf beiden Seiten der Türme gleichzeitig auskragt. Da Windkanal-Versuche die Anfälligkeit eines solchen Bauverlaufs aufgezeigt hatten, wurden temporäre Verankerungen hinzugefügt. Den Widerstand der Brücke gegen Längskräfte stellen Neoprenauflager zwischen Brückentafel und Türmen sicher und verteilen die Kräfte gleichmäßig auf beide Turmseiten. Diese Kräfte und eine Ungleichgewichts-Zugabe während der Bauphase lassen die Türme an den Seiten von der Straße aus gesehen deutlich breiter wirken als an den Enden. Der Platzmangel auf der Baustelle führte zur Errichtung einer festen künstlichen Insel um den Westturm, die seither als Schutz gegen den Anprall von Schiffen Anwendung findet. Der Auftragnehmer nahm wesentliche Veränderungen am Entwurf vor, um ihn der angewandten Methode anzupassen. Vorgefertigte Fahrbahnelemente wurden von Lastkähnen aus mit Hilfe eines Krans hochgehoben, der eher auf der Konstruktion stand als dass er im Kanal schwamm. Da das Gewicht jedes Bauteils niedrig gehalten werden musste, erfolgte der Zusammenbau der Brücke schrittweise. Im Anschluss an die Befestigung des Stahlrahmens wurden die Betonfertigplatten hochgehoben und wie riesige Asphaltplatten eingepresst. Das Gewicht des Brückenüberbaus stieg aufgrund dieser Veränderungen erheblich, die Gesamtkosten dagegen sanken. Die abschließenden Verbindungen der äußeren Brückenfelder erfolgten nachts, sodass keine Temperaturschwankungen die genaue Ausführung beeinträchtigten.

gegenüber:
Der fehlerhafte Aufbau der „ungelösten Dualität" verunstaltet das Erscheinungsbild der Pfeilerpaare.

links:
Die Brückentafel besteht aus Betonfertigplatten auf einem stählernen Unterrahmen und ist mit einer Betondeckschicht aus Ortbeton eingebracht.

oben:
gedrängte Stahlbewehrung an den Schnittpunkten der Turmmitte

Mursteg; Graz, Österreich; Günther Domenig / Harald Egger, 1992

55,8 m

Graz hat sich selbst durch seine Architektur definiert. Die Hauptstadt des Bundeslandes Steiermark und die zweitgrößte Stadt Österreichs ist vom nahegelegenen Wien durch Berge abgeschnitten, Ungarn und den Balkanstaaten zugewandt und bildet eine südost-europäische Begegnungsstätte. Seine Randlage und sein sekundärer Status fördern eine aufgeschlossene Empfindsamkeit. Hier überlagern internationale modernistische Ideen einen gedämpften kritischen Regionalismus. Die umliegende Region verfügt in Österreich über die besten Vorräte an Kohle und Eisen und wegen der späten Industrialisierung hat sie ein Geschick im Gebrauch von Stahl, Glas und Aluminium, also einer ganzen Materialpalette, entwickelt. In den 1970er Jahren starteten christdemokratische Politiker eine Parteieninitiative unter dem Titel „Modell Steiermark“ und legten das Wesen öffentlicher Gebäude fest. In Graz wurde ein führender Verfechter der Bewegung, Josef Krainer, 1976 zum Leiter der Grazer Baubehörde ernannt. Er unternahm einen radikalen Schritt und beauftragte alle neuen Bauvorhaben bei unabhängigen Architekten. Der unablässige Strom an Wettbewerben, Ausstellungen und Veröffentlichungen hielt das öffentliche Bewusstsein auf dem Gipfel kritischer Wahrnehmung. Die Ergebnisse des „Modells Steiermark“ wurden als Grazer Schule bekannt, obwohl einige der Beteiligten, die in diesen Arbeiten keine Übereinstimmung erkennen, das Etikett ablehnen. Dennoch lässt sich in der Ausführung der Projekte ein gemeinsamer Wesenszug ausmachen. So hält der Architekturkritiker Peter Blundel-Jones die Beschäftigung mit Brücken, Stufen und Kanten als überleitende Räume für ein Charakteristikum der neuen Grazer Architektur. 1990 wurde für den Entwurf einer Fußgängerbrücke über die Mur ein Wettbewerb unter steiermarkischen Architekten ausgeschrieben. Unter 36 Ausschreibungsangeboten fiel der Preis auf eine Entwurfsskizze von Günther Domenig, eine beherrschende Figur in der Grazer Architekturszene. Domenig war

Student und später Dozent an der städtischen Architekturschule. Die Schule ist eine von nur drei insgesamt in Österreich und hat einen formalen Unterrichtsstil. 1963 begann Domenig, den Brutalismus mit seinen unverfeinerten Materialien und der unmittelbaren baulichen Durchbildung zu erforschen, bevor er zu einem uneingeschränkten Expressionismus überging. Seine Fußgängerbrücke verbindet die Altstadt mit dem Gebiet der ehemaligen Murvorstadt. Zwei mögliche Standorte waren im Wettbewerbsprogramm vorgegeben, und Domenig wählte die direkte Linie zwischen der Mariahilferkirche auf der Vorstadtseite und dem Zugang zur alten Stadtburg.

Der Steg ist als vollwandiger Hohlkastenmittelträger angelegt, weist einen dreieckigen Querschnitt auf und ist quer zu einem zentralen Bolzengelenk zusammengefügt. Eine mittlere Druckstrebe liegt einem aus vier parallelen Querblechen zusammengesetzten, mit Zugband versehenen Bogenträger auf. Die Einfachheit des Systems – zur Anwendung kam die kleinstmögliche Anzahl an Komponenten zur Ausbildung eines Fachwerks – verleiht der Konstruktion Stabilität. In Anbetracht ihrer unkomplizierten Form erscheint ihr Maßstab unverhältnismäßig groß. Der Gestaltungsprozess ging zunächst von einem theoretischen Brückentyp aus, dem Fachwerk als Kräftediagramm, das sodann von den Gegebenheiten am Standort und den einzelnen Schnitten abgewandelt wurde.

Der Höhenunterschied zwischen den Ufern (2,20 m) ist auf subtile Weise ausgeglichen worden. Die Gehwegplatte steigt im maximal zulässigen Winkel zur Brückenmitte hin an, um danach zum anderen Ende hin leicht abzufallen. Der Träger ragt durch den geneigten Gehwegteil empor, bleibt jedoch unterhalb des oberen, ebenen Teils, sodass die Unterseite der Brücke mit den Zugstangen und Querträgern eine ebene und symmetrische Kompositon über Wasser bildet. Die von Kragarmen getragene Gehwegtafel besteht aus einer hölzernen

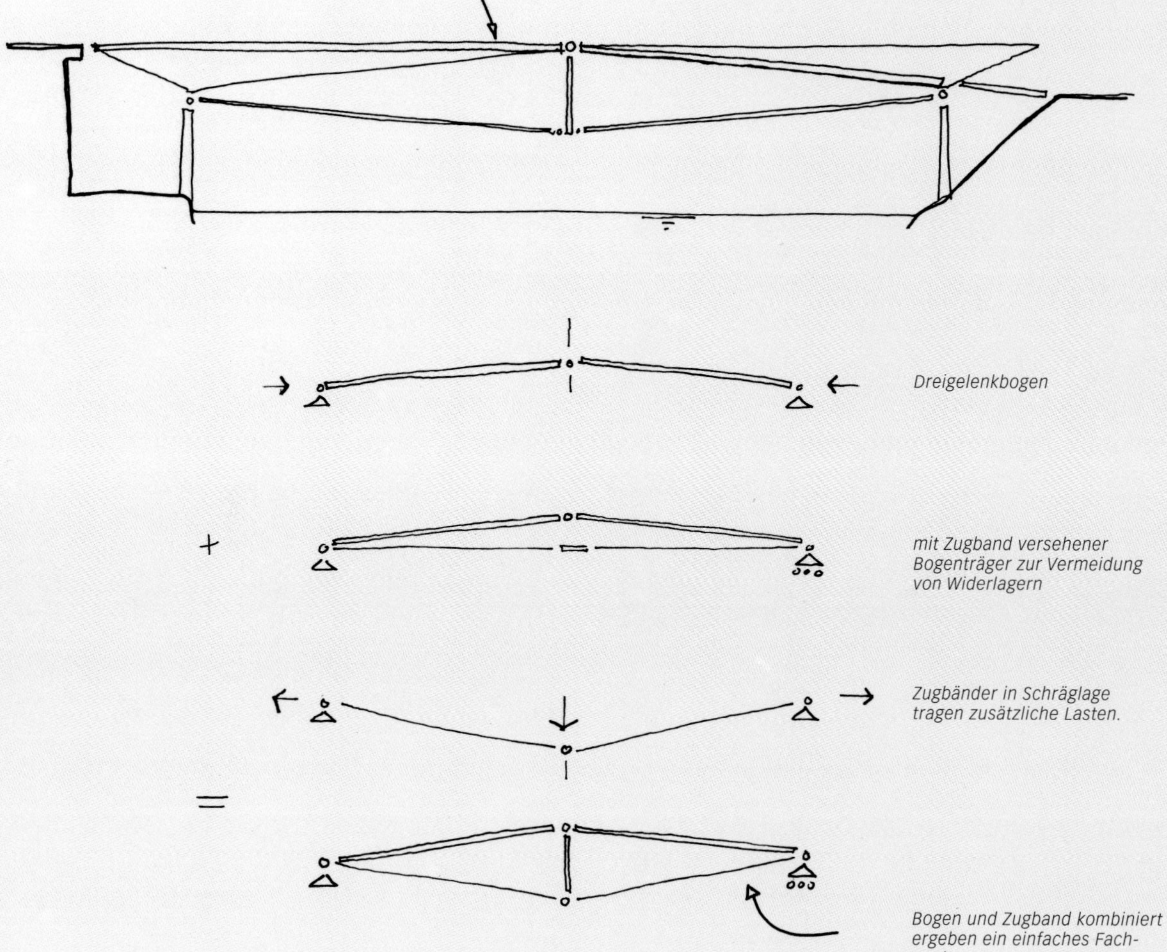

die einfachste Form eines Fachwerks

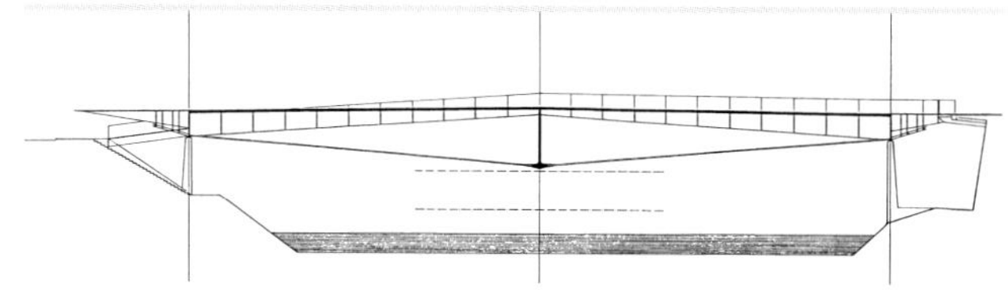

Ansicht der Brücke

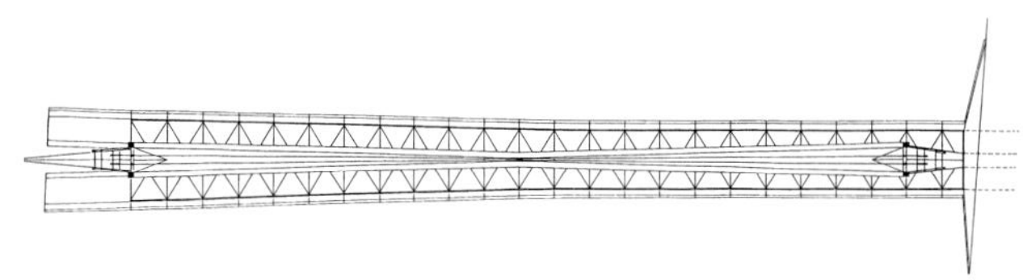

Grundriss der Brücke

gegenüber:
der unaufdringliche Fußweg zwischen den Ufern der ehemaligen Murvorstadt
links:
Die Brückenform ist nach sehr einfachen konstruktiven Wirkungsweisen konzipiert.

Deckfläche und stählernen Gehwegplatten. Sie ist ein sekundäres Element des Mittelträgers und korrespondiert mit dem spezifischen Charakter des Standorts, während die Konstruktion in sich geschlossen bleibt.

Die Brücke befindet sich in der Flusskurve. Die Erosionsfläche (die Außenseite der Kurve) ist mit einer vertikalen Stützmauer abgedeckt. Das gegenüberliegende Ufer dagegen fällt zu einem Gehweg am Fluss leicht ab. Die Brücke ruht auf beiden Uferseiten auf einfachen, paarweise angeordneten Stelzen. Diese Brückenpfeiler sollen die Konstruktion von ihrem Umfeld im optischen wie wörtlichen Sinne loslösen, indem sie sie von den Verbauungen in den alten Uferbefestigungen trennen. Die auskragenden Steg-Enden berühren leicht die beidseits vorhandenen Schleppplatten. Auf der Südseite, wo die Brücke zu beiden Seiten des Mittelträgers abfällt, teilt sie sich in zwei Gehwege. Eine Treppe führt durch den Zwischenraum hinunter zu einer Aussichtsplattform am abschüssigen Ufer. Von dieser Stelle aus reflektiert die Unterseite der Brücke den bewusst selbstbezogenen Entwurf. Das spitz zulaufende Element oberhalb der Treppe rechtfertigt der Architekt als Wegweiser im Stadtbild.

Die bauliche Durchbildung auf der Fußgängerbrücke ist bezeichnend. Die Querbleche des Untergurts sind auf Bolzenenden zusammengefügt. Diese sind in einer Blechverbindung an der unteren mittleren Verbindung artikuliert und in den darüber liegenden Kastenprofilen unterdrückt. Die Masse der Mittelstütze ist durch die kreuzförmige Anordnung der Bleche reduziert. Um Erschütterungen der Zugstangen, die über keine Seitensteifigkeit verfügen, zu verhüten, sind leichte sekundäre Zugseile nachgerüstet worden. Leider beeinträchtigen die Bolzen an den Seilenden die Optik. Das Geländer bilden Paneele aus klarem Sicherheitsglas in rostfreien Stahlrahmen. In den

röhrenförmigen Handläufen sind Lampen untergebracht, die nachts den Gehweg beleuchten. Die auf die Konstruktion gerichtete Beleuchtung unterstreicht die Unterseite der Brücke und unterdrückt die optisch asymmetrische Wirkung.

Das einfache ebene Tragwerk und das ansteigende Profil der Gehwegplatte bewirken, dass die Brücke beim Begehen leicht nachgibt und schwingt. Durch das Layout bedingt hat die aufgebrachte Last die Tendenz, die Konstruktion zu destabilisieren. Lediglich der mittlere Teil aus Stahlrohr hält um die lange Mittelachse herum Verdrehungen und Drehkräften stand. Der Konzentrationswiderstand entlang der Mittelachse ist unzulänglich. Die Brücke wiegt – 117 Tonnen verteilt auf 53 m – mehr als zwei Tonnen pro Meter. Damit entspricht ihr Gewicht dem doppelten üblichen Richtwert und bringt die Überlegenheit der architektonischen gegenüber technischen Erwägungen zum Ausdruck.

Dieser kombinierte Fuß- und Radweg spielt in Graz eine wichtige Rolle, wie ein dortiger Kritiker zu verstehen gab. Er beschrieb ihn als einen „Ort für die Menschheit, ein Symbol und eine kulturelle Achse für eine Stadt, in der ein Spannungsfeld zwischen Tradition und Aufgeschlossenheit gegenüber Neuem aufgebaut worden ist".

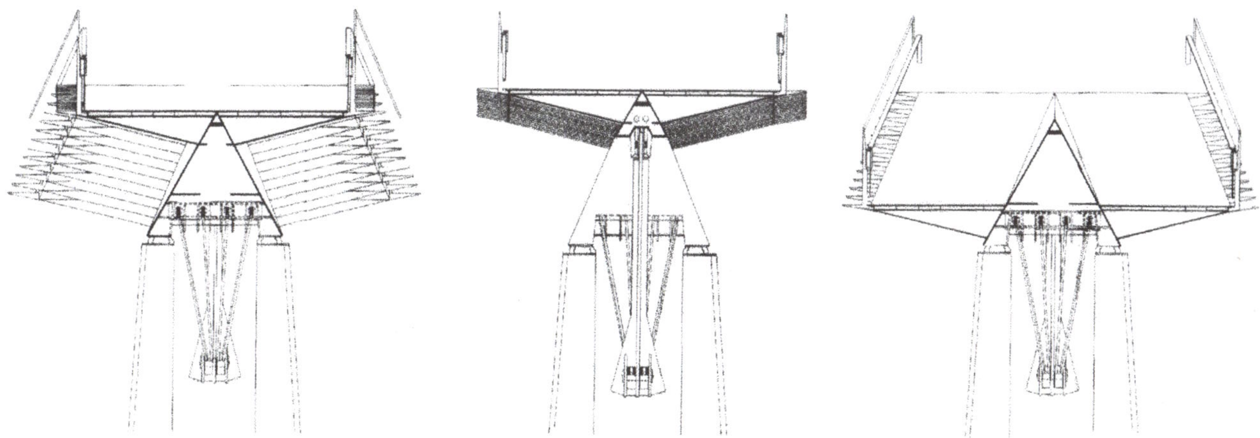

gegenüber:
Ein skulpturierter Wegweiser deutet auf die Stufen hinunter zu einer Aussichtsplattform am Westufer. Die alte Grazer Stadtburg liegt im Hintergrund.

links:
Die Zugstangen und die Mittelstütze bestehen aus flachen Stahlblechen.

oben:
Die Schnitte entlang der Brücke zeigen die winkelige Entwicklung ihrer Teile.

Fußgängersteg über den Allmandring; Stuttgart, Deutschland; Kaag und Schwarz / Gustl Lachenmann, 1994

34 m

Kleine Brücken geben die Gelegenheit zum Experimentieren, zum Erforschen der Verästelungen eines konstruktiven Mechanismus oder einer angewandten Idee durch sorgfältig geplante Operationen. Dagegen setzen großangelegte Projekte zwangsläufig einen bewussten Konservatismus ein. Einem Großprojekt mögen ein paar Risiken anhaften, doch die Folgen eines Fehlschlags machen die Erfolgsaussichten unverhältnismäßig hoch.

Die Fußgängerbrücke über den Allmandring bietet eine preiswerte und zweckmäßige Lösung für ein Universitätsgelände. Die Rolle der Stuttgarter Universität bei der Entwicklung des Leichtbaus ist gut belegt, vor allem ihr Beitrag zu Membrankonstruktionen und zur Handhabung von Seilen kleinerer und mittlerer Größe. Die Fußgängerbrücke spiegelt dieses Fachwissen wider.

Dieser kleine Steg wurde als Untersuchung der konstruktiven Wirkungsweise konzipiert. Anstelle einer Reihe von Kontrollversuchen, bei denen eine Variable systematisch verändert wird, wurde ein vollständiges System aufgestellt und anschließend genau beobachtet. Die aus einem lokalen Wettbewerb resultierende Entwurfsskizze beinhaltet einen neuartigen konstruktiven Mechanismus. Den Wettbewerb leitete der für sein Umweltengagement bekannte Ingenieur Jörg Schlaich vom Institut für Konstruktion und Entwurf der Universität Stuttgart.

Die Fußgängerbrücke besteht aus einem einfachen Bogen aus Deckblechen und gliedert sich in elf gelenkig verbundene Brückenteile. Dieser leichte Tragebogen hat unter gleichmäßiger Belastung eine nahezu unbegrenzte Festigkeit. Bei wechselndem Druck aber verdreht er sich rasch und biegt sich durch. Deshalb kam zum ersten System ein zweites hinzu: Ein horizontaler, an jedes Widerlager angeschlossener vorgespannter Stab ist über eine Zugstange mit der Gehbahn verbunden und fungiert als stabilisierendes Element. Eine

einseitige Belastung der Brücke verdreht die Gehbahn und drückt die Zugstange zur Seite. Dieses Ausknicken ruft jedoch ausgleichende Spannkräfte hervor, die das System wieder in die Ausgangslage zurückziehen. Die Konstruktion gerät zu einer Übung im Ausbalancieren von Störkräften mit dem stabilisierenden, vom Hauptzugstab aufgebauten Kräfteschema.

Da diese schwere Zugstange gegen die Widerlager belastet wird, wird auf die gewölbte Gehbahn keine Last übertragen. Die Gehbahn ist daher extrem leicht, eine Eigenschaft, die von ihrer Oberfläche, einem offenen Gitter, betont wird. Dieses ist fest, selbstentwässernd und stets frostfrei. Temperaturschwankungen verringern die Leistungsfähigkeit von vorgespannten Elementen, insbesondere bei Metallkonstruktionen. Diese kleine Brücke jedoch weist einen Maßstab auf, der gerade unter dem liegt, bei dem Verluste oder andere sekundäre Auswirkungen bedeutsam werden.

Bei den Widerlagern handelt es sich um Formsteine aus Beton, einfache Bauteile, die wirkungsvoll mehrere Funktionen kombinieren. Als klar definierte Schwelle zwischen Geländeoberfläche und Gehbahn enthalten sie geräumige Schächte, in denen die Enden der Hauptzugstange zugänglich sind. Die Wiederausrichtung der Kräfte von der Hauptzugstange in die Bodenanker erfolgt gleichmäßig. Die Zugbeanspruchung der Hauptbrücke gegen jedes Widerlager, der große, von Bodenankern unterstützte Querkräfte erzeugt, gehört zur Standardtechnik bei Membran-Zuggliedern.

Querlasten von den Geländern, Windlasten und die von Fußgängern übertragenen Kräfte in Querrichtung werden von Querdrähten aufgenommen, die in die Rahmen der Gehbahn eingesetzt sind. Diese Verstrebungen sind vorgespannt, um ihre Wirkung zu verstärken. Die Zugbeanspruchung der beiden Seile innerhalb der rechtwinkligen, jedes Gitterrost des Gehwegs haltenden Rahmen gewährleistet eine

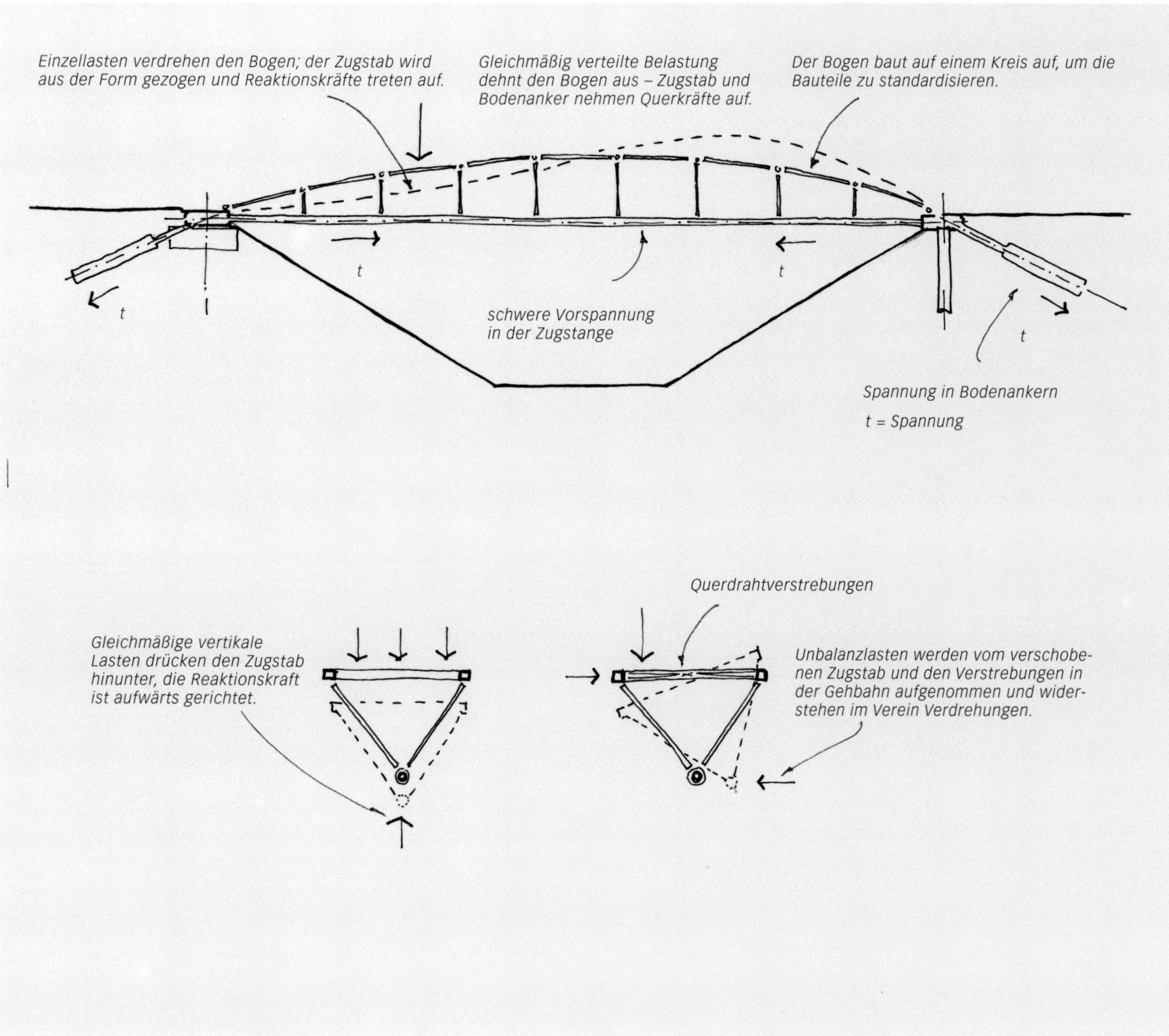

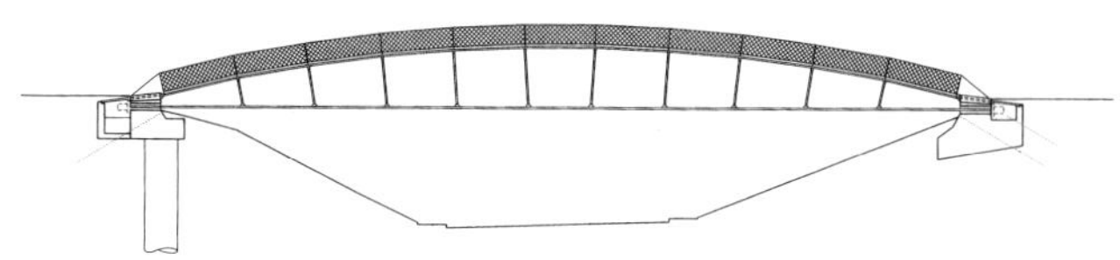

Ansicht der Brücke

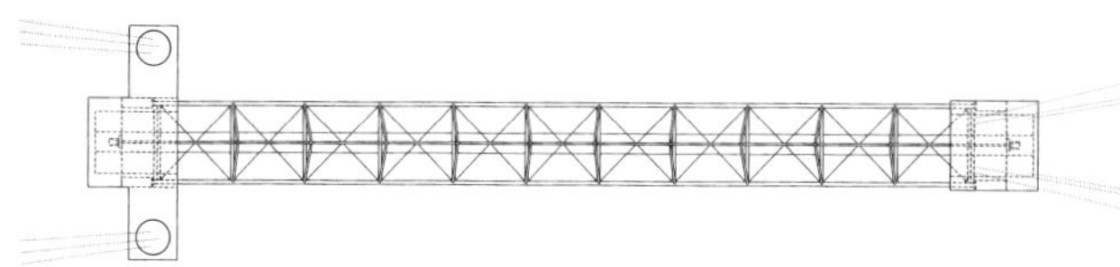

Grundriss der Brücke

gegenüber:
eine kurzlebige Fußgängerbrücke aus Maschendraht, Zugstreben und Zugstangen

links:
Die Stabilität des Systems beruht gänzlich auf dem vorgespannten, horizontalen, unteren Zugstab.

störungsfreie Konstruktion: Kommt es zu einer Torsion der Rahmen, verstärkt sich die Spannung in einem Seil, während sie im anderen abnimmt. Dieses Nachlassen entspannt das System, das dann anscheinend weniger auf die aufgebrachte Last reagiert. Das flexible Seil verhält sich wie eine steife Strebe.

Um den einwirkenden Lasten zu widerstehen, erfährt die Konstruktion eine großflächige Verformung. Die Folgen des Ausgleichs dieser Bewegung lassen sich an der gesamten baulichen Durchbildung ablesen. Die verschiedenen Bauteile müssen durch Knotenverbindungen gänzlich voneinander getrennt sein, um die Auswirkungen eines ungleichmäßigen Drucks zu mildern. Bei leichten Fachwerkbrücken können sekundäre Biegungskräfte viele der Bauteile vergrößern. Die Beseitigung dieser Kräfte durch die Verwendung von Bolzen oder Zapfen an jedem Streben- oder Seilende stellt sicher, dass diese Brücke minimale Querschnittsgrößen erfordert. Bolzen stellen jedoch langfristig ein Wartungsproblem dar und würden bei einer größeren Konstruktion erhebliche Kosten verursachen. Die bauliche Durchbildung der Brücke ist bewusst einfach, mit gewöhnlichen Muffenenden und handelsüblichen Gitterrosten, ihre peinlich genaue Ausführung erhebt sie jedoch über das rein Nüchterne hinaus. Die gaze-ähnlichen Paneele aus Viereck-Geflecht werden von gespannten Seil-Geländern getragen. Geschmiedete und geformte Gabelenden, Belagstahl, Muffen und Spannschlösser tragen zum Interesse an der Komposition bei.

Das wohl geordnete Gesamtsystem kommt in den Proportionen seiner Elemente zum Ausdruck. Die Stützen ähneln von ihrer Größe her den Geländereinfassungen, die Geländereinfassungen weisen einen ähnlichen Umfang wie der Zugstab auf. Die gleichmäßige Breitenausdehnung der Teile vermittelt insgesamt den Eindruck von im Gleichgewicht gehaltenen Kräften.

Die Hauptzugstange ist ein Probestück, das beim Test eines Tragebogen-Zugglied-Systems für ein großes Sporthallendach übrig geblieben ist. Sie besteht wie die angrenzenden Streben aus Edelstahl, sodass die Verbindungen unmittelbar ausgeführt werden konnten. Dadurch verhinderte man die Bildung von Korrosionsrissen und Farbabscheidern und artikulierte die Lastenwege. Eine weitere Sparmaßnahme ist die aus verzinktem, weichem unlegiertem Stahl hergestellte Gehbahn. Dieses Material musste vom tiefer liegenden Edelstahl getrennt werden, um das Problem der galvanischen Korrosion zu vermeiden. (Die beiden Metalle verfügen über sehr unterschiedliche Wertigkeiten und kombiniert ergeben sie eine galvanische Zelle – eine Batterie – in welcher der Edelstahl rasch korrodiert.) Die bei der Fußgängerbrücke verwendete Isolierschicht aus Neopren dient gleichzeitig zur Dämpfung und schwächt die Fußgänger-angeregten Schwingungen auf den Deckblechen beim Übergang auf das darunter liegende Stabwerk.

Die Konstruktion hat sich als sehr flexibel erwiesen. Die Eigenfrequenz der Querschwingungen liegt im Bereich der durchschnittlichen Bewegung von Menschen, und die Konstruktion schwingt bei Beanspruchung durch Fußgänger. Eine Analyse zeigt, dass Dämpfer an den Viertelspunkten des Brückenfeldes die angespeicherte Energie wirkungsvoll abgelenkt hätten, doch sind diese nicht montiert worden. Für die Entwurfsverfasser macht die Brücke einen nützlichen Teil der konstruktiven Erfahrungen von Studenten aus. Sie hat sich zu einem didaktischen Hilfsmittel entwickelt: Von den Studenten an der Bauingenieursfakultät wird erwartet, dass sie die übertrieben betonte Wirkungsweise der Brücke beobachten und deren Zusammenhänge bedenken. Vielleicht ergeben sich dabei neue Wege bei der Regelung Fußgänger-angeregter Schwingungen.

gegenüber, links:
Die Gehbahn der Brücke ist in den Rand-Längsträgern zurückgesetzt, sodass das Geländer mit geneigten Streben gestützt werden kann.

gegenüber, rechts:
Querlasten nimmt ein Diagonalverband aus feinen Spannschlössern unterhalb der Gehbahnfläche auf.

links:
Die Seilverankerungen sind in die Eckeinlagebleche integriert. Gehbahn und Geländer bestehen aus einfachsten Drahtrosten und einem Viereck-Geflecht.

Royal Victoria Dock Brücke; London, England; Lifschutz Davidson Design / Techniker, 1998

127,5 m

Silvertown, das zu den Londoner Docklands gehört, liegt isoliert auf einem schmalen Landstreifen zwischen dem ausgedehnten Komplex der Royal Docks im Norden und der Themse im Süden. Dieses offenkundig notleidende, aber an den städtischen Flughafen angrenzende und als eines der „Tore zu London" bezeichnete Gebiet geriet in den späten 1980er Jahren zum Mittelpunkt der Stadterneuerung. Eine große Parzelle dieses Areals wurde an eine private Wohnungsbauinitiative verkauft, um ein städtisches Dorf von beispielloser Größe zu schaffen. Der Kaufabschluss beinhaltete auch eine Vereinbarung mit der Entwicklungsgesellschaft, wonach zum Nordkai ein Zugang herzustellen war. Außerdem sollte die Linienführung der neuen Konstruktion den geradlinigen Verlauf eines dortigen Parks fortsetzen.

Für die Querung wurde ein Entwurfswettbewerb ausgeschrieben. Das Programm beinhaltete einen überdachten Weg, der hoch genug lag, um den Schiffen des im Dock liegenden Segelclubs die Durchfahrt darunter zu ermöglichen. Gleichzeitig war die Gesamthöhe der Konstruktion durch die Gleitwege des nahe gelegenen Flughafens begrenzt. Das preisgekrönte, von den Architekten Lifschutz Davidson geleitete Team, vermied die Aussicht auf einen schmutzigen und gefährlich erhöhten Tunnel, indem es eine bemannte, in einer Schiene an der Unterseite des offenen Decks laufende Gondel vorschlug.

Der französische Ingenieur François Arnouldin, ein Schüler von Alexandre Eiffel, hat sich Schwebefähren patentieren lassen. Nur 22 Beispiele sind im späten 19. und frühen 20. Jahrhundert gebaut worden, bevor das System veraltete. Im Royal Victoria Dock konnte das System für den von Segelschiffen benötigten Luftzug sorgen und einen kommerziellen Vorteil bieten. Die Nutzlasten werden durch die Größe der Gondel automatisch begrenzt. Das bedeutet, dass sich die Gewichte des Überbaus entsprechend verringern und sowohl zu der klassischen schmalen Silhouette dieser Erfindung als auch zu niedri-

gen Startkosten führen. Obwohl die Wettbewerbsrichter anfangs mehr ausgeklügelte Ausschreibungsangebote bevorzugten, fiel die Wahl schließlich auf die preiswerteste Lösung.

Den Entwurf durchdringt eine breite Einflusspalette. Lifschutz Davidson vollenden ihre Arbeiten stets mit sorgfältigen, klaren Details und spiegeln damit ihre Lehre bei Foster und Partners Hightech-Konstruktionen der 1980er Jahre wider. In ihren Projekten kommen häufig großmaßstäbliche technische Apparaturen vor. In diesem Fall bedingen das Gondel-System und die exponierten Hebevorrichtungen auf den Zugangstürmen einen wesentlichen Teil des gestalterischen Ausdrucks. Das facettierte Profil der Brückentafel wird von einem schönen Punktquellensystem beleuchtet, das wie Taschenmesserklingen in die gegossenen Geländerpfosten integriert ist.

Die Gondel wird getragen und gefahren von einem einzelnen Satz mittig angeordneter Räder, um ein „Ecken" zu verhüten (dieser Begriff wird verwendet, wenn mit Zwischenraum angebrachte Räder ein anderes überholen und sich verdrehen). Querschwingungen verhindern eingebaute, stabilisierende Räder, die nach oben gegen die Unterseite des Decks drücken. Die Haupt-Brückenträger, die nach der zulässigen Größe im Straßentransport bemessen wurden, sind zentral platziert, um die Laufschienen zu stützen. Die Brückentafel tritt optisch zurück, sodass sie wie eine sekundäre Erweiterung wirkt. Die Balken sind durch die Brückentafel hochgezogen, um den Luftwiderstand zu minimieren; ihre gewölbten Köpfe brechen durch die Stegfläche wie eine nachdrückliche Erinnerung daran, dass die Konstruktion gegenüber dem Gebrauchswert Vorrang hat. Bei den Kastenträger-Formteilen handelt es sich um konstruktiv effizienten linsenförmigen Formstahl, der an die Erfordernisse der Laufwerk-Unterseite angepasst und dann einer leichten Anfertigung wegen vereinfacht wurde. Große Sorgfalt musste den Schweißarbeiten zukom-

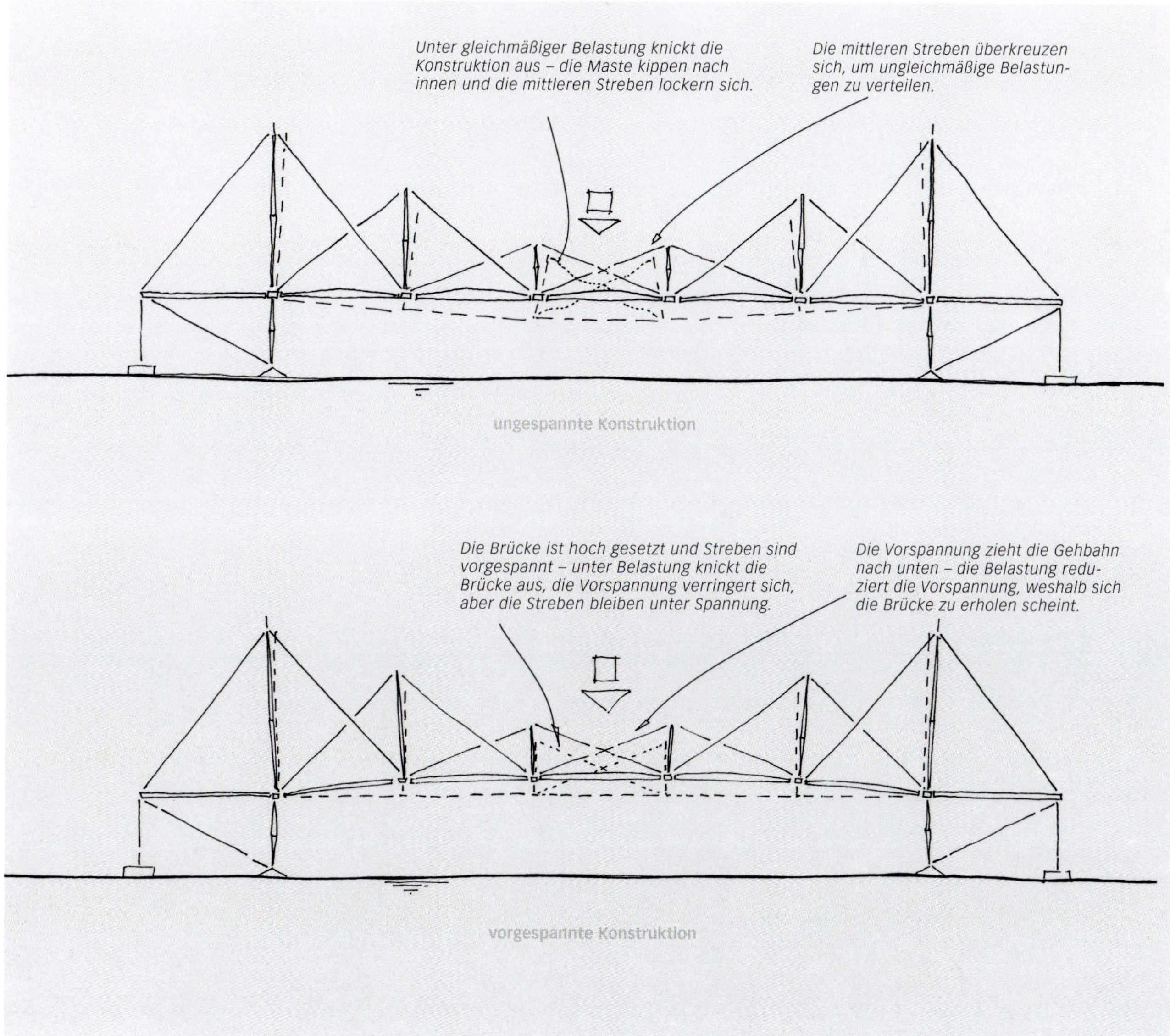

ungespannte Konstruktion

vorgespannte Konstruktion

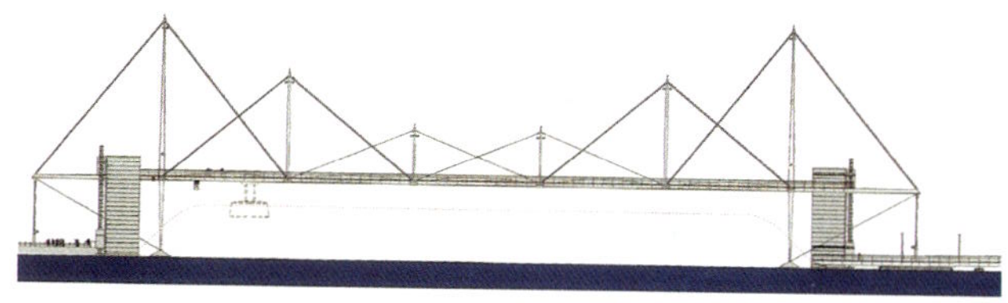

Ansicht der Brücke

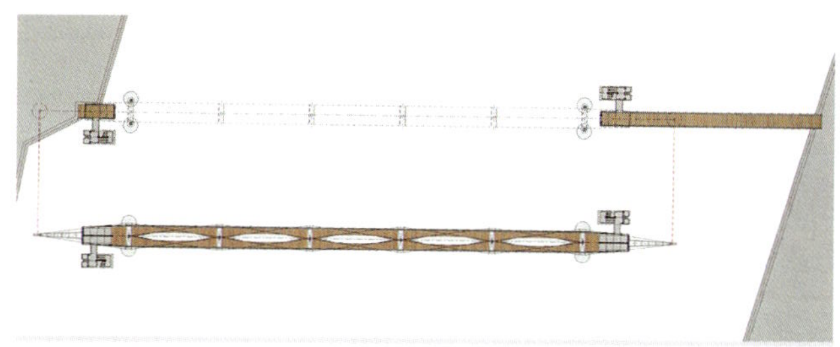

Grundriss der Brücke

gegenüber:
Der erhöhte Steg verbindet eine neue Wohnsiedlung und einen Bahnhof über der Regattastrecke für Segelschiffe. Auf der unteren Ebene steht eine Gondel zur Verfügung.

links:
Die Konstruktion ist vorgespannt, um ihre Gesamtsteifigkeit zu verbessern.

men, um starke Verdrehungen dieser sonderbaren Formen zu vermeiden.

Bei der Entwicklung des Projekts wurde ein Windkanal zu einem der Entwurfswerkzeuge. Umweltprüfungen anhand von Brückenmodellen ergaben, dass die Konstruktion die Windverhältnisse im Dock nicht wesentlich ändern würde. Zusätzlich wurden die Geländer darauf ausgerichtet, die Luftbewegungen zu lenken, um den Fußgängern möglichst viel Schutz zu bieten. Der vorgeschlagene Entwurf war äußerst leicht und flexibel. Die Ingenieure beschlossen bewusst, sich eher den aerodynamischen Einwirkungen zu stellen als ihnen auszuweichen und wählten daher einen Plattenquerschnitt, der sich aerodynamisch verhalten konnte. Ein Testmodell ohne Geländer begann bei geringen Windgeschwindigkeiten zu schwingen; es entwickelte eine vertikale Galloping (formangeregte)-Bewegung in Kombination mit einer Verdrehung. Diese Wirkungsweise ist als „klassisches Flattern" bekannt und die gefährlichste aller aeroelastischen Instabilitäten. Ein hinzugefügtes, stabiles Geländer verursachte erneut ein vertikales Galloping im Bereich der vorhersehbaren Zustände. Als beste Alternative erwies sich eine zu 35 Prozent perforierte Barriere, die unter den stärksten zu erwartenden Windkräften stabil blieb. Die Luft wird durch die metallenen Siebe gedrückt, die sich zu aerodynamischen Dämpfern entwickeln und Energie abgeben.

In dem Bemühen um eine einfach artikulierte Seilanordnung überprüfte man viele Möglichkeiten. Schließlich kamen die simplen Linien eines Fink-Trägers in der kleiner werdenden Folge einfacher Untergruppen zum Einsatz. Diese sind einseitig eingespannt, um quer zur Mitte ineinander zu greifen. Ihre Verteilung veranschaulicht sowohl ihren Mechanismus als auch ihre konstruktiven Mittel. Die Konstruktion als Ganzes erhält sichtbare Steifigkeit, indem sie quer zum mittleren Brückenteil vorgespannt ist, um ihn zu seiner endgültigen Linie herun-

terzuziehen. Wenn sich die Brücke unter einer Last senkt, gibt die Vorspannung nach und als Ausgleich hebt sich die Brücke wieder.

Der maritime Charakter der Konstruktion rührt nicht nur von ihren Details her, sondern auch von der impliziten Idee, dass sie aus ausrangierten Materialien montiert sein könnte. Das Royal Victoria Dock war früher einmal der Bestimmungsort riesiger, mit Getreide beladener Stahlklipper, die zwischen Großbritannien und Australien pendelten. Takler auf der Schiffsbauwerft bewahrten für die Reparatur von Sturmschäden überzählige Spieren auf, und eine Brücke hätte aus solchen Teilen errichtet sein können.

Die ursprünglichen Uferdämme des Docks waren mit Ladeplätzen aus Stahlbeton überbaut. Die Hintermauerung enthält viele große Verbauungen, weshalb die Hauptpfeiler von Pfählen innerhalb des Docks gebildet werden. Das tiefe, dichte Kiesbett, auf dem die Londoner Hochhäuser stehen, sorgte für eine feste (und wirtschaftliche) Gründung unter Wasser. Leider hatte man nicht an die Möglichkeit gedacht, im Dock nicht detonierte Bomben aus dem Zweiten Weltkrieg zu finden, was den Bauablauf komplizierte. Der Überbau wurde von Hubkähnen aus errichtet, die Gerüsttürme als temporäre Stützen trugen. Man nutzte die sehr hohe Belastbarkeit von Schwimmkränen, indem man die Brückenteile, Geländer, Beleuchtungseinrichtungen und Vorrichtungen für die Gondel an der Dockbank vorfertigte, bevor die vollständig montierten Einheiten in ihre Position gehoben wurden. Die Konstruktion bekam eine vergängliche Qualität, da sie völlig zerlegbar ist: Sie ist über Steckverbindungen zusammengesetzt; auf der Baustelle ist nichts verschraubt oder verschweißt worden.

Der endgültige Entwurf ist eine starke Erwiderung der modernistischen Eingriffe, die sich an anderen Stellen in dieser Gegend finden. Die Architekten nutzten die eigentliche Atmosphäre des Ortes aus, indem sie die Brücke an den Maßstab der Docks anpassten.

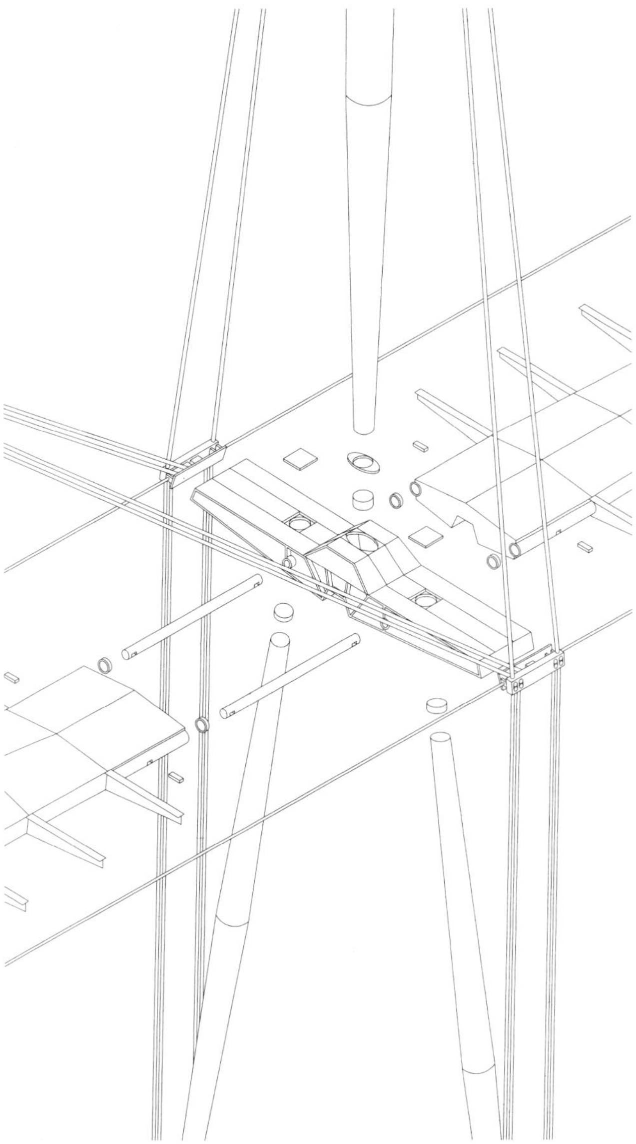

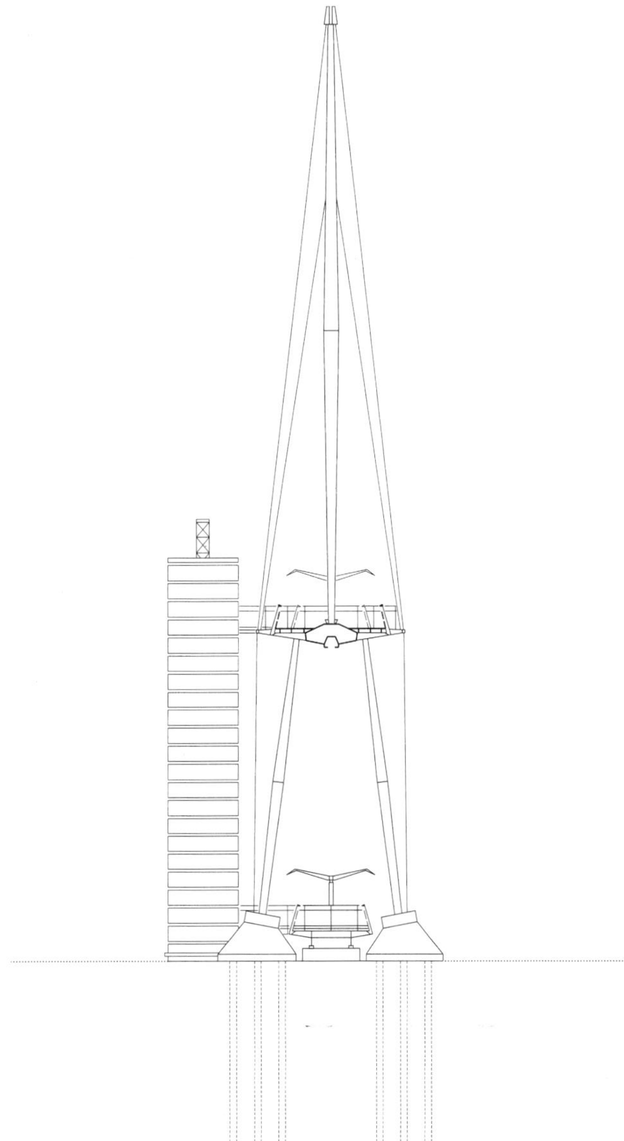

gegenüber, links:
Die Haupt-Längsträger sind hinter die Geländer hochgezogen, um die Brückentafel windschlüpfig zu machen.

gegenüber, rechts:
Die Gehbahn ragt über einen Mittelträger hinaus, der die Schienen und die elektrische Sammelleitung für die Gondel trägt.

außen, links:
Die gesamte Konstruktion ist ohne Schrauben oder Schweißarbeiten errichtet.

links:
Der Brückenquerschnitt zeigt den aerodynamischen Kastenträger und die Zusammensetzung der Geländer, die im Windkanal entwickelt wurden.

gegenüber:
Die schlaglicht-beleuchtete Konstruktion nimmt ihren Platz im erneuerten Dockbereich ein.

links:
Die Anlegestelle der Gondel sorgt für einen gut beleuchteten Wartebereich.

Talmadge Memorial Brücke; Savannah, Georgia, USA; T.Y. Lin International, 1990

337 m

Bei Studien über zeitgenössische Brücken geht es häufig in erster Linie um den Einflussbereich, auf den Entwurfsverfasser ansprechen. In genauem Gegensatz dazu steht die Talmadge Memorial Bridge. Sie lässt alle Erwägungen außer Acht bis auf die Notwendigkeit, zwei Punkte auf die sicherste und wirtschaftlichse Art miteinander zu verbinden.

Im Einklang mit dieser Philosophie weist die Brücke die Mindestanzahl an Verschleißteilen auf. Sie verfügt als Schrägseilbrücke über die einfachste Form und ihr Mechanismus tritt noch offensichtlicher zu Tage als der einer Ständerbauweise. (Aus dem Tauwerk und den Spieren von Segelschiffen entwickelte abgespannte Stege sind eine alte Technik.) Ihre Form spiegelt ihre Lasten und ihre Herstellungsweise wider und enthält nichts Überflüssiges.

Die Brücke verbindet Savannah mit Hutchinson Island über den Savannah River. Sie ersetzt ein altes freitragendes Fachwerk, das zu tief lag und dessen Pfeiler drei Mal stark beschädigt worden waren. Die neue Brücke erforderte weitere 15,5 m Luftzüge und Auflager an Land. Die sehr erfahrene Brückenbaufirma T.Y. Lin übernahm den Gesamtentwurf für die neue Überquerung. Abgesehen davon, dass sie ihre Vorliebe für eine schlanke Silhouette artikulierte, konzentrierte sie sich auf die Vereinfachung von Bauteilen und die Maximierung des Nutzens und der konstruktiven Sicherheit.

Beton, Stahl und Verbundstoffe wurden als mögliche Baumaterialien untersucht und ein Projekt aus Ganzbeton am preiswertesten befunden. (Dieser Konstruktionstyp aus mit Stangen bewehrtem Beton entstand in Ermangelung anderer Materialien und aus Kostengründen.) An jeder Uferseite stehen zwei Türme, die von tiefen, durch das nachgebende Deltasediment gebohrten Pfählen, getragen wer-

den. Die Bohrlöcher für die Pfähle liefern genaue Informationen über den Baugrund, sodass die einzelnen Schäfte nicht aufgrund von Ungewissheiten überdimensioniert sein müssen. Die Alternativmethode, Rammpfähle bis zu einem definierten Widerstandsgrad zu versenken, ist weniger genau.

Die Türme bilden einfache, zu Rahmen aufgebaute rechtwinklige Teile. Ihre unteren Elemente verjüngen sich, um den hohen seitlichen Windlasten zu widerstehen und die oberen Teile verlaufen parallel, um die Verschalungen auf ein Minimum zu reduzieren. Der Querträger auf mittlerer Höhe ist zur Verbesserung der Querstabilität des Turmes in der besten Lage fixiert. Die beiden Turmseiten sind leicht geneigt, führen um die Fahrbahnplatte, nehmen aber noch die Seilgruppen auf, die über den Randlängsträgern der Brückentafel vertikal ausgerichtet sind. Die Anordnung der Fächerabspannungen lässt viel Platz für die mit der einfachst möglichen Schnittgeometrie ausgeführten Verankerungen.

Die Fahrbahn besteht aus einem durchlaufenden Betonelement über drei Brückenfeldern. Der Querschnitt in Längsrichtung ist gleichbleibend. Zwei Randlängsträger tragen mit Zwischenräumen angeordnete Querträger und eine einfache Fahrbahnplatte aus Stahlbeton. Die Querträger im mittleren und in den seitlichen Abschnitten der Betonplatte sind verschieden stark vorgespannt, um die sehr unterschiedlichen Kräfte entlang der einheitlichen Länge der Träger zu bewältigen. Um das thermische und langfristige Schwinden und Kriechen des Betons einzukalkulieren, gleitet jedes Brückenende an der Anschlussstelle zur Auffahrtsrampe auf einen Auflager. Bei beiden handelt es sich um einfache Spannbetonbalken auf Hammerkopf-

Die Querstabilität einer Hängebrücke resultiert größtenteils aus den „Pendeleffekten".

Hängebrücke

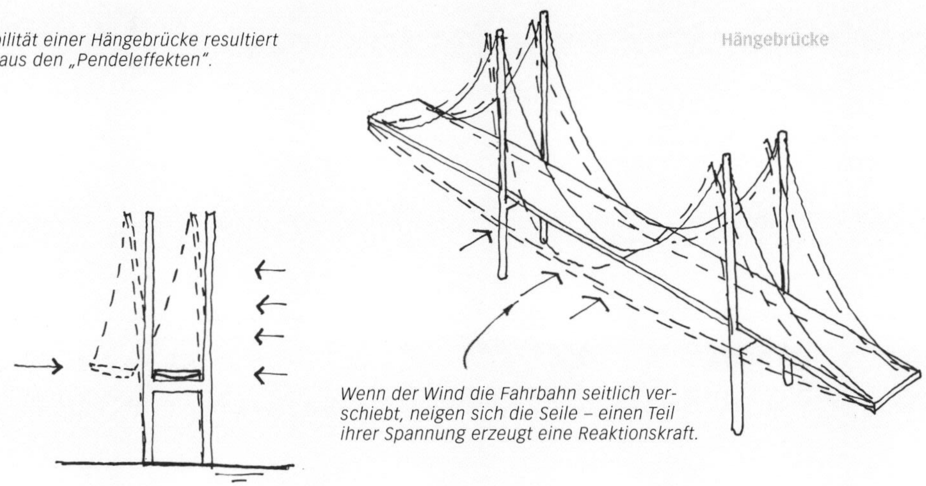

Wenn der Wind die Fahrbahn seitlich verschiebt, neigen sich die Seile – einen Teil ihrer Spannung erzeugt eine Reaktionskraft.

Schrägseilbrücke

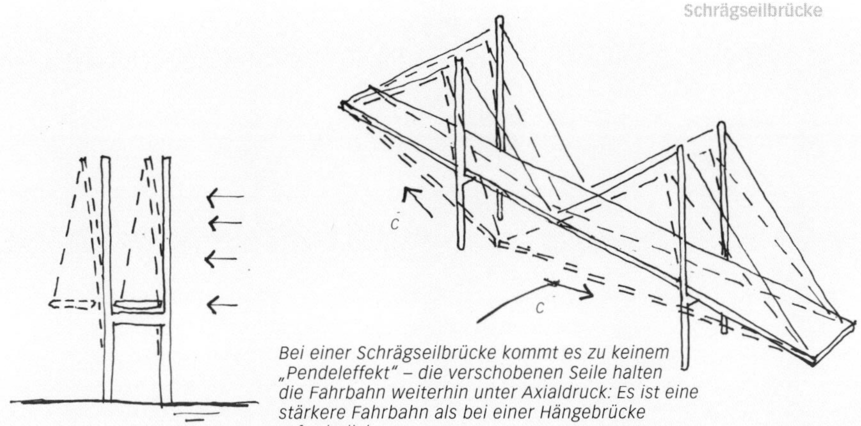

Bei einer Schrägseilbrücke kommt es zu keinem „Pendeleffekt" – die verschobenen Seile halten die Fahrbahn weiterhin unter Axialdruck: Es ist eine stärkere Fahrbahn als bei einer Hängebrücke erforderlich.

Querstabilität von Hänge- und Schrägseilbrücken

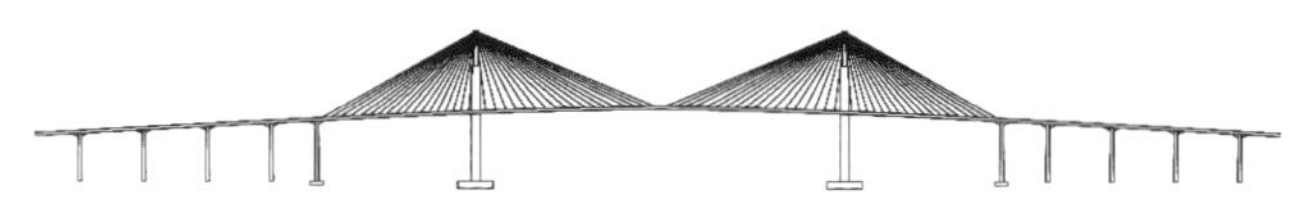

Ansicht der Brücke

Grundriss der Brücke

gegenüber:
eine Schrägseilbrücke ohne jeden Überfluss

links:
die unterschiedlichen seitlichen Widerstände gegenüber Lasten bei Schrägseil- und Hängebrücken

Pfeilern. Jede Brückenhälfte ist beidseits ihres Tragturmes im Gleichgewicht. Auf die Fahrbahn aufgebrachte und ungleichmäßig verteilte Lasten werden von den oberen Rückhalteseilen ausgeglichen. Diese sind gebündelt und im Übergangspfeiler verankert.

Für eine Schrägseilbrücke eignet sich eine monolithische Fahrbahn. Bei einer Hängebrücke resultiert die Querstabilität aus dem „Pendeleffekt", bei dem eine seitliche Verlagerung des Tragseils eine entgegengesetzt gerichtete Kraft hervorruft. Dies ist nicht der Fall bei einer Schrägseilkonstruktion, bei der ausschließlich die als horizontaler Träger zwischen den Türmen fungierende Fahrbahnplatte seitliche Windlasten aufnimmt. Deshalb muss das Gewicht der Fahrbahn erhöht werden. Die Masse der Fahrbahn trägt zur dynamischen Stabilität der Konstruktion bei, da sie durch ihre Trägheit weniger auf Störkräfte anspricht und die Eigenfrequenz gering hält. Beton, der durch Hydratationsschrumpfung mikroskopisch gesprungen ist, sorgt auch für einen hohen Dämpfungsgrad im System.

Durch die Vereinfachung und Verringerung der Anzahl an Bauteilen ließ sich die Brücke leicht montieren. Zunächst wurden die Türme in Gerüste mit Hebeschalungen gegossen. Anschließend befestigte man die vorläufigen Fahrbahnabschnitte, die Pfeilertische, zwischen den Beinen und baute die Brückenfelder von den Türmen aus nach außen in Richtung Mitte und zurück zu den Zufahrtsrampen. Der monolithische Träger wurde in einzelnen Abschnitten auf einem verschiebbaren Schalungsgerüst gegossen, das abwechselnd von beiden Enden der Fahrbahnteilstücke aus vorgebaut werden konnte. Der Entwurfsingenieur, Man-Chung Tang, besaß viel Erfahrung mit diesem Verfahren und verwendete eine verbesserte, bei einer ähnlichen Kon-

struktion in Jacksonville, Florida, erstmals eingesetzte Technik: Das Gewicht des fahrbaren Montagekrans wird reduziert, indem die Vorderkante auf den bleibenden Seilen unterstützt wird, sodass sich ein rückwärtiger Brückenabschnitt zum Ausgleich des Auslegers erübrigt.

Der Entwurf der fertiggestellten Brücke verdankt seinem Umfeld wenig, da ihm jeder Außenbezug fehlt. Das vertikale Tragsystem, die Vorrichtungen zum Erhalt der Querstabilität und der träge Widerstand gegenüber dynamischer Belastung sind an der Brückenform ablesbar. Die rechtwinkligen parallelen Flächentragwerke und vorspringenden Kanten, die Flächenfarbgebung und die Schalungsmarkierungen zeigen die Konstruktionsmethode auf. Obwohl die Brücke von einer Einzelfertigung auf einen Allgemeintypus reduziert worden ist, der von seinem Standort und den spezifischen Gründen seiner Errichtung losgelöst ist, lässt sie sich dennoch genau einordnen: Sie präsentiert eine Studie innerhalb eines in der Entwicklung befindlichen Gesamtwerks, für das die gegenwärtige pragmatische Generation nordamerikanischer Brückenbauingenieure verantwortlich zeichnet. Sie stellt daher ein Einzelbild in einem Kontinuum von Ideen dar.

photos ©Scott Jolliff

gegenüber, links:
Die Bockform der Haupttürme soll Kräften in Querrichtung widerstehen, indem sie sich vom Sockel aufwärts neigt.

gegenüber, rechts:
Ein leichtes Durchbiegen der Hauptseite ist einfach zu erkennen. Nutzlasten führen zu einer zusätzlichen, ungewollten Seilausdehnung, die beim Entwurf berücksichtigt werden musste.

links:
Die professionelle Beleuchtung unterstreicht das industrielle Erscheinungsbild.

Charles River Mainline Brücke; Boston, Massachusetts, USA; Christian Menn / Bechtel Parsons Brinckerhoff, 2001

227 m

Bostons „big dig" ist das größte, in einem Ballungsgebiet Nordamerikas jemals unternommene, einzelne infrastrukturelle Bauprojekt. Es beinhaltet einen Komplex von Tunneln, Straßenkreuzungen und Brücken, die als Ersatz für den alten Interstate Highway 93 gebaut worden sind und Massachusetts gebührenpflichtige Autobahn bis zum städtischen Flughafen ausdehnen.

Der zwischenstaatliche Highway passiert den River Charles in North End an der gleichen Stelle wie Paul Revere bei seinem historischen Kurierritt. Die Überquerung ist in zwei Brücken aufgeteilt. Die Storrow Drive Connector Brücke, die größte stählerne Kastenträgerkonstruktion in den USA, trägt vier Fahrspuren für den Ortsverkehr. Neben ihr liegt die Charles River Mainline Brücke mit zehn Fahrspuren für den zwischenstaatlichen Highway. Diese Vielzahl von Spuren schafft eine Brücke von unmäßiger Breite.

Insgesamt wurden 16 Projekte für eine neue Überquerung als Ersatz für die Mainbridge erwogen. Die Wahl fiel schließlich auf eine von zwei Hauptpfeilern getragene Schrägseilbrücke des erfahrenen schweizer Beraters Christian Menn.

Menns vorgeschlagene klassische Schrägseilbrückenform mit fächerförmigen Seilabspannungen wurde den verschlungenen Zufahrtsstraßen und der komplexen Beschaffenheit des Baugrunds angepasst. Die Fockstage dehnen sich bis zu den Randlängsträgern aus, aber die Rückhalteseile auf der Südseite kommen auf der Mittelachse der Brücke zusammen, um jede Beeinträchtigung der direkt darunter befindlichen Storrow Drive-Zubringer zu verhindern.

Die Mittelöffnung bildet eine Verbundtafel aus Stahl und Beton. Randlängs-Kastenträger nehmen Form-Querträger auf, auf denen Fahrbahnplatten aus Betonfertigteilen angeordnet sind. Das Ganze wird mit Verschlussstreifen aus Gussbeton zusammengehalten. Die durchgängig montierten kleineren Bauteile dienten einer vereinfachten Bauweise unter den eingeschränkten Platzverhältnissen.

Die Seitenöffnungen der Brücke bestehen aus an der Baustelle hergestellten Kastenträgern aus Spannbeton. Diese schweren Bauteile

können die Hauptöffnung auf minimalem Raum im Gleichgewicht halten. Die Seilabspannungen tragen jede Seite der Hauptbrückentafel und reichen hinunter bis zur Mittelachse der Seitenöffnungen mit den konzentrierten, entlang eines Mittelträgers verteilten Verankerungen. Diese Anordnung bewirkt ein in einer umgekehrten Y-Form gestalteter Pylon. Seine mittlere Turmspitze enthält die Ankerblöcke, die einem steil abfallenden, die Fahrbahn quer überspannenden A-Rahmen entspringen.

Unterhalb der Fahrbahn ruhen die Tragwerke auf breiten Pfahlkopfplatten. Die mit einem großen Durchmesser ausgeführten Bohrschächte darunter sind den umliegenden Verbauungen, Versorgungsleitungen und Tunneln angepasst, die abgestützt werden mussten. Sowohl auf der Nord- wie auf der Südseite sind die Pylongründungen in Umhüllungen vermufft, die sie vom umgebenden Baugrund separieren. Dadurch werden die Kräfte an den tiefer liegenden Felsgrund weitergeleitet. Die Übertragung von Lasten in tiefere Schichten begrenzt das Problem der Wasserspiegelabsenkung.

Der Brückenquerschnitt ist asymmetrisch. Auf der Hauptbrückenöffnung werden acht Fahrspuren zwischen den Fächerabspannungen getragen und zwei auf einer auskragenden, mit der Hauptbrückentafel verschraubten Wange. Um die Verkehrsstörungen an Land während der Bauzeit zu reduzieren, wird die Seitenöffnung ausschließlich von dem Brückenteil mit der achtspurigen Fahrbahn gebildet. Die beiden zusätzlichen Spuren werden davon unabhängig getragen. Zusammen mit der außergewöhnlichen Breite der Brücke schuf diese Anordnung mehrere, niemals zuvor aufgetauchte Probleme.

Das Ungleichgewicht der beiden verschieden schweren Straßenabschnitte löste man, indem beim zweispurigen Brückenabschnitt Leichtbeton zur Anwendung kam. Zur Vermeidung der Probleme infolge der fehlenden mittigen Belastung und den unterschiedlichen Schwindeigenschaften dieses Bauteils wurde es vorgespannt. Dadurch erhielt es das gleiche „Lastenumfeld" wie sein Nachbar und schwingt deshalb mit ihm in Einklang.

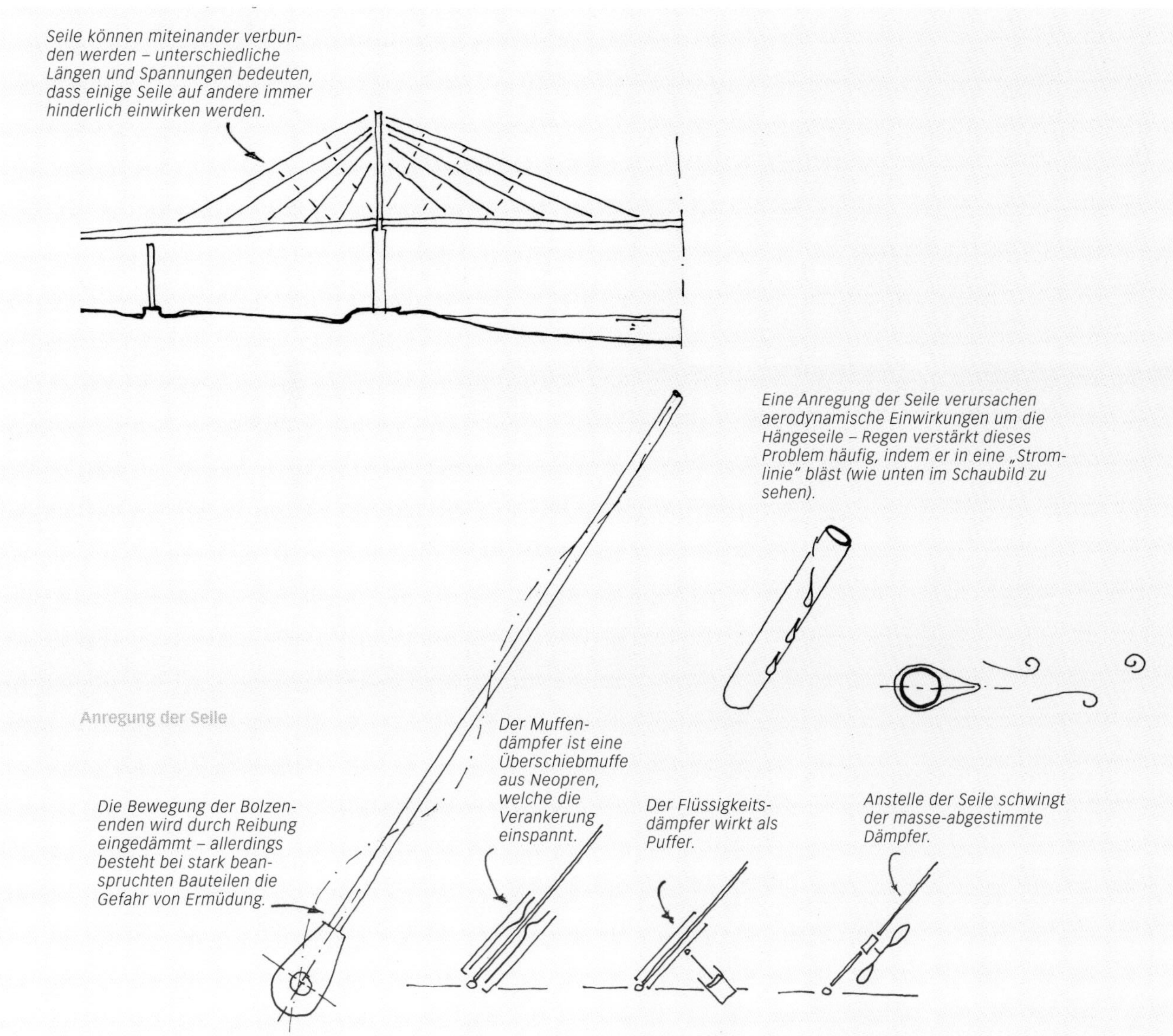

Anregung der Seile

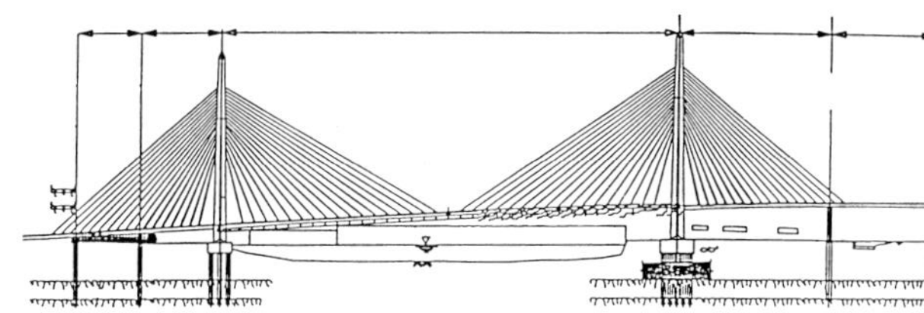

Ansicht der Brücke

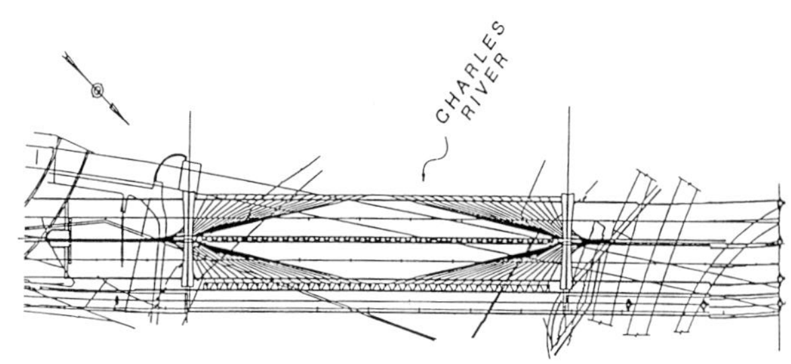

Grundriss der Brücke

gegenüber:
Die Brücke ist in einem völlig bebauten städtischen Umfeld als zeichenhafte Konstruktion konzipiert.
links:
Zur Stabilisierung von Wind-angeregten Zugseilen stehen mehrere Maßnahmen zur Verfügung.

Eine symmetrische Verteilung der Zugseile hätte vielleicht die exzentrische Belastung des seitlichen Brückenabschnitts getragen, doch wären die Türme bedenklichen Drehkräften ausgesetzt gewesen und die Fahrbahnplatte seitwärts gezogen worden. Die Bedenken wegen der langfristigen Kriecheinwirkungen im Beton, einer allmählichen seitlichen Verformung und einer daraus resultierenden veränderten Gestalt erwiesen sich als zu groß. Die oberen Seilverankerungen wurden verlagert, um dem Kräfteschema, auch wenn nicht der Konstruktion selbst, eine stabile Symmetrie zu geben. Das Versetzen der Linie der Rückhalteseile erzeugte die gleiche Wirkung und stellte sich als brauchbare Alternative heraus.

Ungleichmäßige Belastungsverhältnisse auf den weiten Fahrbahnen können in den breiten, gedrungenen Pylonen sehr hohe Biegekräfte erzeugen. Um die Größe der Profile im Rahmen des städtischen Maßstabs zu halten und eine subtile Formgebung der Außenflächen in Betracht zu ziehen, entwickelte man ein einzigartiges System aus mit Beton verblendeten Verankerungskästen aus integralem Verbundstahl. Die Turmspitzen enthalten einen Aufbau aus hochfestem Stahl, der mit Blick auf die Schweiß- und Ermüdungsprobleme bei festem, aber brüchigem Qualitätsstahl sorgfältig überprüft worden ist. Dieser hält die Verankerungen in einem sehr kompakten, aber zugänglichen, vorgefertigen Kastenbauteil.

Die sehr breite Fahrbahn war für die abschwächende Wirkung der „Schubverzögerung" anfällig. Luftfahrtingenieure hatten bei der Arbeit an den ersten selbsttragenden Flügeln und Rümpfen in den letzten Jahren des Ersten Weltkrieges herausgefunden, dass Teile von sehr dünnen Schalenkonstruktionen nicht mehr zur Festigkeit beitrugen, sobald die Längsversteifungsträger mit zu weiten Zwischenräumen angeordnet waren. Dieses Phänomen taucht bei allen leichten Kastenkonstruktionen auf und muss sorgsam überwacht werden, wenn es um eine effiziente Gestaltung geht. Da sich der Umfang des gänzlich beanspruchten Fahrbahnquerschnitts sehr schwer ermitteln ließ, wurden parametrische Empfindlichkeitsanalysen durchgeführt. Man wollte feststellen, ob die anzustellenden Annahmen zutreffend waren, da sich die Konsequenzen unrichtiger Abschätzungen als überaus gefährlich herausstellen konnten.

Bei den Seilen selbst tritt eine ungewöhnlich hohe Biegungsbeanspruchung auf. Im Anschluss an eine spezielle Berechnung wurden die Paralleldrahtbündel aus Flexibilitätsgründen in den Polypropylen-

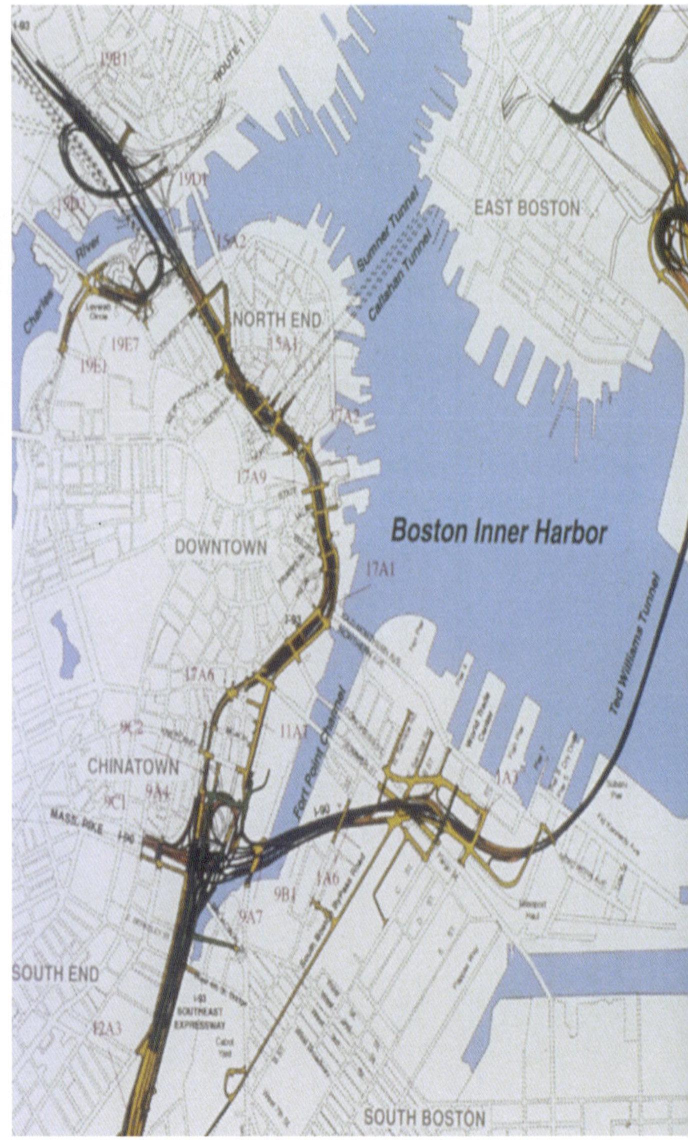

hülsen nicht verschmiert. Die Anfälligkeit der Zugseile für die Schwingungsanfachung durch Wind ist ein ständiges Problem bei Schrägseilbrücken und die verschiedenen Längen und Spannungen machen es schwer lösbar. Wenn ein Zugglied flattert, dämmen die Verankerungspunkte (selbst Bolzenenden bewirken geringfügige Reibungen) die Schwingung ein und verursachen örtliche Biegungen. Dadurch setzt Ermüdung ein, der schließliche, von vielen Beanspruchungsveränderungen verursachte Festigkeitsverlust im Metall. Unter bestimmten Bedingungen können Rinnsale von Regenwasser, die um die Seile hinunterfließen, das Problem verschlimmern. Die einfache, aber unansehnliche Lösung besteht im Zusammenbinden der Seilgruppierungen mit Einstelldraht, dessen Spannung gerade ausreicht, um das Einsetzen von Schwingungen zu unterbinden.

In der Vergangenheit behalf man sich gewöhnlich, indem man das aggressive Zugglied provisorisch der Länge nach mit einem Nylonseil umwickelte, um die Luftströmungen zu unterbrechen. Bei der Charles River Bridge resultiert aus dieser Idee eine stranggepresste Spiraldrahteinlage entlang der Oberfläche der Zugseilumhüllungen aus Kunststoff. An die Verankerungen angrenzende, silikongefüllte Hohlräume in den Umhüllungen ersetzen dagegen die unschönen „Muffen"-Dämpfer.

Die Zugseilhülsen haben einen weiteren Grad an technischer Ausgereiftheit erlangt. Zwar sind die Paralleldrahtbündel unverschmiert belassen worden, doch von einem Rostschutzschmiermittel umgeben, das ausgespült und ersetzt werden kann. Sonnenlicht erwärmt und verflüssigt diese Abdichtung, sodass sich Druckkräfte aufbauen. Dadurch bekommt, als Teil des Fließ-Pressens, das Hochdruckpolyethylen außen eine weiße und innen eine schwarze Oberfläche und das Schmierfett kann kühl und fest bleiben.

Der Wahrzeichenstatus der Charles River Bridge, ihre eingeschränkte städtische Standortbestimmung und die zur Aufrechterhaltung einer hektischen Verkehrsinfrastruktur erforderlichen baulichen Restriktionen brachten einem bewährten Brückenbausystem eine ganze Bandbreite technischer Innovationen und Verfeinerungen. Auch die unablässig in den Vordergrund gestellte Brillanz verlieh der Brücke eine Geschlossenheit, welche die Komplexität der Anforderungen auszuschließen drohte.

gegenüber, links:
Der Übergang von schiefwinkligen, fächerförmigen Seilabspannungen zu einer Mittellinie aus Rückhalteseilen ist gut gelöst quer über dem breiten, umgekehrt Y-förmigen Pylon.

gegenüber, Mitte:
Die Hülsen der Paralleldrahtbündel werden auf die oberen Verankerungen hochgezogen. Die Umhüllungen müssen gespannt sein, um ausgerichtet zu bleiben.

gegenüber, rechts:
Die Brücke gehört zu einem gesamtstädtischen Infrastrukturprojekt von beispielloser Größe in Nordamerika.

links:
Die asymmetrischen Brückenplatten im Bau Ende 1999 und die nahe gelegene Storrow Drive Connector Brücke, eine stählerne Kastenträgerkonstruktion.

Sunnibergbrücke; Klosters, Schweiz; Christian Menn/Bänziger und Köppel und Brändli & Partner, 1998

140 m

Die Talbrücke Sunniberg steht auf dem Gipfel eines selbstständigen Zweiges des europäischen Brückenbaus. Dieser spezifische Entwurf ist das Produkt des erfahrenen schweizer Brückenbauers Christian Menn. Neben Nuancen des individuellen Entwurfsverfassers lassen sich bei der Brücke zahlreiche typisch schweizer Charakteristika ausmachen.

Menns erste Projekte in den 1950er und 1960er Jahren machten sich die Arbeit des französischen Bauingenieurs Robert Maillart zu Eigen und erweiterten sie. Genaue Beobachtungen von Testmodellen aus Gips bestätigten Maillart und Menn in der Überzeugung, dass Stahlbeton eher ein plastisches als ein elastisches Material ist. Französische Konstrukteure pflegten Beton ersatzweise als „Wundermaterial" zu behandeln, das sich entsprechend den vorhandenen analytischen Techniken elastisch verhielt. Zur Rechtfertigung dieser Annahme bildeten sie den Beton mit Entlastungsdübeln und -fugen durch. Im Gegensatz dazu ging der Schweizer Menn Beton als monolithische Substanz an, die allmählich brach und kroch, aber am besten in einen Bauteil einbetoniert war, in dem sich die inneren Kräfte im Laufe der Zeit angleichen konnten. Die Sunnibergbrücke windet sich über ein tiefes, glaziales Tal oberhalb des Skiorts Klosters und verbindet zwei Tunnel in der Felswand. Die Krümmung auf dem Plan wird auf verschiedene Weise erforscht. Die Querstabilität rührt von der Brückenplatte her, die sich horizontal zwischen Widerlagern wölbt. Die Stützpfeiler sind zur Aufnahme seitlicher Kräfte von der Brückenplatte eher eingezwängt als einseitig eingespannt. Ihre dadurch verfeinerte Form ermöglicht einen geringeren optischen Eingriff in die Landschaft. Infolge der rauen Witterungsverhältnisse im Gebirge unterliegt die Konstruktion starken Temperaturschwankungen. Die Ausdehnungen und Zusammenziehungen gleicht die Brückenplatte aus, indem sie in oder aus der geschwungenen Ausrichtung federt.

Die Pfeiler sind zu ihren Sockeln verjüngt, sodass sie seitwärts schwanken können, ohne große Biegekräfte zu entwickeln.

Um die Brückenhöhe oberhalb der Fahrbahnebene niedrig zu halten, ist die Seilabspannung als tief liegende, steife Harfenform ausgebildet. Die parallelen Seilgruppen haben einen unendlichen Brennpunkt und daher eine natürliche Ruhelage. Hinsichtlich der konstruktiven Effizienz gibt es zwischen Harfen- und Fächerabspannungen kaum einen Unterschied; sowohl Anordnungen von parallelen Seilen als auch von offenen Fächern vermeiden die Bündelung von Verankerungen am Kopf der Stützen. Bei den Seilen der Sunnibergbrücke handelt es sich um Paralleldrahtbündel in einer Schutzhülse. Solche Seile liegen an der Obergrenze einer sparsamen Materialverwendung. Jeder einzelne Draht kann bis zu seiner maximalen Festigkeit hartgezogen werden. Die aus diesem Verfahren resultierende Versprödung wird dadurch gemildert, dass die Biegekräfte begrenzt und die hauchdünnen Einzeldrähte in robusten Umhüllungen geschützt werden. Allerdings bleibt die Korrosion ein Hauptproblem bei allen Aufhängungssystemen. Bei Paralleldrahtbündeln kann die Ummantelung als Kanalzug für Rostschutzmaterialien genutzt werden, die regelmäßig ausgespült und wenn notwendig, ersetzt werden. Entsprechend der vom Schweizer nachdrücklich betonten Wartungsvorrichtungen sind die Glieder auf der Sunnibergbrücke so dimensioniert, dass sich jedes einzelne Seil bei laufendem Verkehrsbetrieb abnehmen lässt. Bei den Verankerungen müssen die Spannungen gleichmäßig von jedem Einzeldraht abgetragen werden. Dies geschieht, indem das Drahtbündel unter einzelnen Keilgruppen ausgebreitet wird. Der kegelförmige Block der Verankerungen ist voluminös. Das Gehäuse selbst muss leicht beansprucht sein, wenn unschöne Biegungen vermieden werden sollen. Die Reibschlüsse an den Enden der Verankerungen bewirken eine noch größere Abmessung. Platz für

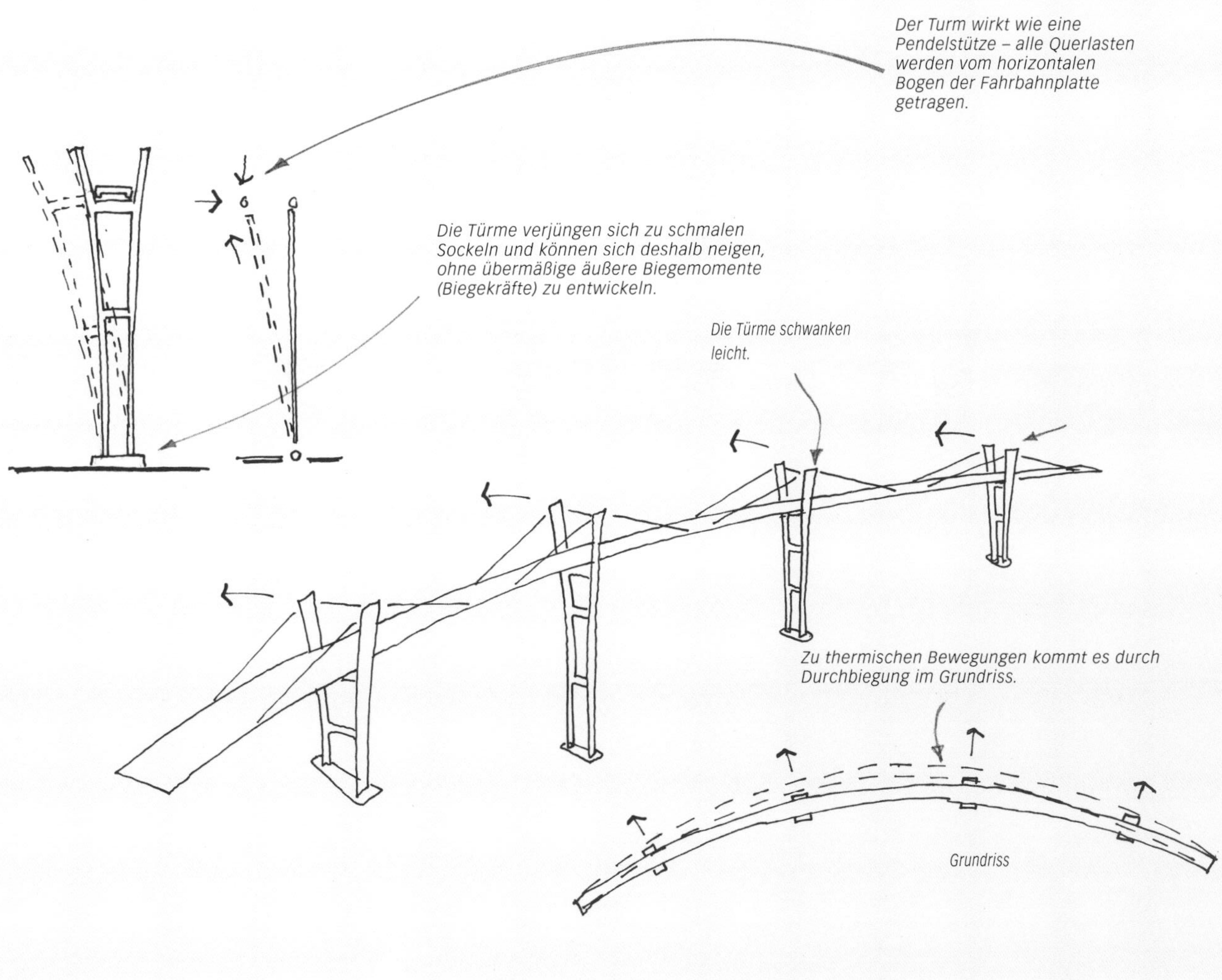

Querstabilität

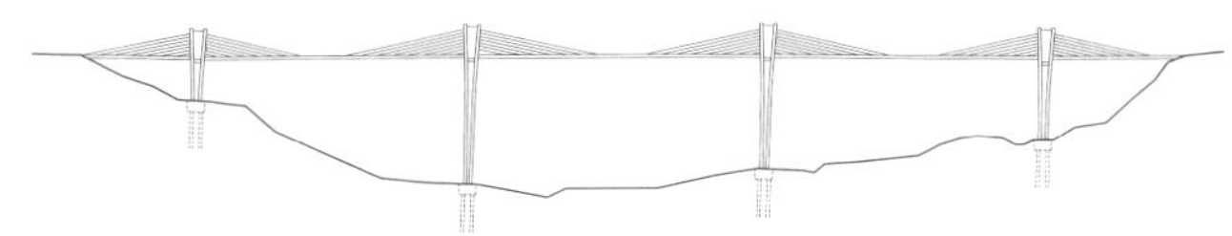

Ansicht der Brücke

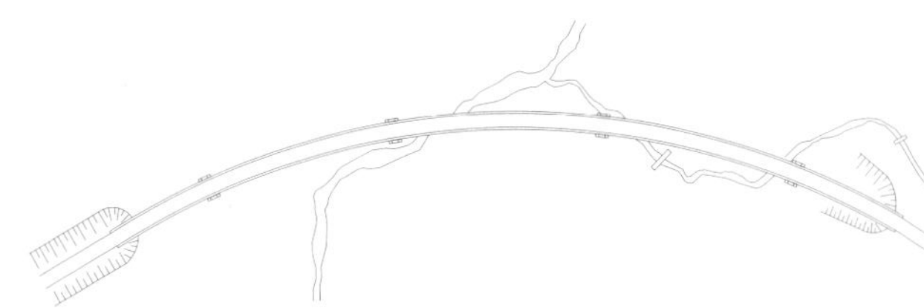

Grundriss der Brücke

gegenüber:
die weiße Gussbeton-Konstruktion in einem schweizer Hochtal

links:
Die Querstabilität der Brücke beruht auf der geschwungenen Ausrichtung der Straße.

die Verankerungen bietet die Sunnibergbrücke in den breiten, skulptierten Pfeilerköpfen. Jeder Pylon bildet eine Gruppe aus drei Flächen, die sich oberhalb des Brückendecks trennen, um hinter den Ankerblöcken eine Kammer einzuschließen. Die Punktlasten der Seilenden versuchen, die Blöcke aus ihren Rohrstutzen zu zerren, aber die schrägen Profile verfügen über genügend Beton, um die hohen Berstkräfte hinter den Abstandshalterblechen aufzunehmen. Zusätzliche Bindebleche sind um die Mauern der Kammer fixiert, um einen gleichmäßigen Kräfteverlauf zu gewährleisten. Die Verankerungen lassen sich mühelos überprüfen und ihre Entwässerung stellt sicher, dass sich kein Wasser bilden kann, ein häufiges Problem bei wasserdichten Verankerungen.

Eine sorgfältige bauliche Durchbildung minimiert die unübersehbare Höhe des Fahrbahnträgers. Der Querschnitt ist mit einer scharfen Kante außerhalb eines Paares von versteifenden Längsträgern stark modelliert. Diese sind in die Schlagschatten der Brückenunterseite beträchtlich zurückgesetzt. Die Seile sind eher in den Randblechen als auf den Trägerlinien verankert und wirken zart auf Kosten einer verstärkten Bewehrung. Leitplanken aus Fertigteilen bilden niedrige Geländer und werden von einfachen, unauffälligen Handläufen bedeckt. Die Entwässerung der Fahrbahn ist in den Trägerlinien untergebracht, unsichtbar, aber leicht zugänglich.

Die Unmittelbarkeit und die Sparsamkeit der Mittel spiegelt Umweltbewusstsein wider. Das Potenzial der konstruktiven Details findet keinen sichtbaren Ausdruck und bleibt verkannt: Die Hauptpfeiler stoßen auf den Grund, ohne sich zu biegen; die Seile rutschen zwischen zwei Stahlbetonflächen in einen ihre Verankerungen verdeckenden Schlitz.

Den Entwurf könnte man in Abhängigkeit einer Spannung zwischen unvereinbaren Idealen sehen. Technische Maßnahmen sind

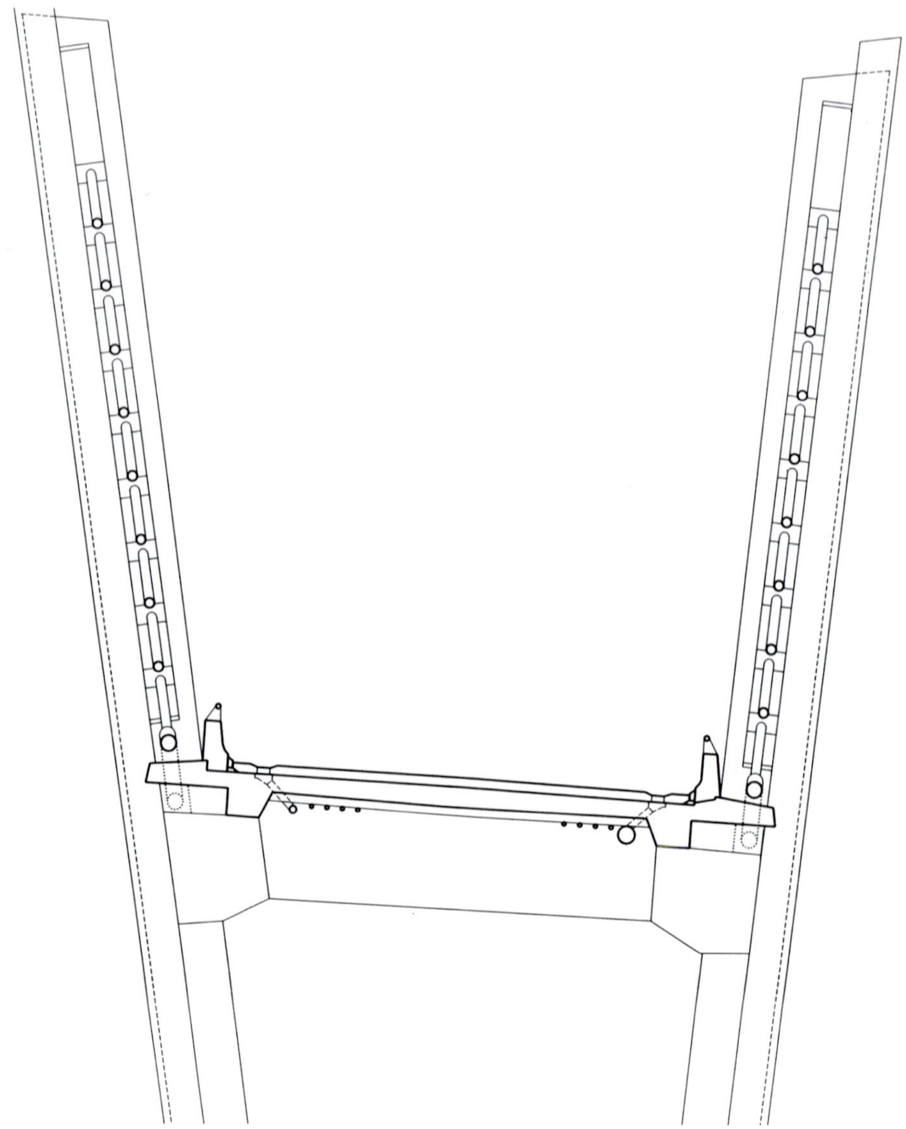

getroffen worden, um den Eingriff der Brücke in die Landschaft zu verringern. Die Brücke präsentiert ein Ideal, das sich auf die mit einem Trägersystem konstruierten, verfeinerten Talbrücken des deutschen Autobahnsystems zurückführen lässt. Bei dessen Bau sind keine Mühen gescheut worden, um die Größe und Komplexität jeder Komponente auf eine sparsame Komposition aus einfachen Formen zu reduzieren. Gleichzeitig wird bei der Brücke die Gegenwart anerkannt; eine Sensibilität, die das Gesamtwerk Menns durchzieht.

Bei der Sunnibergbrücke wird die Beziehung der Seilgruppen zu der geschwungenen Fahrbahn in einer ambivalenteren Form gehandhabt und die Ausgereiftheit des Werks dieses Entwurfsverfassers veranschaulicht. Die oberen Pfeilerabschnitte neigen sich nach außen, um die unbegrenzten Seile von der Fahrbahnlinie deutlich fern zu halten. Während die offenen Seilgruppen unauffällig sind, lenken die skulptierten Pfeilerköpfe die Blicke auf sich.

gegenüber, links:
Die Pfeilerköpfe sind auswärts gebogen, um die Fächerabspannungen von der Linienführung der Straße nach außen zu neigen.

gegenüber, rechts:
Die augenscheinliche Höhe der Fahrbahn wurde verringert, indem die Längsträger nach innen, hinter ein vorgefertigtes Kantenprofil gesetzt und die Versorgungsleitungen der Fahrbahn unter die mittlere Brückenunterseite platziert wurden.

links:
Menns Ganterbrücke, Eisten, Schweiz, 1980. Diese ausdrucksvolle Brückenkonstruktion beruht auf einer anderen Methode, eine gebogene Brücke mit Schrägseilen abzuspannen. Die Hängeseile sind in geschwungenen Betonplatten eingeschlossen.

Solferino Brücke; Paris, Frankreich; Marc Mimram, 1999

102 m

Paris' enge Anbindung an die Seine schafft ein einzigartiges Stadtbild. Mehr als 30 Brücken nehmen ihren Platz in dieser Umgebung ein. Eine neue Überquerung in einem derart stark bebauten Umfeld bietet die Chance, seinen Charakter zu erforschen.

Die Solferino Brücke ersetzt eine behelfsmäßige Stahlkonstruktion, die man an Stelle der eingestürzten, zeichenhaften Brücke zwischen dem Pont Royal und dem Pont de la Concorde errichtet hatte. Entworfen in der Tradition französischer grands projets – Meisterwerke, die soziale, nationale und kulturelle Errungenschaften preisen –, verbindet diese Fußgängerbrücke den Jardin des Tuileries mit dem Musée d'Orsay. Im Anschluss an einen internationalen Wettbewerb ging das Projekt an einen der namhaftesten Bauingenieure Frankreichs, Marc Mimram. Sein erklärtes Ziel war die Schaffung „einer modernen, an den historischen und symbolischen Kontext angepassten Konstruktion". Das Werk nimmt die Gestalt einer niedrigen Bogenbrücke mit Promenadendeck ein. An jedem Brückenende befindet sich ein hoch und ein tief gelegener Zugangspunkt. Die komplizierte Vielfalt des Standorts ist schön gelöst mit einer vollkommen symmetrischen Brücke ohne Treppen. Der obere Gehweg steigt auf beiden Seiten sanft an und führt um Rampen, welche die Bögen hinunter zurück zum Flussufer verlaufen. Die Hauptdurchgangsstraße, vom unterirdischen Fußgängertunnel unter der regionalen Schnellbahnstation am rechten Ufer hinüber zur anderen Seineseite, fügt sich genau in diese Anordnung. Die Überschneidung der Wege in Brückenmitte schafft einen Ausgangspunkt für eine Entdeckungsreise durch die Stadt.

Die Rampen verlaufen zwischen zwei Tragebögen aus gegossenen Teilstücken. Im Wettbewerbsentwurf bestanden diese Gewölbeformsteine aus reibverschweißten Aluminium-Würfel-Rahmen und deuteten auf ein avantgardistisches Interesse an innovativen Materialien

und Techniken. Schwache Schweißnähte wurden für möglich erachtet, da die Bogenform die Verbindungen bei niedrigen Spannungshöhen unter Druck hält. Allerdings führten hohe Kosten und Bedenken wegen der Flexibilität des Materials (Aluminium ist nur zu einem Drittel so starr wie Eisen) zur durchgängigen Verwendung von Stahl.

Mimram frönt seiner erklärten Faszination für eine organische Struktur in dem von Gelenken übersäten Bogensystem und den wiederholten Anspielungen auf Wirbel. Der breite Fußgängerweg wird von Bogenzwickeln aus einem Filigrangerippe getragen. Er wiederum versteift die Tragebögen darunter und wirkt ihrer Tendenz entgegen, Lasten durch seitliches Knicken auszubreiten. Derart niedrige Bögen neigen dazu, vertikal auszuknicken, „durchzubrechen" und zwischen den Auflagerpunkten zu hängen. Sehr starre Gründungen tragen dazu bei, einer solchen Tendenz zu widerstehen.

Vieles im Entwurf verweist auf den nahe gelegenen Pont des Arts, eine höchst elegante Zurschaustellung von urbanem, leichtem Schmiedeeisen, sowie auf die anderen Brücken entlang der Seine mit ihren niedrigen, gedrückten Bögen und durchbrochenen Bogenzwickeln. An die für Paris bezeichnenden, gitterförmigen Metallkonstruktionen, die sich in den nahe gelegenen Glasdächern, Arkaden und Überdachungen des rechten Seineufers und im Eiffelturm finden, erinnern die versteiften Tragebögen und Sprengstreben. (Die von Alexandre Eiffel gegründete Firma baute diese Konstruktion genauso.) Die komplex angeordneten metallenen Brückenelemente reflektieren fortwährend das Licht auf das Wasser darunter.

Leider wurde die Solferino Brücke an ihrem Eröffnungstag geschlossen, weil der Gehweg zu stark schaukelte. Alle Brücken schwingen, doch der kritische Faktor bei einer Fußgängerbrücke ist, ob sich die Schwingung wahrnehmen lässt. Ist dies der Fall, geht es um die Frage, ob diese lediglich dem Fußgänger Unbehagen bereitet oder,

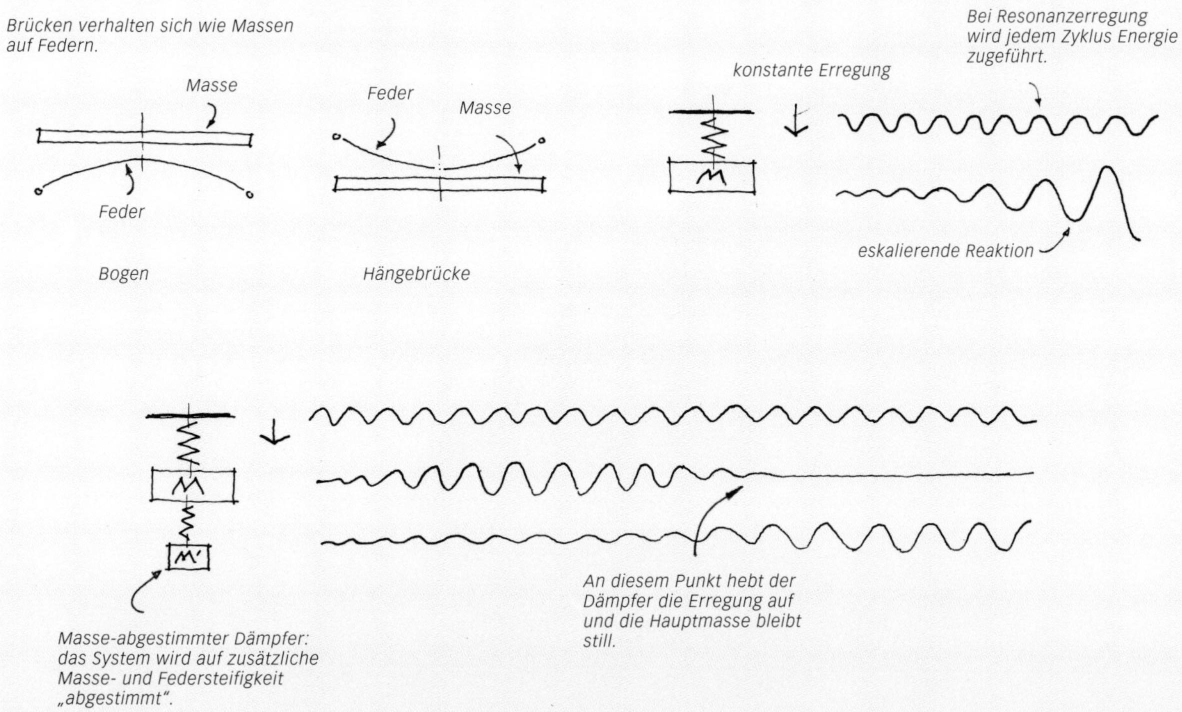

Masse-abgestimmte Dämpfung

Ansicht der Brücke

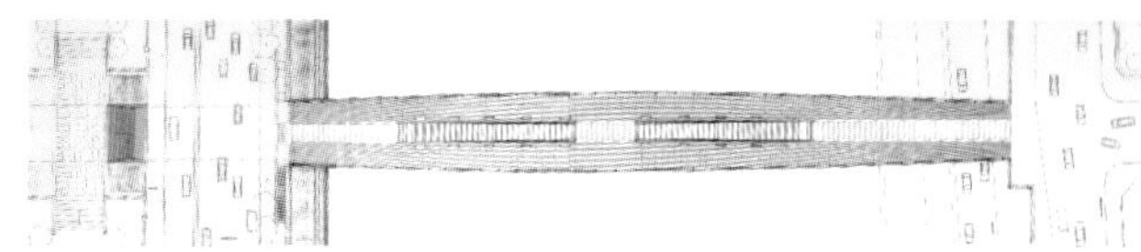
Grundriss der Brücke

gegenüber:
Die niedrige Bogenbrücke verbindet geschickt die Ufer der Seine auf zwei Ebenen.

links:
Masse-abgestimmte Dämpfer vibrieren, um Fußgänger-angeregte Schwingungen aufzuheben.

was gefährlicher ist, ob die Fußgänger durch sie in einen rhythmischen Gleichschritt fallen können. Sind Beschleunigungen des Gehwegs zu bemerken, kommt es zu Eindrücken wie in einem sehr schnellen Aufzug (Senkrechtbewegung) oder einem unsicheren Gehgefühl (horizontale Bewegung).

Der Gang des Menschen hat eine Frequenz von etwa 1,5–2 Hz (ein oder zwei Schritte pro Sekunde). Mittelgroße, möglichst leicht gebaute Brücken wie sie typischerweise Autobahnen oder Flüsse, etwa die Seine oder die Themse, überspannen, weisen diesem Wert vergleichbare Eigenfrequenzen auf. Fußgänger-angeregte Schwingungen entsprechen daher der Frequenz der Brücke. Die bei jedem Zyklus zugeführte Energie sammelt sich an und wenn sie nicht abgegeben wird, bauen sich in der Brücke Bewegungen auf.

Ungewöhnliche Konstruktionen sind einem Test zu unterziehen, um festzustellen, ob die Annahmen in ihrem Entwurf zutreffen. Auf der Fahrbahn aufgestellte Kraftaufnehmer beschreiben die Bewegung der Brücke und zeichnen sie über einen Zeitraum auf. Dennoch kann sich dieses Testverfahren zu einem klassischen „black box"-Problem entwickeln: Zwar ist die Ermittlung der charakteristischen Eigenschaften einer Konstruktion notwendig, doch lässt sich bei großen Brücken die geeignete Krafteinwirkung schwer berechnen. Künstlich eingeleitete Kräfte müssen groß sein, weshalb ihre Anwendung teuer ist. Natürliche Quellen sind zwar eine brauchbare Alternative, doch muss dazu der Wind auf ein breites, aber charakteristisches Spektrum einwirken.

Folglich lassen sich die korrekten Eigenfrequenzen einer Brücke ermitteln und die Schwingungsformen, Kurven und Wellen, in die sie sich verdreht, durch Koordinaten festlegen. Jede Schwingungsform – vertikal, seitlich oder aufgedreht – hat wie ein Saiteninstrument ihre eigenen Oberwellen, mehrere der einfachen Wellenform. Sobald

diese bekannt sind, lässt sich die in der Konstruktion zu mobilisierende Dämpfung für jedes dieser Muster bestimmen.

Bei der Solferino Brücke ist die Bogenkonstruktion ideal geeignet, um zusätzliche Lasten aufzunehmen. Der Schwingungsverlauf ihrer symmetrischen Anordnung erwies sich als messbar. Die optische Komplexität des Entwurfs ist robust genug, um zusätzliche Masse-abgestimmte Dämpfer zu verkraften und wegen der Leichtbauweise fallen diese beweglichen Gewichte nicht übermäßig groß aus. Nachdem man 25 Tonnen Masse-abgestimmter Dämpfer installiert hatte, wurde die Brücke wieder eröffnet.

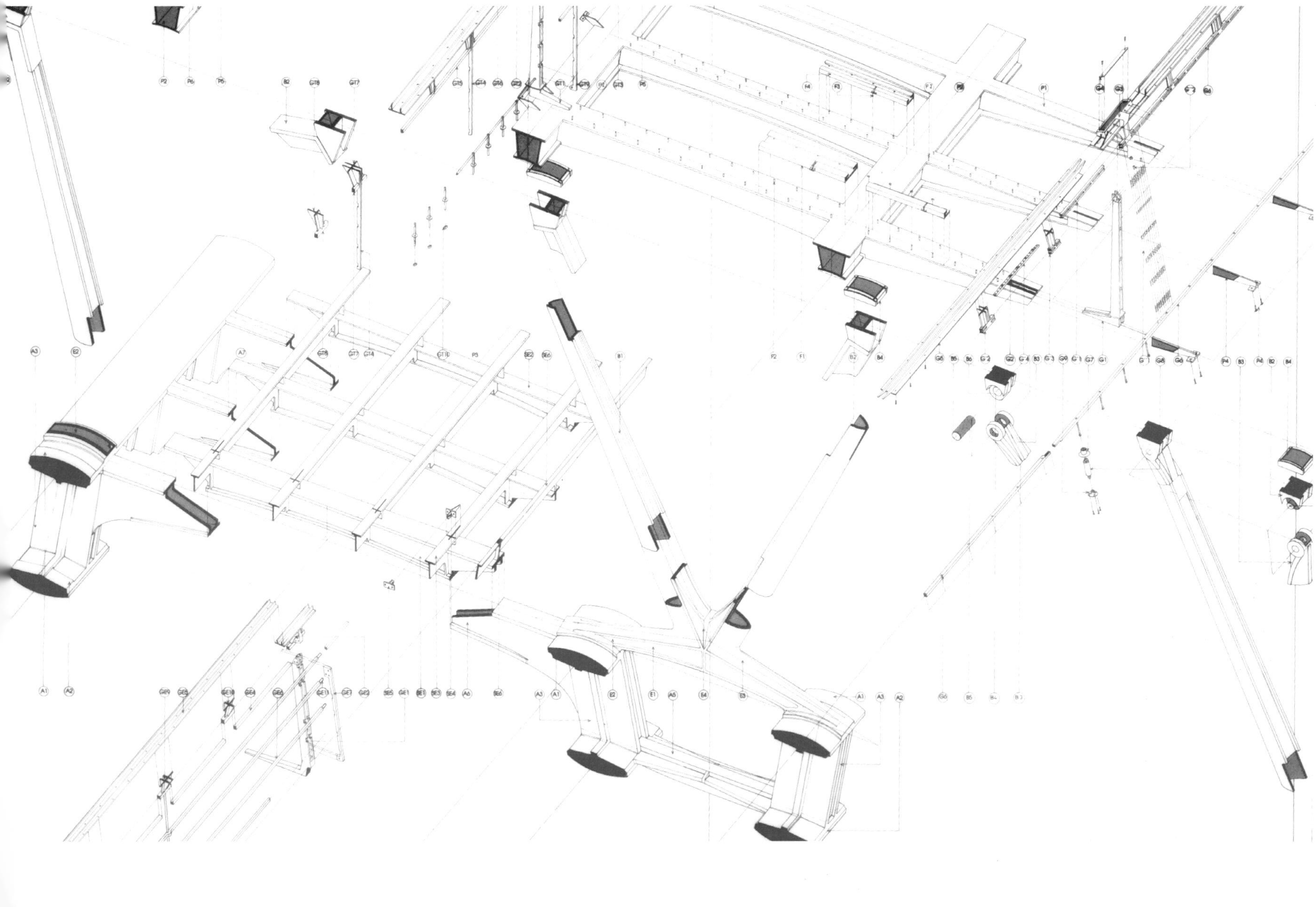

gegenüber:
Bogen und obere Brückentafel vereinen über einen zentralen Schnittpunkt verbundene Rampen und Gehwege.

links:
Das Brückenkonzept beinhaltete eine Konstruktion aus gegossenen Metallelementen.

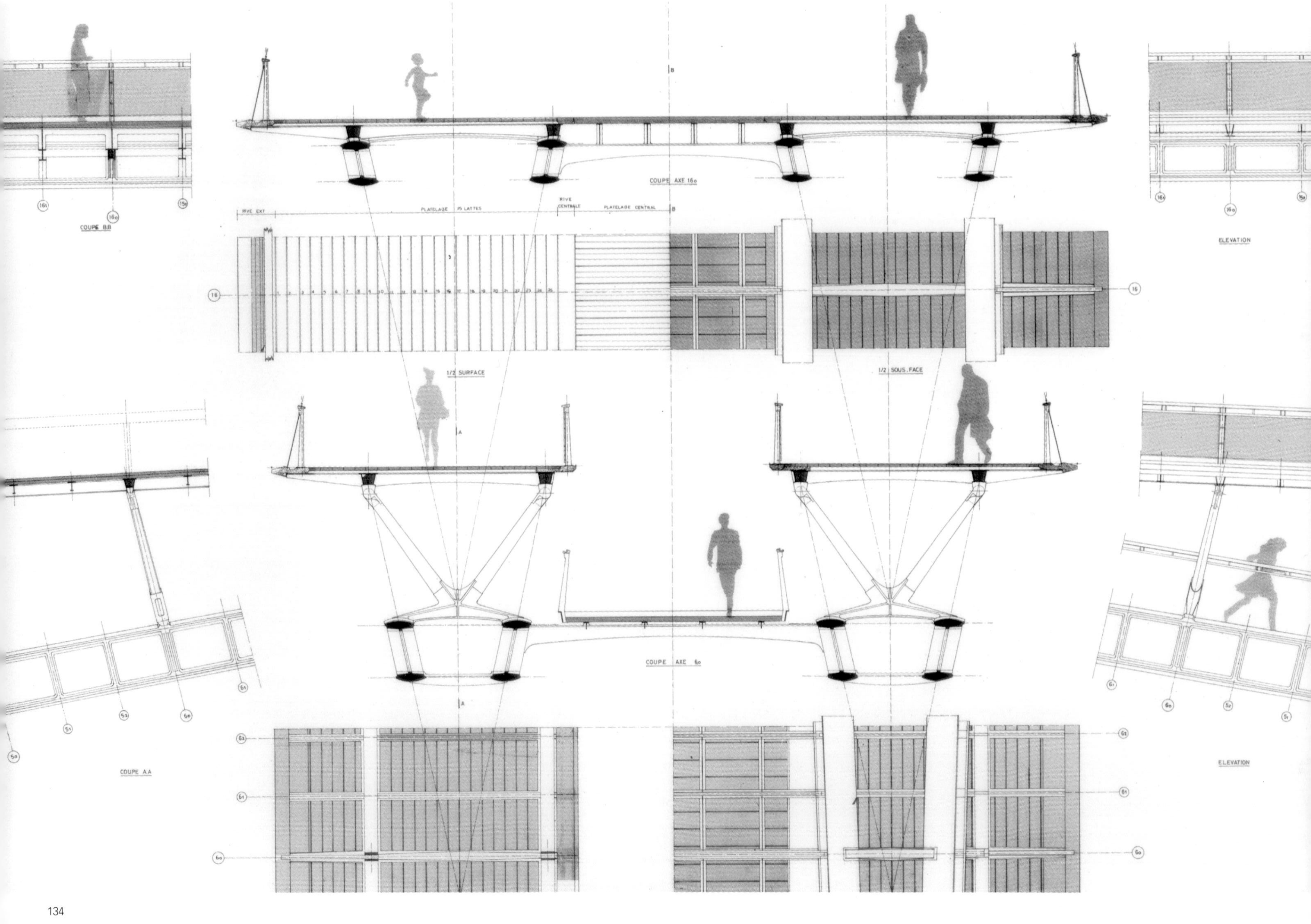
COUPE BB
COUPE AXE 16o
RIVE EXT
PLATELAGE 25 LATTES
RIVE CENTRALE
PLATELAGE CENTRAL
ELEVATION
1/2 SURFACE
1/2 SOUS_FACE
COUPE AA
COUPE AXE 6o
ELEVATION

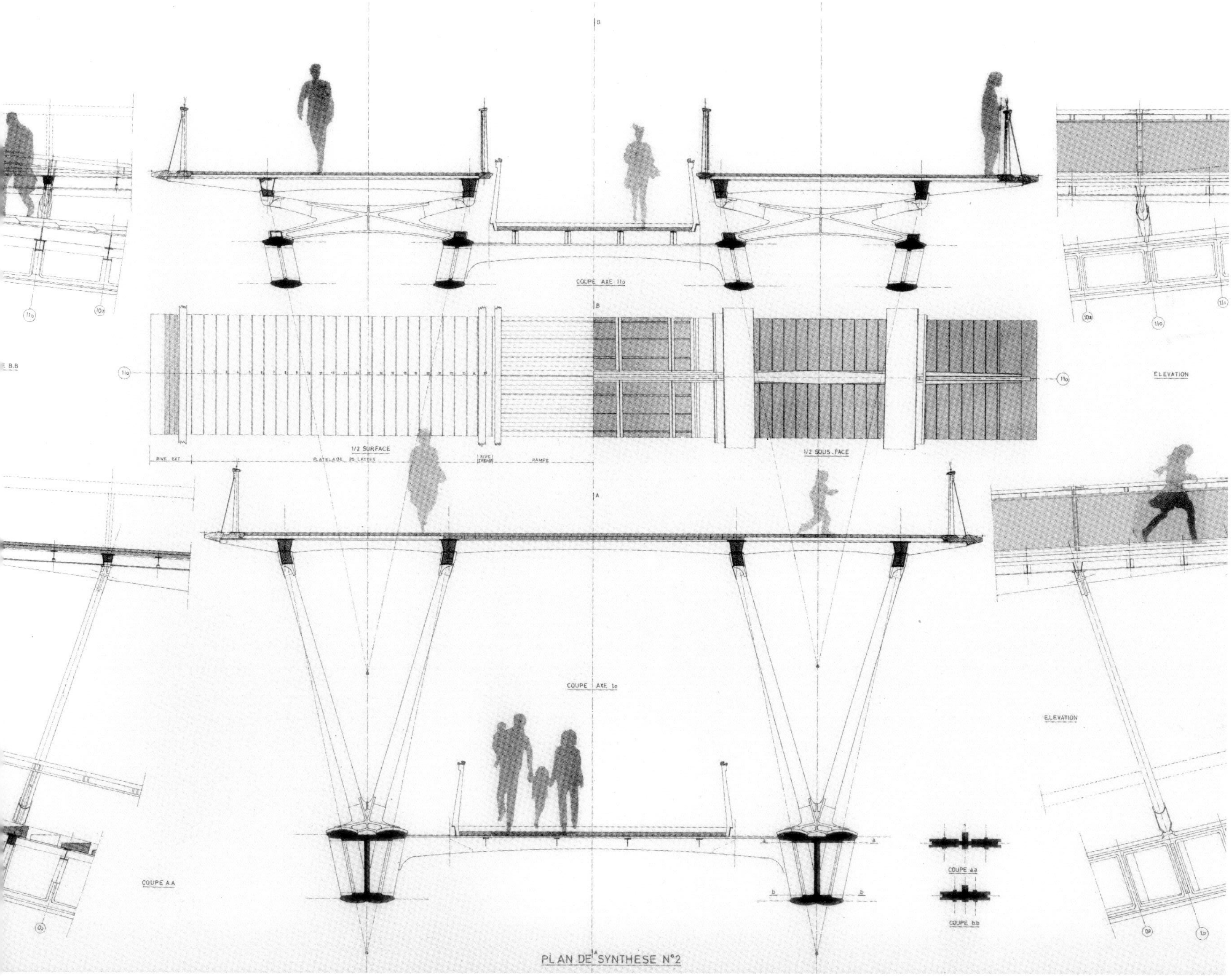

gegenüber:
Die Zeichnungen des Architekten untersuchen die Erfahrungen von Fußgängern, die sich auf und in der statischen Form bewegen.

links:
Die konstruktiven Elemente sind weit verteilt, sodass sich jedes Einzelteil auf den menschlichen Maßstab bezieht. Der Haupttragebogen ist in ein offenes Kastenwerk zerlegt.

Sunshine Skyway Brücke; Tampa, Florida, USA; Figg und Muller, 1986

365 m

Die Akzeptanz von Neuerungen im Brückenbau vollzieht sich gewöhnlich nach einem Muster: Neue Materialien werden mit denen, die sie ersetzen verglichen; neue Konstruktionsmethoden gestalten die verfügbaren Mittel um; neue Baukonzepte entstehen als veränderte Kombination der anerkannten Modelle; neue Analysetechniken bewahren und verfeinern die sich als zu ungenau herausgestellten Systeme. Die Sunshine Skyway Brücke vereinigt in sich verschiedene Entwicklungen und Verbesserungen des französischen Ingenieurs und Erfinders Jean Muller und zeugt von seinen bedeutenden, mannigfaltigen Beiträgen zur Industrie als Ganzes. Die heute zu den bekanntesten und beliebtesten modernen Brücken Nordamerikas zählende Brücke geht auf eine Katastrophe zurück. Seit 1954 standen an ihrer Stelle zwei geschlossene Fachwerkbrücken. Am 9. Mai 1980, in einer heftigen Regenbö, verpasste ein Tampa Bay Lotse an Bord eines leeren Frachters seine Runde auf einer Kanalmarkierung und raste in die Stütze einer Mittelöffnung. Dabei fiel ein Hauptfeld der Brücke herunter und riss 36 Autofahrer mit sich. Auf dieses Unglück folgte ein gänzlich neues Projekt für eine Einzelbrücke. Die zweite Sunshine Skyway Brücke ist die größte Schrägseilbrücke in Nordamerika. Ihre Ästhetik und Ingenieurarbeit basieren auf beziehungsweise gleichen dem Reduktionismus und den Innovationen des französischen Ingenieurs Eugène Freyssinet. Muller war Freyssinets Schützling und schreibt ihm die zu seinem Leitmotiv gewordenen Worte zu: „der entschiedene Wunsch, die Form zu vereinfachen". Auf einer solchen Betonung der geringstmöglichen Mittel beruhen viele Industrieerzeugnisse. Die Idee, dass wertvolle Ressourcen nicht vergeudet werden sollten, wird in das Prinzip umgewandelt: Gute Gestaltung entspringt unmittelbar einer sparsamen Bewirtschaftung.

Die Brücke erhebt sich in einer langen, nach außen gewölbten Kurve über der Wasserstraße und unterstreicht das Durchqueren des

Raumes. Die Fahrbahn ist als durchgehendes Band aus Betonfertigteilen entwickelt. Freyssinet bahnte den Weg für das Verfahren, große Brückenelemente aus Beton vorzufertigen, um teure Schalungen zu vermeiden. Muller gelang mit dem „Betonieren von Gegenstücken“ ein großer Sprung nach vorn: Indem er jedes Bauteil gegen sein angrenzendes Element betonierte, sind beide perfekt miteinander verbunden; gerade dieser tadellose Stumpfstoß ist nötig, damit Klebeverbindungen aus Kunstharzleim wirken.

Die Rampen für die An- und Abfahrten auf die Brücke bestehen aus einfachen Stahlbetonprismen, die auf elliptische Pfeiler gesetzt und zusammen nachgespannt wurden. Da die einzelnen Teilstücke während der Montage hinzukamen, wurden sie mit Spanngliedern zusammengezogen, die durch einbetonierte Rohre gesteckt waren. Die durch dieses Nachspannverfahren oder die Vorspannung mit nachträglichem Verbund ermöglichte Manipulation der Kräfte gestatteten Muller den Einsatz einer weiteren seiner konstruktiven Innovationen, den Gerüstbrücken-Vorschub.

Diese Methode beinhaltet das wiederholte Ausstoßen von Teilstücken auf das Ende eines wachsenden, von einem temporären Fachwerk versteiften Auslegers bis zum Erreichen des nächsten Pfeilers. Während der einzelnen Bauphasen durchläuft die Konstruktion verschiedene Spannungszustände: Momente, Schub- und Längskräfte kommen und gehen mit dem Baufortschritt.

Muller erreichte mit dem System einen neuen Grad der Perfektion bei der Talbrücke Linn Cove in North Carolina, die sich im Bau befand, als die Sunshine Skyway Brücke entworfen wurde. Bei diesem Projekt montierte er eine komplette Hochbrücke von der Fahrbahnebene aus. Als sich die Brücke über dem Baugrund hervorschob, wurden ihre Stützpfeiler von der Brückenplatte aus abwärts installiert. In Geländehöhe gab es überhaupt keinen Zugang. Auf diese Weise vermied

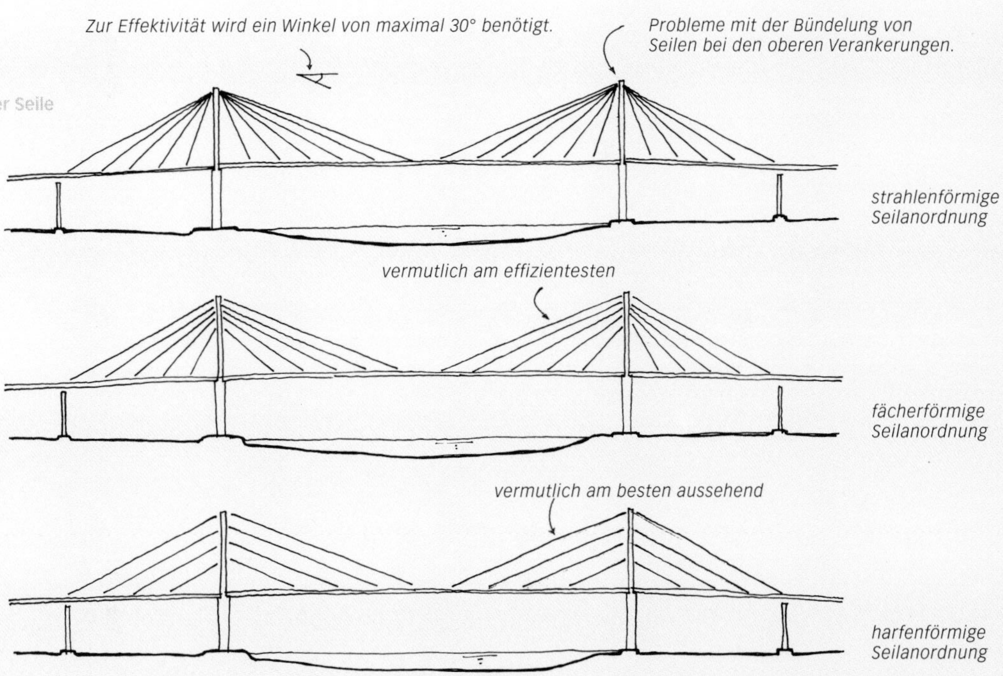

Anordnung der Seile

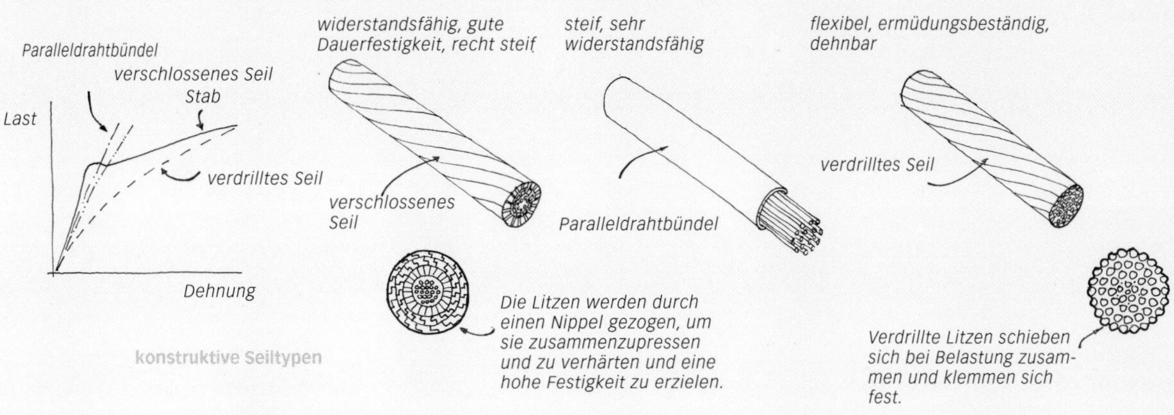

konstruktive Seiltypen

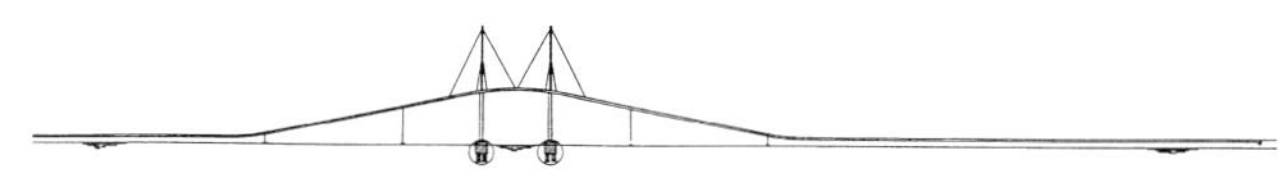

Ansicht der Brücke

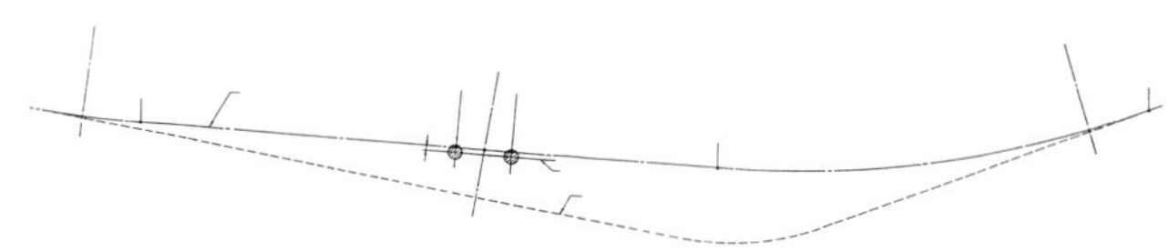

Grundriss der Brücke

gegenüber:
Die elegante, mittig abgespannte Brücke erhebt sich auf einer langen, angehobenen Straße über der Bucht von Tampa. Zu den umfangreichen Maßnahmen zum Schutz gegen den Anprall von Schiffen zählen Fernablenker.

links:
alternative Seilabspannungen und Seiltypen bei Schrägseilbrücken

es Muller, den ökologisch sensiblen Bergabhang zu beschädigen und Narben zu verursachen, die eine Landschaft für Jahrzehnte verunstalten können.

Mullers kühne Innovation entwickelte sich vor dem Hintergrund seiner praktischen Erfahrungen in einer spezifischen Konstruktionsmethode. Die relativ neue Technik des Vorspannens, vor allem bei Fertigteilbauweisen, hat sich als allgemein anerkannte Lehre noch nicht durchgesetzt. Freyssinet und Muller haben auf diesem Gebiet eine Norm eingeführt, eine Richtschnur aus Werken, obwohl ihre Sachkenntnisse das System selbst und nicht Gebäudetypen betrefen. Freyssinet schuf höchst simple Formen wie Luftschiffhallen, während Muller das Potenzial für Öltankerrümpfe aus Beton erforschte und Atomreaktorkessel für das französische Atomprogramm baute. Eine solche Bandbreite von Anwendungen bewahrt die Aufgeschlossenheit und das Interesse von Ingenieuren.

Dort, wo sich der Skyway über der mittleren Brückenöffnung erstreckt, wird er auf eine Mittellinie aus Zugseilen gehoben, die von zwei stattlichen Pylonen fächerförmig angeordnet sind. Die Achse der Seile gestattet ununterbrochene Aussichten über die Bucht und verringert die Windlasten. Eine nahe gelegene Wetterstation hat während des Hurrikans Camillo eine Windgeschwindigkeit von 306 Kilometern pro Stunde gemessen, die höchste jemals verzeichnete. Die Brückenelemente enthalten daher Stahleinlagen, um einem konstanten Wind von 386 Kilometern pro Stunde und Windböen von 467 Kilometern pro Stunde standzuhalten.

Die Zugseile tragen vertikale Lasten, während der starre Betonfahrbahnträger die Seitenkräfte und Verdrehungen der ungleichmäßig belasteten Fahrspuren aufnimmt. Die charakteristische Gestalt einer Schrägseilkonstruktion wird stark davon bestimmt, wie das Gleichgewicht zwischen Seil- und Fahrbahn-Steifigkeit hergestellt ist. Auf der

Hauptöffnung ist der Kastenträger mit inneren Streben versteift, einem komplexen Zusammenbau aus sequenziell vorgefertigten Betonteilen. Die Verwendung eines durchgehenden Betonkastenträgers ergibt eine sehr starre Brückentafel. Infolge dessen müssen die Seile nicht so weit verteilt sein wie bei den flexibleren Stahlbrücken. Muller führte hier geschickt an, dass die zulässige Spannungshöhe auch nach oben korrigiert werden könne. Die Zugfestigkeit der Zugseile bestimmt der Erfahrungswert. Oberhalb einer starren Brückenplatte sind die Seile nicht den weiten Beanspruchungszyklen der älteren Fahrbahnformen ausgesetzt und sollten daher höhere, langfristige Lasten tragen können.

Nach dem Unglück erfolgte eine ausgeklügelte statistische Analyse möglicher Anprälle. Sie wird heute als übliches Verfahren zur Beurteilung des Problems anprallender Schiffe eingesetzt. Die neue Brücke schützen massive, vorgelagerte Bauteile. Die Pfahlgruppen, welche die Gründungen bilden, sind mit Abdeckringen aus Spannbeton zusammengesteckt. Diese mobilisieren die gruppierten Schutzeinrichtungen, um als integrale Elemente Kollisionen standzuhalten.

Die erfrischende Direktheit, mit der eine Hand voll Bauteile angeordnet ist, die Einfachheit der Elemente insgesamt und die natürlichen Proportionen der Brücke dürften von der nachlässigen Behandlung der Schnittpunkte beeinträchtigt sein. Die Art und Weise, in der vertikale Bauelemente auf horizontale treffen, sie passieren und stützen sollten sowie die Ausführung der wichtigsten Schnitt- und Scheitelpunkte ist ein Problem, das die Entwurfsverfasser schon immer herausforderte. Bei der Sunshine Skyway Brücke stoßen Seile und Pylone in einer eleganten Aussparung aufeinander. Ansonsten aber übersah man die notwendige Anerkennung der hervorstechenden formalen Aspekte, vielleicht weil kein Architekt in die übergreifende Entwurfsplanung eingeschaltet war. Die elegante Konstruktion bedarf einer Formensprache der zusammengesetzten Elemente.

gegenüber:
Die oberen Verankerungen der Hauptseilgruppen sind in den mittleren Aussparungen der profilierten Pylone sauber eingesetzt.

links:
Das Nebeneinander einer modernen und einer traditionellen Brückengestaltung lädt zum Vergleichen ein.

Fußgängerbrücke über den Main-Donau-Kanal; Essing, Deutschland; Richard Dietrich/Heinz Brüninghoff, 1986

73,28 m

Dieser großmaßstäblichen Holzbrückenkonstruktion – einem Beispiel für umweltverträgliches Bauen – liegt ein starkes Engagement für die Natur zugrunde. Ihr Standort ist ein breites, flaches Flusstal, das Altmühltal, zwischen steilen, bewaldeten Hängen. Hier nehmen die alte Burg und der malerische Ort Essing eine Felsformation ein, und von hier aus führt ein Pfad hinüber zu einem Naturschutzgebiet. Die für kleine Fahrzeuge und landwirtschaftliche Maschinen ausreichend breite Gehbahn überspannt mehrere landschaftliche Besonderheiten: eine alte Fahrrinne, den breiten Schifffahrtskanal, eine zweite Fahrrinne, Altwasserbuchten und die neue Bundesstraße. Das durchgehende Profil des auf schmale Pfeiler-Fachwerkstäbe montierten Brückenbandes bezieht sich auf die ungewöhnliche, geometrisch angelegte und vom Kanal zweigeteilte Landschaft. Das Programm der neuen Brückenkonstruktion beinhaltete die Berücksichtigung einer alten Holzbrücke.

Der Architekt Richard Dietrich stellt seine Arbeit in die kontinuierliche Entwicklung des Brückenbaus, in eine Reihe von Meisterwerken einer neuen Sensibilität. Die Gestaltung der Brücke bei Essing macht sich die Natur zu Eigen und setzt sie als Metapher ein, indem sie einen Aspekt der deutschen Romantik aufgreift.

Die Praktikabilität wird für den Erlebniswert der Brücke zweitrangig. Die ununterbrochene, geschwungene Linienführung der Konstruktion ist in ihrer baulichen Durchbildung betont. Der wellenförmige Verlauf der Gehbahn harmoniert mit den schlendernden Bewegungen der Spaziergänger. Das Brückenband greift minimal in die Landschaft ein, wobei das preisgünstige, feuerverzinkte Drahtgewebe der Geländerelemente von weitem praktisch unsichtbar ist und die Brückenlinie zusätzlich mildert. Diese einfache gestalterische Aussage ist maßstabsgerecht, um den Dialog mit ihrem Kontext aufzunehmen. Die organische Form und das Verhindern der Hauptverbindungen erwecken den Eindruck, die Konstruktion sei in den Ort hineingewachsen.

Um diese Wirkung zu erzielen, sind – einem viel älteren Gerüstformen entlehnten Motiv – brettschicht-verleimte Holzbalken über einer Reihe von Pfeilerböcken angeordnet und an beiden Enden mittels Ankerblöcken eingespannt worden. Die Kontinuität der Konstruktion wird von dem schweren, zusammengesetzten und von Pfeiler-Fachwerkstäben und Seilen gestützten Brückenband unterstrichen. Die Zugkräfte, die sich in den durchhängenden Feldern entwickeln, verringern die Brückenhöhe. Die verwendeten Vollholzbalken haben einen 65 cm hohen Querschnitt, wohingegen bei einem oben offenen Fachwerk die Höhe 4 m betragen würde. Die Haupt-Pfeiler bestehen aus paarweise angeordneten Sprengstreben. An die darüber liegenden Holzbalken angeschlossen, fungieren sie der Längsachse nach als stabile Rahmen und reduzieren das Aufdrehen, das bei ungleichmäßigen Belastungsbedingungen ein stärkeres Durchbiegen zur Folge hätte. Die inneren Streben sind wiederum subtil zu einem Punkt vereinigt, um die Drehsteifigkeit zu verbessern und die Schwingungsfestigkeit des Systems zu erhöhen. Der zuerst zu diesem Bauvorhaben hinzugezogene Bauingenieur hielt es für nicht durchführbar, nachdem er sich den Entwurfsvorschlag im Kontext mit früheren, untauglichen Konstruktionen vorgestellt hatte. Heinz Brüninghoff, der eher von rechnerischen Grundprinzipien ausging, konnte mit dem Entwurf des Architekten mithalten.

Der Ingenieurholzbau gründet auf der Handhabung dreier Faktoren: der Veränderlichkeit von Holz, seinem Verschiebungsverhalten und seinen Verbindungscharakteristika. Auf den ersten Faktor wird hier mit der üblichen Strategie eingegangen und ein hoher Grad an überzähligen Teilen in den einzelnen Elementen akzeptiert. Dies geschieht mittels vielfältiger Bolzenverbindungen, brettschicht-verleimter Bauteile sowie paralleler Balken und Stützstreben über die Spannweite der Brücke. Das Trägerband besteht aus fest verleimten Kanthöl-

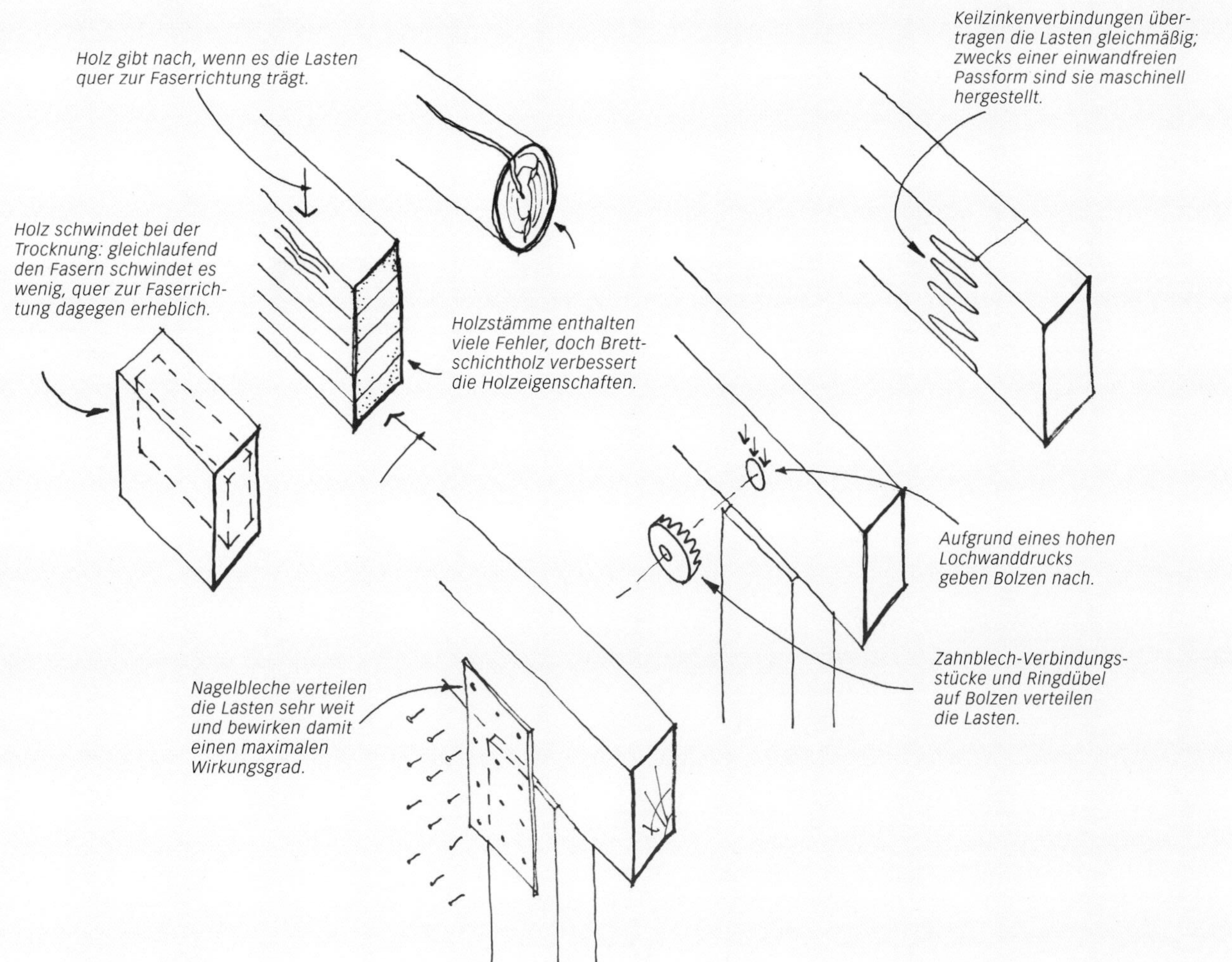

Holzverbindungen

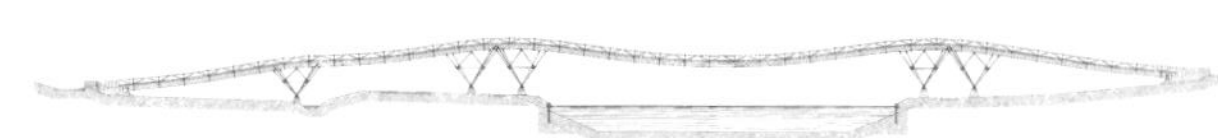

Ansicht der Brücke

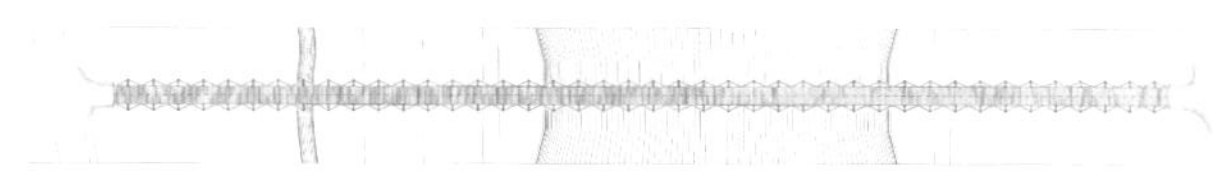

Grundriss der Brücke

gegenüber:
Das geschwungene Profil der Fußgängerbrücke überspannt die Altwasserbuchten und Mäander der alten Donau im Altmühltal bei Essing.

links:
Holzverbindungssysteme und Feuchtigkeitswanderung

zern. Das Holzwachstum beschränkt die Größe der Bauteile auf kurze Längen und kleine Teilstücke, verursacht aber auch Fehler, Unvollkommenheiten und Ungleichheiten. Um den Einfluss von Fehlern bei jedem einzelnen Holzelement zu verringern, kommen beim Brückenbau zusammengesetzte Bauteile zum Einsatz. In diesem Fall sind sie vorgefertigt, weisen die enorme Länge von 45 m auf und sind auf dem Straßenwege transportiert worden. Die Haupt-Pfeiler gelten als sekundäre Konstruktionen. Bei ihnen handelt es sich um einzelne, mit unmittelbaren und exponierten Bolzenverbindungen verbundene Vierkantelemente. Die voneinander abweichenden Teilstücke erfuhren eine Festigkeits-Sortierung, wodurch sie, um diesem Näherungswert zu entsprechen, zwangsläufig schwerer sind. Das Brückengeländer ist als zusätzliches Element gestaltet, sorgfältig geneigt und durchgebildet, um Wasser abzuweisen. Für die Tragfähigkeit der Brücke bei Belastung quer zur Achsrichtung sorgt auf der Unterseite der Trägerbalken ein Diagonalverband aus Stäben, der die Lasten auf die quer zu den Pfeilern und zwischen ihnen verlaufenden Zugstangen überträgt. Holz dehnt sich aus und zieht sich zusammen, sobald sich der Feuchtigkeitsgehalt der Luft verändert, und im Laufe der Zeit trocknet und schwindet es gewöhnlich. Die widerspänige Schrumpfung ist vier oder fünf Mal so groß wie die in Längsrichtung und lockert schnell die Verbindungen. Während langer Perioden verformt beanspruchtes Holz und lässt gegenüber einwirkenden Lasten nach. Die gekrümmte Brückenform ist der ideale Typ, um diese Veränderungen zu meistern. Mit der Zeit gibt sie leicht nach, weshalb keine Bewegungsfugen erforderlich sind. Die Verbindungen der Brücke konzentrieren sich auf Strategien, die gleichmäßig in einem Holzstück verteilten Kräfte aus den Holzfasern abzutragen und sie zweckmäßig umzuleiten. Der Entwurf beinhaltet eine Mixtur aus geeigneten, konservativ angewandten Verbindungstechniken; es gibt wenig Neues auf einem Gebiet, auf

dem man große Entwicklungen erwarten könnte. Die wesentlichen Montagestöße sind mechanisch. Die Lasten werden von verteilten Nagelgruppen zu Stahlblechen und über in Bolzen oder Schrauben konzentrierte Metall-Metall-Verbindungen geleitet. Die vorgefertigten Verbindungselemente bestehen aus verleimten Keilzinkungen, welche die Last von Faserrichtung zu Faserrichtung übertragen. Verwendung fanden auch herkömmliche Blattverbindungen. Die Haupt-Sprengstreben sind mit Gussstahlknoten gestaltet, die die Stützen tragen, den Hirnschnitt schützen und die Kräfte mittels Bolzen auf die Mittelachsen jedes Bauteils leiten. Die Entwurfsbelange drehten sich hauptsächlich um das dynamische Verhalten der Brücke. Fichtenholz, das Grundmaterial, ist leicht und fest. Es wächst schnell, ist daher preiswert, aber auch äußerst elastisch. Zwangsläufig entstand so eine sehr federnde Konstruktion. Analysen haben ergeben, dass die sehr langen, kontinuierlichen Elemente eine Eigenfrequenz aufweisen, die von den Fußgänger-angeregten Schwingungen weit entfernt liegt. Ein mutwilliges Aufschaukeln wurde nicht als Problem in Betracht gezogen, da die wahrnehmbaren Bewegungsarten eine sehr hohe Massenbeteiligung haben. Fußgänger, die die Brücke zum Schwingen bringen, müssten beträchtliche Anteile ihres Gewichts in Bewegung versetzen. Die Dämpfung oder die Fähigkeit, Energie abzugeben, ist bei Holzkonstruktionen stark ausgeprägt. Zwar ist Holz elastisch, doch verzehrt es seine eigene Energie, wenn es geknickt wird. Die Überblattungen nutzen ab, reiben sich ab und zerbröckeln beim Schwingen der Brücke. Diese Reibung erzeugt Wärme und verhindert Schwingungen. Der Bauablauf der Brücke erfolgte traditionell: Vorgefertigte Teilstücke wurden auf vorbereiteten Pfeilern aufgebracht. Die mit herkömmlichen Mitteln verbundene Brücke repräsentiert das Zusammentreffen von neuen, individuellen Ideen und bewährten konventionellen Bausystemen.

gegenüber, links:
Haupt-Pfeiler, Detail des Sockels. Die gestalteten Stahlguss-Stücke sollen die Funktion der Bolzenenden integrieren, die Blöcke stützen und das Hirnholz der wichtigsten Holzbauteile schützen.

gegenüber, rechts:
Geländer und Brüstungspfosten sind zur Abweisung von Wasser durchgebildet und verhindern Verschiebungen durch Holzfäule und übermäßige Feuchtigkeit.

links:
Das durchgehende Profil des Brückenbandes aus brettschicht-verleimten Holzbalken gliedert sich in das verstrebte Holzstabwerk des Geländers und in die horizontale Verstrebung der Balkenunterseite.

Roosevelt Lake Brücke; Phoenix, Arizona, USA; HNTB, 1990

329 m

Der Roosevelt-See oberhalb der Stadt Phoenix, Arizona, entstand 1911 durch die Errichtung einer Gewichts-Staumauer in einer engen Schlucht der oberen Nebenflüsse des Salt River. Als das Staubecken allmählich mit Ablagerungen verschlammte, musste die alte Sperrmauer, eine tiefe Hohlmauer aus massiven Kalksteinblöcken, zur Verhütung von Überflutungen erhöht werden. Zu diesem Zweck war auch eine schmale, am Rand verlaufende und die beiden Bergarbeiterstädte Globe und Payson verbindende Straße umzubauen. Außerdem war die Entwicklung des Gebiets zu einem Wassersportzentrum durch die Streckenführung der Straße behindert. Die während des Baus der Sperrmauer genutzte, als Apache Trail (Apachen Pfad) bekannte Transportstrecke von Phoenix und Mesa, hatte man an die Freizeitnutzung angepasst. Allerdings war sie für den Transport mit Zugpferden gebaut worden und ihre Haarnadelkurven waren für Bootsanhänger unüberwindbar. Die Möglichkeit, die Straße neu auszurichten und zu verbreitern, sodass sie quer zur Sperrmauer verlief, wurde untersucht, doch zugunsten eines Brückenschlags abgelehnt. Die Roosevelt Lake Brücke überspannt die Schlucht oberhalb der Sperre an der Talöffnung und führt beide Straßen über die Brücke. Die weit gespannten Fahrspuren lassen sie ungewöhnlich schlank wirken. Zu der geologischen Beschaffenheit, die den Standort der Sperrmauer vorgegeben hatte, passte eine große Brückenlösung. Erwogen wurde eine Talbrücke, doch wären die Pfeiler in dem tiefen Wasser und in den Ablagerungen unten im See verloren gegangen. Die umfassenden Bestandsaufnahmen bei Beauftragung der Sperrmauer und Fotos von den Ausschachtungen während der Bauarbeiten lieferten genaue Informationen über die Bodenverhältnisse auf beiden Talseiten. Die Felsen fallen tief hinab, doch der feste Redwall Kalkstein konnte die Gründungslasten von hohen Türmen oder Bogenwiderlagern ohne weiteres tragen. Verschiedene Brücken-

konzepte wurden parallel entwickelt und die endgültige Wahl auf der Grundlage der erhaltenen Bauangebote getroffen. Aufgrund abweichender Zeiten im Bauablaufplan und unterschiedlicher Instandhaltungsregelungen, die die Bewertung komplizieren, gestalten sich Rentabilitätsvergleiche schwierig. Der ausgewählte Stahlbogen hatte die niedrigsten Grundkosten und erwies sich als konkurrenzfähig mit Schrägseilprojekten aus Beton, da die von der Bogenform erzeugten Querkräfte von den harten Felswänden auf beiden Seiten gehalten werden konnten. Außerdem brauchte die Fahrbahn keine Versteifung, um als Zuganker zu wirken. Sie wurde auf eine leichte Verbund-Brückentafel aus Stahl und Beton reduziert, die Lastkähne auf dem See an die vorgesehene Stelle heben konnten.

Die Entwurfsverfasser behaupteten, ihre Wahl sei völlig pragmatisch gewesen, allerdings würden der Maßstab und die äußere Erscheinung des Bogens mit dem spektakulären Standort perfekt harmonieren und dem Seepark ein Wahrzeichen geben. Die Blütezeit dieser bewährten Form fiel mit einer heroischen Periode des amerikanischen Brückenbaus in der ersten Hälfte des 20. Jahrhunderts zusammen. Die Brücke ist daher im Kontext des Konservatismus im Mittelwesten Amerikas anzusiedeln.

Die Konstruktion ist sehr schlicht, die bauliche Durchbildung unmittelbar und unbefangen einschließlich der elementaren und geräumigen Verbindungen. Konstruktion wie bauliche Durchbildung sind vom Einfluss des Bauunternehmers geprägt. Die statische Berechnung war so einfach wie es die Projektgröße zuließ – eine gute Methode, um Fehlkalkulationen und Versehen zu vermeiden. Wegen der geraden und symmetrischen Entwurfsgestaltung konnten die Bauteile mittels einer Analyse des ebenen Tragwerks (nur zwei Dimensionen) bemessen werden. Um die Brücke mit diesem Analysetyp zu bewerten, wandte man die große Durchbiegungstheorie an. Wenn

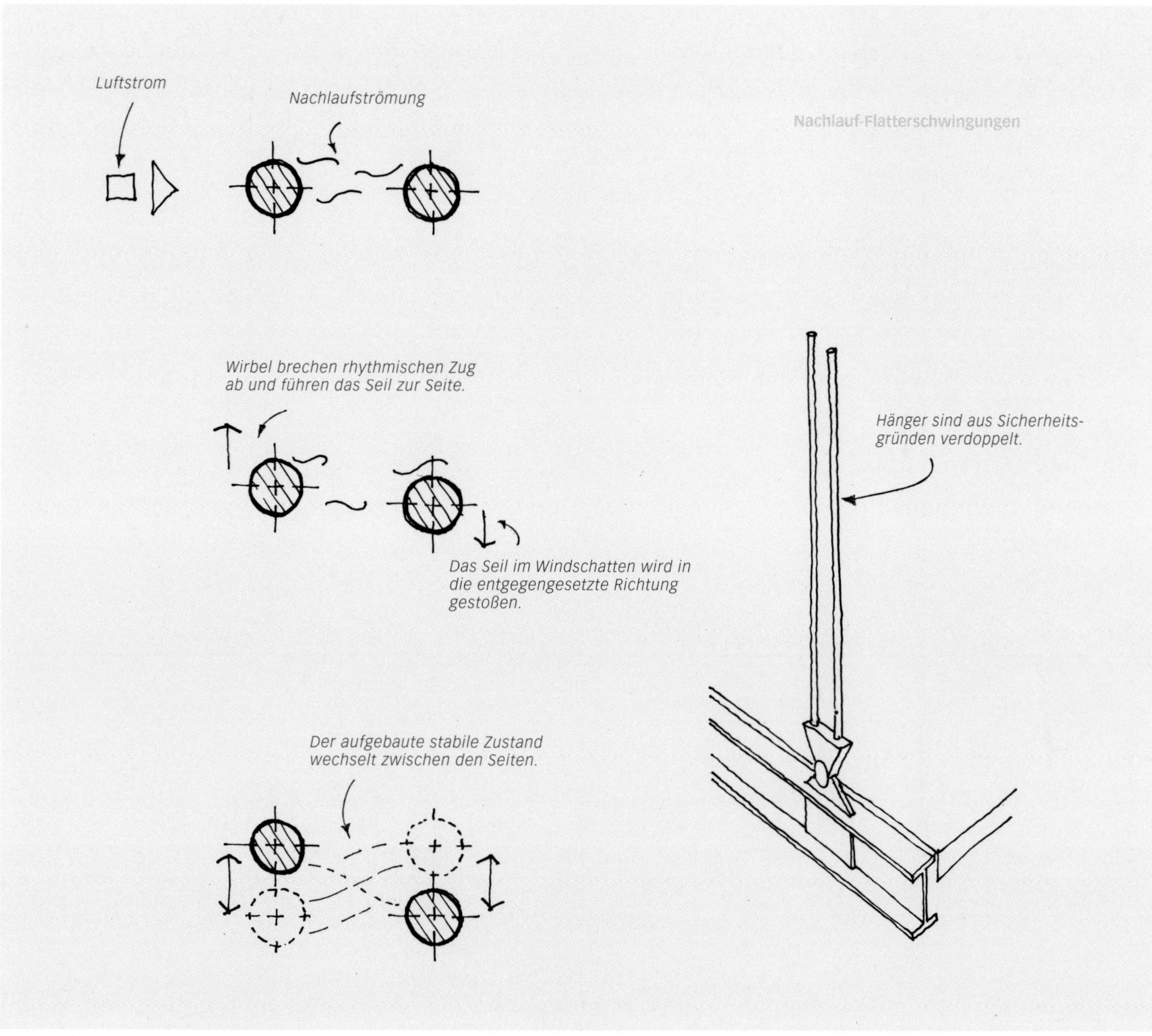

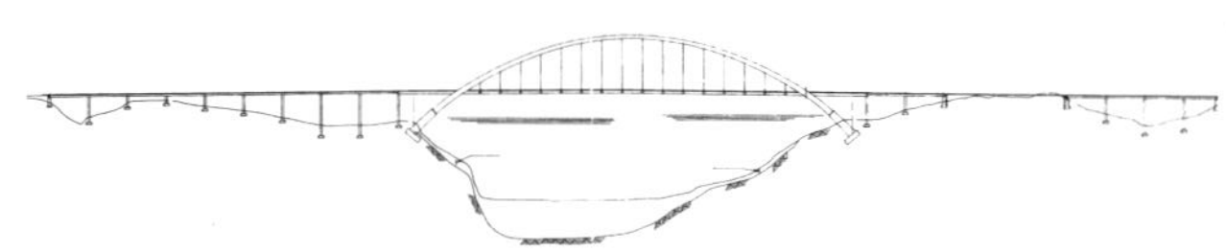

Ansicht der Brücke

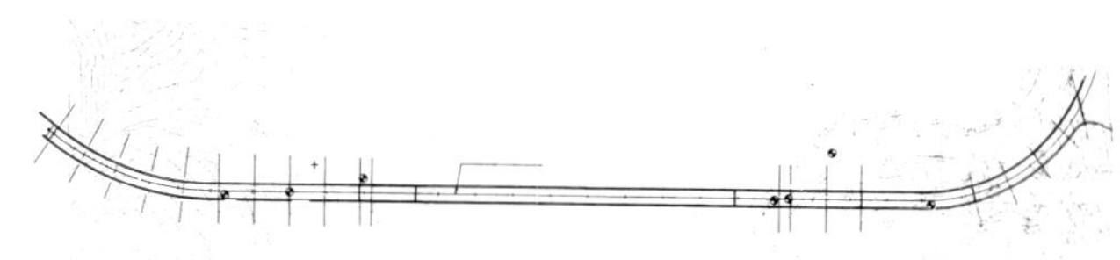

Grundriss der Brücke

gegenüber:
Eine klassische Stahlbogenbrücke mit aufgehängter Fahrbahn. Seitenschübe werden von den Widerlagern gehalten. Die Brückentafel ist leichter als bei einem vergleichbaren Bogenträgersystem mit Zugband.

links:
Das Problem der „Nachlauf-Flatterschwingungen" kann in zusammengelegten Bauteilen auftreten.

sich die Konstruktion aus der Form verdreht, verlagern sich in jedem Bauteil die Ausrichtungen der Kräfte. Dadurch entstehen beträchtliche, zusätzliche Beanspruchungen und der Rechner muss sorgfältig programmiert sein, um diese Rekonfigurationen zu berücksichtigen. Auch eine Erdbebenanalyse und eine Windbelastungsuntersuchung sind anhand eines dreidimensionalen Computermodells durchgeführt worden. Die Ergebnisse aus dem einfacheren, zweidimensionalen Modell konnten anschließend für die Bestätigung der dreidimensionalen Analyse herangezogen werden. Im Windkanal wurde der Entwurf auf aerodynamische Einwirkungen untersucht. Die stumpfen Ränder der Kastenelemente dienen einer leichten Fabrikation, lösen aber in einem Luftstrom Wirbel ab. Da jedoch die offenen Querstreben rhythmische Strömungen abbrechen, waren keine Gegenmaßnahmen auf der Hauptkonstruktion erforderlich. Die Hänger wurden zu jeweils vier Stäben gruppiert und benötigten zur Verhütung von Nachlauf-Flatterschwingungen Dämpfer, in denen die Wirbel eine Stabkraft im Windschatten der anderen abbrechen, um mitzuschwingen.

Die Bogenpaare mussten mit Querstreben versehen werden, um zu vermeiden, dass die Versteifungsrippen seitwärts ausknickten, und um dem starken, an den Seeufern konzentrierten Wind zu widerstehen. Die K-Verbände, offene Dreiecksfachwerke, erwiesen sich als weitaus leistungsfähiger als die Verwendung des optisch weniger störenden Virendeel-Systems. Bei letzterem bilden Kastenquerträger ein leiterähnliches Muster aus rechtwinkligen Feldern.

Elementare Spannbetonträger auf Stahlbeton-Hammerkopf-Pfeilern kamen bei den Auffahrten zu den gestelzten Straßen zum Einsatz. Das ideale parabolische Profil der oberen Bögen weist auf der Fahrbahnlinie einen Knick auf, um die zusätzlichen Lasten von den Seitenöffnungen aufzunehmen. Den Überbau bilden stählerne Hohlkastenträger, die von Längsträgern und Querscheiben versteift und

für den Kontrollgang bemessen sind. Die häufig im Wasser eingetauchten Sockel bestehen aus mit Stäben bewehrten Spannbetonprofilen. Zur Verlängerung der Lebensdauer sind die Stäbe mit Epoxidharz beschichtet.

Der Bogen entstand, indem die Versteifungsrippen bis zum Auftreffen auf der Mittelachse ausgekragt wurden. Die Betonsockelprofile auf ihrer verbreiterten Gründungssohle wurden in Ortbeton mit einem Fußstück dahinter hergestellt. Diese Bauteile erhielten zunächst ein Gegengewicht (Ausgleichsballast), um ein Kippen zu verhindern, und bildeten anschließend den Unterbau für hohe Montagetürme. Die Versteifungsrippen wurden abschnittsweise ausgedehnt und von Rückhalteseilen zurückgehalten. Um das Kraftschema in der temporären Anordnung zu erhalten, wurde jeweils ein Spannseil auf jeder Seite verwendet und mit fortschreitendem Bauverlauf verlegt. Im Montagezustand wurden die Versteifungsrippen an ihrer Basis als Bolzen angeordnet, sodass sich ihre oberen Enden problemlos in Fluchtlinie ziehen ließen, um in der Mitte zusammenzustoßen. Als die Versteifungsrippen schließlich zusammengeschlossen waren, wurden die Lastverteilungsplatten verriegelt und die unteren Abschnitte der Versteifungsrippen vorgespannt.

Bis auf den taubenblau gestrichenen Stahlbogen, ein Standardfarbton einer zinkreichen Grundierung, ist die Konstruktion schmucklos. Die Schlichtheit der Brücke passt gut zu der benachbarten Sperrmauer. Beide Artefakte trennen drei Generationen technischer Entwicklung. Gemein haben sie eine gewisse Erhabenheit, die von den rein zweckmäßigen, in einer abgelegenen Umgebung platzierten Formen herrühren.

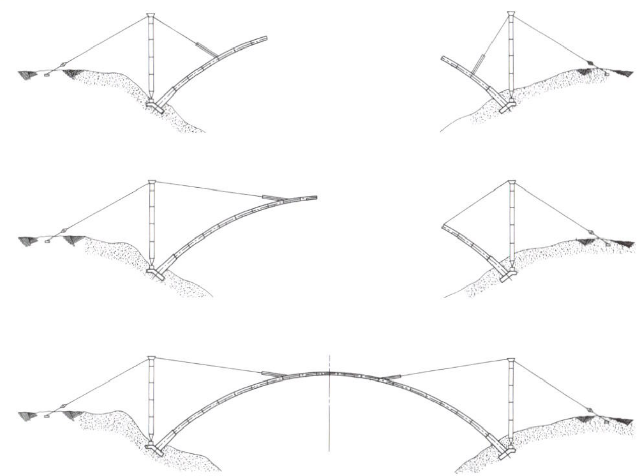

gegenüber:
Die neue Straßenführung ersetzt den alten, für Lastpferde bestimmten Pfad. Dadurch können die Reisenden in den Wohnwagen und in den Autos mit Bootsanhängern das Freizeitpotenzial des Sees nutzen.

links:
Die Tragebögen werden – nicht elegant, aber effizient – von K-Verbänden zusammengehalten.

oben:
Die endgültigen Abmessungen der Bauteile berücksichtigen den Bauablauf. Die Behelfskonstruktionen wurden auf ein minimales, leicht zu handhabendes Stützsystem reduziert.

Miho Museum Fußgängerbrücke; Shiga Präfektur, Japan; I.M. Pei Architect/Leslie E. Robertson Associates, 1996

120 m

Der in die Shigaraki Hügel bei Kyoto eingegrabene Miho Museumskomplex ist einer der Hauptentwürfe des erfahrenen Architekten I.M. Pei. In der Landschaft und in der Tradition eingebunden, präsentieren die Museumssäle eine Auswahl antiker Kunst. Das Gebäude liegt tief in einer kleinen Bergkuppe und zeigt sich nur durch vereinzelte Pavillons und andere oberirdische Markierungen.

Der Standort ist durch das umliegende Naturschutzgebiet isoliert und erforderte daher eine Erschließung, die sich von einem entfernten Zugangspunkt erstreckte und den Bergabhang durchquerte. Diese Notwendigkeit wurde genutzt, um eine Konstruktion zu schaffen, die einen Teil des Erlebnisses von Besuchern ausmacht. Der weit angelegte Zugang ist als Folge von Begegnungen mit der Landschaft entworfen, bevor der Besucher im unterirdischen Museum eingehüllt wird. Die alte chinesische schriftstellerische Erfindung von einer mühsamen Reise, die im Tempelbezirk der Pilger mit der gelehrtenhaften Erleuchtung endet, nimmt im Verlauf des öffentlichen Zugangs Gestalt an. Pei selbst zog einen Vergleich mit dem Märchen vom „Pfirsichduft-Frühling", in dem ein einsamer Fischer in den Bergen auf einen Pfirsichhain stößt, der zu einer Höhle führt. Am Ende liegt ein Land, in dem Erleuchtung und Überfluss herrschen. Nachdem der Fischer einen Nachmittag dort verbracht hat, kehrt er in die Welt zurück, doch die Höhle findet er niemals wieder.

In Peis Entwurf führt ein gewundener Pfad oder Golfkarren-Weg vom Parkplatz hinauf zu einem kleinen Tunneleingang, der „Höhle". Der anschließende, gebogene Durchgang ist mit rostfreiem Stahl verkleidet, der nach und nach das näher kommende Licht zum Vorschein bringt. Der Tunnel bricht hervor auf einer Fußgängerbrücke über einer tiefen, steilen Bergschlucht. Am anderen Ende öffnet sich auf einer Seite das Museumsgelände. Die hier angewandte japanische Entwurfstechnik „shakkei", eine Rahmenperspektive von langen und

kurzen Aussichten, soll den Blick von der Brücke ablenken und auf den zurückweichenden Gebäudekomplex richten. Die Brücke selbst ist eine Mischform aus drei Mechanismen, deren Anordnung die Wahrnehmung des Fußgängers manipulieren soll. Die Konstruktion ist weniger zu sehen als vielmehr zu erfahren. Ihre Form bekam eine untergeordnete Rolle, damit sie möglichst wenig ins Auge fällt, mit dem Ziel, den Besucher in die natürliche Schönheit des Standorts einzutauchen.

Die Einfeldbrücke verfügt über keine Pfeiler, sondern nur über Widerlager, die in die Kämpferpunkte der Gehbahn integriert sind, wodurch sich die Umweltfolgen verringern. Auf der Seite des Tunnels ist eine Anordnung von Hängeseilen an seiner Verkleidung verankert, sodass die Brücke symbolisch im Berg verwurzelt ist. Aus Peis Sicht vereint die gegenseitige Stützung von Tunnel und Brücke zwei unvereinbare Bauteile zu einer logischen Sequenz. Die Seile wölben sich wie bei einer riesigen Violinenbrücke nach vorn und werden um einen ausgeschrägten Parabelbogen geführt, bevor sie sich nach unten zu beiden Seiten der Fahrbahn in einem abschließenden Schleier ausbreiten. In der Mitte quer zur Brückenöffnung verschwinden die Spannseile unterhalb der Linie des Brückengeländers. Der übrige Brückenteil wird von einem einfachen Fachwerk getragen, das sich unterhalb der Gehbahn dem Blick entzieht. Ein Tetraeder-Rohrträger versteift die verschiedenen Teile. Die Geländer mit Füllelementen aus perforiertem Stahl bieten den Fußgängern einen hohen Grad an physischem und psychologischem Schutz. Die Geometrie des Strebebogens und der Fächerabspannungen ermöglicht eine beträchtliche Freiheit, die Form unter Last zu verändern, und Durchbiegungen sind leicht wahrnehmbar. Dieser Effekt soll zum Erlebnis des Fußgängers beitragen, so wie eine Brücke aus Seilen schwingt, wenn Reisende auf ihr vorwärts drängen. Gefährliche Schwingungen sind durch

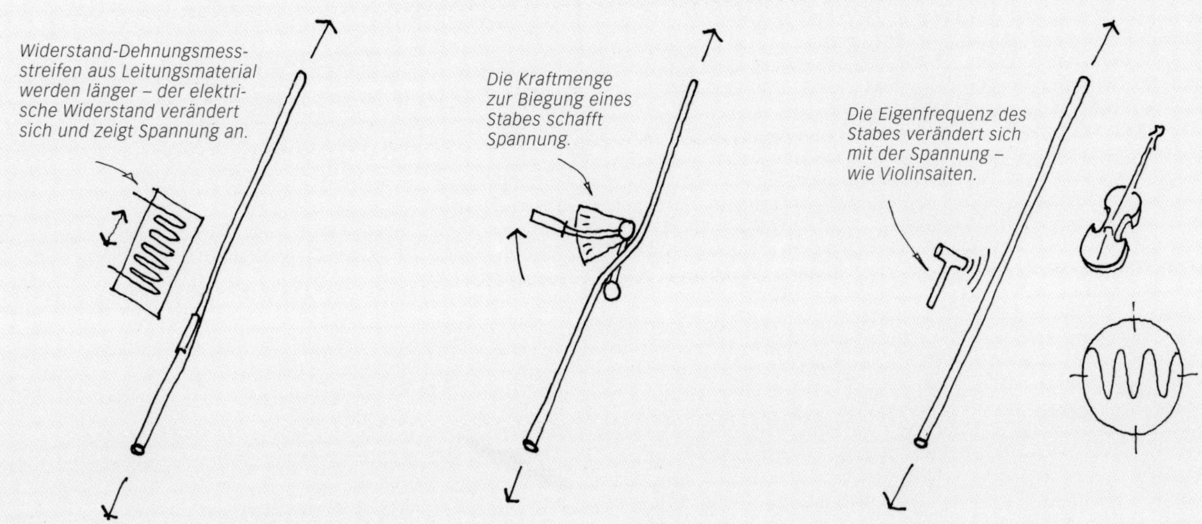

Überprüfung der Seilspannung

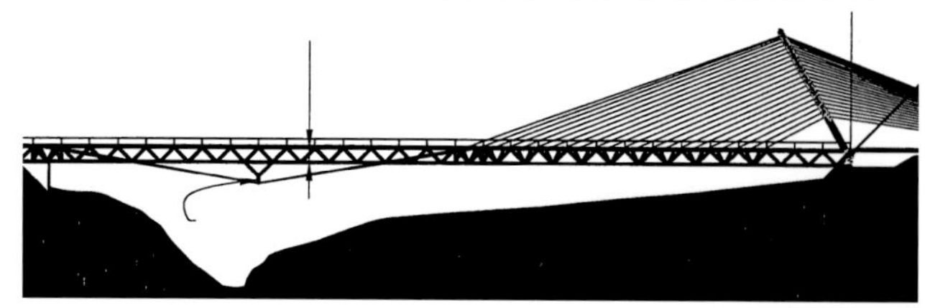

Ansicht der Brücke

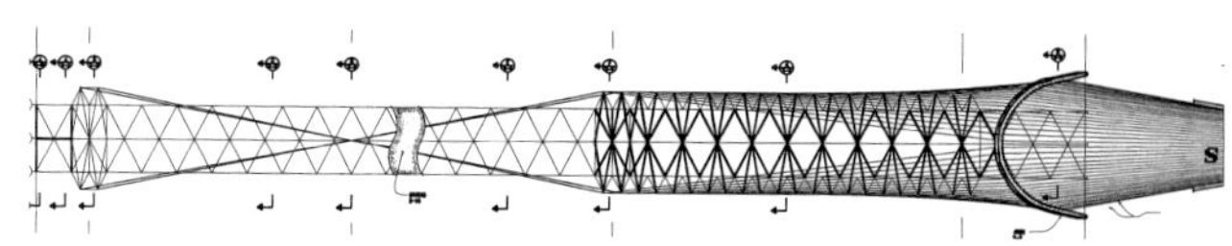

Grundriss der Brücke

gegenüber:
Eine breite Gehbahn taucht aus dem Bergabhang hervor, um eine tiefe, bewaldete Schlucht zu überqeren.

links:
Zur Ermittlung der Spannung in beanspruchten Seilsystemen stehen verschiedene Techniken zur Verfügung.

einen hohen Eigendämpfungsgrad und das komplexe, nicht lineare Verhalten der sich verdrehenden Seile ausgeschlossen. Die Brückenkonstruktion schaukelt in ungewöhnlicher Weise, doch reagiert sie auf Belastungen mit Biegeverformungen und baut die von Windkräften und Spaziergängern produzierte Energie ab.

Der Erhalt dieser asymmetrischen Stabilität und Ruhelage des Systems erforderte Geschicklichkeit. Die Seile sind entsprechend der Verteilung der vom Layout induzierten „ruhenden" Lasten bemessen. Einzeln vorgespannt, nimmt ihr Durchmesser zum Scheitelpunkt des geneigten Tragebogens allmählich zu. Diese Vorspannung führt zu einer leichten Wölbung, einem schräg ansteigenden, an ältere Fußgängerbrücken erinnernden Bogen.

Das Spannen einer leichten Fußgängerbrücke kann teuer und kompliziert sein. Die Länge einzelner Seile wird durch das Drehen von Abspannschrauben oder Spannschlössern eingestellt. Infolge der Hebelwirkung eines Schraubengewindes kann dies bei allen Stäben, mit Ausnahme sehr dicker, manuell geschehen.

In einem komplexen System wirkt sich ein umgeänderter Stab auf alle anderen aus, sodass jeder Wechsel die anderen Elemente „kaskadenförmig" erfasst. Unvollkommenheiten, Reibung in den Verbindungen, Abweichungen im Durchmesser und in der Dehnung der Seile erschweren eine genaue Vorhersage dieser Auswirkungen. In der Regel muss der Ingenieur mittels Versuchen eine Einstell-Folge entwickeln, um die Lasten in Stufen in Einklang zu bringen. Ein Problem ergibt sich jedoch hier aus der Messung der Last in jedem einzelnen Stab. Eine teure Lösung ist die Fixierung von Dehnungsmessstreifen an jedem Stab. Diese empfindlichen Plättchen messen winzige Veränderungen im elektrischen Widerstand, sobald sich der Stab oder das Seil spannen. Allerdings sind sie zerbrechlich und schwierig auf ein genaues Maß zu bringen. Eine weniger genaue

Methode besteht darin, jeden Stab mittels einer sehr geringen Kraftmenge örtlich zu biegen und anschließend die Spannung aus seinem Ausknicken zu berechnen. Die in Miho eingesetzte Methode war für eine Schrägseilbrücke besonders geeignet. Wie bei einer Guitarre wurde auf jedem Stab herumgeklimpert und die Frequenz, bei der er summte, verriet seine Spannung.

Die Umweltfolgen der Installation in Miho sind rigoros minimiert worden. Brücken in tiefen, bewaldeten Schluchten des Pacific Rim konzentrieren die Regenwasserabflüsse um ihre Pfeiler oder die Wasserabläufe der Fahrbahn. Die Brückenplatte besteht aus einem mit porösen Isolierperlen gefüllten Stahlgitterwerk. Diese gestatten das Durchsickern des Regens in die Fahrbahn und in das Kronendach des Waldes darunter und dies in derselben, gleichmäßigen Verteilung wie Regenfälle. Die Konstruktion ist daher ökologisch gesehen „unsichtbar".

gegenüber:
Die Brücke ist im Bergabhang fest verwurzelt. Die Hauptschrägseile kreuzen einen Strebebogen und sind mit der Tunnelverkleidung rückverankert.

links:
Alle konstruktiven Elemente sind so angeordnet, dass sie die Vorwärtsbewegung des Weges verstärken.

Ushibuka Brücke; Kumamoto, Japan; Renzo Piano Building Workshop / Ove Arup und Partner, 1995

150 m

Der berufliche Werdegang des italienischen Architekten und Ingenieurs Renzo Piano umspannt die Entwicklung und die Nachwirkungen der Hightech-Phase der modernen Architektur. Als produktiver Bautechniker und Mitinitiator des Centre Pompidou in Paris betrieb er einflussreiche Studien über die konstruktive Gestalt. Seine früheren Projekte verfolgten unnachgiebig die erzeugenden Konstruktionsprinzipien, den Umweltschutz sowie detailbezogene und tektonische Anliegen.

Der Kritiker Renato Morganti beschreibt Piano als „beunruhigend wissbegierig". Piano ist über die Hightech-Architektur hinausgegangen und behandelt heute jede Arbeitsaufgabe als Gelegenheit, innovative Konzepte tatkräftig zu erforschen.

Die Ushibuka Brücke verbindet drei Inseln im Amakusa-shoto Archipel im Süden Japans und damit ein Stadtzentrum mit seinem südlichen Vorort. Eine seit langer Zeit bestehende Fischindustrie ist hier mit einer ungewöhnlich schönen natürlichen Umgebung vereint und ruft bei der einheimischen Bevölkerung einen tief empfundenen Traditionalismus hervor. Der Entwurfsverfasser wurde von Hsokawa-san beauftragt, einem ehemaligen Premierminister und einer führenden, aus dem lokalen Adel stammenden kulturellen Persönlichkeit. Die strengen Anforderungen an Einfühlungsvermögen, landschaftliche und technische Determinanten beantwortete Piano mit der typisch „ganzheitlichen" Lösung eines gelernten Architekten. Er bestimmte eine Reihe von Vorschriften (erzeugende Prinzpien), die systematisch angewandt wurden. Den Auflagen an die Konstruktion, den baulichen Nutzeffekt, die Straßengeometrie und die anderen Faktoren wurde bei der Gestaltung der gleiche Wert beigemessen. Heraus kam ein Kastenträger mit durchgängig einem Querschnitt, der diese verschiedenen, häufig gegensätzlichen Einflüsse gleichzeitig angeht. Die Wahl eines Kastenträgers bringt zwangsläufig Nachteile

mit sich, doch sind diese hier entweder bewusst übersehen oder unterdrückt. Das zusätzliche Gewicht beispielsweise wurde mit einer wirtschaftlichen Fertigung kompensiert. Die Methode beruht auf der Annahme, dass je einfacher und einheitlicher die Belange angesprochen werden, sie im Ergebnis umso klarer ausfallen. Der Grundriss und das Profil der Brücke umfassen einen riesigen Einzelbogen, der sich windet und ansteigt und drei Punkte in einer ausgedehnten Geometrie verbindet. Dies ist nicht die Logik der vom Straßenbauingenieur geschaffenen Übergangsbögen, die der Natur aufgezwungen werden und mit den schrillen Dissonanzen der amerikanischen Schnellstraßen enden. Vielmehr handelt es sich hier um eine befahrene, sich auf die räumliche Anordnung zwischen den Inseln beziehende Strecke in der Landschaft. Der Architekt verweist auf die „syntaktische, zentrale Lage" der Brücke innerhalb einer viel größeren Komposition. Man könnte sagen, die Brücke ist ihrer Umgebung angemessen. Ihre einfache Form und Konstruktion widersetzt sich bewusst jeder Annahme, sie sei lediglich ein kühnes, mechanisches Artefakt oder der Ausdruck von Mobilität. Die Brücke geht über technischen Determinismus weit hinaus in ihrem Bemühen, alle widerstreitenden Anforderungen in einer einzigen Gestaltungsmaßnahme in Einklang zu bringen. So wurde etwa der komplizierte, in der zweiten Baustufe notwendige Anbau einer Mittelpunkt-Zufahrtsrampe mittels einer unabhängigen Wendelrampe gelöst. Diese hatte ihren eigenen Maßstab, war in sich geschlossen und neben der geschwungenen Auffahrt der Hauptbrücke aufgebaut. Das extrem schlichte Mittelelement der Fahrbahn manipuliert den Sinn des Betrachters für den Maßstab. Die Konstruktion ist als Stahlkastenträger entwickelt mit Auslegern, welche die Gehbahnen, die Fahrradwege und einen Rand aus vorgefertigten Schutzelementen stützen. Der hohe Kastenquerschnitt ist ein perfekter Torsionskasten, der den angreifenden Dreh-

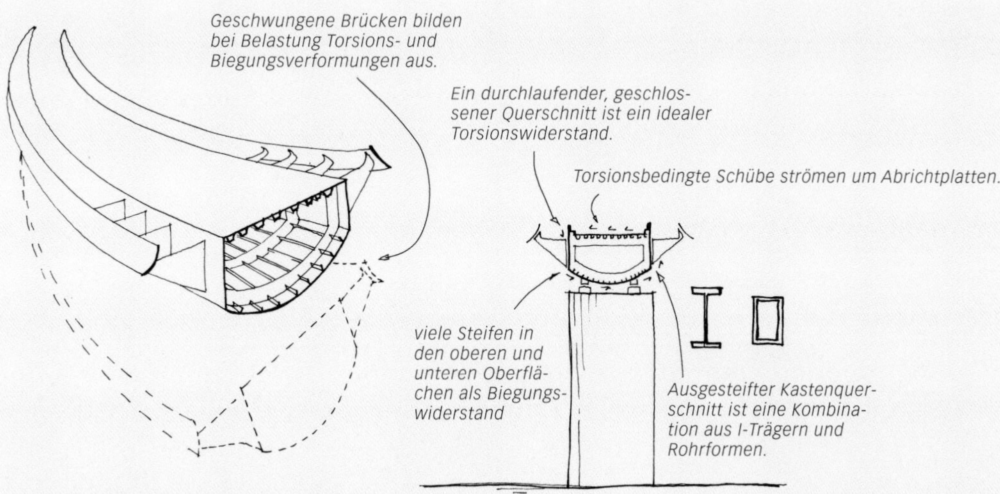

Zusammensetzung des Torsionskastens

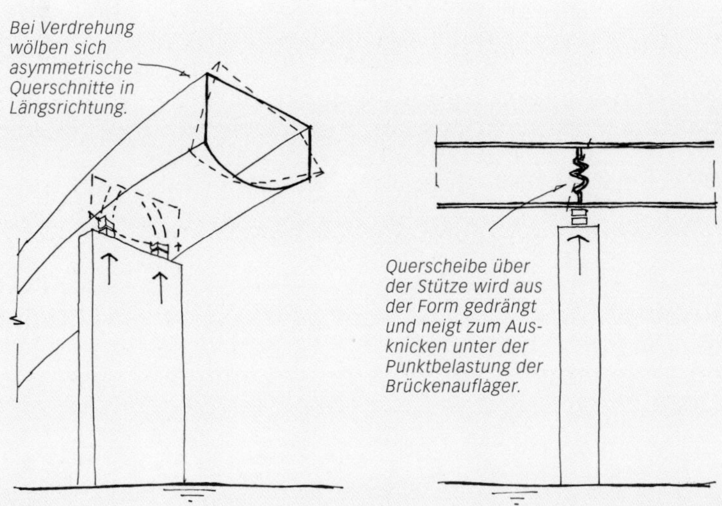

Längswölbung

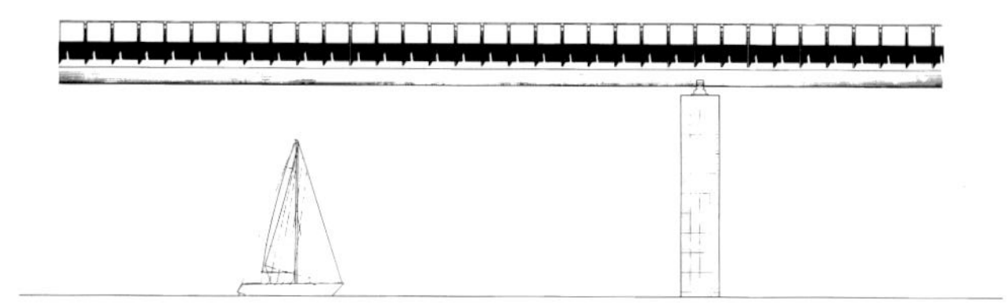

Ansicht der Brücke

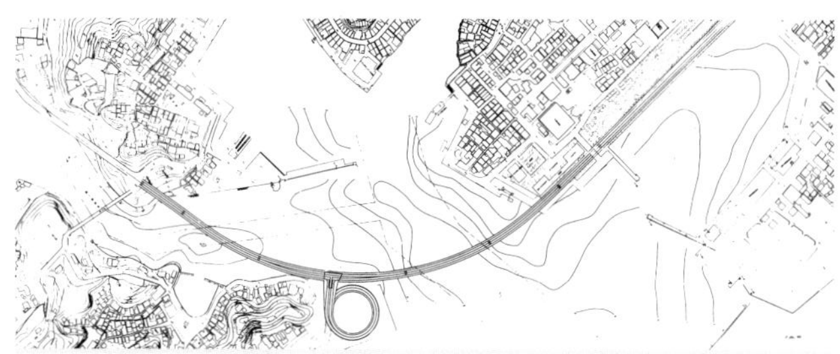

Grundriss der Brücke

gegenüber:
Der monumental dimensionierte Viadukt überquert die malerische Bucht und verbindet die Fischereihäfen der Inselgruppe Amakusa-shoto Archipels.
links:
Torsionswiderstand und Wölbeigenschaften von stählernen Kastenträger-Querschnitten

kräften der großen äußeren Kurven widersteht, indem er die günstigen Eigenschaften von Stahl nutzt. Seine dünnen Bleche sind durch geschweißte Stumpfnähte verbunden und mit inneren Längsträgern und Querverbänden versteift. Für die Entwicklung des Querschnitts diente ein Windtunnel. Die gebogene Brückenunterseite sorgt für gleichmäßige Luftströmungen unter der Brücke und verbessert den Wirkungsgrad des Torsionskastens. Sie reflektiert auch die Lichtspiele auf den Wellen und erzeugt die optische Täuschung von Leichtigkeit. Das abgestufte Lichtmuster scheint die horizontale, tiefere, äußere Lichtweite der Tragfeiler zu heben. Dieses Zusammenfließen unterschiedlicher Maßnahmen ist typisch für eine gut gehandhabte reduktive Zugangsweise.

Die starken Winde in diesem Gebiet mussten zusammen mit der erwarteten Verkehrslast berücksichtigt werden, die ein hohes Aufkommen von Fußgängern und Fahrradfahrern ebenso wie von Schwertransportlastern und den Kraftwagen von Berufspendlern einschloss. Die entlang den oberen Brückenrändern montierten konkaven Leitbleche wurden im Windkanal sorgfältig abgestimmt, um „Stagnations"-Bereiche (fast stillstehende Luft) in deren Windschatten zu schaffen. Hier sind die Fußgänger- und Fahrradwege angeordnet. Die wiederholten Leitblech-Elemente fangen das wechselnde Licht auf ihren Oberseiten auf, werfen veränderliche Schatten auf die glatten Seiten des Hauptträgers und betonen seinen kontinuierlichen Verlauf. Auf großformatigere Formen aufgehängte Leichtbauteile erinnern an viel frühere japanische Konstruktionen, bei denen Mauerwerks-Sockel leichte Holzüberbauten und Abdeckungen tragen. Eine minimale Anzahl von Tragpfeilern ist mit gleichmäßigen Zwischenräumen angeordnet, sodass auf der gesamten Brückenlänge von 900 m ein einziger Konstruktionsquerschnitt effizient sein kann. Die Brückenöffnungen werden von der Größe der Bauteile bestimmt, die am

Ufer vorgefertigt und anschließend mit einem Schwimmkran in Position gehoben werden konnten. Die 150 m langen, stark gekrümmten Fertigteile führen zu einem Querschnitt von ungewöhnlicher Höhe und physikalischer Masse.

Die Tragpfeiler bilden rechtwinklige, aus dem Wasser auftauchende Stahlbetonprismen. Sie verleihen der Konstruktion Würde, ihre scharfkantigen Formen kontrastieren stark mit der geschwungenen Brückenunterseite darüber. Der Kastenträger ist von seinen Stützen mittels ausgedehnter, kegeliger Auflagerstützen baulich wie optisch abgesetzt. Das netzartige Muster der Abdeckungen an den Seiten der Pfeiler spiegelt ihre Form wider und bildet einen Kontrast zu der bündigen Unterseite des geschweißten Kastenträgers.

Eine Auflast des Eigengewichts, ein zusätzliches Gewicht, das von der Brückenkonstruktion getragen werden muss, aber nicht zu ihrer Stützfunktion beiträgt, ist durch den Einsatz einer früheren baulichen Innovation des Entwurfsverfassers minimiert worden. Der Windschutz und die Gehbahn sind in Stahlzement ausgeführt, eine italienische Erfindung und Besonderheit, bei der sich vorgefertigte Stahlbetonteile auf die Verwendung einer sehr leichten Bewehrung beschränken, bezeichnenderweise auf verzinkten Hühnerdraht, der im monolithischen Querschnitt ausgebreitet ist.

Die Sensibilität des Entwurfsverfassers reicht von der sicheren Handhabung des Brückenmaßstabs bis zur Artikulation der Details. Die sorgfältig gestalteten Gussstahlknoten sind für die Justierung ausgelegt und stützen die Ablenkplatten. Die Beleuchtung ist entlang der Plattenränder integriert, um Laternenpfähle zu vermeiden, welche die Fahrbahnlinie unterbrechen und Licht verschwenden würden. An der Unterseite der Brücke verdeckte Beleuchtungskörper definieren den Brückenbogen bei Nacht quer zu den Lichtern der Bucht.

gegenüber:
Die Spotbeleuchtung betont die Gesamtform und die ergänzende bauliche Durchbildung.

links:
Die enorme Tragkraft von Schwimmkränen ist für den Entwurf gänzlich ausgenutzt worden und bestimmte die Spannweiten.

Petrer Brücke; Petrer, Spanien; Carme Piños/Miquell Llorens, 1998

In einem heruntergekommenen Vorort von Alicante ist eine ausgetrocknete Wasserfurche in einen Landschaftspark und einen Spielplatz umgewandelt worden. Ein breiter Gehweg zwischen den erodierten Abhängen nimmt Bezug auf die Topographie und spielt gleichzeitig eine Hauptrolle beim abendlichen Promenieren, einer Hauptkomponente des spanischen Gesellschaftslebens. Die Brücke verbindet zwei Wohnsiedlungen, schafft einen neuen Mittelpunkt und trägt dazu bei, beide Bereiche zu einem einzigen Viertel zu vereinen. Im Grunde genommen bildet sie ein riesiges Straßenmöbel. Die sehr kleine Konstruktion besteht lediglich aus einer Plattform über dem leeren Flussbett, das sich zu beiden Seiten in die Landschaft ausdehnt. In die Widerlager sind Pflanzenbecken für Kakteen integriert, und der Brückenbelag geht ohne Unterbrechung in die umliegenden Gehwege über, wobei sich die Holzbeplankung dem blassroten Sand anpasst. Der Entwurf fasst die ankommenden Bewegungslinien zusammen. Diese Kreuzung von Wegen wird von einem Geflecht aus drei Kurven artikuliert: Bogen, Gehbahn und Pergola. Die Sonne ruft einen zusätzlichen Bogen hervor, der als Schattenspender in die Konstruktion eingebunden ist. Der hölzerne Sonnenschutz ist in einem offenbar willkürlichen Muster geöffnet und wirft unablässig wechselnde, schachbrettförmige Schatten auf die Gehbahn. Gestaltet aus einer Kombination von Tragwerkstypen – halb hoher Vollwandträger, halb Dreiecksprengwerk – verschmilzt das System mit einem geschwungenen, gerippten Überbau, der mit in unregelmäßigen Zwischenräumen angeordneten Planken gefüllt ist. Das Ganze wirkt wie ein von den Naturgewalten ausgewaschener Schiffsrumpf oder wie die Überreste eines altertümlichen Gebäudes. Vielleicht soll hier auf die tiefer liegenden Ruinen eines Aquädukts und auf die europäische Landschaftstradition der Romantik mit ihrem Vergänglichkeitsgedanken verwiesen werden. Die konkave Mauer zieht den Blick auf die

entfernten Berge und fängt im Abendlicht die Brisen ein, während die offene Bretterung den Winddruck schwach hält. Das Rauschen des Wassers wird durch die Geräusche des Windes ersetzt, der durch die Latten streicht. Die Bewegung der Form wird von dem geschwungenen Grundriss und den geneigten Horizontalebenen verstärkt. Beim Betreten der Gehbahn bieten sich dem Fußgänger zunächst der unmittelbare enge Kontakt zu Texturen und Bepflanzungen und anschließend die weiten Räume und atmosphärischen Perspektiven. Um den Weg vom Sitzbereich abzutrennen, sind die Eckpunkte leicht angehoben. Die subtile Manipulation der Horizontalebene ist für viele moderne europäische Architekten bezeichnend, doch auch für einen gewandten Landschaftsarchitekten. Die bauliche Durchbildung ist bewusst überproportional und mit Anspielungen und Funktionen überladen. Ausgedehnte Abschnitte aus Walzstahl mit großen Stegblech-Aussteifungen betonen die Stabilität des Zusammenbaus. Der hochbeanspruchbare Verputz auf den Widerlagern und Flügelmauern ist nicht nur materiell robust, sondern auch Veränderungen und Verbesserungen unterworfen. Lichtelektrische Zellen für die Pufferladung der Beleuchtung sind einfach an die Rippen des Überbaus angeschraubt. Die unverwüstliche bauliche Durchbildung spiegelt die umgebende Landschaft wider, deren stachelige Kakteen und knorrige Olivenbäume organische Widerstandsfähigkeit symbolisieren. Allerdings weist die Konstruktion genügend abgerundete Ecken auf, um sie für spielende Kinder geeignet zu machen. Der Fußgängerweg wird teilweise von Rippen getragen, die vom Hauptgehbahnträger einseitig eingespannt sind. Diese Elemente stehen nacheinander vor und krümmen sich wie die Überreste einer vergessenen Form. Das Geländer ist einfach, flache Handläufe und Pfosten mit Füllelementen aus Spanndraht, eine absolute Reduktion der Mittel. Wechselweise hören die Pfosten kurz vor dem Handlauf auf als seien sie abgefault. Die

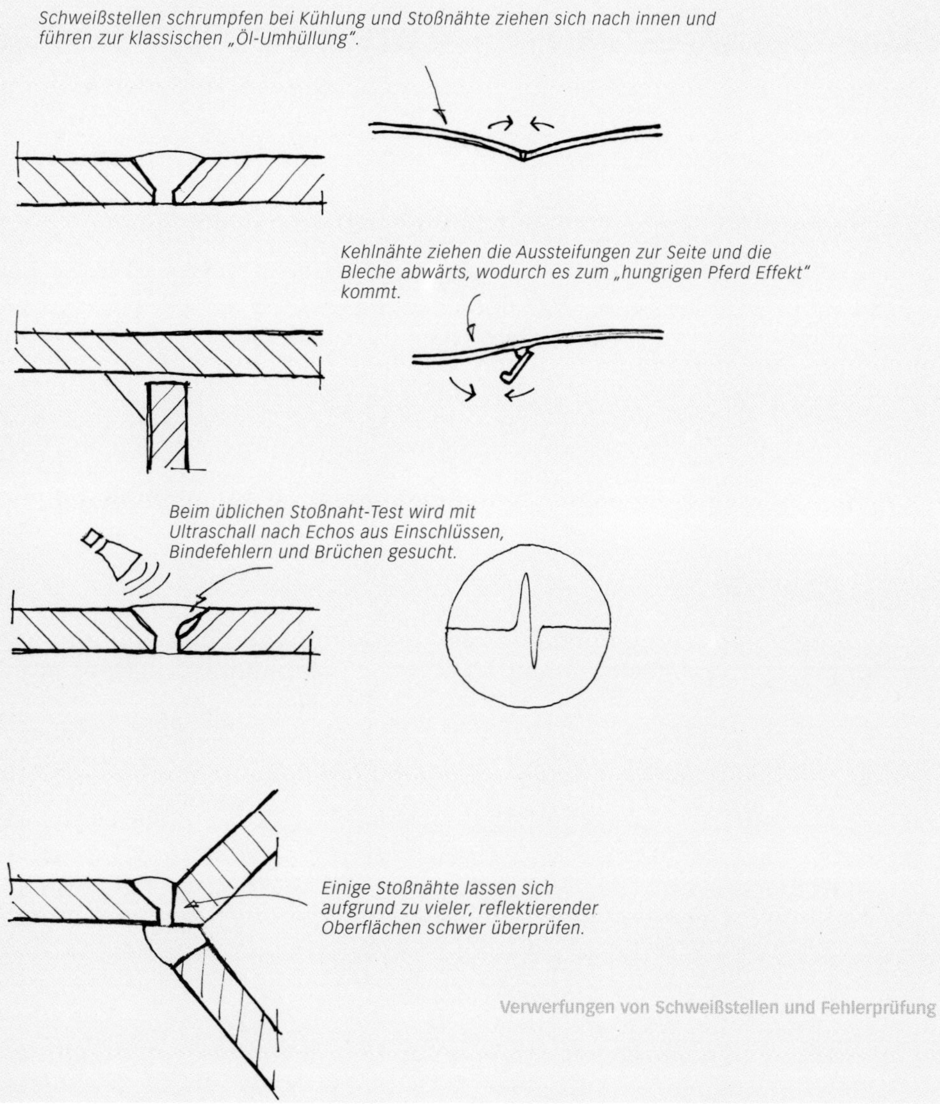

Verwerfungen von Schweißstellen und Fehlerprüfung

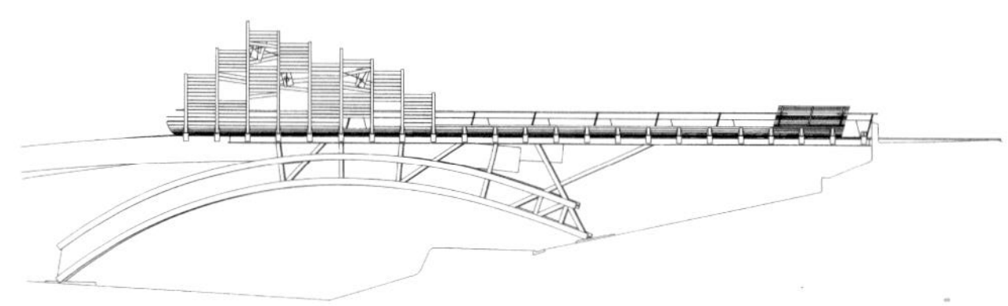

Ansicht der Brücke

Grundriss und Lageplan der Brücke

gegenüber:
Die Brücke in der landschaftlich gestalteten Umgebung eines ausgetrockneten Flussbetts.

links:
Verwerfungen von Schweißstellen und Fehlerprüfungen

massiven Träger der Gehwegebene haben auf beiden Seiten geschlitzte Außenflächen und scheinen lediglich in den Pflanzenbecken zu liegen. Die vorgefertigten Bögen und Sprengstreben lagern auf winzigen Bolzenverbindungen, die zwischen die um jeden Kämpferpunkt verteilten Felsblöcke gesetzt sind. Die primitive Bearbeitung von Beton wird in den Widerlagern und Halterungen erforscht; ungleichmäßige Schalungsmarkierungen, gebrochene, scharfe Kanten und zahlreiche Luftblasen erwecken den Eindruck vorzeitiger Alterung. Die Unmittelbarkeit der Details und die grobe Oberflächenbehandlung der Installation sind beabsichtigt, um mit dem industrialisierten und verfallenen Umfeld zu harmonieren. Rostträger Stahl, eine modifizierte Legierung, die ihre dunkelorange Patina behält und eine weitere Beschädigung verhütet, kommt dem Ideal des Entwurfsverfassers von einem sich selbst bearbeitenden Produkt nahe. Um hier ein gedämpfteres Erscheinungsbild zu erzielen, bekam der Stahl einen dunkelgrauen Anstrich mit einer Eisenglimmerfarbe. Diese enthält winzige, glitzernde Glimmerteilchen, die in den überlappenden Farbschichten Wasser und Luft abhalten sollen. Sie ist weniger grell als die üblicheren, leuchtenden Schutzanstriche wie Zinkoxide, Bleimennigen und Epoxidharze. Die Zähigkeit der Eisenglimmerfarbe gestattet auf der Oberfläche bleibende Riefen von Bürsten und verleiht der Konstruktion eine pragmatische, industrielle Qualität. Piños, der in die Lehre des kürzlich verstorbenen spanischen Architekten Enric Miralles gegangen ist, baut dessen Methode aus. Er übernimmt die Formen aus der unmittelbaren Landschaft, sucht nach Mustern, die mit den Triebkräften der Natur harmonieren und bezieht die Textur und den Eindruck aus einem scheinbar öden Standort.

gegenüber:
Brückenträger, Gehbahn, Brückenbelag, Widerlager und Pflanzen sind im räumlichen Entwurf integriert.

links:
Der mit Latten versehene Sonnen- und Windschutz schirmt einen Bereich ab, den leichte Höhenveränderungen und Schalungsmuster definieren.

Fußgängerbrücke Schweizer Bucht; Vranov See, Tschechische Republik; Jiri Strasky, 1993

252 m

Hier handelt es sich im wahrsten Sinne des Wortes um eine Ingenieurbrücke, die mit einem Minimum an Mitteln eine eigene Ästhetik erzielt. Die Konstruktion genügt einer spezifischen Kombination von Anforderungen und spiegelt sie wider. Sie ist unkompliziert und preiswert, doch auch das Ergebnis sehr durchdachter Analysen und Entwürfe. In einem Freizeitgebiet im Süden der Tschechischen Republik gelegen, verbindet die Brücke Landhäuser und Geschäfte über einen See oberhalb einer Talsperre und ersetzt den bestehenden Fährbetrieb durch eine Querung für Fußgänger und Fahrradfahrer. Durch den Fußweg verläuft die Gas- und Wasserversorgung. Der tiefe See machte eine weit gespannte Einfeldbrücke erforderlich, doch ist das Bauangebot einer langen, leicht belasteten Fußgängerbrücke ungewöhnlich. Fußgänger- und Fahrradwege sind in der Regel an größere Straßenbrücken angeklemmt, deren Eigengewicht diese Konstruktionen stabil macht. Bei weit gespannten Fußgängerbrücken macht jedoch die aufgebrachte Last den größten Teil des Gesamtgewichts aus. Die Verteilung der Fußgänger beim Überqueren der Brücke wird daher zu einer wichtigen Überlegung, und bei der Auswahl wirtschaftlich dimensionierter Teile spielen die dynamischen Einwirkungen von Wind und die rhythmischen Gehbewegungen eine entscheidende Rolle.

Bei diesem Projekt erreicht der Brückeningenieur Jiri Strasky eine formale Einfachheit, die über die Durchdachtheit seiner Technik hinweg täuscht. Durchhängende Seile werden in einer vorgefertigten Gehbahn umhüllt und anschließend gegen den Fußgängerweg selbst vorgespannt, um ein selbstversteifendes Ganzes zu ergeben. Verteilte Lasten und dynamische Kräfte breiten sich durch einen extrem dünnen Tafelaufbau aus. Für die außergewöhnliche Anordnung am Vranov See nutzte Starsky die gleiche, vervollständigende Methode und geschickte Manipulation der Bauphasen wie sie bei der Entwicklung der Spannbandform zum Einsatz kam. Zuerst untersuchte

er die praktische Brauchbarkeit von vier Systemen. Eine lange, niedrige Hängebrücke bot die Alternative mit der geringsten Umweltbeeinträchtigung. Das Hauptseilprofil ist von der Spannweite und der Pylonenhöhe vorbestimmt. Da flachere Kurven zu einer größeren Flexibilität führen, muss zur Aufnahme der ungleichmäßigen Lasten eine ausgleichende Gehbahnversteifung hinzugefügt werden. Zur Standardmethode bei großen Brücken gehört die Ergänzung von hohen Fahrbahn-Fachwerkträgern, obwohl verschiedene Systeme von versteiften Hängern als integrierte Alternative für kleinere Brücken erprobt worden sind. Eine weitere Möglichkeit wäre eine zusätzliche Gehbahn aus einem stromlinienförmigen stählernen Kastenträger gewesen. Allerdings erwies sich diese als zu teuer für das Projekt, das gänzlich aus Stahlbeton hergestellt sein sollte, dem allgemein üblichen wirtschaftlichen Baumaterial des Landes. Eine vierte Methode zur Erhöhung der Steifigkeit ist gelegentlich bei leichten Rohrbrücken zu sehen, bei denen entgegengesetzte Seillinien aufgebaut werden, um das Mittelelement in einer dehnbaren Aussteifung ins Gleichgewicht zu bringen. Das vorhandene Wasserversorgungssystem brachte diese Methode in Erinnerung und die Gestalt der Rohrbrücke wurde übernommen. Beim Vranov See führten die niedrigen Uferlinien in Kombination mit der hohen, zentralen Durchfahrtshöhe für Segelschiffe zu einem geschwungenen Gehbahnprofil, sodass der Fußgängerweg als Zugglied dienen kann. Ein umgekehrtes „Zugband" ist in einem traditionellen Hängebrückensystem integriert und schafft eine Konstruktion, deren Steifigkeit von der Wechselwirkung zwischen den einzelnen Teilen herrührt. Die sehr lange, schmale Brücke benötigt eine horizontale Versteifung, um den zu erwartenden Windlasten standzuhalten. Für dieses Problem wurden drei Lösungen untersucht. Geneigte Pylone ergeben Schrägseile und seitliche Kraftkomponenten, die Windlasten widerstehen. Alternativ können hori-

Elementare Konstruktionsform

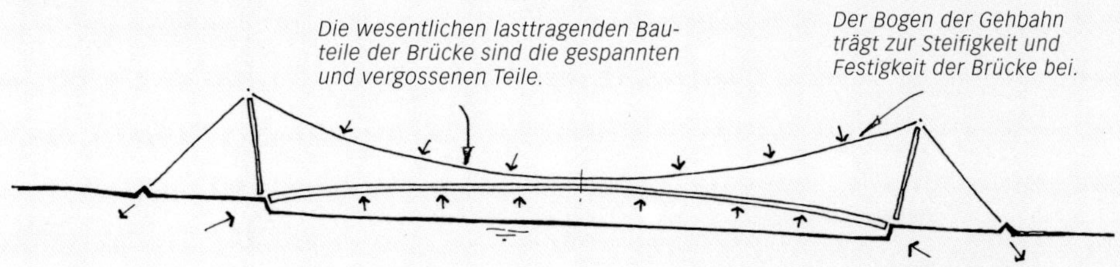

Versteifungssystem

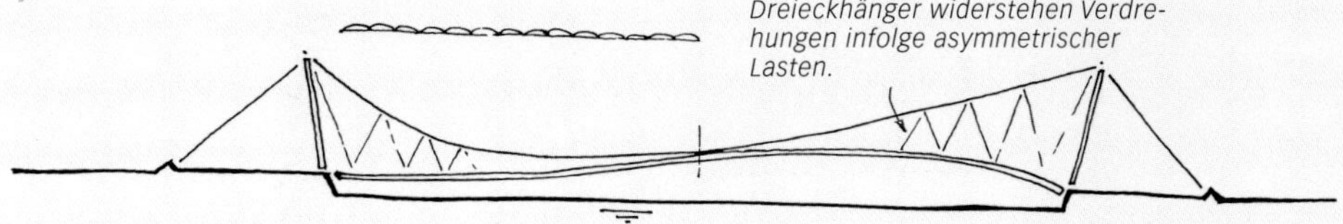

Festlegung der Bewegungen

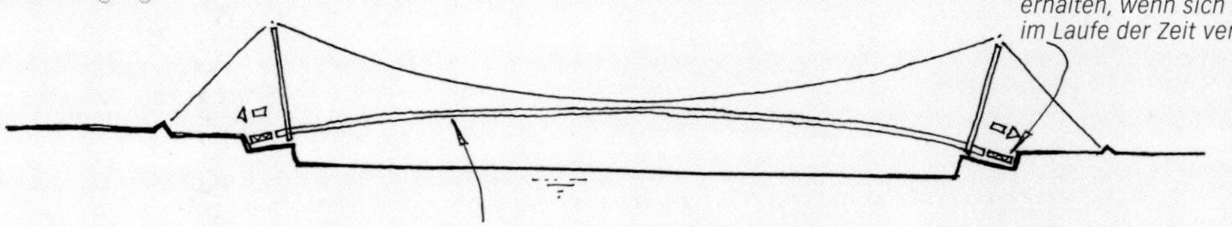

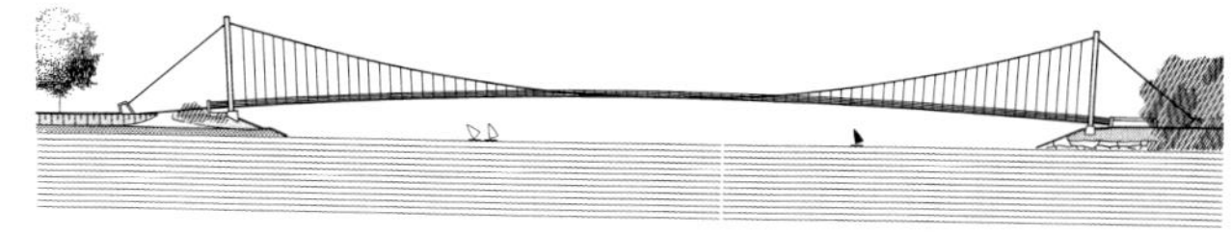

Ansicht der Brücke

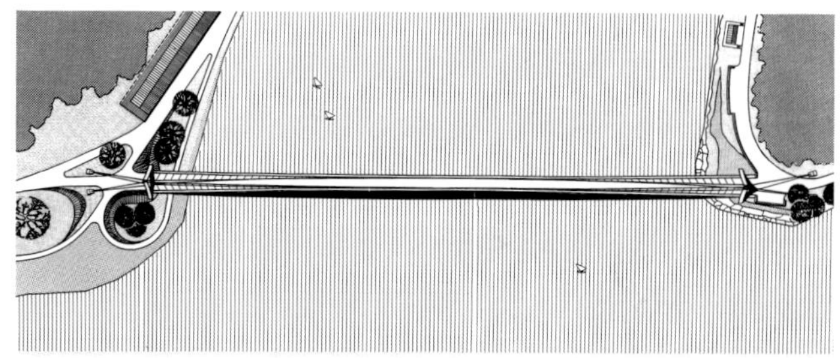

Grundriss der Brücke

gegenüber:
Die Brücke ist als elegante Gegenüberstellung von Kurven in einer Ferienlandschaft konzipiert.

links:
Das langfristige Kriechen und Schwinden von Beton gepaart mit den großen Temperaturschwankungen in der Tschechischen Republik erforderten spezielle Festlegungen für die Bewegungen in langen Brückenkonstruktionen.

zontale Seile auf der Laufebene fixiert oder der Fußgängerweg selbst zu den Stützen hin verbreitert werden. Strasky, der Pylone in Y-Form für unansehnlich hielt und meinte, zusätzliche horizontale Seile würden das Wirrwarr und die Kosten erhöhen, entschied sich stattdessen für eine verjüngte Brückentafel unter A-förmigen Pylonen. Um den Eindruck von Einfachheit zu vermitteln, wurden die Pylone und Hänger senkrecht zur Mittelachse der Gehbahn errichtet. Das Senkrechtprofil der Gehbahn und die horizontale Grundrissform sind für eine leichte Montage als Bögen angeordnet. Um die Gehbahnhöhe zu verringern, reduzierte man die Rohrdurchmesser, indem die Versorgungsanschlüsse in zwei gleich große Hälften geteilt und in aerodynamischen Verkleidungen außerhalb des konstruktiven Kerns untergebracht wurden. Da für die Rückhalteseile an jedem Ende des großen Hauptfeldes nur wenig Raum zur Verfügung steht, wurde ein selbstverankertes System überdacht. Bei diesem wären die Spannungen in den Enden der Zugseile in die Gehbahn zurückgeführt worden, sodass sie als Sprengstrebe gewirkt hätte und die Gründungen nur auf vertikale Lasten auszulegen gewesen wären. In einem solchen System hätte das Betonschwinden den Grad der Vorspannung stark beeinträchtigt und Risse verursacht. Stattdessen kommt bei der Brücke ein teilweise selbstverankertes System zum Einsatz, für das Auflagerverbreiterungen im Grund verankert und den angrenzenden Pylonensockeln vorgespannt wurden. Nachdem man die Pylone auf dem Baugrund horizontal gegossen hatte, wurden sie aufgerichtet. Ein Zuganker zwischen den Sattelpunkten hielt die Montagegruppe in Form, während die Hauptzugstangen bei bereits angebrachten Hängern ausgelegt wurden. Der Aufbau dieser Zugglieder war in Straskys früheren Projekten verfeinert worden, dem insbesondere an einer langfristigen Haltbarkeit gelegen war. Die Hänger sind an einer metallenen Hülse befestigt, durch die Paralleldrahtbündel gestoßen wur-

den. Die Hülse ist abschließend vergossen und dadurch stabil gemacht worden. Die inneren Spannglieder der Gehbahn sind in Abschnitten ausgelegt, aus Haltbarkeitsgründen vorgefertigt und zwecks einer leichten Montage an jedem Hänger befestigt. Nachdem das gesamte System locker zusammengebaut war – mit ausgesparten Öffnungen in der Ummantelung des Hauptseils – wurden die Gehbahnplatten gegeneinander hochgewunden. Die inneren Zugglieder und Spanndrahtbündel wurden gegen die Ankerblöcke vorgespannt, die Hülsen der Hauptseile geschweißt und vergossen und die Gehbahnteilstücke verdichtet. Zum Schluss wurden die Zugglieder der Laufebene geschnitten und ihre Zugbelastung auf die Gehbahnplatten übertragen, sodass die Betondruckfestigkeit unter allen Lasten aufrechterhalten wird. Gleichzeitig wurden die oberen Spanndrahtbündel gelöst, um ihre Vergussmörtelkerne und Umhüllungen zusammenzudrücken. Der Beton bleibt im Verlauf von Kriech- und Wärmebewegungen unter Druck und die zusammengepressten, geschlossenen Risse maximieren die Haltbarkeit. Mit zunehmendem Alter der Brücke verändert sich die Größe der Bauteile und damit kommt es zu einer Umstellung der vom Seil und der Fahrbahn getragenen Lastproportionen. Diesen Prozess zu akzeptieren und ihn innerhalb der Grenzen dessen, was während der Lebensdauer der Konstruktion annehmbar ist, zu lenken, ist ein ausgeklügeltes Ingenieurkonzept. Eine erweiterte Zusammenstellung von statischen und dynamischen Prüfungen galt dem Beweis der Entwurfsannahmen und der konstruktiven Durchführbarkeit. Die sehr niedrigen Eigenfrequenzen der fertigen Konstruktion liegen unterhalb der Fußgänger-angeregten Schwingungen. Hohe Eigendämpfungsgrade schränken die Beschleunigungen auf Laufebene auf ein wahrnehmbares, aber nicht unpassierbares Niveau ein und dies bei allen Windstärken außer den höchsten.

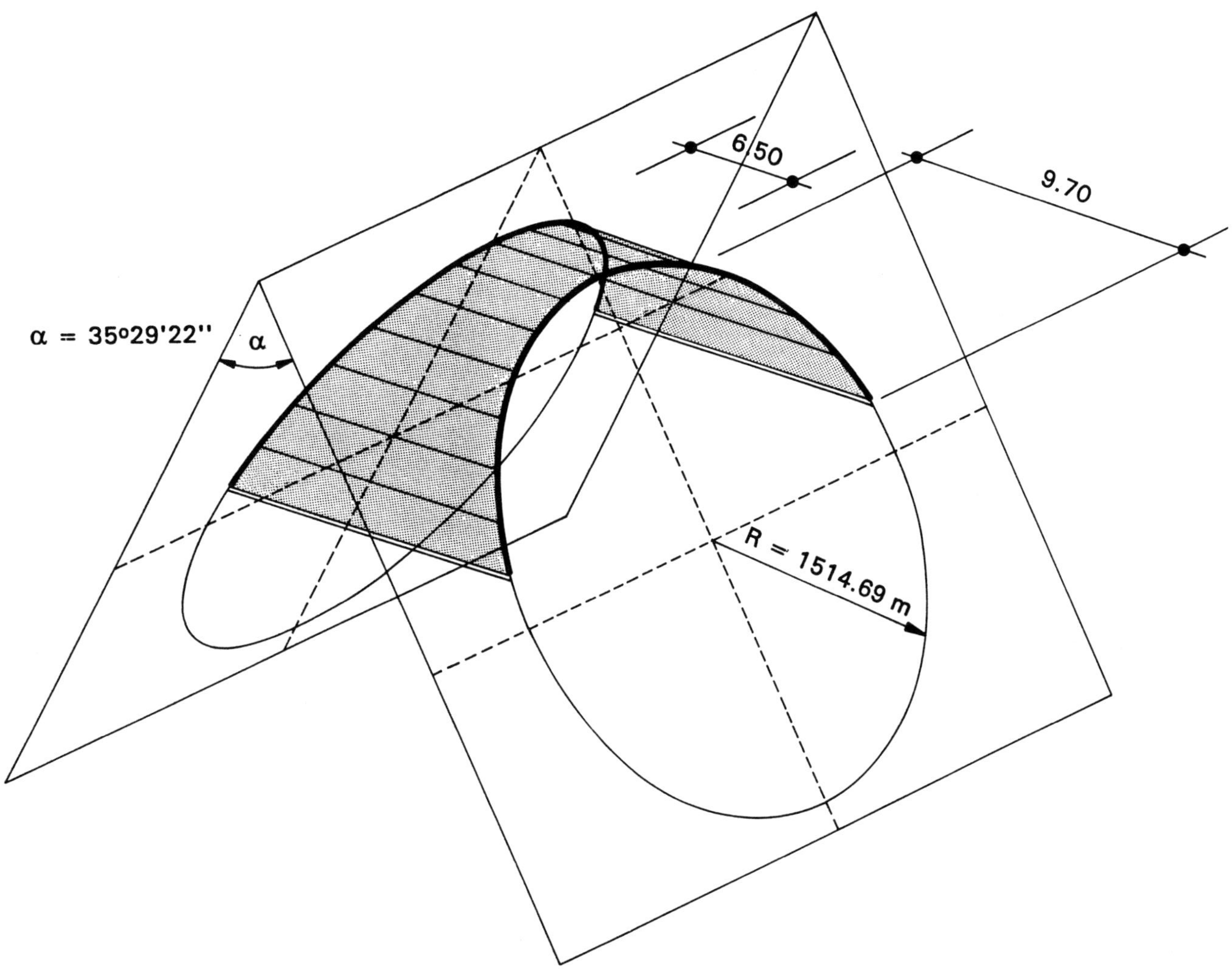

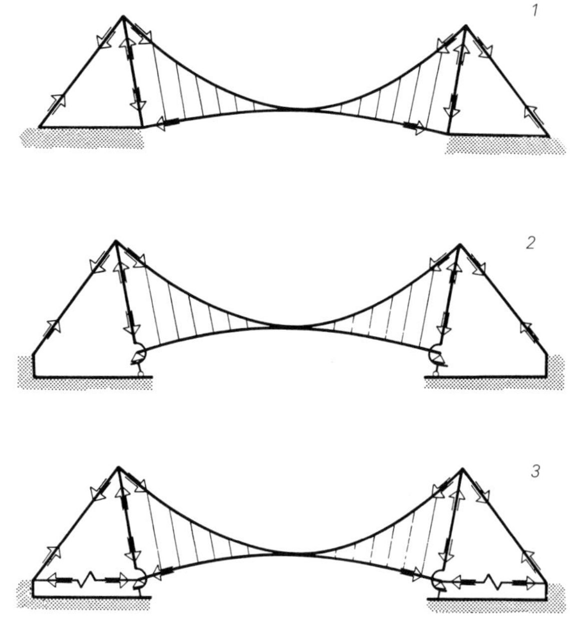

gegenüber, links:
Die Haupttragseile bestehen aus Paralleldrahtbündeln, die durch temporär aufgehängte stählerne Kanalzüge gezogen wurden.

gegenüber, rechts:
Die Querstabilität der Konstruktion beruht auf den abgeschrägten Seilen der Kettenlinie und auf dem sich zu jedem Ende verbreiternden Gehbahngrundriss.

links:
Die Gehbahnteile sind auf einer einfachen Kreisgeometrie angeordnet, um das Betonieren zu vereinfachen.

oben:
Die Steifigkeit der Konstruktion wird erhöht, indem die Gehbahn als Bogen wirkt. Da Betonschwinden Spannung hervorruft, war ein Spannschema erforderlich, um die Gehbahn permanent unter Druck zu halten.

1. Die Rückhalteseile wurde straff gezogen und die Gehbahn bekam Spannung.
2. Die Gehbahn wurde an jedem Ende freigegeben.
3. Die Rückhalteseile und die Gehbahn wurden voneinander gelöst und hinterließen einen unter Dauerdruck stehenden Fußgängerweg.

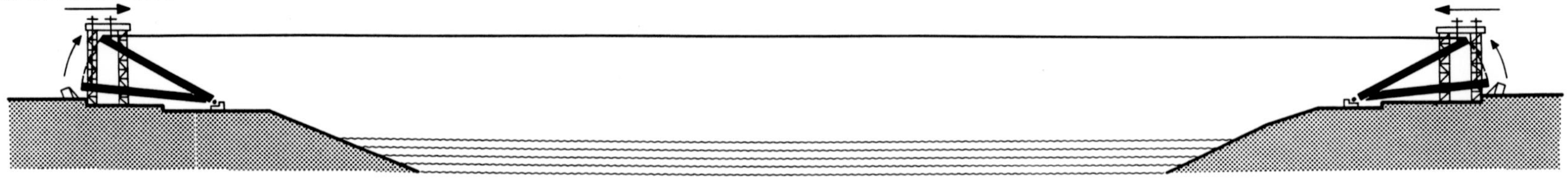

1

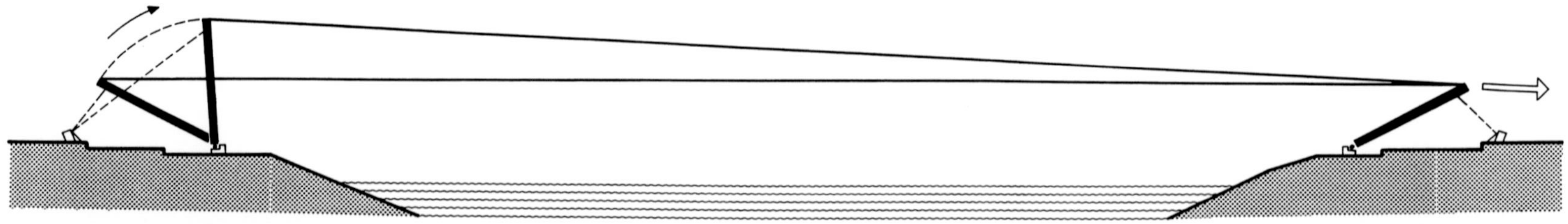

2

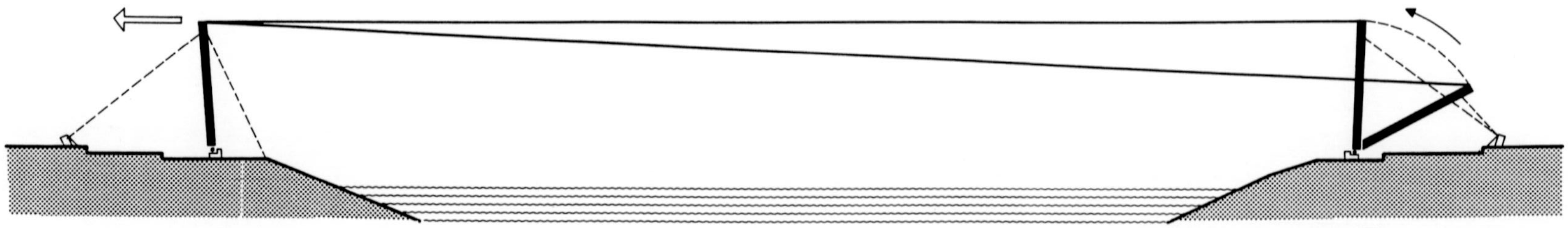

3

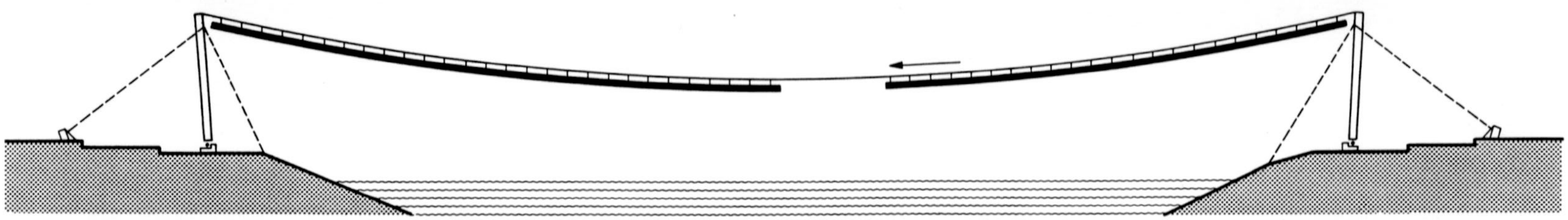

4

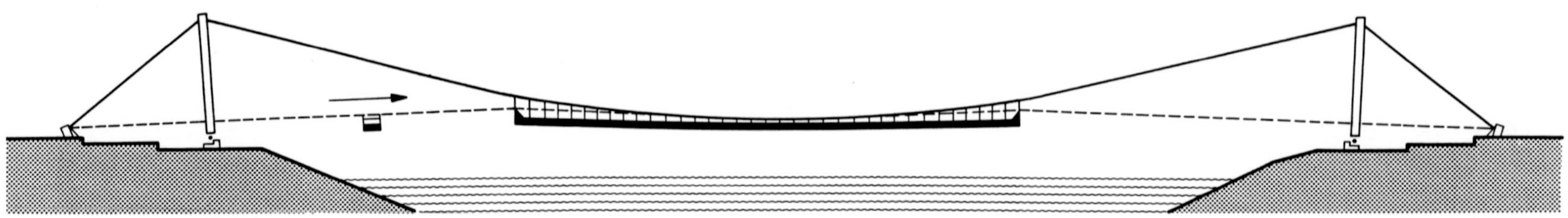

5

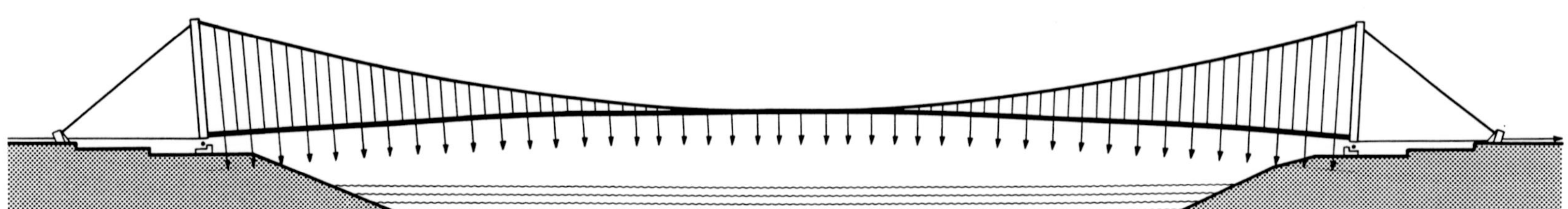

6

gegenüber:
Phasen der Montage:
1. Herstellen einer behelfsmäßigen Verbindung
2. Aufrichten des Pylons im Westen
3. Heben des Pylons im Osten
4. behelfsmäßiges In-Lage-Aufhängen des Hauptkanalzugs
5. Anbringen der Gehbahnplatten von der Mitte aus nach außen
6. Spannen des Systems

links:
Endbelastungstest mit Militärfahrzeugen

Fußgängerbrücke Lechlade; Lechlade, Gloucestershire, England; Studio E Architects / Alistair Lenczner – Ove Arup & Partner, 1993

22 m

Neue Gebäude und Installationen haben zwangsläufig soziale und umweltbezogene Auswirkungen und unterliegen daher fast immer irgendwelchen Vorschriften. Die Baugenehmigungen in England versuchen, die Interessen einer Personenmehrheit zu schützen, sodass jede Veränderung an einem sensiblen Standort langwierige Debatten auslösen kann. Eine Methode, mit einem Bauangebot mehr Akzeptanz zu erreichen, ist die Ausschreibung eines Entwurfswettbewerbs. So wurde in den frühen 1990er Jahren ein offener Entwurfswettbewerb für eine Fußgängerbrücke bei Lechlade an der Themse veranstaltet. Der „Thames Footpath", der sich durch Stadt und Land windende Fernwanderweg, erstreckt sich von der Hauptstadt bis nach Mittelengland. Die neue Querung an dieser Route sollte einen reizvollen Teil des Flusses der Öffentlichkeit erschließen und den Spaziergängern ermöglichen, eine gefährliche Straßenbrücke zu meiden.

Den Wettbewerb gewonnen hat der polnische, emigrierte Architekt Cezary Bednarski. Sein Entwurf sah eine nur 22 m lange Fußgängerbrücke vor, die damit kleiner war als eine normale Straßenkreuzung. Dieser Brückenmaßstab gestattete den Vorschlag einer gänzlich vorgefertigten Konstruktion.

Bednarskis Entwurf verfügt über eine dem Standort gemäße Klarheit und Einfachheit. Die Brücke besteht aus einer einzigen bogenförmigen Öffnung mit einem eleganten Halbmond aus subtil gebogenen Füllelementen, um das Licht einzufangen. Für die Geländer kommt einseitig eingespanntes Glas zum Einsatz mit vorgespannten Glaspaneelen, die von einem im Gehbahnrand verdeckten Aufspannkörper bis zu einem verjüngten Handlauf aufsteigen. Das System ist für die Zufahrtsrampe von Norman Fosters Sainsbury Centre, Norwich, erfunden worden und beeinträchtigt kaum die Sicht. Für Bednarskis Arbeit ist diese klassische Reinheit charakteristisch und in der Regel kombiniert er sie

mit spezifischen visuellen Anspielungen. In diesem Fall stützt er sich auf die niedrigen, gewölbten Regenbogenbrücken aus dem alten China und die technische Einfachheit englischer Kanalbrücken.

Die mit offenen Wettbewerben verknüpfte Freiheit und Ungewissheit hat zu einer Tradition des Experimentierens unter den Preisbewerbern geführt, welche die Aufgabe als Gelegenheit, neue Ideen zu erforschen, behandeln. Die in Lechlade geforderte kleinmaßstäbliche, einfach geformte Brücke im Verein mit dem ausreichenden Budget, ermunterten den Entwurfsverfasser, ein Projekt zu entwickeln, das einen Kohlenstofffaser-Verbundstoff als Grundbaustoff einsetzte.

Die Fußgängerbrücke Lechlade repräsentiert eine durchdachte Verwendung dieses Materials. Die Form ist unglaublich leicht und die einfache, sanft abgerundete Gestalt zeigt ihre Herstellungsweise. Der Kastenträger ließe sich mühelos aus verstärktem Kunststoff formen und die Stofffestigkeit ist so hoch, dass die Wandstärke minimal ausfallen könnte. Um lokales Knicken zu verhüten, müsste die hochbeanspruchte Schale auf einem aufgeschäumten Kunststoffkern gelagert werden, einem zweiteiligen integrierten System, das in Bootskörpern, Surfbrettern und Tragflügeln von Segelflugzeugen zum ersten Mal angewendet wurde.

Kunststoffe sind im allgemeinen weich und anfällig für Qualitätsverluste durch Ultraviolettlicht. Um diesem Umstand entgegenzuwirken, sind Verbundwerkstoffe üblicherweise mit einem Harzüberzug geschützt worden. Das Wettbewerbsprogramm verlangte eine möglichst wartungsfreie Fußgängerbrücke, weshalb ein außergewöhnlicher Deckanstrichstoff vorgeschlagen wurde. Dieser bestand aus einer dünnen, mit einer Bürste aufgetragenen Diamantbeschichtung, einer Technik, die der Ungar Ernest Nagy erfunden und brauchbar gemacht hatte. Für die Beschichtung wird ein Diamantstaub auf eine sich schnell drehende Bürste geblasen, die in die Kunststoffober-

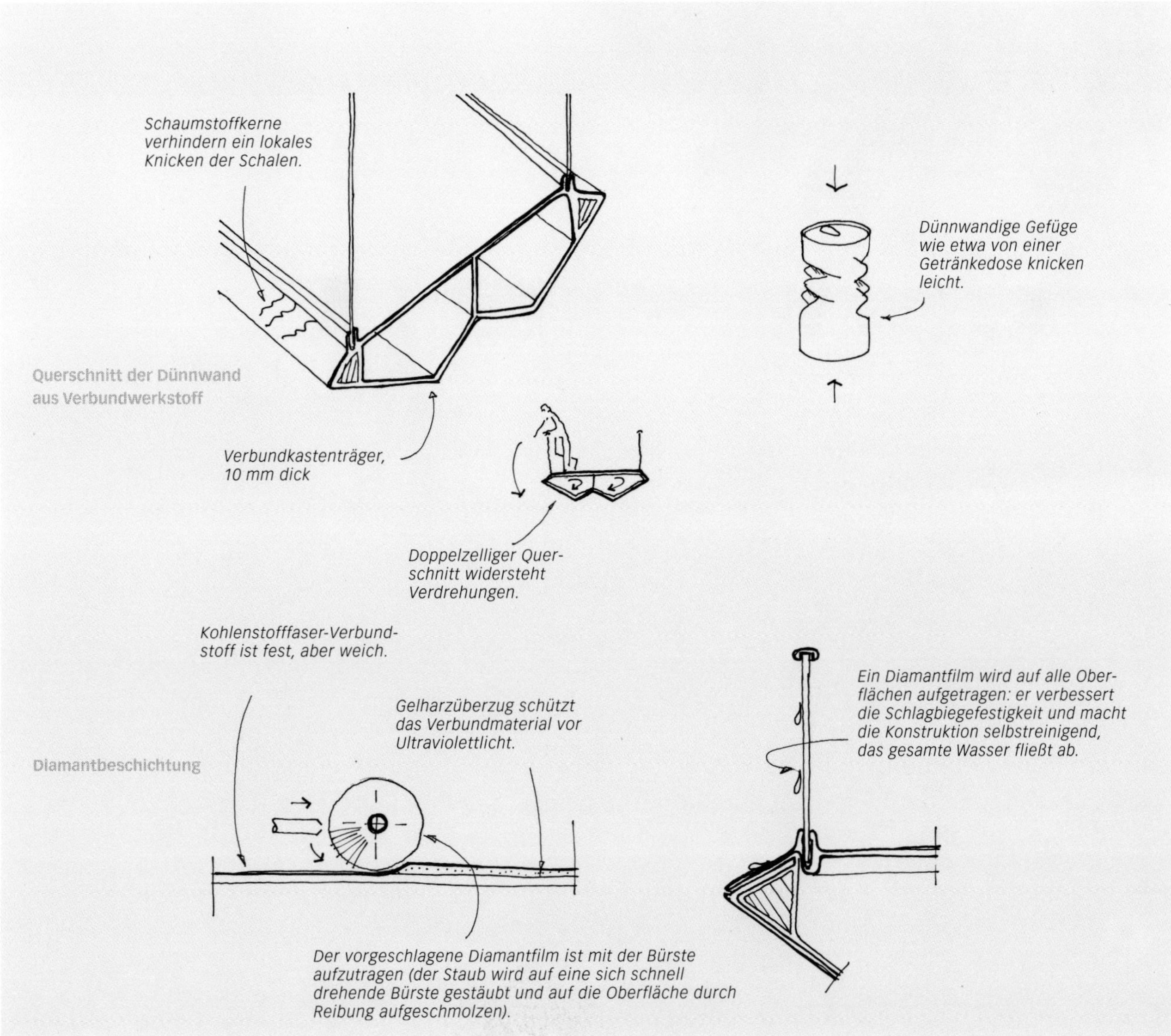

Querschnitt der Dünnwand aus Verbundwerkstoff

Diamantbeschichtung

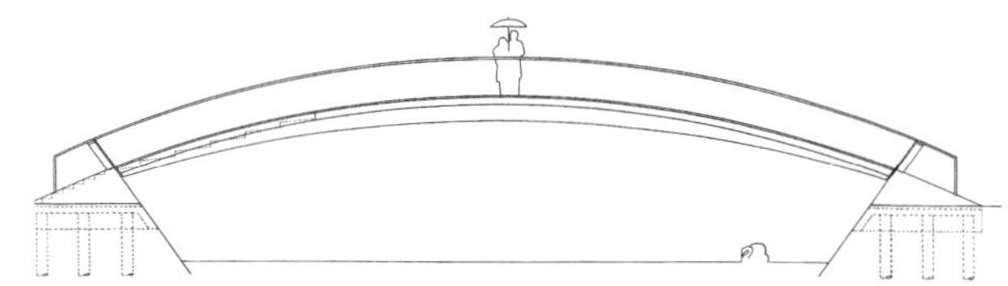

Ansicht der Brücke

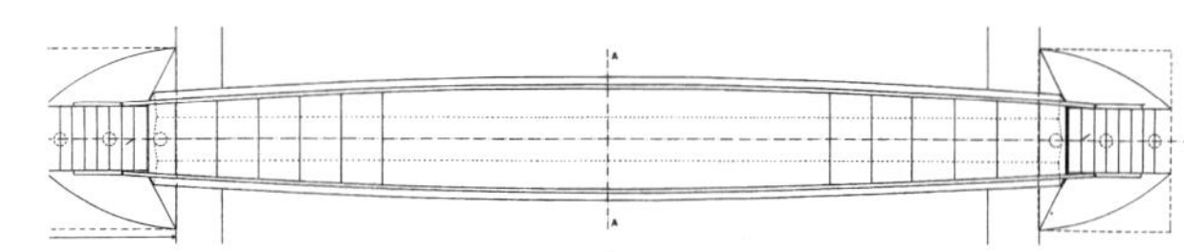

Grundriss der Brücke

gegenüber:
klassische Brückenform in einer idyllischen Landschaft

links:
dünnwandige Verbundkastenkonstruktion und harte Diamantbeschichtung

fläche eine mikroskopisch dünne Schicht reibt. Da sehr wenig Material zur Anwendung kam, hätten für die gesamte Brücke weniger als 3 kg des industriellen Diamantstaubs ausgereicht. Nach dem Auftrag wird die Außenfläche nicht nur felsenfest, sondern auch, da das Wasser vom Diamantmuster abperlt, selbstreinigend. Eine Diamantbeschichtung des gläsernen Brückengeländers hätte das Schutzsystem vervollständigt.

Einer modernistischen Denkrichtung zufolge soll die Einführung solch neuer Materialien die zukünftige Gestaltung definieren. So wie Stahl das Bauen verwandelte und in Stadtzentren Hochhäuser entstanden, werden Kunststoffe neue Formen hervorbringen. Es wird vermutet, dass ein technologisch hochwertigeres Material auch die Leistung verbessert. Der wachsende Druck, den Energieverbrauch zu senken und das Argument, die Gestaltung sollte lieber die Leistung an die Anforderungen anpassen als die Leistung verbessern, um neue Anforderungen zu erleichtern, mag allerdings diesen Enthusiasmus abschwächen.

Auch wenn die Royal Fine Arts Commission, ein vom Staat eingesetztes Expertengremium, den Lechlade-Entwurf lobte, erhob die Jury trotz der sorgfältigen Verwendung des Materials Bedenken wegen seiner wirtschaftlichen Vertretbarkeit. Eine Gruppe betroffener Anlieger ging noch weiter und prangerte das Projekt insgesamt an. Ein Gegner bezeichnete den Entwurf als „höllischen Tennisschläger eines Yuppies", womit er wahrscheinlich auf das Hightech-Material anspielte. Die Form der Brücke mag unbedenklich gewesen sein, doch das Projekt insgesamt erfüllte nicht die Erwartungen einer Gruppe von Einheimischen. Folglich wurde der Entwurf niemals umgesetzt und das Projekt aufgegeben.

Andere Versuche, neue Kunststoffe bei der Gestaltung von Brücken einzuführen, waren erfolgreicher. Bei der Fußgängerbrücke Aberfeldy,

1992, die auf einem schottischen Golfplatz liegt und die übliche Anordnung einer Schrägseilbrücke aufweist, kommt bei jedem Bauteil die Kunststofftechnik zum Einsatz. Der Haupt-Verstärkungsträger besteht aus Kohlenstofffaser und die Zugseile aus Parafilseilen. Diese Seile aus gezogenem Polyaramid, die inzwischen für den Gebrauch als tiefe Vertäuleinen in der küstennahen Ölindustrie zugelassen sind, werden ohne Zweifel einen wichtigen Beitrag für die zukünftige Entwicklung von Brücken leisten.

Ähnlich ist für die Fußgängerbrücke nahe der historischen Gusseisenbrücke in Coalbrookdale, in Shropshire, eine Konstruktion aus Kohlenstofffaser geplant. Damit nimmt sie unmittelbar Bezug zu dem bahnbrechenden Charakter des Originals von Abraham Darby. Die Entwurfsverfasser dieser neuen Fußgängerbrücke sind bestrebt, das Material in neuen und ungewöhnlichen Ausführungen zu verwenden und unterstreichen den Umstand, dass bei der Brücke ein neues Material auf eine neue Art und Weise angewandt wird. Die Konstruktion lädt zum direkten Vergleich mit der Originalbrücke ein, die durch ihr Alter stark in Mitleidenschaft gezogen war: Die Bauteile bestehen aus Eisen und die Details alle aus Holzlattenpaneelen. Bei der Fußgängerbrücke Aberfeldy werden die neuen Materialien in einem anerkannten Brückenformat getestet, um ihren Wert unter Beweis zu stellen und für sie zu werben. Die Bauangebote für die Coalbrookdale Brücke dagegen sind darauf ausgelegt, das Potenzial und die Folgen des Gebrauchs von Verbundstoffen voller Idealismus zu erforschen. Es ist höchst bedauerlich, dass die Fußgängerbrücke in Lechlade mit ihrer elegant und unmanieriert eingesetzten, hochentwickelten Technik nicht gebaut werden konnte, um einen noch stärkeren Einfluss auf zukünftige Entwicklungen auszuüben.

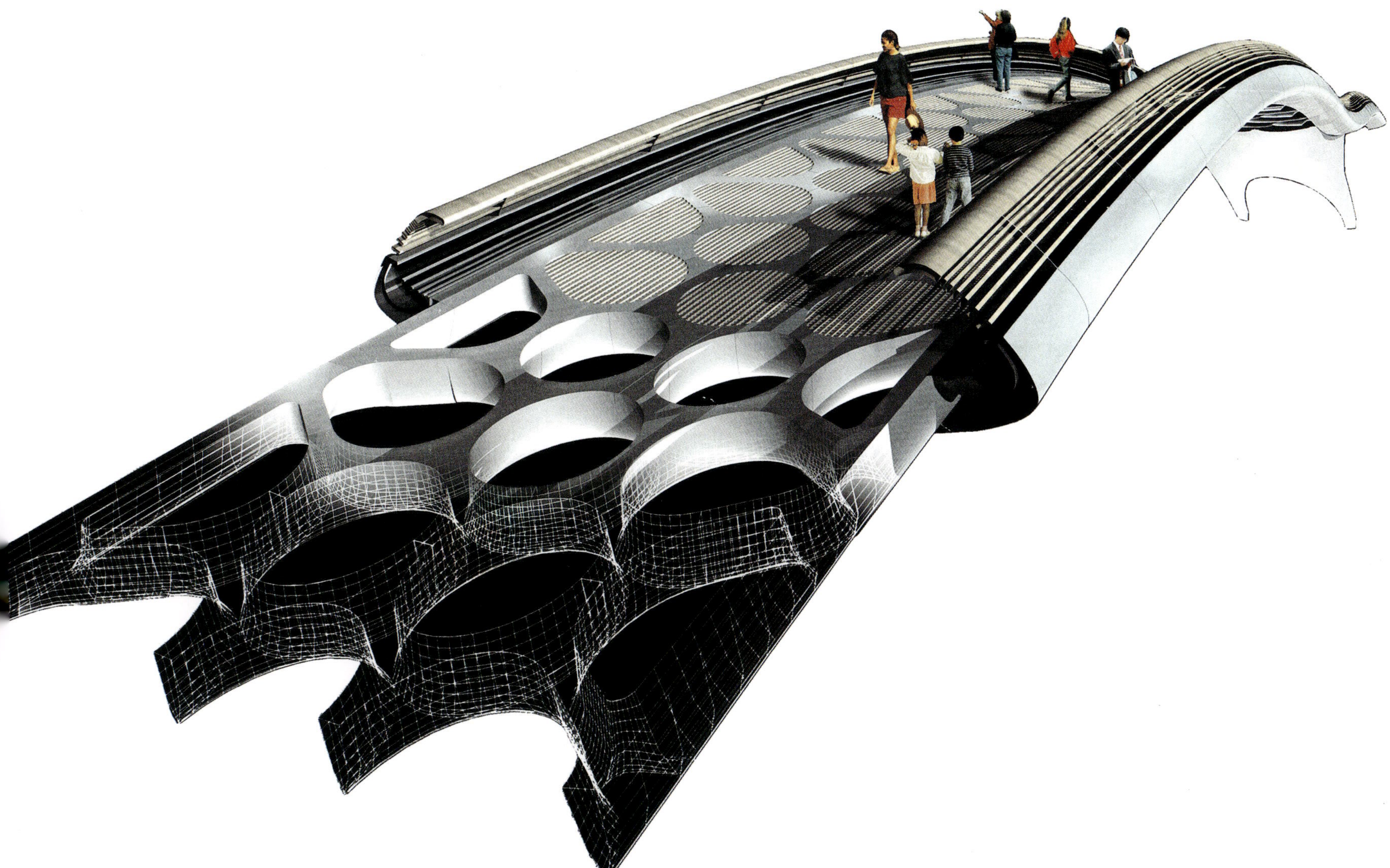

gegenüber:
Für die von Maunsell entworfene Fußgängerbrücke auf dem Aberfeldy Golfplatz wurden Verbundpressstoffe in einem herkömmlichen Brückenformat verwendet.

links:
Coalbrookdale Brücke: ein Angebot, dass die spezifischen Eigenschaften der neuen Materialien erforscht.

Erasmusbrücke; Rotterdam, Niederlande; Ben van Berkel/Amt für öffentliche Arbeiten der Stadt Rotterdam, 1996

800 m

Anzeigen, Postkarten und Touristenbroschüren präsentieren die Erasmusbrücke als Symbol der Stadt Rotterdam. Die Brücke verbindet das Stadtzentrum mit dem Hafengebiet Kop van Zuid, dem Mittelpunkt eines umfassenden Sanierungsprojekts. Ihre einzigartige Gestalt hebt sich deutlich von ihrem wild wuchernden, undifferenzierten Umfeld ab.

Das Planungsteam, darunter der Architekt Ben van Berkel und das Amt für öffentliche Arbeiten, kann auf die Mitarbeit an Bauten verweisen, die ausdrucksvolle Formen erforschen. Die Hierarchie in der vom Architekten geleiteten Projektgruppe verkehrt die beim Brückenbau sonst übliche Praxis, in der der Ingenieur das Sagen hat. Dies spiegelt sich in dem von formalen Erwägungen bestimmten Entwurf der Erasmusbrücke wider. Bezeichnenderweise ist ihre Spannweite nicht so groß, dass technische Erfordernisse die Gestaltgebung beeinträchtigen.

Die Konstruktion passt sich ihrer Lage an der Spitze einer Insel mit einer asymmetrischen Anordnung an. Auf ihrer Westseite trägt eine klassische Fächerabspannung die Hauptöffnung an einem gekröpften Pylon. Im Osten sind Rückhalteseile in einem Zwischenpfeiler verankert. In diesem Pfeiler befindet sich das Auflager einer Hubbrücke, der größten Klappbrücke Europas. Sie ermöglicht die Durchfahrt großer Schiffe. Der schwere Vollwandträger des Hubteils mit seinen massiven Auflagern und seinem Gegengewicht dient der Hauptbrücke zur Aufrechterhaltung des Gleichgewichts.

Die durchdachte Ausgewogenheit, die anthromorphische Qualität der Brücke gibt indirekt die Kräfte in ihr wieder. Die Gestalt ihres Turmes ist das logische Resultat konstruktiver Voraussetzungen: Die Biegekräfte im asymmetrischen Pylon mussten möglichst stark reduziert und die oberen Seilenden verteilt werden, um Platz für ihre Ankerblöcke zu schaffen. Die Seile sind so angeordnet, dass sie auf

gedachten Tangentenschnittpunkten zusammenlaufen. Durch die Vereinigung aller Kräfte in diesen abstrakten Punkten im Raum erhält der Turm seine gebogene Form und leitet das gesamte Gewicht der Konstruktion gerade nach unten zu den Auflagern.

Beide Seiten des A-Rahmens verlaufen nach oben getrennt, sodass jede tragende Fächerabspannung in ein anderes Kraftfeld ausgerichtet ist. Am Scheitelpunkt, wo die Form gebogen ist, überschneiden sich diese Ebenen und nehmen die großen Ankerblöcke der beiden Haupt-Rückhalteseile auf. Der Mittelspalt über der Kopfplatte ist als Falte ausgebildet.

Der ursprünglich aus Stahlbeton geplante Mast wurde, um das Transportgewicht zu senken, schließlich in Stahl ausgeführt. Grobbleche lassen sich schwer zu bogenförmigen Stücken pressen, ohne dabei rissig zu werden, weshalb die Bauteile des Kastenträgers scharfkantig sind. Da der plastische A-Rahmen nicht in Form hergestellt ist, verliert er etwas von seiner Wirkung, und seine ebenen Flächen erscheinen glatt und hart im gleichmäßigen Küstenlicht. Die Gesamthöhe der Konstruktion wurde nach und nach auf das einfache Verhältnis 1:2, Turm zu Fahrbahn, reduziert. Dieses zweifellos effiziente Verhältnis verleiht dem Überbau Massivität.

Um die optischen Auswirkungen der Pylonenproportionen zu korrigieren, sind sekundäre Maßnahmen ergriffen worden. Der hellblau gestrichene Stahl verschmilzt mit dem Himmel über der Nordsee wie ein getarntes Kriegsschiff und die Fächerabspannungen, die das Hauptbrückenfeld tragen, verschwinden sogleich im Dunst. Die Betonung der Rückhalteseile ist um einige Grade ausgeprägter, wodurch bei trübem Wetter meist ein unausgewogenes Bild entsteht, ein Problem, das die nächtliche Spot-Beleuchtung behebt. Die Stützen sind als Lichtzacken wiedergegeben, aus denen Strahlen aus Seilen nach vorn und abwärts führen.

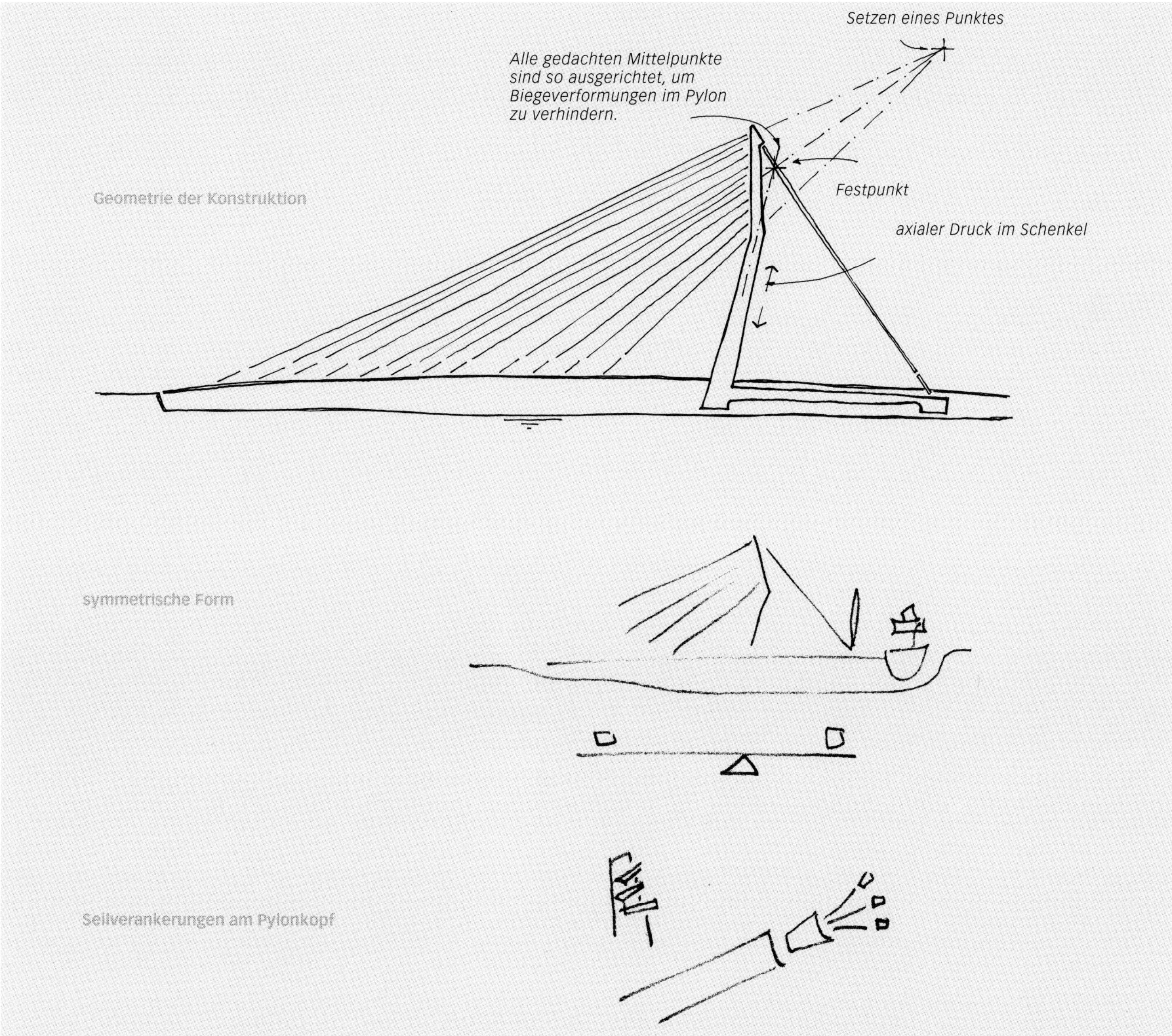

Geometrie der Konstruktion

symmetrische Form

Seilverankerungen am Pylonkopf

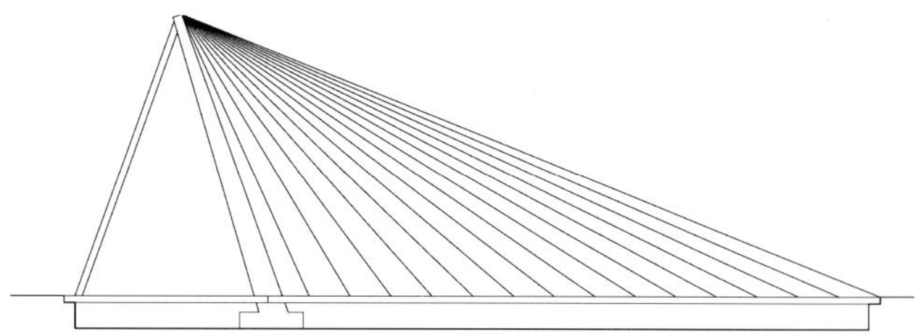
Ansicht der Brücke

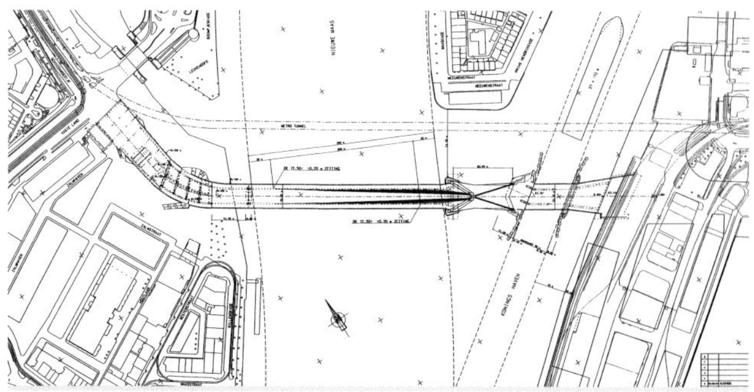
Grundriss der Brücke

gegenüber:
Die Brücke vor dem Hintergrund des modernen Rotterdam. Die Klappbrücke ist für die Durchfahrt eines Schiffes gehoben.

links:
Die Geometrie des Pylons ist um gedachte Mittelpunkte angelegt, um Biegekräfte zu reduzieren und für die Verankerungen der Hauptzugseile genügend Raum zu lassen.

Die feinen Paralleldrahtbündel der Fächerabspannungen sind anfällig für Flatterwirkungen durch die Nordseewinde. Da solche Schwingungen in den Verankerungen der Drahtseile Ermüdung hervorrufen können, sind um die Seilköpfe Dämpfer in Form von Gummimuffen angebracht worden. Diese stecken in schönen Ummantelungen aus gesponnenem und gebürstetem Aluminium. Darunter befinden sich zusätzliche, Schwingungen dämpfende Seile, die mit Stoßdämpfern verbunden sind und auf Fahrbahnebene ein ausdrucksvolles Detail ergeben.

Die Brückendetails sind insgesamt wohl durchdacht und einheitlich. Das symmetrisch angelegte architektonische Konzept durchzieht die gesamte Gestaltung: Jedes Teil spiegelt die Ganzheit wider. Die Lampenpfosten sind Miniaturausgaben des Hauptpylons und die Stützpfeiler aus Beton, die Geländer und Verbindungen weisen gemeinsame Formen auf.

Die Brücke ist auf stählernen Rammpfählen in dem flachen Fluss Maas errichtet. Die langen Stahlträger wurden von Lastkähnen aus in die Unterschicht gehämmert. Sie sorgen für ein widerstandsfähiges und elastisches Fundament, das dem Anprall von Schiffen standhalten kann. Die durchgängig symmetrische Form reicht bis zu den Abdeckungen und Brückenpfeilerköpfen aus Beton. Allerdings stören die für eine leichtere Durchfahrt im Hubbrückenbereich hinzugefügten Streichpfähle aus Holz das harmonische Erscheinungsbild. Bei Ergänzungen lässt es sich kaum verhindern, dass eine derart ganzheitliche Gestaltung beeinträchtigt wird.

Beim Bau der Brücke machte man sich ihren Standort zu Nutze und setzte die für Seerettung und Hafenarbeiten entwickelten schweren Schwimmkräne ein. Vorgefertigte Kastenelemente wurden horizontal aneinander gefügt und anschließend in ihre senkrechten

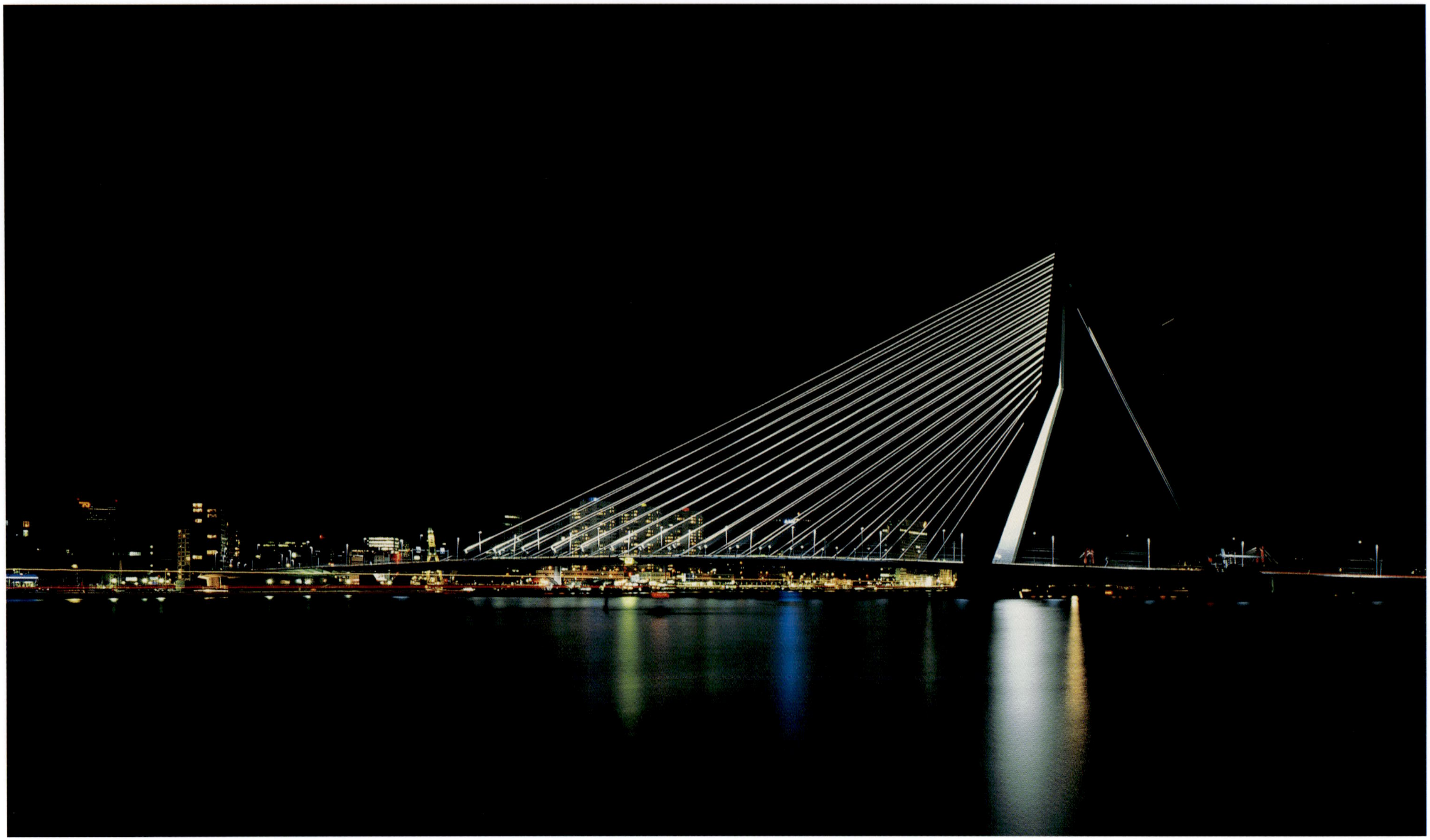

Positionen geschwenkt. Die Montage und Fabrikation zu ebener Erde und unter geschützten Bedingungen verbessert die Schweißqualität und minimiert temporäre Arbeiten – Zugangsplattformen und uferseitige Rampen. Die Anordnung der Druckglieder, Rückhalteseile und Widerlager ist eindeutig vom Bauablauf beeinflusst.

Die Erasmusbrücke hat den angestrebten Status eines Wahrzeichens erreicht und ist zu einem Symbol des neu belebten Hafens geworden. Ihre moderne, maritime Wirkung wird von subtilen Mitteln hervorgerufen: Die Konstruktion bezieht sich nicht unmittelbar auf die großen, für die heutigen Hafengebiete typischen Verladekräne. Stattdessen herrscht Harmonie, die von der entsprechenden, zu Grunde liegenden Form herrührt. Die vorhandenen Erfahrungen im Schiffsbau wirkten sich auf das Ergebnis aus und schufen ein zu den umliegenden Konstruktionen passendes Artefakt. So kombiniert die Erasmusbrücke eine besonders spezifische Form mit einer angemessenen Anwort auf einen unverwechselbaren Kontext.

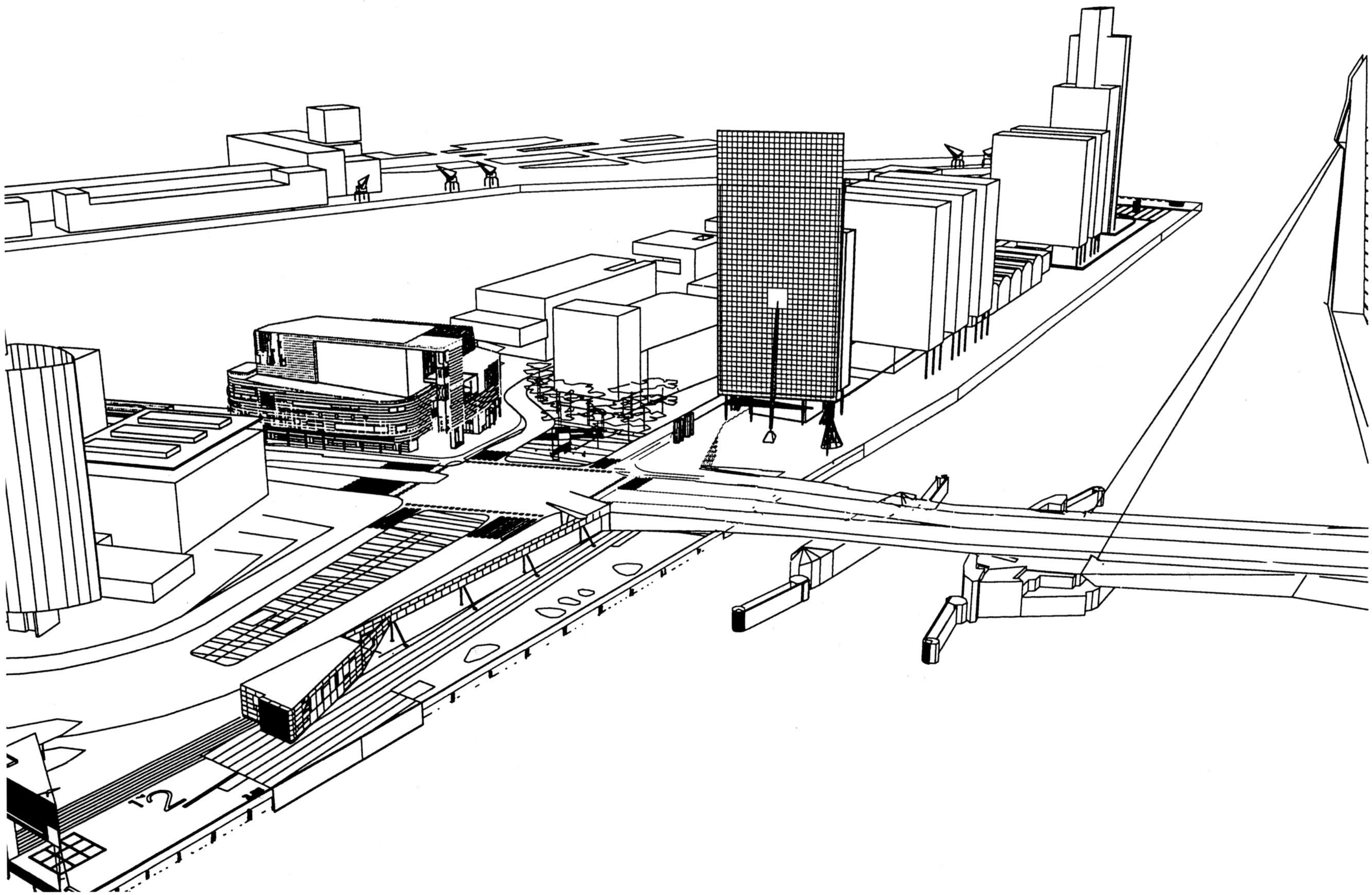

gegenüber:
Eine dramatische Spot-Beleuchtung unterstreicht die spezifische Form.

links:
Die Konstruktion war als Teil einer ausgedehnteren Stadtlandschaft aus Hochhäusern und Häuserblöcken gedacht.

Normandie Brücke; Honfleur, Frankreich; Charles Lavigne/ Michel Virlogeux – SETRA, 1994

856 m

Die fertig gestellte Normandie Brücke bedeutet einen Riesenschritt in der Entwicklung von Schrägseilkonstruktionen und hat eine grundlegende Veränderung im modernen Brückenbau herbeigeführt.
Vor der Errichtung der Normandie Brücke waren Hängebrücken die bewährte Lösung für Spannweiten über 610 Metern. Ihre von Fahrbahnträgern oder Straßenprofilen versteiften langen, gekrümmten Seile sind so gestaltet, dass sie aufsteigende Winde gleichmäßig zurückhalten. Außerdem verfügen sie über reichliche Kapazitäten, um einen Kilometer überschreitende Längen zu überspannen. Die Konstruktionsmethode von längeren Hängebrücken folgt einem erprobten und geprüften Bauverlauf und basiert auf der Technik der „Luftverseilung": Die hierzu notwendigen, riesigen Seile werden vor Ort aus einem Bündel vieler feinerer Drähte hergestellt, die über der Brückenöffnung vorwärts und rückwärts verlaufen.

Im Gegensatz dazu sind Schrägseilbrücken einfacher gebaut, enthalten weniger Teile und sind, falls sorgfältig durchgebildet, leichter zu warten. Der hohe Grad an Redundanz in solchen Konstruktionen, das heißt, die vielen verschiedenen Möglichkeiten, wie sich Kräfte selbst verteilen können, bedeutet, dass sich kritische Bauteile auswechseln lassen, ohne die Brücke schließen zu müssen. Im Vergleich zu Hängebrücken lassen sich Brückenexemplare mit Schrägseilen unkomplizierter errichten. Die Montage erfolgt von den Türmen aus nach außen, wobei einzelne Brückenteile mit ihren tragenden Zugseilen hinzugefügt werden, bis die letzte Verbindung über der Mittelöffnung hergestellt ist. Mit fortschreitendem Bauverlauf fungiert die Brückentafel als Strebe und schiebt den Ausleger zur Mitte vor. Mit jeder Ergänzung bauen sich Kräfte auf, und die wachsende Konstruktion verformt und verdreht sich. Aus diesem Grunde werden die verschiedenen Längen der konstruktiven Bauteile voreingestellt. Längenzugaben sollen gewährleisten, dass alle Teile nach der endgültigen Spannung die rich-

tige Größe aufweisen. Kleinere Nachstellungen der Zugseile stellen sodann sicher, dass sich die beiden Brückenhälften treffen.

Diese Unkompliziertheit und Nachstellbarkeit von Schrägseilbrücken findet bei den Brückenbauunternehmen Anklang. Eine rentable und wettbewerbsfähige Konstruktion hängt nicht nur von einer effizienten Arbeit ab, sondern auch vom Management der mit ihr verbundenen, umfangreichen Risiken. Die einschränkenden Faktoren von Schrägseilbrücken mit sehr großen Spannweiten sind der in der Fahrbahn erzeugte hohe Druck und die Überwachung der Ausrichtungen und Kräfte während der Montage.

Mitte der 1980er Jahre war es höchste Zeit, über den Maßstab dieser Brücken hinauszugehen. Verschiedene regionale Entwicklungspläne auf der ganzen Welt wiesen Standorte an Flussmündungen nach, die überquert werden mussten. Diese Projekte umfassten weite, von großen Schiffen zu durchfahrende Brückenöffnungen an Stellen, die von kilometerlangen, nachgiebigen Ablagerungen umgeben, nicht geeignet waren, die riesigen, von Hängebrücken benötigten Ankerblöcke zu tragen. Die Überspannung der Seine bei Honfleur in der Nähe von Le Havre wies derartige Standortbedingungen auf.

Der französische Ingenieur Jean Muller, ein Schützling von Freysinet, hatte mehrere mittelgroße Schrägseilbrücken mit verfeinerten Details und verbesserten Konstruktionstechniken gebaut. Diese Serie kleinerer technischer Fortschritte ebnete den Weg für eine Schrägseilkonstruktion sehr viel größeren Ausmaßes. In den vergangenen zwanzig Jahren sind großtechnische konstruktive Überwachungseinrichtungen etwas Alltägliches geworden. So haben sich beispielsweise Laserstrahlvisiergeräte, ein elektronisches, optisches Instrumentarium zur Aussage über die Lage eines Objektes im Raum, inzwischen wegen ihrer schnellen und leichten Handhabung zu einer Industrienorm mit weit verbreiteter Akzeptanz entwickelt. Ein wesentlicher Teil der

Jean Mullers „Doppel-Zugseil"-Konzept

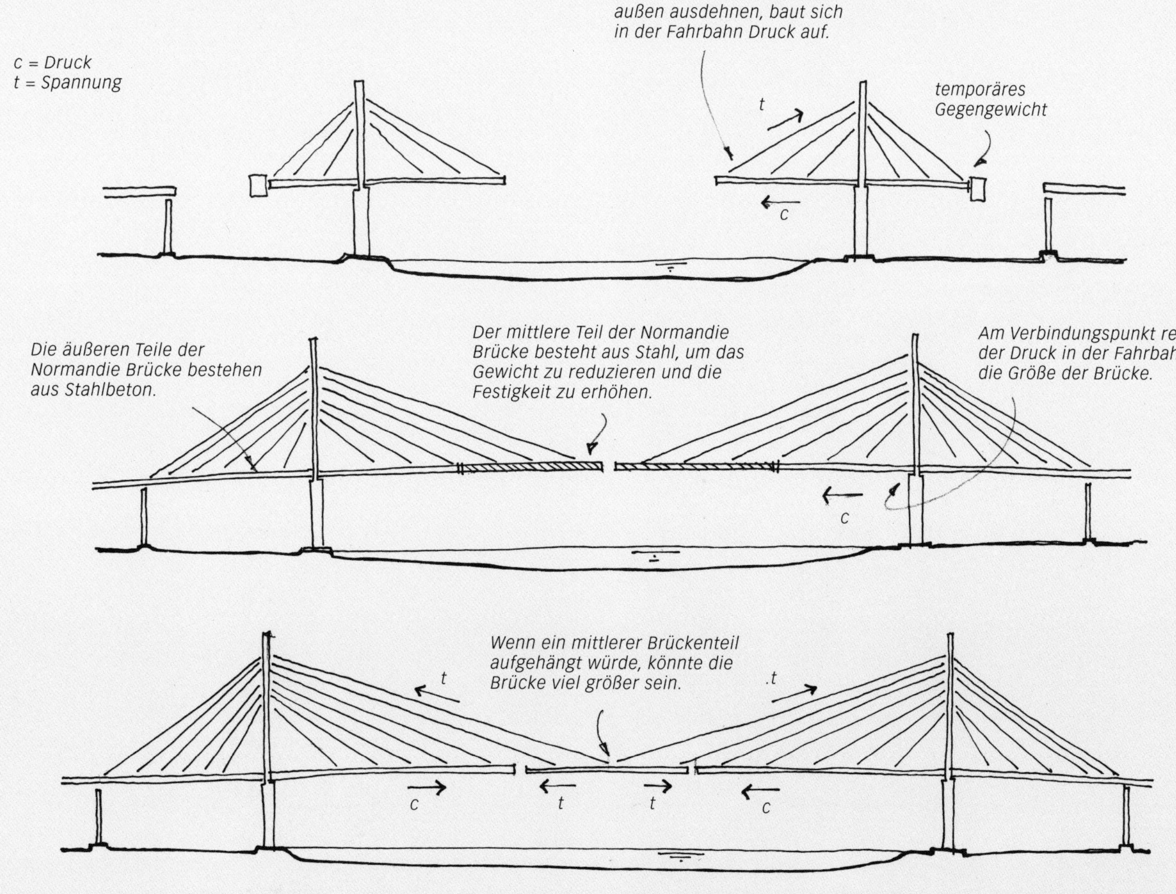

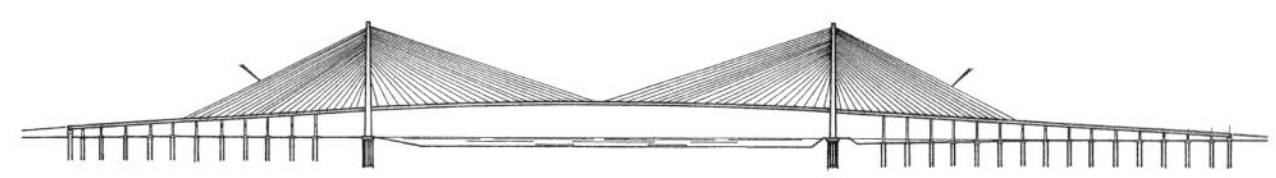

Ansicht der Brücke

gegenüber:
Die große Spannweite der Schrägseilbrücke über dem ausgedehnten, angeschwemmten Mündungsgebiet der Seine. Die Rückhalteseile sind bis hinunter zu den in dichten Abständen platzierten Pfeilern der Zufahrtsrampen gesichert.

links:
Das „Doppel-Zugseil"-Konzept des einflussreichen Ingenieurs Jean Muller für die Ausdehnung der praktikablen Spannweite von Schrägseilbrücken.

Bauüberlegungen dreht sich gewöhnlich um die genaue Anordnung der Konstruktion und mit Fortschreiten der Arbeiten um die Überprüfung der zulässigen Abweichungen. Es ist ganz normal, wenn bei der Montage etwas schief geht. Da sich der Grundstoff unter Beanspruchung verformt, biegt der gesamte Aufbau leicht durch – in einem winzigen, unmerklichen Maß bei einem Gebäude oder einem gut gestalteten Stuhl und in der Mitte einer weit gespannten Brücke ein ganzes Stück mehr –, wenngleich immer noch kaum wahrnehmbar. Dieses Durchbiegen zeigt auch die grundlegenden Spannungszustände in der Form selbst. Wenn man genau sagen kann, wie weit sich eine Konstruktion von ihrem ursprünglichen Ruhepunkt entfernt hat, lassen sich die Innenspannungen exakt ableiten. Soll eine große Brücke nicht verformt sein, findet ihre sichere Montage in einer Raumhülle statt, die nicht überschritten werden darf. Während des Aufbaus der Normandie Brücke wurde sie überwacht, erneut analysiert und jeden Tag eingestellt, sodass jedes Brückenende alle 24 Stunden um ein Zugseilpaar ergänzt werden konnte.

Ausschlaggebend für die Rentabilität einer Brückenkonstruktion ist das Bautempo. Einen großen Anteil an den Gesamtkosten, manchmal 50 Prozent und mehr, machen keinesfalls das gebaute Tragwerk, sondern die so genannten Präliminarien aus: die für den Baubetrieb benötigten Geldmittel für die Beschaffung und den Unterhalt einer Kleinstadt von Arbeitern; für die ungemein teuren, bisweilen speziell entworfenen und angefertigten technischen Ausrüstungen – Kräne, Plattformen, Hebeböcke und Überwachungsgeräte; für Versicherungen und natürlich die Kosten für das in diesem Unternehmen gebundene Kapital, das erst nach Brückenöffnung zurückgezahlt werden kann. Das bei der Brücke in Honfleur erreichte Bautempo übte einen großen Einfluss auf die Systemauswahl nachfolgender Projekte aus.

Der Kräfteaufbau in der riesigen Schrägseilkonstruktion wurde

durch die Verwendung eines Materialgemischs geregelt. Die Vorland-Brücken bestehen aus wirtschaftlichen Spannbeton-Kastenträgern, einer in Frankreich erfundenen und später von französischen Ingenieuren verbesserten Technik. Diese stabilen Tragwerke bilden feste Ankerpunkte für einen zentralen Fahrbahnträger aus hochzugfestem Stahl – relativ leicht, fest und steif, doch mit der Möglichkeit einer erheblichen, sicheren Nachstellung. In Anbetracht der reglementierten französischen Ingenieurbürokratie wäre vor wenigen Jahren die Errichtung einer derart hybriden Konstruktion aus ungleichartigen Materialien sehr unwahrscheinlich gewesen. Der Entwurfsverfasser dieser Brücke, Michel Virlogeux, hatte angesichts eines unbeugsamen Widerstands zwei unabhängige staatliche Ämter zusammengelegt – eines war für Beton-, das andere für Stahlbrücken zuständig. Die Normandie Brücke manifestiert fast bewusst die Vorteile einer nicht zwischen diesen beiden Konstruktionsformen unterscheidenden Überquerung.

Zur Zeit ihrer Fertigstellung war die Normandie Brücke die weltweit längste Schrägseilbrücke. Inzwischen bricht ihn jedoch eine der Brücken des Honshu-Shikoku Projekts in Japan, die etwa 30 Meter, oder ein Prozent länger ist.

Virlogeux' Meisterwerk hat sich als photogen und einflussreich herausgestellt. Die Einfachheit der Normandie Brücke demonstriert seine technischen Grundprinzipien. Die Brücke ist groß und lang, weil die Verkehrsbelastung auf ihr gering ist. Die Pfeilerreihe der Auffahrten spiegelt die behutsame Reaktion auf die Größenordnung des Unternehmens wider. Die A-Rahmen-Pylone und ausgedehnten Pylonenköpfe erscheinen leicht manieriert, als ob sich der Ingenieur über die angemessene Ästhetik immer noch im Unklaren gewesen sei. Die schlanken Proportionen und delikaten Zuganker jedoch, die mit dem Licht der Normandie zu verschmelzen scheinen, sind makellos.

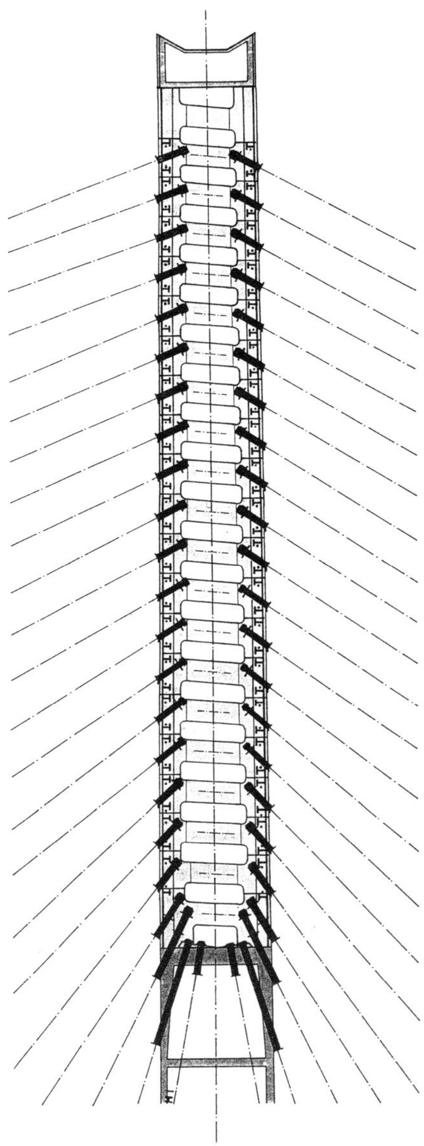

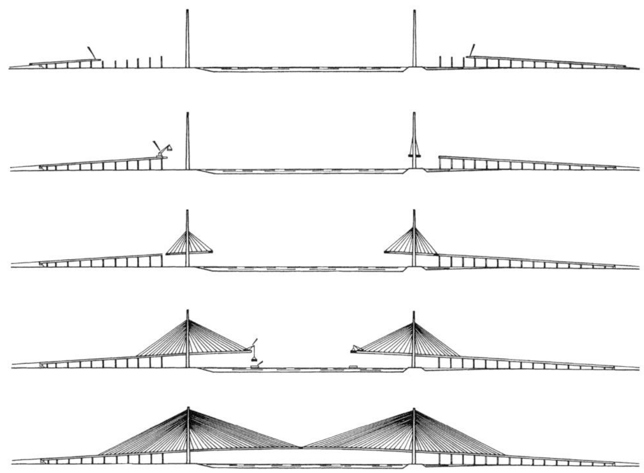

gegenüber, links:
Plattform der Kletterschalung und Zugangsgerüste auf den Ankerblocks des Pylons während der Montage.

gegenüber, Mitte:
Jedes Hauptzugseil besteht aus parallelen Drahtlitzen, die bis zur oberen Verankerung einzeln in das Bündel gezogen wurden.

gegenüber, rechts:
Leichte Querstreben schützen die Seile vor Wind-angeregten Schwingungen.

außen links:
Die vielen Zugseilanker sind in einem gut gestalteten Ankerkasten angeordnet, der mit schweren Querbändern verstärkt ist.

links:
Die Phasen der Montage zeigen die massiven Verankerungen in den Rückhalteseilen.

unten:
Die Hauptzugseile werden unmittelbar über den Ankerblock mittels Blockbolzen und Rohrmuffendämpfern vor örtlichen Biegeverformungen geschützt.

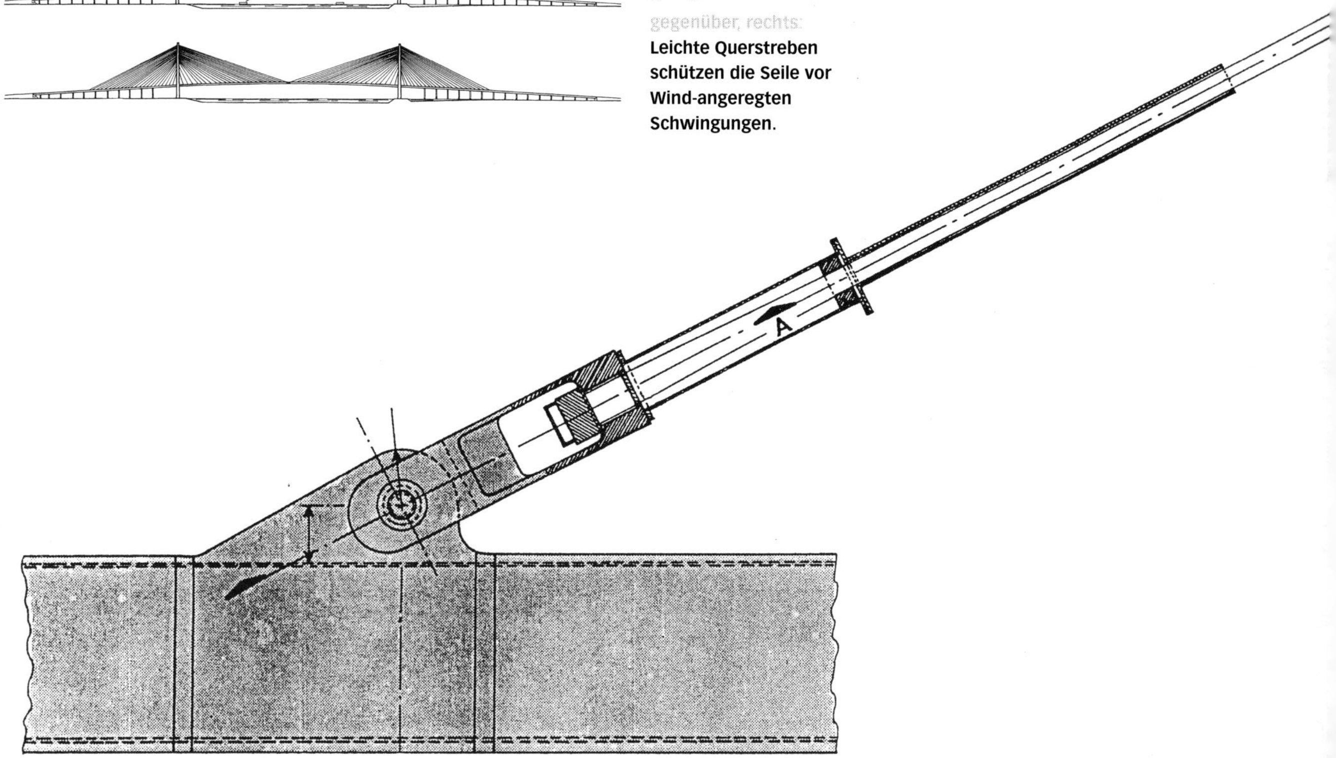

gegenüber:
Jean Mullers Brotonne Brücke über der Seine (1974). Vorläufer wie diese Brücke gestatteten französischen Ingenieuren, das Schrägseil-Konzept in einem biespiellosen Maßstab zu entwickeln, sodass es mit allen, bis auf die größten Hängebrücken konkurrieren konnte.

links:
Die Fahrbahnbeleuchtung ist an den Hauptseilen aufgehängt; diese seltene Gestaltung wurde früher wegen eines ungewissen Seilverhaltens vermieden.

Gateshead Millennium Brücke; Gateshead, England; WilkinsonEyre Architekten/Gifford und Partner, 2000

105 m

Viele der britischen Städte im Norden sind an Flüssen gegründet worden, die früher einmal eine Schlüsselressource für Handel und Entwicklung darstellten. Der Niedergang der Schwerindustrie hinterließ verwahrloste Hafenviertel, die heute das Planziel von Stadterneuerungs-Programmen sind. Die Initiativen der Zentralregierung und der Kommunalverwaltungen haben sich das symbolische Potenzial von Brücken angeeignet, um diese Konstruktionen zum Herzstück vieler Projekte zu machen. Als Teil der Altlastensanierung von East Gateshead, einem Not leidenden Vorort von Newcastle-upon-Tyne, ersetzt heute ein Kunst- und regionales Musikzentrum die Werftanlagen, während am anderen Flussufer, am Rande des Stadtzentrums, Cafés, Restaurants, Hotels und Geschäfte florieren. Die Gateshead Millennium Brücke steuert zu diesem Umfeld ein dramatisches Element bei. Den Entwurfswettbewerb für einen Fußgänger- und Radfahrerweg, der das nördliche und südliche Ufer des Tyne verbindet, gewannen die Architekten WilkinsonEyre 1995 mit einem Projekt, das unmittelbar auf seine Umgebung reagiert. Der Brückenbogen geht zurück auf die berühmte Tyne Brücke, die nur 300 m entfernt flussaufwärts liegt. Die Vorläuferin der Sydney Harbour Brücke, die alte Tyne Brücke, steht in einer Gruppe viktorianischer Drehbrücken und Molenköpfe, die inzwischen für Newcastle stehen. Ihr hoher Bogenträger mit Zugband und ihre monumentalen Widerlager vermitteln ein Gefühl der Ruhe. Die Millennium Brücke übernimmt das konstruktiv effiziente Profil der alten Bogenbrücke und neigt es. Die durch das schräg Stellen ausgelösten Querkräfte werden von der im Grundriss geschwungenen, aufgehängten Gehbahn ausgeglichen. Die Brücke dehnt den Gehweg am Flussufer vom belebten Molenkopf stromabwärts aus. Die Fußgänger werden hinausgeführt zur Aussicht auf die Baltic Mill (die das Kunstzentrum beherbergt) – von der Brückenmitte und zurück zum neuen Veranstaltungszentrum auf der Seite

von Gateshead. Die alte Brücke flussaufwärts ist zwischen den Hängeseilen und unterhalb des hochliegenden Bogens zu sehen.

Damit Schiffe am Fluss entlang fahren können, ist ein merklicher Luftzug nötig, insbesondere, wenn auf dem Tyne die regelmäßig abgehaltene Regatta „Tall Ships Race" stattfindet. Die Brücke folgt dem Format der „Sichelbrücke", die der spanische Architekt Santiago Calatrava erfunden hat, doch lässt sie sich auch öffnen. Hier wurde Calatravas „Augenbrauen"-Metapher aus einer seiner kinetischen Skulpturen übernommen und umgewandelt. Die Gehbahn bekam einen artikulierten Bogen und der gesamte Zusammenbau ist auf zwei Drehgelenke gesetzt. Der Stützbogen kann gesenkt und die Gehbahn gehoben werden, bis ihre Scheitelpunkte eine gemeinsame Ebene erreichen. Die dazwischen liegenden Zuganker kommen in die Horizontale und machen den Weg frei für die Durchfahrt bemasteter Schiffe.

Die Bewegung ist sanft, der Massenschwerpunkt des Gesamtsystems bleibt konstant, wenn der sich senkende Bogen ein Gegengewicht zur steigenden Gehbahn bildet. Für das Heben des Systems ist keine mechanische Inanspruchnahme vonnöten, sodass nur zum Erhalt der konstruktiven Stabilität ein Antrieb gebraucht wird. Die eine Kurve beschreibende Bewegung ist anmutig und die Verwandlung dramatisch. Lange hydraulische Rammen, die sich flussaufwärts von jeder Mole ausdehnen, bilden die Servomotoren. Ihr Triebwerk ist in gläsernen Maschinenhäusern untergebracht; dies ist eine sonderbare Wiederbelebung des viktorianischen Geschmacks an der Zurschaustellung großer Mechanismen.

Die dramatische Wirkung der Brücke hat allerdings einen gewissen Preis. Die Krümmungen von Gehbahn und Bogen sind, soweit zweckmäßig, nach außen gedrückt, doch stehen sie nicht im Gleichgewicht und müssen von einer im Scheitelpunkt des Bogens

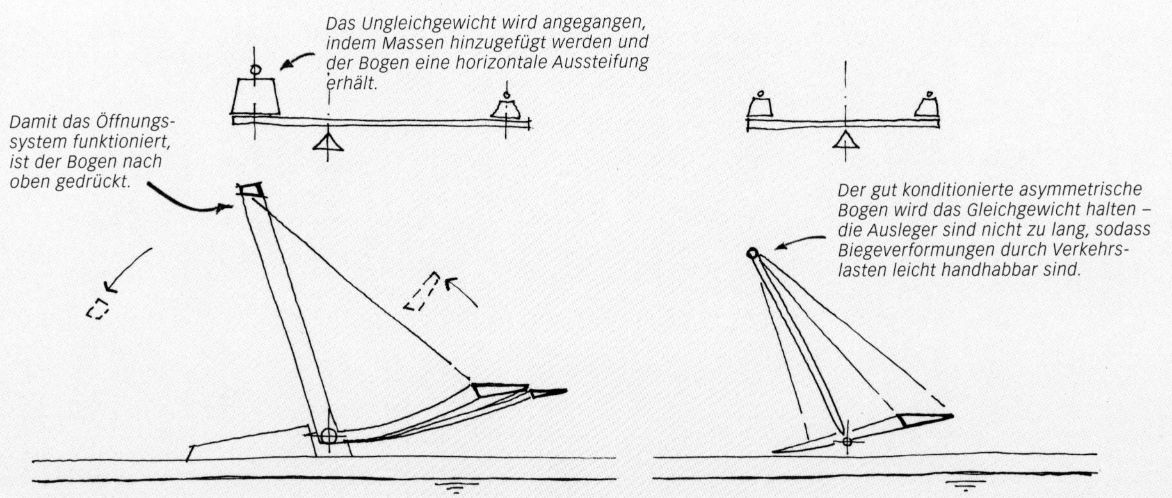

Konstruktive Bemessung von geneigten Bogenbrücken

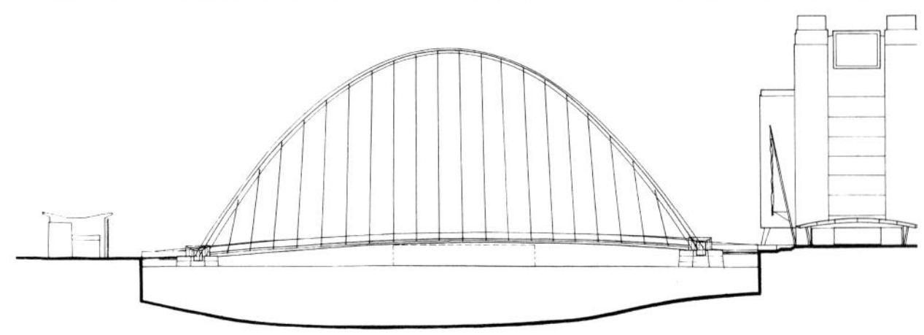

Ansicht der Brücke

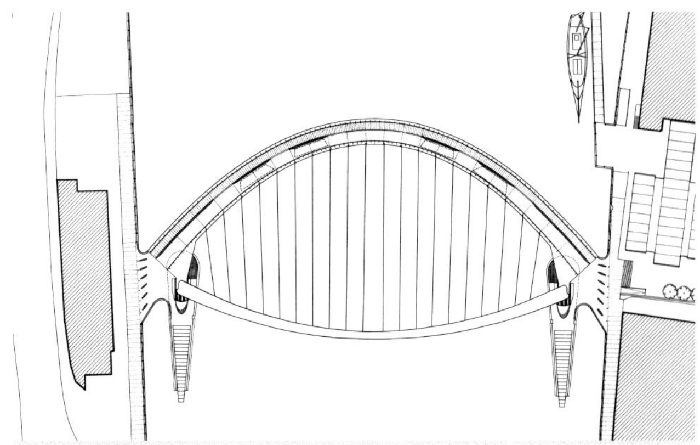

Grundriss der Brücke

gegenüber:
Die neue Fußgängerbrücke und der Fahrradweg, die Newcastle und Gateshead verbinden, spiegeln die berühmte Tyne Brücke (im Hintergrund zu sehen) wider.

links:
Gleichgewicht von geneigten Bogenbrücken

verborgenen Betonfüllung ausgeglichen werden. Windbelastungen verbiegen zwangsläufig den frei stehenden Bogen, doch auch die einwirkenden Lasten von Fußgängern und Fahrradfahrern ziehen ihn aus der Form. Da die Kräfte des Bogens in eine im Bauteil verlaufende Mittelkraftlinie gezogen werden, geht die anmutige Gestalt eines echten Parabelbogens verloren und wird durch einen stämmigen stählernen Kastenquerschnitt ersetzt.

Folglich wiegt die Konstruktion 840 Tonnen, 8 Tonnen pro Meter Spannweite und fünf Mal soviel wie ein herkömmliches Tragwerk. Dieser Faktor erklärt vielleicht das unterschiedliche Erscheinungsbild der Wettbewerbswiedergabe und der Brücke selbst. Eine weitere Überlegung ist das Phänomen der „Körperlichkeit": Ein mit dem Fernglas betrachtetes, gebautes Objekt hat immer mehr Substanz und Präsenz als sein Äquivalent auf dem Papier.

Die selektive Verwendung von hochzugfesten Materialien und versteckten Bauteilen mit stark abweichender Masse oder Dichte berücksichtigt ungewöhnliche, formale Manipulationen. Man könnte meinen, die Brücke würde den angeborenen Sinn für konstruktive Logik untergraben, um ein Gefühl der Aufregung auszulösen.

Die bauliche Durchbildung ist prägnant, die Seilverankerungen sind ordentlich ausgeführt und die Widerlager bringen ihren Zweck und den Kräftemaßstab deutlich zum Ausdruck. Die Brückentafel ist durch einen Höhenunterschied in Fußgänger- und Fahrradweg aufgeteilt, um die Aussicht auf das Wasser zu erhalten. Die Querschnitte von Bogen und Gehbahn sind als Reaktion auf das Kräfteschema entwickelt worden. Außerdem sollen sie mit ihren Unterseiten und Blendbeleuchtungen für eine effektive Beleuchtung der schwungvollen Kurven sorgen. Sorgfältig durchgebildete Barrieren spiegeln Großbritanniens umfassende Fortschritte in der Verkehrsarchitektur wider.

Die theatralische Art des Gesamtkonzepts gipfelt in der Methode, wie die Konstruktion errichtet wurde. Das Schiffsbau-Vermächtnis am Tyne beinhaltet, dass der Standort für die größten Schwimmkräne erreichbar ist, die für das Heben von Maschinen in zu Wasser gelassene Schiffsrümpfe und für gewaltige Bergungsarbeiten entwickelt worden sind. Die gesamte Brücke konnte von einem Montageplatz auf der Werft flussaufwärts getrieben und in einem Stück in Position gehoben werden. Ihr plötzliches Auftauchen sorgte für einen Kickstart des Stadterneuerungsprogramms, schuf einen unwiderstehlichen Anziehungspunkt für die Medien und förderte das Interesse an der Initiative als Ganzes.

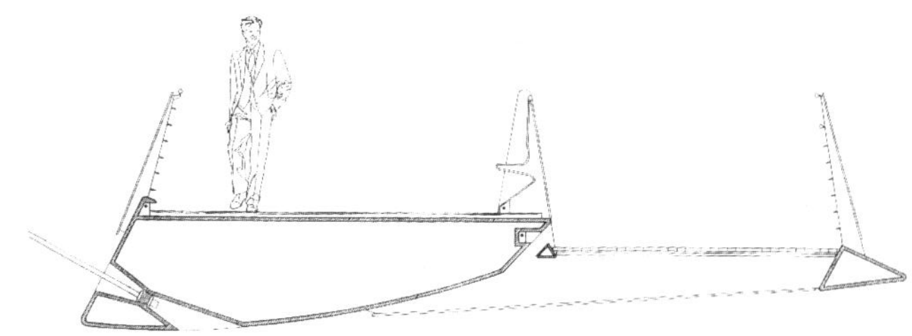

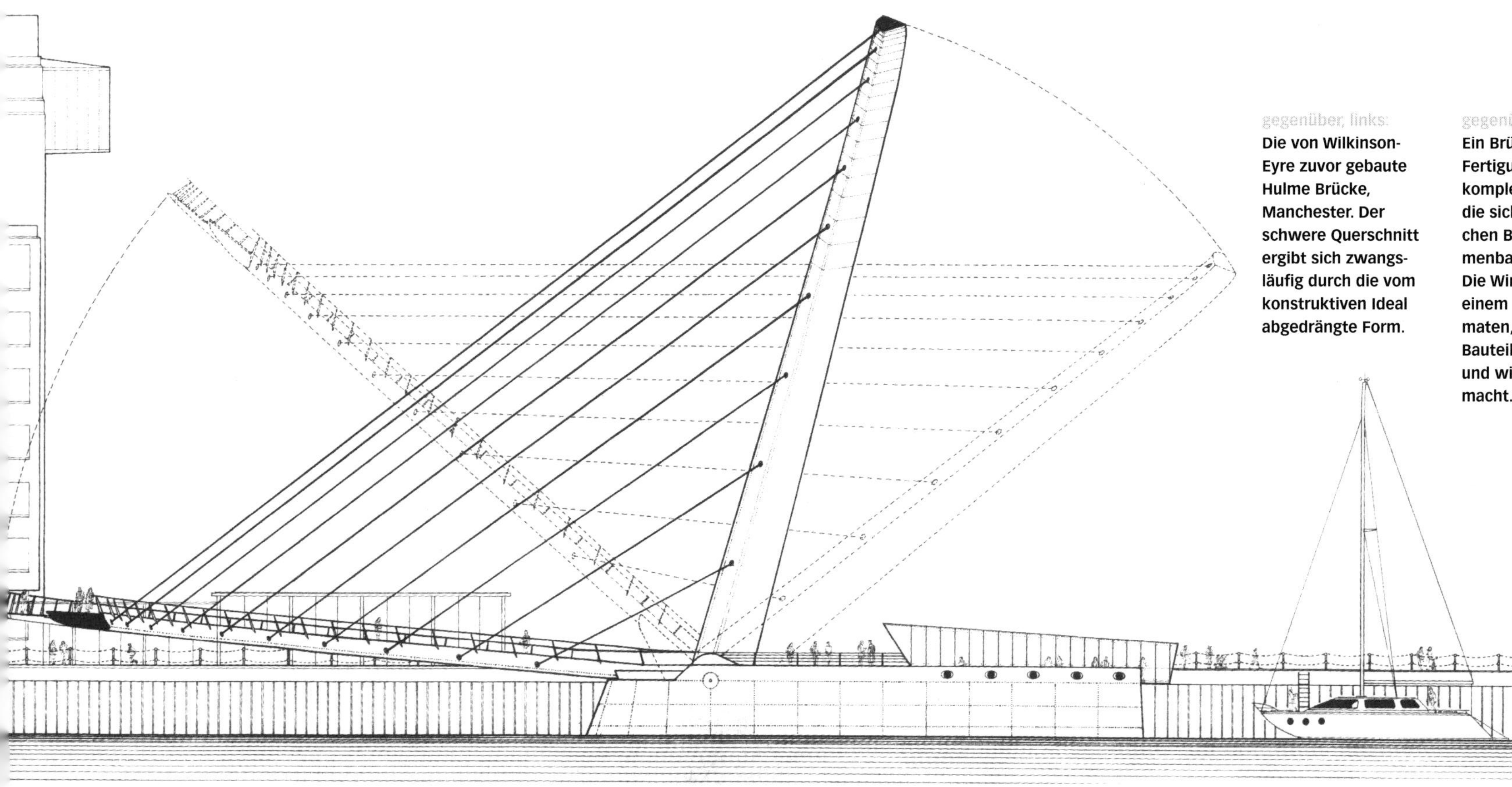

gegenüber, links:
Die von Wilkinson-Eyre zuvor gebaute Hulme Brücke, Manchester. Der schwere Querschnitt ergibt sich zwangsläufig durch die vom konstruktiven Ideal abgedrängte Form.

gegenüber, rechts:
Ein Brückenteil in der Fertigung zeigt die komplexen Profile, die sich aus einfachen Blechen zusammenbauen lassen. Die Winde gehört zu einem Schweißautomaten, der solche Bauteile zweckmäßig und wirtschaftlich macht.

links:
Das „zwinkernde Auge" schafft ausreichend Raum für die Durchfahrt von Segelschiffen darunter.

oben:
Der Brückenquerschnitt zeigt das asymmetrische Profil, das entwickelt wurde, um Fußgänger und Fahrradfahrer voneinander zu trennen. Auf diese Weise wird die Aussicht erhalten und dramatische Beleuchtungseffekte über den gestalteten Unterseiten möglich.

außen links:
Der als dramatisches Ereignis entwickelte Montageablauf warb für die neue Überquerung.

Mitte:
Der Schwimmkran konnte nicht nur die gesamte Brücke heben, sondern sie auch auf der langen Strecke zwischen Werft und Standort befördern.

links:
Die zusammengebaute Brücke wird von einer Krantraverse getragen und vorsichtig auf Passstifte am Standort bewegt.

Projektverzeichnis, Register, Bildnachweis, Danksagung

Projektverzeichnis

Helgeland Brücke
Bauingenieur Leonhardt, Andrä und Partner (Holger S. Svensson) zusammen mit AAS-Jakobsen AS
Bauherr Norwegisches Straßenbauamt
Unternehmer Veidekke ASA zusammen mit Gleitbaugesellschaft
Schrägseile Stahlton AG
Windtunnel-Tests Universität von Western Ontario

Plashet Grove Schulbrücke
Architekt Birds Portchmouth Russum
Gesamt-Bauherr Kultusbehörde, London Borough of Newham und Plashet Grove Schule
Bauingenieur Techniker
Kosten-Beratung Gardiner & Theobald
Hauptunternehmer Spencers
Stahlherstellung MSI
Subunternehmer Architen

Greater New Orleans Brücke
Entwurf für die Überkonstruktion der Hauptbrücke Modjeski and Masters, Inc.
Entwurf für die Unterkonstruktion der Hauptbrücke E. Lionel Pavlo Ingenieure C.
Bauherr Louisiana Behörde für Transport und Entwicklung, Crescent City Connection Division
Unternehmer für die Überkonstruktion Harris Structural Steel Co., Inc.
Unternehmer für die Unterkonstruktion Massman-Johnson-James, ein Joint Venture

Campo Volantin Fußgängerbrücke
Keine Angaben verfügbar

Wettstein Brücke
Keine Angaben verfügbar

Traversina Steg
Bauingenieur Conzett, Bronzini, Gartmann AG
Bauherr Verein KulturRaum Viamala
Hauptunternehmer Flutsch Holzbau
Stahlseile Riss AG
Stahlknoten Romei AG
Beton-Unternehmer V. Luzi

Punt da Suransuns
Bauingenieur Conzett, Bronzini, Gartmann AG
Bauherr Verein Kultur Raum Viamala
Sachverständiger für Geologie Baugeologie

Bausachverständiger Hasler & Muggler
Beton-Unternehmer V. Luzi
Ankerarbeiten Otto Bohr
Stahlherstellung Romei AG
Bodenplatten Granitwerk Andeer, A. Conrad AG

Verbindung über den Großen Belt (Ost-Brücke)
Architekt Dissing & Weitling
Bauingenieur COWI Beratende Ingenieure und Planer
Bauherr AS Storebaeltsdforbindelsen
Berater B. Hoejilund Rasmussen A/S; Ramboellk & Hannemann A/S
Landschaftsarchitekt Joergen Versterholts Tegnestue

Millennium Brücke
Architekten Foster und Partner, Sir Anthony Caro und Ove Arup & Partner
Bauingenieur Ove Arup & Partner
Mechanik-Ingenieur Ove Arup & Partner
Beleuchtung Claude Engle und Ove Arup & Partner
Bildhauer Sir Anthony Caro

West India Quay Fußgängerbrücke
Architekt Future Systems
Bauingenieur Anthony Hunt Associates Ltd
Bauherr London Docklands Development Corporation
Unternehmer Little Hampton Welding Ltd
Bausachverständiger Bucknall Austin
Beleuchtung Lighting Design Partnership

Faltbrücke über die Hörn
Architekt von Gerkan, Marg und Partner
Bauingenieur Schlaich Bergermann und Partner
Bauherr Magistrat der Landeshauptstadt Kiel
Bewegliche Teile NSO Neptun Stahlobjektbau
Pfeilerkonstruktion Heinrich Hiveles

Fred Hartmann Brücke
Architekt URS Southern Corporation
Bauingenieur Leonhardt, Andrä und Partner (Holger S. Svensson)
Bauherr Texas State Department of Highways & Transportation
Berater für Winddynamik Dr. Robert H. Scanlan
Konstruktionsingenieur Williams Brothers Construction Co., Inc. and Taylor Bros., Inc. zusammen mit DRC Consultants
Lieferant für Schrägseile VSL Corporation

Mursteg
Architekt Günther Domenig; Arch. Dipl.-Ing. Hermann Eisenkock
Bauingenieur Prof. Dr. Harald Egger
Bauherr und Hauptunternehmer Stadt Graz

Fußgängersteg über den Allmandring
Architekt Kaag & Schwarz
Bauingenieur Gustl Lachenmann
Bauherr Universitätsbauamt Stuttgart und Hohenheim
Bausachverständiger Dipl. Ing. W. Zellner
Hauptberater Smoltzcyk & Partner; Fa. H. Rothfuss; Simeth GmbH; Pfeifer

Royal Victoria Dock Brücke
Architekt Liftschutz Davidson
Bauingenieur Techniker
Bauherr English Partnerships
Hauptunternehmer Kier London Ltd
Mechanik- und Elektrikingenieur Allott & Lomaz
Lichtberatung Equation Lighting Design
Bausachverständiger Davis Langdon & Everest
Metallarbeiten Darke Tech
Aluminium Alusuisse UK

Talmadge Memorial Brücke
Bauingenieur T.Y. Lin International
Bauherr Georgia Department of Transportation
Hauptunternehmer Pensacola Tiggert

Charles River Mainline Brücke
Konzept Prof. Christian Menn
Management Beratung Bechtel Parsons Brinckerhoff
Vorläufiger Ingenieursbau (bis zu 40%) Parsons Brinckerhoff
Baumanagement Bechtel Parsons Brinckerhoff
Endgültiger Entwurf HNTB Corporation
Bauherr Massachusetts Turnpike Authority
Unternehmer Atkinson/Kiewit
Stahlherstellung Grand Junction Steel
Vorspannen und Schrägseile Freyssinet
Konstruktionsingenieure T.Y. Lin International

Sunnibergbrücke
Bauherr und allgemeines Management Baudepartement Graubünden
Grundstückskontrolle Tiefbauamt Graubünden
Projektmanagement E. Toscano AG, Chur
Berater A. Deplazes, Chur
Konzept Prof. Christian Menn, Chur

Projektverzeichnis

Beratung, technische Führung Bänziger Köppel Brändli und Partner, Chur
Örtliche technische Führung Wüst Stucki und Partner, Klosters
Materialprüfung P. Marti, ETH Zürich
Sachverständiger für Geologie T. Lardelli, Chur
Baudurchführung / Gemeinschaftsunternehmen Arge Sunnibergbrücke: Vertsch, Klosters; Preswerk & Cie AG Brückenbau, Siebnen
Subunternehmer Form traveller H. Schürer, Zürich
Schrägseile / Vorspannen Stahlton AG, Zürich
Pfahlfundamente Eggstein AG, Luzern
Stahlbau AMSAG Stahlbau, Serneus
Drainage Rowatec, Volketswil
Bewehrung Gisler und Partner AG, Flüelen
Beton Kieswerk Arieschbach AG, Fideris
Betonlieferant Bundner Cement AG, Untervaz

Solferino Brücke
Ingenieur und Architekt Marc Mimram
Bauherr Kulturministerium; Ministerium für öffentliche Arbeiten, Wohnen und Transport zusammen mit dem Louvre (Etablissement Public du Grand Louvre) und der öffentlichen Stiftung für Kulturarbeit
Beratung Sogelerg

Sunshine Skyway Brücke
Konzept Jean Muller
Designer Figg und Muller Ingenieure; Parsons Brinckerhoff; Quade & Douglas Inc.
Baumanagement SKYCEI (Zusammenarbeit von Parsons Brinckerhoff Construction Services; H.W. Lochner, Inc.; DRC Consultants, Inc.; DRC Consultants, Inc. und Kisinger Campo and Associates Corp.)
Bauherr Florida Transportbehörde
Hauptunternehmer Paschen Contractors Inc.; Ballenger Corporation

Fußgängerbrücke über den Main-Donau-Kanal
Konzept, Planung und Konstruktion Dipl. Ing. Richard J. Dietrich
Bauingenieur Ingenieurbüro Dr. Ing. Heinz Brüninghoff und Dipl. Ing. Rampf
Bauherr Rhein-Main-Donau AG
Projektmanagement Prof. Dr. Ing. F. Grundmann
Hauptunternehmer Bilfinger & Berger Bau AG; Huber & Sohn Holzbau GmbH
Wind-Tests Prof. Dr. Ing. V. Denk
Holz-Tests Technische Universität München

Roosevelt Lake Brücke
Ingenieur und Architekt HNTB Corporation Kansas City, Missouri
Eigentümer Arizona Transportbehörde

Unternehmer Edward Kraemer & Sons, Inc., Plain, Wisconsin
Baufirma John F. Beasley Construction Co., Dallas, Texas
Stahlherstellung PDM Bridge Corp., Eau Claire, Wisconsin

Miho Museum Fußgängerbrücke
Architekt I.M. Pei, Architekt
Mitarbeit Kibowkan International Inc.
Ingenieure Leslie E. Robertson Associates
Bauherr Shinji Shumekai, Shumei Cultural Foundation
Unternehmer Shimizu Corporation
Landschaftsarchitekten Kohseki und Akenuki Zoen; Noda Kensetsu

Ushibuka Brücke
Architekt Renzo Piano Building Workshop
Bauherr Kumamoto Präfektur, in Gemeinschaft mit Maeda Engineering Co.
Berater Ove Arup & Partner

Petrer Brücke
Architekt Carme Piños Desplat
Bauingenieur Miquell Llorens
Bauherr und Hauptunternehmer Petrer Council
Bau NESCO – Entrcanales Cubiertas

Fußgängerbrücke Schweizer Bucht
Design Prof. Dr. Jiri Strasky – Strasky Husty und Partner, Consulting Engineers, Brno, Tschechische Republik und Mill Valley, Kalifornien
Baumanagement Ilja Husty – Strasky Husty und Partner, Consulting Engineers, Brno
Baudokumentation Jaroslav Jordan und Miroslav Spudil – Dopravni stavby & Mosty, Olomouc
Überprüfung Dr. Marie Studnickova – Klokner Institut CVUT, Prag
Windtunnel-Test Prof. Dr. Miroslav Pirner, Prag
Unternehmer Dopravni stavby & Mosty, Olomouc

Fußgängerbrücke Lechlade
Architekt Cezary M. Bednarski – Studio E. Architects
Bauingenieur Alistair Lenczner – Ove Arup und Partner
Ingenieur für Kunststoffe Arthur Webb
Diamant-Überzug Ernest Nagy
Lieferant John Prewer

Erasmusbrücke
Architekt Ben van Berkel
Bauherr und technischer Berater Abteilung für öffentliche Arbeiten der Stadt Rotterdam
Lichtdesign Lighting Design Partnership

Hauptunternehmer Heerema Dock Installations, Grootint Dordrecht b.v., Companie d'Enterprises CFE S.A., Brüssel; N.V. Maatschappij voor Bouw- en Grondwerken, Antwerpen; Ravestein-Noell, Deest; Lighting Design Partnership, Edinburgh

Normandie Brücke
Architekt Charles Lavigne
Designer Michel Virlogeux – SETRA
Bauherr Industrie- und Handelskammer Le Havre
Projektmanagement Direction Départementale de l'Equipement de Seine-Maritime (SETRA, QUADRIC, SEEE, SOFRESID, SOGELERG, CSTB, ONERA)
Unternehmer (Beton) GIE Pont de Normandie (Bouygues, Campenon Bernard, Dumez, GTM, Quillery, Sogea, Spie)
Subunternehmer Freyssinet, Bilfinger & Berger, DSD/Secometal
Unternehmer (Stahl) Monberg & Thorsen
Subunternehmer Munch, Sartec, VSL, SDEM

Gateshead Millennium Brücke
Architekt WilkinsonEyre Architekten
Bauingenieur Gifford und Partner
Bauherr Gateshead Metropolitan Borough Council
Hauptunternehmer Harbour & General/Volker Stevin
Subunternehmer für Mechanik, Elektrik und Hydraulik Kvaerner Markham
Lichtberatung Johnathan Speirs & Associates
Subunternehmer für Stahlarbeiten Watson Steel Ltd.

Register

Kursiv gedruckte Zahlen beziehen sich auf Abbildungen

Register

Bildnachweis

Albert Berenguier (174, 176, 178–9); mit freundlicher Genehmigung von Water Resources Center Archives, Universität von Kalifornien, Berkeley (33); Birmingham Museen und Art Gallery (8 oben); Sammlungen/John D. Beldom (21); mit freundlicher Genehmigung BPR (52–3); Sammlungen/Gena Davies (41), Sammlungen/David Davis (24 links); Sammlungen/Brian Shuel (40); Peter Cook/VIEW (11 rechts); Richard Davies (92–3); Richard Dietrich (18 links, 20, 24 rechts, 25, 140, 142–3); mit freundlicher Genehmigung Günther Domenig (104, 106–7); Edifice/Darley (15); Edifice/Eddie Ryle-Hodges (123 links); Edifice/Schneebels (14 right); Mary Evans Picture Library (13 links, 23, 35 rechts, 37); Chris Gascoigne/VIEW (112, 114, 116–7); Richard Glover/ARCAID (90, 94); mit freundlicher Genehmigung Nicholas Grimshaw (10 unten); Klaus Frahm/artur (98–9); mit freundlicher Genehmigung Zaha Hadid (10 oben); Robert Harding Picture Library/Adam Woolfitt (18 rechts); Guy Hearn (Hulton-Deutsch Sammlung/Corbis (22); Ilja Husty (162); Institut für zivilen Ingenieurbau (38); Scott Jolliff (118, 120–1); mit freundlicher Genehmigung Kaag und Schwarz (108, 110–1); mit freundlicher Genehmigung Leonhardt, Andrä und Partner (44, 46–7); John Edward Linden (61); Duccio Malagamba (156, 158–9); mit freundlicher Genehmigung Massachusetts Turnpike Authority – Central Artery/Tunnel Projekt (122, 124–5); mit freundlicher Genehmigung Christian Menn (126, 128); Hans-Peter Merten/Robert Harding Picture Library (129); mit freundlicher Genehmigung HNTB Corporation (144, 146–7) Timothy Hursley (150–1); mit freundlicher Genehmigung Maunsells (168); mit freundlicher Genehmigung Modjeski & Masters (54, 56); Adam Moerk/Dissing & Weitling (80, 82, 84–5); Moises Puente, Schenk & Campbell (74, 76–9); J. M. Monthiers (130, 132); mit freundlicher Genehmigung Parsons Brinckerhoff Inc. (9 unten, 136, 138–9); Powerstock Photo Library/David Taylor (30 left); Powerstock Photo Library (8 rechts, 31, 32, 36); Noriaki Okabe (155); Christian Richters (170, 172); Neil Rall, mit freundlicher Genehmigung Mott MacDonald (10 links); mit freundlicher Genehmigung B. B. Rath, Forschungslabor der Marine (29); Franck Robert (48, 50); Paolo Rosselli (58, 60, 63); Schinkenchiku-sha (148, 152, 154); Jörg Schlaich (12 rechts); Treuhänder von Sir John Soanes Museum (8 unten); Harry Sowden (11 unten); Spectrum Colour Library (40 links); Tiefbauamt Graubünden, Schweiz (26); Jeannette Tschudy (68, 70–3); Victoria Art Gallery, Bath und North East Somerset Council/ Brückeman Art Library (13 rechts); mit freundlicher Genehmigung URS Southern Corporation (100, 104); Morley von Sternberg (11 oben); Morley von Sternberg/ARCAID (86, 88 unten); mit freundlicher Genehmigung WilkinsonEyre (180, 182 links, 184–6); Jiri Strasky (160, 165); Nick Wood/Virtual Artworks (88 oben)

Danksagung

Der Autor dankt Jennifer Hudson für das Koordinieren der Recherche, Projektredakteurin Liz Faber bei Laurence King, Textredakteurin Anthea Snow und dem Designer Frank Philippin.

Der Verleger dankt ebenfalls Frank Philippin und Anthea Snow für ihre harte Arbeit und unerschöpfliche Hingabe.

Spannweiten der Brücken

Helgeland Brücke	452 m
Plashet Grove Schulbrücke	60 m
Greater New Orleans Brücke	480 m
Campo Volantin Fußgängerbrücke	71 m
Wettstein Brücke	66 m
Traversina Steg	48 m
Pùnt da Suransuns	40 m
Verbindung über den Großen Belt (Ost-Brücke)	1624 m
Millennium Brücke	162 m
West India Quay Fußgängerbrücke	15 m
Faltbrücke über die Hörn	26,65 m
Fred Hartmann Brücke	361 m
Mursteg	55.8 m
Fußgängersteg über den Allmandring	34 m
Royal Victoria Dock Brücke	127,5 m
Talmadge Memorial Brücke	337 m
Charles River Mainline Brücke	227 m
Sunnibergbrücke	140 m
Solferino Brücke	102 m
Sunshine Skyway Brücke	365 m
Fußgängerbrücke über den Main-Donau-Kanal	73,28 m
Roosevelt Lake Brücke	329 m
Miho Museum Fußgängerbrücke	120 m
Ushibuka Brücke	150 m
Petrer Brücke	12 m
Fußgängerbrücke Schweizer Bucht	252 m
Fußgängerbrücke Lechlade	22 m
Erasmusbrücke	800 m
Normandie Brücke	856 m
Gateshead Millennium Brücke	105 m